HANGIL
GREAT BOOKS
SPECIAL
COLLECTION

인 류 의 위 대 한 지 적 유 산

HANGIL
GREAT BOOKS
SPECIAL
COLLECTION

낭만적 거짓과 소설적 진실

르네 지라르 지음 | 김치수·송의경 옮김

한길사

Mensonge romantique et vérité romanesque

by René Girard

Translated by Kim Chie-sou · Song U-kyung

Published by Hangilsa Publishing Co., Ltd., Korea, 2001

문학평론가이자 사회인류학자인 르네 지라르
그는 소설의 인물을 분석해 인간 욕망의 구조를
밝혀내는 것으로 시작해
폭력 · 제의 · 구원의 문제들을 주로 다뤘다.

「목마를 탄 돈키호테와 산초 판사」(J. F. Schall의 판화)
이상적인 방랑기사가 되고자 하는 욕망의 주체인 돈키호테는
중개자인 아마디스를 모방하고 있다.
돈키호테는 자신의 욕망의 삼각형에서는 주체이지만,
산초 판사의 욕망의 삼각형에서는 중개자 자리에 있다.

고야가 그린 「돈키호테」

돈키호테가 읽고 있는 책은 『아마디스 데 가울라』일 것이다.
돈키호테는 이 책을 읽은 뒤 아마디스를 자신의 모델로 삼고
방랑기사 행각을 떠난다.
돈키호테의 머릿속은 앞으로 자기가 수행하게 될,
암시되고 주입된 이상적인 무훈들로 가득하다.

도스토옙스키의 『악령』 초고

지면의 여백을 채우고 있는 인물상과
수도원의 스케치가 눈길을 끈다. 지라르의 관점으로는
이 소설이 『죄와 벌』과 더불어
삼각형의 욕망의 최종단계를 잘 드러낸 작품이다.

▲ 러시아 현대화가가 그린 『카라마조프가의 형제들』 가운데 대심문관 장면

▼ 프랑스 영화 「악령」에서 전향한 샤토프가 암살당한 장면
이 영화는 사회주의적 이념의 공허함과 기독교적 구원이라는 주제를
잘 표현했다는 평가를 받았다. 지라르가 보기에 샤토프는
부정적인 사고방식에서 벗어나지
못하는 자신의 무능력을 생각하는 도스토옙스키다.
바로 이러한 성찰로 도스토옙스키는 친(親)슬라브 이데올로기를 극복한다.

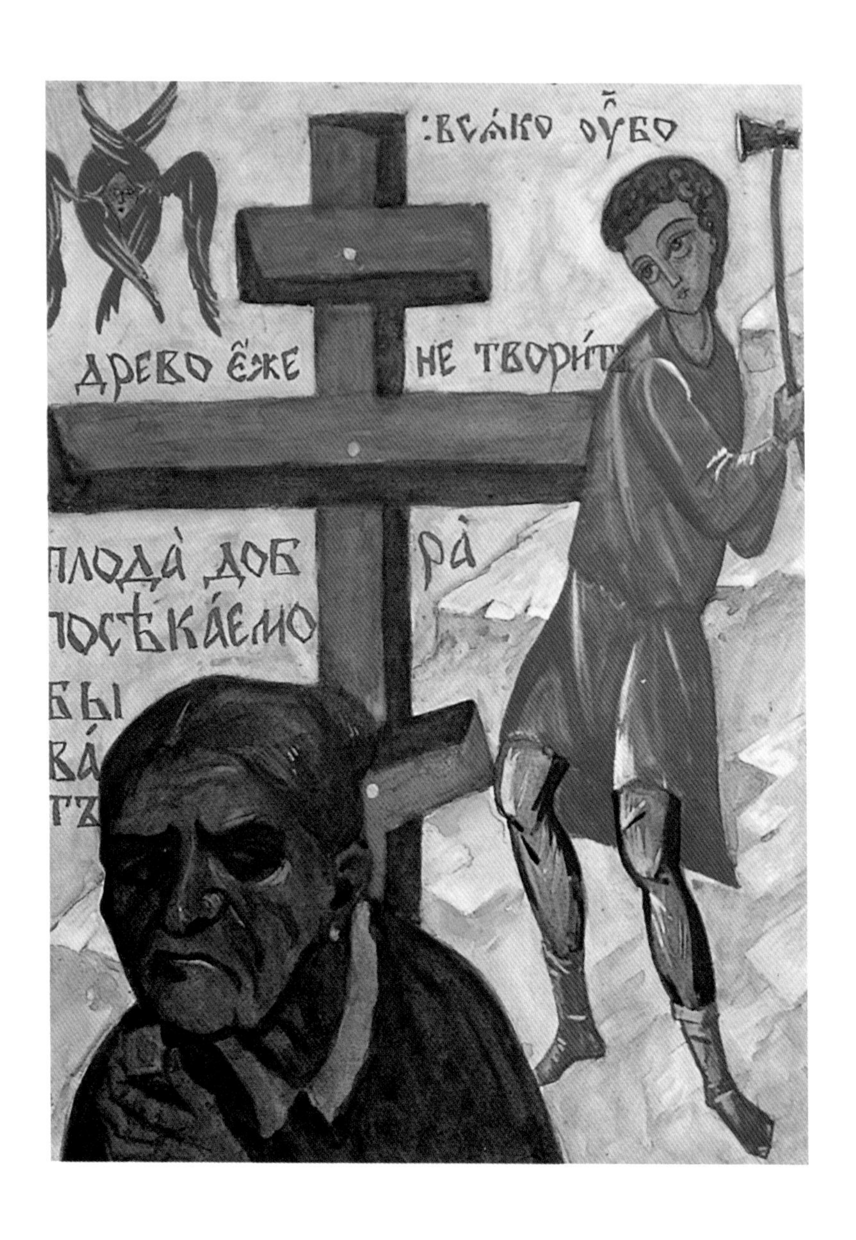

러시아의 현대화가가 그린 『죄와 벌』의 한 장면
라스콜리니코프가 노파를 망치로 살해하려 하고 있다.

▲ 루아르강의 다리

프루스트의 『잃어버린 시간을 찾아서』의 화자 마르셀이
게르망트 집 안으로 가기 위해 건너다니던 루아르강의 다리.

▼ 레오니 대고모의 집

이층 왼쪽 창문이 있는 방이 프루스트의 방이다.

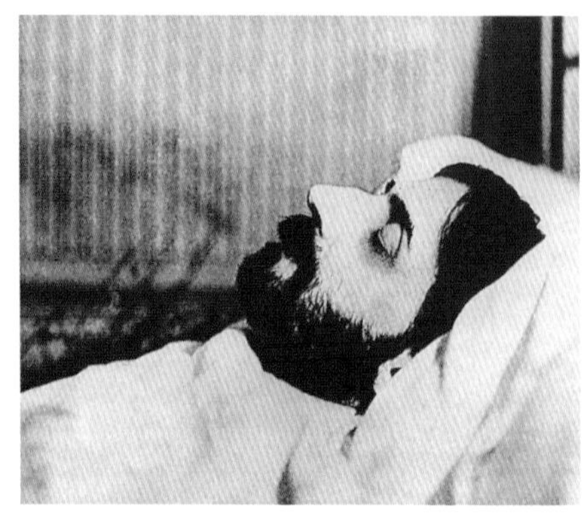

◀ 1921년 미술전람회를 관람하고 나온 프루스트의 모습
머리부터 발끝까지 그 무렵 유행하던 댄디의 복장을 하고 있다.
지라르는 댄디즘과 속물근성을 동일시하면서 한때 속물이었으나
더는 속물이 아닌 자만이 속물근성에 관해 말할 수 있다고 썼다.

▶ 프루스트의 임종 모습
프루스트는 죽기 전에 이미 속물근성에서 벗어났지만, 대부분의 소설에서
주인공들은 임종에 이르러서야
비로소 형이상학적 질환에서 치유된다.

클로드 모네가 그린 「거실의 구석」
화려하면서도 내밀한 느낌을 주는 분위기에서
한 아이가 꿈꾸듯이 서 있다. 엄마 곁에 있는
마르셀 프루스트의 모습을 떠올리게 하는 그림이다.

사드 후작을 표현한 18세기의 동판화
자신의 성(城) 지하실에서 성적 가학행위를 하고 있는 사드 후작.
새디즘이라는 용어는 사드의 이름에서 유래했다.

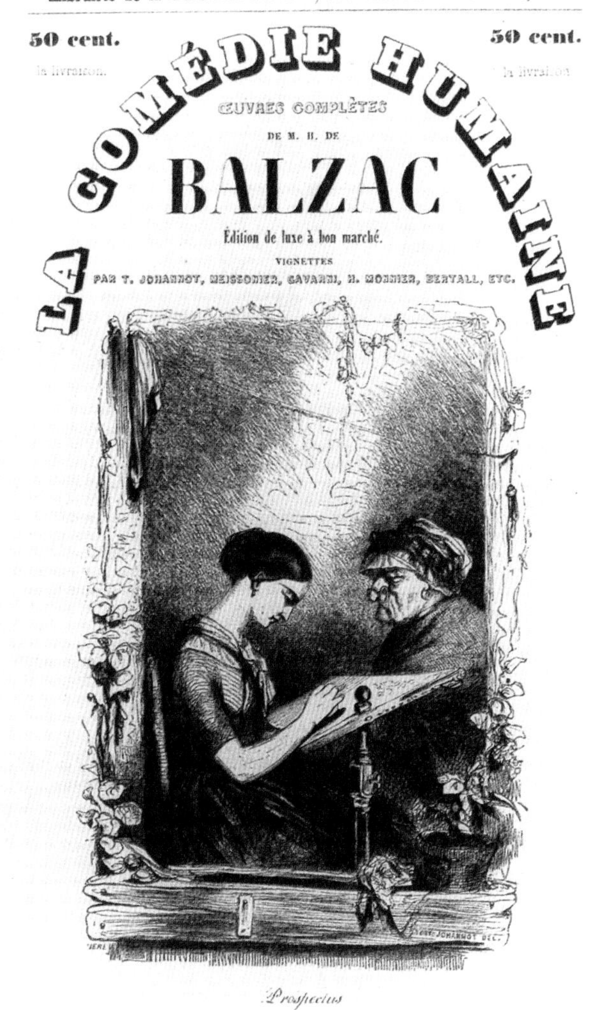

발자크의 『인간희극』 출간을 알리는 출판사 포스터
『인간희극』은 발자크의 모든 작품에 붙인 종합적인 제목이다.
70편에 달하는 작품에 등장하는 인물만도
2천여 명에 이른다. 발자크의 소설에서
지라르는 특히 19세기 부르주아 사회가 도래하면서
증대된 욕망의 메커니즘에 주목한다.

HANGIL GREAT BOOKS | SPECIAL COLLECTION

낭만적 거짓과 소설적 진실

르네 지라르 지음 | 김치수·송의경 옮김

한길사

낭만적 거짓과 소설적 진실

차례

르네 지라르의 삼각형의 욕망

김치수 이화여대 명예교수·불문학

이 책의 저자 르네 지라르(René Girard)는 1923년 남프랑스 아비뇽에서 태어났다. 파리 고문서학교와 미국 인디애나 대학에서 역사학을 전공했지만, 미국의 존스 홉킨스 대학과 뉴욕 주립대학, 스탠퍼드 대학 등에서 정교수·석좌교수 등을 지내며 프랑스의 역사·문화·문학·사상에 관한 강의를 하고 있다. 그의 저서는 다양한 분야에 걸쳐 있지만 문학작품의 분석이 중심을 이루고 있으며, 폭력과 구원에 관한 주제가 많은 비중을 차지하고 있다.

가짜 욕망과 가짜 가치

문학과 사회의 관계를 발생구조주의의 방법으로 다룬 뤼시앵 골드만(L. Goldmann)은 『소설사회학을 위하여』(*Pour une Sociologie du roman*)에서 그의 이론적인 출발점이 된 책을 두 권 들고 있는데, 그 하나는 루카치(G. Lukacs)의 『소설의 이론』(*Die theorie des romans*)이고 다른 하나는 바로 르네 지라르의 『낭만적 거짓과 소설적 진실』이다. 서사시에서는 주인공이 살고 있는 삶과 그가 소속된 집단의 이념 사이에 단절이 없는 일치현상이 있는 반면 소설에서는 주인공의 이상과 그가 살고 있는 현실 사이에 단절이 있기 때문에 모든 소설의 주인공은 그 단절을 극복하고자 한다는 루카치의 이론과, 소설 주인공의 모든 욕망은 중개자에 의해 암시된 가짜 욕망으로서 삼각형의 구조를 가지고 있다는 지라르의 이론을 토대로 골드만은 시장경제체제의 자본주의사회와 소설 사이에서 구조적 동질성을 발견하고 이를 이론화하여 소설사회학을 정립하고자 한다.

시장경제체제에서는 대부분의 사람들이 진정한 가치인 사용가치를 추구하는 것이 아니라 비(非)진정한 가치인 교환가치를 추구함으로써 가짜 가치의 지배를 받는다. 그것은 소설의 주인공이 자연발생적인 욕망의 지배를 받는 것이 아니라 중개자가 암시한 욕망을 품는 것과 동일한 구조이며, 작가가 처음에는 진정한 가치를 추구하여 소설을 쓰지만 그것이 시장에서 교환가치에 따라 평가됨으로써 교환가치를 추구하는 결과를 가져오는 것과 동일한 구조이다. 그래서 골드만은 소설이란 타락한 사회에서 타락한 방법으로 진정한 가치를 추구하는 장르라고 주장하기에 이른다.

그런 점에서 본다면 소설이 부르주아 혁명과 함께 문학의 장르로서 각광받은 것과, 시장경제체제와 구조적인 동질성이 있다는 것은 상관관계가 있는 것으로 보인다. 소설의 구조와 시장경제의 교환구조의 상동관계에 주목한 골드만은 자본주의의 모순과 감추어진 구조를 밝혀낼 수 있다고까지 생각하기에 이른다. 그러나 지라르는 욕망이라는 심리적 기제의 구조로 기독교적 구원의 가능성을 모색한다.

삼각형의 욕망 이론

지라르의 『낭만적 거짓과 소설적 진실』은 오늘날 우리의 욕망 체계를 소설 주인공의 욕망 체계에서 발견하여 우리가 살고 있는 사회의 특성을 제시한 명저이다.

이 책에서 맨 먼저 분석의 대상이 되는 것은 세르반테스의 『돈키호테』이다. 그가 이 소설의 분석에서 얻어낸 결론은 『돈키호테』의 주인공들의 욕망은 간접화한 욕망(désir médiatisé)이라는 것이다. 다시 말하면 한 개인이 무엇을 욕망한다는 것은 그 개인이 지금의 자기 자신으로 만족하지 못해 자기 자신을 초월하고자 하는 것인데, 이때 초월은 자기가 욕망하게 되는 대상을 소유함으로써 가능하다는 것이다. 이것을 도표로 그려보면 개인에 해당하는 주체가 밑에 있고 대상이 그 수직선상에 놓이게 된다.

이러한 관계를 『돈키호테』에서 살펴보면 주인공 돈키호테는 이상적인 방랑의 기사가 되고자 한다. 여기에서 돈키호테는 주체가 되고 이상적인 방랑의 기사는 대상이 된다. 그러나 돈키호테는 그 이상적인 방랑의 기사가 되기 위하여 아마디스라는 전설의 기사를 모방하고 있다. 다시 말하면 돈키호테는 직접 이상적인 기사도에 도달하고자 하는 것이 아니라 아마디스를 모방함으로써 거기에 도달하고자 한다.

따라서 이상적인 기사도에 도달하고자 하는 돈키호테의 욕망은 아마디스라는 중개자(médiateur)에 의해 간접화되고 있으며, 주체와 대상 사이에는 간접화 현상(médiation)이 일어난다. 즉 주체의 욕망이 수직적으로 상승하는 것이 아니라 비스듬히 상승하여 중개자를 거쳐 대상에 이르게 된다는 것이다. 이것을 도표로 그려보면 다음과 같다.

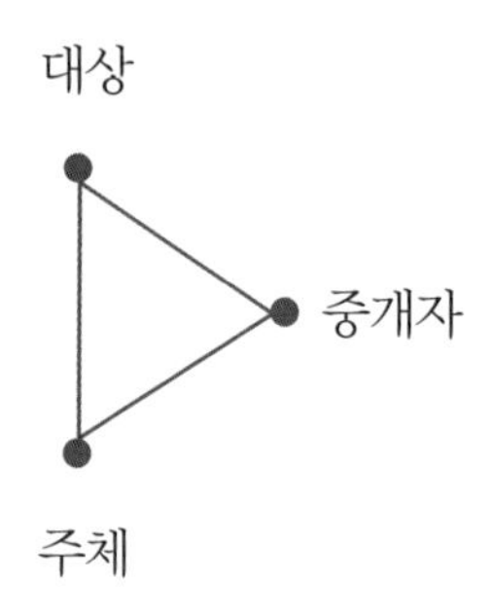

이러한 욕망의 간접화 현상은 기독교에서도 발견할 수 있는 구조이다. 어느 기독교인이 진정한 기독교인이 되어 구원받기를 원한다면 그는 곧 예수라는 중개자를 모방하면 된다. 이때 기독교인과 예수와 진정한 기독교인은 삼각형의 세 꼭지점을 형성하게 된다. 다시 말하면 욕망하는 주체와 욕망의 대상과 그 욕망의 중개자가 삼각형의 구조를 갖게 되며, 이처럼 간접화한 욕망을 '삼각형의 욕망'(désir triangulaire)이라고 한다.

지라르는 현대인의 욕망은 이처럼 삼각형의 구조로 되어 있다고 보면서 소설의 주인공이 지닌 욕망의 왜곡되고 비진정한 속성을 분석하고 있다. 이로써 시장경제체제 사회 속에서 개인은 그 욕망마저 자연발생적인 것이 아니라 중개자가 암시한 욕망을 소유하게 되었음을 제시한 셈이 되었으며, 그렇게 함으로써 주인공의 욕망의 구조와 주인공을 태어나게 한 사회의 경제구조 사이에 구조적인 동질성을 발견하게 하는 데 크게 기여한다.

지라르는 따라서 돈키호테의 욕망이 돈키호테 내면에서 자연발생적으로 생긴 것이 아니라 아마디스라는 중개자가 암시함으로써 생긴 것이라고 말한다. 그러한 점에서 종래의 돈키호테를 이상주의자로, 산초 판사를 현실주의자로 규정한 것은 부분적으로는 진실이지만 전체적으로는 진실이 아니다. 예전에는 산초 판사의 욕망(작은 섬 하나를 소유하는 것, 딸에게 공작부인의 칭호를 갖게 하는 것)이 실현 가능성이 있다는 점에서 그를 현실주의자로 보았다.

그러나 지라르는 산초 판사의 바로 그 두 가지 욕망이 그의 내부에서 자연발생적으로 생긴 욕망이 아니라 그의 주인인 돈키호테에게서 암시받은 욕망이라고 지적한다. 그것은 돈키호테가 산초 판사의 욕망의 중개자라는 것을 의미한다. 이것을 도표로 그려보면 다음과 같다.

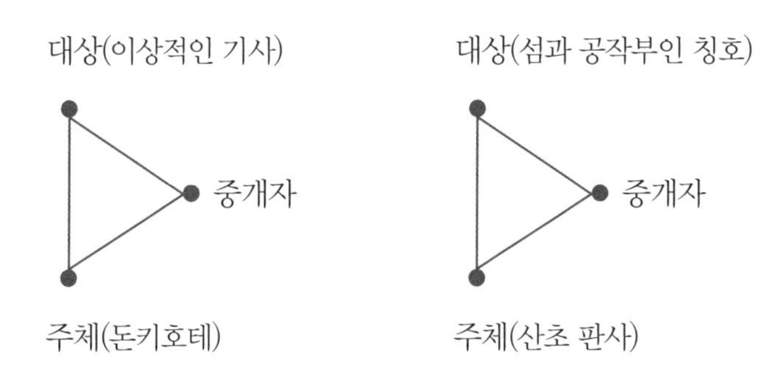

지라르는 이처럼 하나의 작품이 삼각형 여러 개로 구성되어 있다는 점에 주목하고 있다. 그가 분석하고 있는 스탕달의 『적과 흑』, 플로베르의 『보바리 부인』, 프루스트의 『잃어버린 시간을 찾아서』도 주인공들의 욕망이 삼각형 여러 개로 이루어져 있다는 것을 밝히고 있다.

지라르는 모든 삼각형의 욕망이 동일한 관계에 의해 형성된 것이 아니라 좀더 복합적인 관계에 따라 형성된 것이라는 점에 주목함으로써 자신의 이론을 더욱 복합적이고 풍요롭게 만들고 있다. 그에 따르면 삼각형의 구조에서 주체와 중개자 사이의 거리는 고정된 것이 아니라 경우에 따라 달라지기 때문에 분석에서 가장 먼저 고려해야 하는 것은 그 둘 사이의 거리이다.

다시 말하면 『돈키호테』에서 주체 돈키호테와 중개자 아마디스는 동일한 세계에 있지 않다. 즉 아마디스는 전설적인 가공의 인물이어서 돈키호테와 만날 수 없는 인물이다. 이때 주체와 중개자의 거리는 극복될 수 없을 만큼 떨어져 있다. 그런 관점에서 주체로서 산초 판사와 중개자로서 돈키호테 사이의 거리는 함께 다니고 있기 때문에 동일한 공간에 있는 것이라고 생각하기 쉽다. 하지만 이때의 거리를 물리적 거리로 생각해서는 안 된다. 돈키호테는 주인이고 산초 판사는 시종이기 때문에 둘이 함께 다닌다고 해서 그 둘 사이의 거리가 극복되는 것은 아니기 때문이다. 산초 판사는 단 한 번도 자신이 돈키호테라는 주인의 자리를 꿈꾸어본 적이 없고 주인과 경쟁해보고자 한 적이 없다. 그것은 두 인물이 동일한 공간에 살고 있으면서도 엄연하게 구분되는 정신적 거리를 유지하고 있다는 것을 뜻한다.

그러한 면에서는 플로베르의 『보바리 부인』에서도 똑같은 현상이 일어난다. 이 소설의 여주인공 엠마 보바리는 사교계의 여왕으로 군림하고 싶어 한다. 하지만 이러한 욕망은 그녀에게 자연발생적으로 생긴 것이 아니다. 그녀의 욕망은 그녀가 사춘기 시절에 읽었던 삼류 소설과 잡지들에 나오는 여주인공들의 생활에서 암시받은 욕망이며 그 여자들을 모방하고자 하는 욕망이다.

착실한 의사 남편이 벌어주는 돈으로 금전적 어려움을 느끼지 못하고 평범한 가정주부의 안정된 삶을 살아온 그녀는 어느 날 자신의 현재 생활이 무미건조하고 따분하다는 자각을 하게 된다. 그녀는 어린 시절의 꿈이 사교계의 여왕이 되는 것이었다는 사실을 떠올리면서, 그 꿈을 실현하고자 하는 욕망이 자기 내부에서 솟아나는 것을 느낀다. 하지만 그녀의 욕망은 어릴 때 읽었던 삼류소설의 여주인공, 또는 파리의 유행잡지에 나오는 여주인공을 통해서 얻은 낭만적인 욕망이다.

유행잡지의 여주인공을 중개자로 두게 된 이 삼각형의 욕망에서 주체와 중개자 사이의 거리는 돈키호테와 아마디스 사이의 거리보다 가깝다. 더구나 엠마 보바리는 여행을 하면서 중개자를 만날 수도 있고 실제로 어떤 파티에 초청됨으로써 중개자를 만나기도 한다. 그러나 돈키호테가 이상적인 기사라는 대상을 놓고 아마디스와 경쟁관계에 빠질 수 없는 것처럼, 또는 산초 판사가 가공의 섬을 놓고 돈키호테와 경쟁관계에 빠질 수 없는 것처럼, 엠마 보바리가 중개자인 파리의 여성들과 경쟁관계를 가질 수는 없다. 그런 점에서 이 두 소설이 지닌 삼각형의 구조는 성질이 유사하다.

그러나 여기에서 플로베르의 주인공이 세르반테스의 주인공보다 더욱 현대적이라는 것이 주체가 중개자를 모방하는 태도에서 드러난다. 다시 말하면 세르반테스의 주인공 돈키호테는 자신이 욕망의 중개자 아마디스를 모방하고자 한다는 것을 공공연하게 말하는 반면, 플로베르의 주인공 엠마 보바리는 자기가 욕망의 중개자인 파리의 여성들을 모방한다는 사실을 감추고 있다. 말하자면 근대 이전에는 주체가 모방하고자 하는 대상을 공공연하게 밝히는 데 반하여, 현대 사회에서는 주체가 타자를 모방하면서도 모방 대상을 밝히지 않고 모방 자체를 터부시함으로써 자기기만에 빠지는 특색을 지니고 있다.

그렇지만 이들 작품에서 욕망의 주체와 중개자 사이에 경쟁관계가 없다는 것은 그 주인공들이 아직 행복한 상태에 있는 것이라고 평가할 수 있다. 왜냐하면 스탕달의 『적과 흑』에 등장하는 욕망의 주체와 중개자는 욕망의 대상을 두고 서로 경쟁관계에 있기 때문이다.

가령 이 소설의 서두에는 베리에르라는 소읍의 읍장 레날 씨와 레날 부인이 산책하는 장면이 나온다. 이때 레날 씨가 자기 아이들의 가정교사로 쥘리앵 소렐을 데려올까 생각하는 것은 자기 자식을 걱정하기 때문도 아니고 자기 자식의 공부 때문도 아니고, 오직 발르노라는 자기 경쟁자와의 경쟁의식 때문이다. 그러한 예로 레날 씨가 쥘리앵에 대한 결정을 내리지 못하고 있을 때 레날 부인이 "그는 우리에게서 쥘리앵을 빼앗아갈 수도 있을 거예요"라고 함으로써 레날 씨의 결정을 촉진하는 것을 볼 수 있다. 레날 씨가 이러한 결정을 내리는 데 더욱 기여한 것은 그의 경쟁자 발르노가 자신의 사륜마차를 이끌 노르망디 산(産) 말 두 필을 구입해놓고 그것을 대단히 자랑한 사건이다. 레날 씨는 아직 가정교사를 두지 않은 발르노가 쥘리앵을 가정교사로 데려가기 전에 자기 집 가정교사로 데려오는 것이 유리하다고 판단하고, 발르노와 경쟁해서 이기기 위해 결정을 서두른다.

이러한 관계를 삼각형의 구조에 대입해보면, 레날 씨가 주체의 위치에 있고 쥘리앵이 대상의 위치에 있다면, 발르노는 중개자의 위치에 있다. 여기에서 주목하게 되는 것은 주체인 레날 씨와 중개자인 발르노 씨가 동일한 세계에서 동일한 대상을 서로 경쟁적으로 욕망할 가능성이 있다는 것이다. 지라르는 이처럼 주체와 중개자 사이에 경쟁관계가 있는 것을 내면적 간접화(médiation interne)라 하고, 『돈키호테』나 『보바리 부인』에서처럼 주체와 중개자 사이에 경쟁관계가 없는 것을 외면적 간접화(médiation externe)라고 한다.

현대소설이 현대의 시장경제체제와 마찬가지로 욕망의 간접화 현상을 더욱 심화된 것으로 묘사하는 것은 어쩌면 당연할지도 모른다.

지라르는 스탕달 소설의 주인공들이 욕망의 간접화, 특히 내면적 간접화를 도발하고 그것을 이용하기까지 하는 현상을 분석하고 있다. 즉 레날 씨가 쥘리앵 소렐을 자기 집 가정교사로 데려오기 위해서 소렐 영감과 흥정할 때, 소렐 영감은 "우리는 다른 데 가면 더 좋은 조건을 찾아낼 것입니다"라고 함으로써 주체인 레날 씨로 하여금 중개자 발르노를 연상하게 하고 그에게 경쟁의식을 느끼게 한다는 것이다. 실제로 그 말을 들음으로써 쥘리앵을 가정교사로 삼고자 하는 레날 씨의 욕망은 배가된다.

이것은 오늘날 우리 자신의 욕망이 고도 산업사회의 광고에 따라서 도발되고 간접화하는 현상과 다를 바 없다. 다시 말하면 필요에 따라, 즉 사용가치에 따라 어떤 욕망을 갖는 것이 아니라 다른 사람과의 경쟁관계, 즉 교환가치에 따라 어떤 욕망을 가질 수밖에 없는 사회구조가 작품 속에서 그대로 드러나고 있다. 이러한 현상은 쥘리앵이 마틸드 드 라 몰 양을 손아귀에 넣기 위해서 페르바크 원수부인의 마음에 들고, 그 광경을 마틸드에게 보여줌으로써 마틸드로 하여금 쥘리앵을 욕망하게 만드는 데에서도 드러난다. 여기에서는 주체가 마틸드이고 중개자는 페르바크 원수부인이며 대상은 쥘리앵 자신이다. 이때 마틸드가 쥘리앵을 욕망하는 것은 페르바크 원수부인의 암시를 받고 경쟁의식을 느끼기 때문이다.

이처럼 경쟁관계라는 내면적 간접화 현상은 바로 가짜 욕망에 해당하며, 골드만의 표현에 따르면 교환가치에 해당한다. 또한 우리의 욕망마저 간접화해버린 오늘의 사회에서 소설 주인공의 욕망이 더욱 심한 간접화 현상을 일으키는 것은 너무나 당연하다. 따라서 지라르는 욕망의 간접화 현상을, 다시 말하면 삼각형의 욕망을 프루스트나 도스토옙스키의 작품을 분석함으로써 그 주인공들에게서도 발견해낸다. 가령 『잃어버린 시간을 찾아서』의 화자 마르셀이 어른이 되어 속물근성을 보일 때에도 욕망의 간접화가 일어나고 있음을 보여준다. 그는 스탕달에게서의 허영심이 프루스트에게서 속물근성으로 나타나고 있다고 분석하면서 다음과 같이 말한다.

> ……욕망된 대상의 변모는 스탕달에게서보다 프루스트에게서 더욱 극심하고, 질투와 선망은 더욱 빈번하며 더욱 강렬해진다. 『잃어버린 시간을 찾아서』의 모든 인물의 경우 사랑이 질투에, 즉 경쟁자의 존재에 완전히 종속되어 있다고 말해도 과언이 아니다. 따라서 욕망의 발생에서 중개자가 행하는 특권적인 역할이 전보다 더욱 명백해진 것이다. 프루스트의 화자는, 『적과 흑』에서 대부분 암시만으로 그쳤던 삼각형의 구조를 매순간 분명한 언어로 정의하고 있다.(본문 66~67쪽)

지라르는 삼각형의 욕망의 구조가 사교계의 속물근성에서도 나타나는데, 그 이유는 속물도 하나의 모방자이기 때문이라는 것이다. 프루스트의 주인공들은 속물이란 자신의 개인적 판단을 믿지 못하고 다른 사람들이 욕망하는 대상들만 욕망하는 존재라는 점에서 플로베르의 보바리즘과 상통하지만, 모방하는 대상이 단 하나에 국한되지 않았다는 점에서는 그보다 더 비극적인 욕망의 주인공들이다.

그러나 속물들 사이의 경쟁관계로 설명할 수 있는 프루스트에게서 나타나는 삼각형의 욕망보다 더욱 고통스러운 것은 아버지와 아들 사이의 경쟁관계로 설명할 수 있는, 도스토옙스키에게서 나타나는 삼각형의 욕망이다. 아흐마코바 장군부인이라는 동일한 여인을 사랑하는 돌고루키와 베르실로프의 관계는 욕망의 간접화라는 용어로써만 설명할 수 있다. 왜냐하면 돌고루키의 열정은 아버지의 열정에서 베껴온 것이기 때문이다.

……아버지로부터 아들로의 이 간접화는 우리가 콩브레 시절에 관해 정의한 바 있는 프루스트의 유년기에 나타난 외면적 간접화가 아니라, 중개자를 지독히 미워하는 경쟁자로 삼게 되는 내면적 간접화이다. 그 불행한 사생아는 자기의 의무를 완수하지 않는 아버지와 똑같은 사람이며, 동시에 아들을 내동댕이쳐버리는 알 수 없는 행동을 한 사람에게 매혹된 희생자이다. 따라서 돌고루키를 이해하려면 그를 이전 소설들에 나온 어린애나 부모들과 비교해서는 안 되고, 차라리 자신을 받아들이기를 거부하는 사람에게 매혹되는 프루스트의 속물과 비교해야 한다. 그러나 이러한 비교도 완전히 정확하지는 않다. 왜냐하면 아버지와 아들 사이의 거리가 두 속물 사이의 거리보다 가깝기 때문이다.(본문 91~92쪽)

그런 점에서 본다면 돌고루키의 시련은 프루스트의 주인공인 속물의 시련이나 질투를 느끼는 사람의 시련보다 훨씬 더 고통스러울 것이 분명하다.

「영원한 남편」의 주인공 파벨 파블로비치와 벨차니노프 사이에도 욕망의 간접화 현상이 일어난다. 파벨 파블로비치는 벨차니노프의 중개에 따라서만 욕망을 품으며, 따라서 '욕망되고 도발되고 은밀하게 두둔받는 질투의 화신으로서' 자기 애인을 다시 쫓아다니고, 또 자기 내부에서 애인을 향한 사랑을 다시 느끼기 위해 애인이 부정을 저지르기를 바라게 된다. 두 사람 사이의 열렬한 우정관계는 경쟁이라는 강렬한 감정으로 배가되지만, 그 경쟁관계는 표면으로 드러나지 않고 감추어져 있다.

여기에서 또 하나 드러나는 것은 아내에게 속은 남편의 증오심이다. 이 증오심에는 숭배의 감정이 감추어져 있다. 이 감정을 밝혀낸 지라르는 주인공이 '사랑하는 여자를 중개자에게 밀어보냄으로써 중개자로 하여금 그 여자를 욕망의 대상으로 삼게 한 뒤에 욕망의 경쟁에서 승리하려는 것'임을 증명한다. 그것은 이들 주인공에게서 욕망의 간접화가 모두 심화된 내면적 간접화라는 특색을 지니고 있음을 말해준다.

그런데 타인을 모방하고자 하는 욕망은 타인이 되고자 하는 욕망이며, 그 욕망의 강도는 대상이 소유하고 있는 '형이상학적 위력'에 달려 있고, 그 위력은 대상과 중개자 사이의 거리가 가까울수록 강하다. 욕망의 삼각형이 이등변삼각형이라는 것을 전제로 하면 주체와 중개자 사이의 거리가 멀면 대상과 중개자 사이의 거리도 멀고, 주체와 중개자 사이의 거리가 가까우면 대상과 중개자 사이의 거리도 가까워진다. 따라서 중개자가 주체에 가까이 접근할수록 간접화한 형이상학적 욕망은 더욱 강렬해진다. 그것은 중개자와 주체 사이의 거리가 가까워질 경우 대상과 중개자를 구분할 수 없게 된다는 것을 뜻하며, 욕망도 그만큼 강렬해진다는 것을 뜻한다.

지라르는 대상과 중개자를 구분할 수 없을 만큼 욕망이 강렬해지면 주체가 엄청난 고통 속에 빠지지만, 고행의 과정을 거쳐 그 형이상학적 욕망의 정체를 알게 되는 마지막 순간에는 '전향'(conversion)이라는 종교적 개심에 도달한다는 것을 밝히기에 이른다. 『돈키호테』의 주인공은 죽음이 임박해서 기사도를 향한 자신의 열정이 '악마들림'이라는 사실을 알고, 그로부터 해방되어 예전의 삶을 거부할 수 있게 된다. 『적과 흑』의 주인공은 죽음을 앞두고 권력을 향한 자신의 의지를 철회하고, 그를 매혹시키던 세계에서 초연해지며, 마틸드를 향한 열정을 철회하고 레날 부인에게 달려감으로써 자신의 방어를 포기한다. 『죄와 벌』의 주인공은 결말에서 고립을 이겨내고 복음서를 읽으며 오래전부터 맛보지 못했던 평화를 느낀다. 프루스트는 자신의 임종을 앞두고 집필한 『되찾은 시간』에서, 주인공이 명철한 의식상태로 죽음으로써 부활에 도달하는 것으로 작가 자신의 우상숭배에서 벗어난다.

수직적 초월

위대한 소설의 결말 부분에 관한 지라르의 분석은 구원을 마지막 목표로 삼는 종교적 결말로 끝난다. 그러나 골드만을 비롯한 많은 문학 연구자는 지라르의 이론에서 마지막 결론에 중요성을 부여하지 않고, 인간의 욕망이 간접화하여 주체와 중개자와 대상 사이에 삼각형의 구조를 형성하는 그 상호관계의 역동성에 주목하여 문학작품을 분석하는 하나의 틀로 활용하고 있다.

지라르는, 소설이란 문제적 주인공을 통하여 타락한 세계에서 타락한 방법으로 진정한 가치를 추구하는 이야기라는 점에서 골드만과 의견을 같이하면서도, 소설가가 소설을 씀으로써 타락한 세계로부터 수직적인 초월을 하여 진실에 도달한다고 한 점에서는 의견을 달리한다. 소설이란 타락한 세계에서 진정한 가치를 추구하는 현상이지 초월 자체가 아니라는 유물론자 골드만과, 소설이란 타락한 세계에서 작가 자신이나 소설 주인공의 마지막 순간의 전환으로 초월을 가져오는 것이라고 보는 기독교적인 지라르 사이에서 우리는 삶과 세계를 바라보는 전망의 차이를 읽을 수 있다.

소설(문학)과 사회의 구조적 동질성

이상에서 살펴본 바와 같이 지라르의 '삼각형의 욕망' 이론은 한편으로는 우리 자신이 살고 있는 사회의 욕망의 성질과 그 구조를 드러내며, 다른 한편으로는 이 이론을 통해 과거의 소설들을 다시 분석해볼 수 있음을 보여준다. 우리가 아직 인간적인 사회에 살고 있다는 환상을 지니고 있는 사이에 우리 자신의 욕망마저 이처럼 간접화하고 사물화해버린 이 현실에서, 이에 관한 올바른 인식에 도달하는 길은 문학작품을 새로이 분석하고 해석하려는 우리의 노력 속에서 가능하다. 또한 문학작품의 총체성에서 우리가 이미 알고 있는 것은 극히 한정되어 있기 때문에, 그 총체성을 밝히는 작업은 문학 연구의 영원한 과제가 아닐 수 없다.

아마도 바로 그러한 이유 때문에 골드만은 루카치와 지라르의 이론에서 출발하여 발생구조주의라는 새로운 문학사회학을 시도했을 것이다. 또한 이러한 의도를 인정한다면 우리에게 중요한 것은 우리 문학에 대한 다각적인 분석이며, 그 분석으로 우리는 문학과 사회의 관계에 대한 더욱 과학적인 해석에 이를 수 있을 것이다.

이와 같은 분석과 해석에서 중요한 것은 어떤 특정한 주제나 현상을 파악하는 데 있는 것이 아니라 그 주제와 현상의 보편적 의미를 깨닫는 데 있다. 가령 1970년대에 한때 창녀소설이 아주 많이 나왔다고 했을 때, 우선은 대부분 주인공이 창녀라는 사실을 아는 것도 필요하지만 그것은 기본적인 것에 지나지 않는다. 다시 말하면 그러한 창녀 신분이 왜 갑자기 소설의 주인공 신분으로 대두되었는가, 그러한 주인공들의 신분이 독자들에게 어떻게 받아들여졌는가를 아는 것도 중요하지만 그 소설의 주제가 과연 창녀라는 소재였는가 생각해보고, 그러한 소재와는 전혀 다른 어떤 패러다임을 발견할 수 없었는가, 그리하여 그 구조적 특성에서 보편적인 어떤 의미를 발견할 수 없는가 찾아보는 것이 더욱 중요하고, 더욱 필요한 것이다.

또한 그것만이 문학 비평이나 문학 연구가 1차 독서가 아닌 2차, 3차 독서가 되는 길이고, 그럴 경우에만 문학 비평과 문학 연구는 문학과 삶과 세계에 대한 질문을 던지게 되며, 그 질문으로 그것들의 어느 일면을 밝힐 수 있다. 그것은 문학과 사회의 관계도 이처럼 문학의 소재에 의해서만 밝혀지는 것이 아니라 그것을 지배하는 욕망의 구조나 폭력의 존재양태를 통해서, 또는 소외의 구조를 통해서 밝혀질 수 있다는 것을 뜻한다. 문학의 소재에 의해서 밝혀지는 것은 오히려 극히 평면적인 데 지나지 않는 반면, 문학작품의 총체적인 구조에 의해 밝혀지는 것은 문학과 사회, 문학과 삶의 더욱 깊은 관계를 드러낼 수 있다는 점을 이 책은 정교하고 세련되게 보여주고 있다.

나의 부모님께 바친다.

인간은 신이나 우상에 사로잡혀 있다.

막스 셸러

1 '삼각형의' 욕망

산초(Sancho)[1]여, 저 유명한 아마디스 데 가울라(Amadis de Gaule)[2]가 완벽한 방랑기사들 중 하나였다는 것을 네가 알기를 나는 바란다. 그러나 완벽한 사람들 중 하나라니 내가 무슨 말을 하고 있는가? 이 세상에 있었던 모든 사람 가운데서 유일한 사람이고, 제일인자이며, 독창적인 사람이고, 우두머리이며, 지배자라 불러야 한다. 어떤 화가가 자신의 예술에서 유명해지고자 할 때는 그가 알고 있는 가장 훌륭한 거장들의 원본(原本)을 모방한다고 나는 말해둔다……. 그리고 이와 똑같은 법칙이 공화국의 장식으로 사용되는 중요한 일에나 대부분의 직업에 적용된다. 또한 그리하

1) 세르반테스의 소설 『돈키호테』의 작중인물로, 돈키호테의 시종 노릇을 한다.
2) 『아마디스』라고도 한다. 애초에는 가울라(갈리아 지역)의 아마디스라는 의미였다가 데 가울라가 아마디스의 성(姓)이 되었다. 아마디스를 주인공으로 한 이 기사담의 저자는 포르투갈인으로 추정되는 로베이라(Juan de Lobeira)이며, 12세기 초엽부터 스페인에서 구전(口傳)되어 내려오다가 1508년 몬탈보(Garcia Rodriguez de Montalvo)에 의해 손질되어 『아마디스 데 가울라』라는 제목으로 출간되었다. 이 책을 돈키호테가 읽고 아마디스를 자신의 모델로 삼는다.

여 조심성이 있고 인내심이 있다는 명성을 얻고자 하는 사람은 호메로스(Homère)가 사람됨됨이나 하는 일에서 조심성과 인내심의 표본으로 그려놓고 있는 오디세우스(Ulysse)[3]를 모방함으로써 그렇게 될 수 있다. 그것은 마치 베르길리우스(Virgile)[4]가 아이네아스(Enée)라는 사람을 통해서 효성스러운 아들의 가치와 용감한 지도자의 총명을 보여준 것과 같다. 이때 베르길리우스는 그 가치나 총명을 있는 그대로 그리지도 않았고, 있는 그대로 드러내지도 않았으며, 앞으로 올 장래에 미덕(美德)의 본보기로 사용되기 위해서 그래야 할 것으로 그렸던 것이다. 이와 마찬가지로 아마디스는 용감하고 사랑에 빠진 기사들의 북극(北極)이며, 별이며, 태양이다. 그리고 사랑과 기사도의 깃발 아래 싸우는 우리는 모두 그를 모방해야 한다. 그리하여 내 친구 산초여, 그를 가장 잘 모방하는 방랑기사는 기사도의 가장 완벽한 단계에 가장 가까이 도달하게 될 것이라고 나는 생각한다.

돈키호테(Don Quichotte)는 자기 개인의 근본적인 특권을 아마디스를 위해 포기했다. 그는 이제 자기 욕망의 대상을 선택하지 않는다. 그를 대신해서 욕망을 선택하는 것은 아마디스이다. 아마디스의 제자가 된 돈키호테는 그에게 지시된 대상을 향하여, 또는 지시된 것처럼 보이는 대상을 향하여 덤벼들게 되는데, 이때 이 대상들은 기사도 전체의 모델(modèle)이라 하겠다. 우리는 이 모델을 욕망의 중개

3) 그리스 신화의 영웅이며, 호메로스의 서사시 『오디세이아』의 주인공. 『오디세이아』의 틀에 맞추어 제임스 조이스가 쓴 장편소설 『율리시스』가 나온 뒤부터 율리시스로 더 잘 알려져 있다.

4) 로마 시인(B.C. 70~B.C. 17). 대표작 『아이네이스』(*l'Enéide*)는 라틴 민족의 위대한 장편 서사시로서 유럽 문학에 지대한 영향을 미쳤다고 이야기된다.

자(médiateur du désir)라고 부를 것이다. 기독교인으로서의 삶이 바로 예수 그리스도를 모방하는 것이라는 의미에서, 기사로서의 삶은 바로 아마디스를 모방(imitation)하는 것이다.

대부분의 허구에 의한 작품들, 즉 소설에서 작중인물들은 돈키호테보다 더 소박하게 무엇인가를 욕망한다. 여기에는 중개자가 없다. 오직 주체(sujet)와 대상(objet)이 있을 뿐이다. 그런데 주인공의 열정을 불러일으킨 대상의 '본성'(nature)이 욕망을 설명하기에 충분하지 못할 때는 열정에 사로잡힌 주체로 관심을 바꾸게 된다. 그렇게 되어서 주체의 '심리'를 분석하게 되고 주체의 '자유'에 호소하게 된다. 하지만 그래봐야 욕망은 언제나 자연발생적이다. 즉 그 욕망을 묘사하기 위해서는 주체와 대상을 이어주는 간단한 직선을 하나 그리기만 하면 된다.

그 직선은 돈키호테의 욕망에서도 나타난다. 그러나 이 직선은 본질적인 것이 아니다. 이 직선 위에 주체와 대상 쪽으로 동시에 선을 긋고 있는 중개자가 있다. 이 삼각관계를 표현하는 공간적 비유는 분명히 삼각형이다. 이 경우 대상은 사건에 따라 매번 바뀌지만 삼각형은 그대로 남아 있다. 이발사의 대야나 페드로의 꼭두각시들이 풍차를 대신한다. 그러나 아마디스는 여전히 거기에 있다.

세르반테스(Cervantès)의 소설에서 돈키호테는 삼각형의 욕망(désir triangulaire)의 희생자 가운데 본보기이다. 그러나 그 혼자만이 희생자인 것은 아니다. 그다음으로 가장 크게 당한 희생자는 그의 시종 산초 판사이다. 물론 산초 판사의 어떤 욕망들은 모방한 욕망이 아니다. 예를 들면 치즈 한 조각을 보았다거나 포도주 한 부대를 보았을 때 느낀 욕망은 모방한 욕망이 아니다. 그러나 산초는 자신의 위장을 채우는 욕망 이외에 다른 야심을 품고 있다. 돈키호테를 자주 만나게 된 뒤로 그는 자기가 통치자가 될 '섬' 하나를 꿈꾸고, 자기

딸에게도 공작부인 칭호를 가지게 하고 싶어 한다. 이런 종류의 욕망들은 산초처럼 소박한 사람에게 자연발생적으로 일어난 것이 아니다. 이러한 욕망들을 그에게 암시해준 것은 바로 돈키호테이다.

이 경우에 암시는 말로 한 것이지 글로 한 것이 아니다. 그러나 말로 하거나 글로 한 차이는 별로 중요하지 않다. 이 새로운 욕망들이 새로운 삼각형을 하나 형성하는데, 그 세 꼭짓점을 가공의 섬, 돈키호테, 산초가 각각 차지하게 된다.[5] 돈키호테는 산초의 중개자이다. 삼각형의 욕망의 효과는 두 작중인물에게 동일하다. 중개자의 영향이 느껴지는 순간부터 현실감각은 사라지고 판단력은 마비된다.

이와 같은 중개자의 영향은 산초의 경우보다도 돈키호테의 경우에 훨씬 깊고 변하지 않는다. 그런데 낭만적인 독자들은 이 소설에서 **이상주의자**(idéaliste) 돈키호테와 **현실주의자**(réaliste) 산초 사이에 있는 대립관계밖에 보지 못했다. 그러나 이러한 대립은 사실이지만 부차적인 것이다. 이 대립 때문에 두 인물 사이의 유사성을 잊어서는 안 된다. 기사도의 열정은 **타인을 따르는** 욕망(un désir selon l'Autre)을 정의하게 되고, 그것은 **자신을 따르는** 욕망(le désir selon Soi)에 대립되며, 우리들 대부분은 자신을 따르는 욕망을 즐기는 것을 자랑으로 여긴다. 돈키호테와 산초는 그들의 욕망을 **타인**(l'Autre)에게서 빌려오는데, 이때 그 빌려오는 동작이 너무도 근본적이고 너무도 독창적이어서, 그들은 그 동작 자체를 **자기 자신**이고자 하는 의지(volonté

---

5) 이것을 도표로 그려보면 다음과 같다.

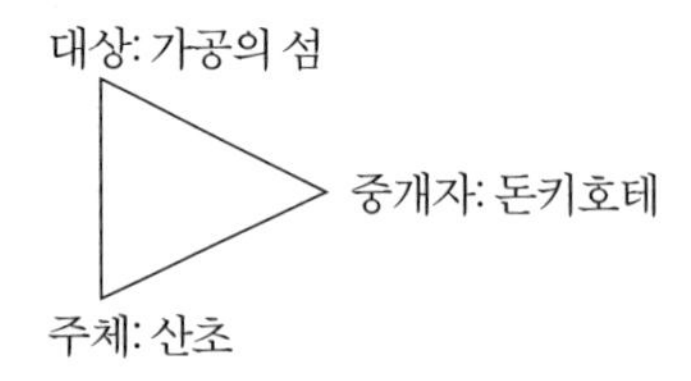

d'être soi)와 완전히 혼동하게 된다.

아마디스가 우화적인 인물이라고 할지도 모르겠다. 하지만 그 우화(fable)의 저자가 돈키호테인 것은 아니다. 중개자는 상상의 인물이지만, 그렇다고 간접화(médiation)가 상상적인 것은 아니다. 주인공의 욕망 뒤에는 어떤 제삼자, 즉 아마디스의 창조자인 기사도 소설의 저자의 암시가 있는 것이다. 세르반테스 작품인 『돈키호테』는 가장 건전한 정신의 소유자들이 서로에게 미칠 수 있는 불길한 영향력에 관한 일종의 긴 간접화 현상이다. 돈키호테는 그의 기사도를 제외하고는 무슨 일에나 많은 지각능력을 가지고 이치를 따진다. 그가 좋아하는 작가들 역시 미친 사람들이 아니다. 즉 그 작가들은 그들의 허구인 소설을 진지하게 생각하지 않는다. 그런데 여기에 착각이 생긴다면, 그것은 명석한 두 의식의 기묘한 결합의 산물일 것이다. 인쇄기술을 발명한 이후 점점 더 널리 퍼지고 있는 기사도 문학은 이와 비슷한 결합이 일어날 기회를 엄청나게 증가시키고 있다.

* * *

플로베르(Flaubert)의 소설들에서도 타인을 따르는 욕망과 문학의 '종자의'(séminale) 기능이 발견된다. 엠마 보바리(Emma Bovary)는 낭만적인 여주인공들을 통하여 욕망을 품게 되고 따라서 그녀의 상상력은 바로 그 낭만적인 주인공들로 가득 차 있다. 그녀가 사춘기 시절에 읽었던 삼류소설들은 그녀 내부에 있는 모든 자연발생적인 성질을 파괴했다. 이 보바리즘(Bovarysme)의 정의에 관해서는 쥘 드 고티에(Jules de Gaultier)[6]에게 물어야 한다. 고티에는 플로베르

6) 프랑스의 비평가. 그의 에세이 「보바리즘」은 이 분야에서 가장 권위있는 연구

의 거의 모든 인물에게서 이 보바리즘을 발견한다. 즉 '똑같은 무지, 똑같은 변덕스러움, 개인적인 반응의 결여와 같은 것은 인물들로 하여금 내부에서 나온 자기암시(auto-suggestion) 대신 외부 환경의 암시에 따르도록 그들을 예정짓는 듯하다.' 고티에는 또한 그의 유명한 에세이에서 다음과 같이 관찰하고 있다. 즉 플로베르의 주인공들은 스스로를 현재의 자신들과는 다른 사람으로 생각하려는 그들의 목표에 도달하기 위해서 '모델'을 하나 정하고, '그들이 그렇게 되기로 결정한 인물에게서 모방할 수 있는 모든 것, 모든 외부적인 것, 모든 외관, 즉 몸짓 · 억양 · 옷차림을 모방한다.'

외부적인 모습의 모방이 가장 두드러진다. 그러나 세르반테스와 플로베르의 인물들은 스스로가 자유롭게 선택한 모델들의 **욕망**을 모방하거나, 모방한다고 믿고 있다는 사실에 특히 주목하자. 스탕달(Stendhal)과 같은 세 번째 소설가도 역시 그의 주인공들의 인격 형성에서 모방과 암시의 역할을 강조하고 있다. 마틸드 드 라 몰(Mathilde de la Mole)[7]은 자신의 모델들을 그녀의 가족사 속에서 취한다. 쥘리앵 소렐(Julien Sorel)[8]은 나폴레옹을 모방한다. 『세인트 헬레나의 회고록』(*Le mémorial de Sainte-Hélène*)과 『대군(大軍)의 보고서』(*les Bulletins de la Grande Armée*)는 기사도 소설들과 낭만적인 괴상한 언동을 대신한다. 파름(Parme)의 성주[9]는 루이 14세를 모방한다. 아그드

서로 통한다.

7) 스탕달의 『적과 흑』에 나오는 여주인공의 한 사람으로, 파리의 유명하고 영향력 있는 드 라 몰 후작의 딸이다. 쥘리앵 소렐이 레날 부인에게 총을 쏘게 되는 것은, 이 마틸드 드 라 몰과 결혼함으로써 출세하고자 한 쥘리앵의 계획을 레날 부인이 실패하게 만든 데에 직접적으로 기인한다.

8) 『적과 흑』의 주인공. 가난한 제재소집의 막내아들로 태어나 나폴레옹의 회고록을 열심히 읽는다.

9) 스탕달의 소설 『파름의 수도원』의 주인공.

(Agde)[10]의 젊은 사제는 거울 앞에서 강복식(降福式)을 연습한다. 그는 존경할 만한 늙은 성직자를 흉내내면서 자기가 그들과 충분하게 닮지 못할까봐 두려워한다.

여기에서 역사란 문학의 한 형식에 지나지 않는다. 역사는 스탕달의 모든 인물에게 감정, 특히 그들이 자연발생적으로 느끼지 못할 욕망을 암시해준다. 가령 쥘리앵이 레날(Rênal) 집안에 일하러 들어가게 되었을 때, 그는 루소(Rousseau)[11]의 『고백』(*Confessions*)에서 하인들의 식탁에서 식사하는 것보다 차라리 주인의 식탁에서 식사하고자 하는 욕망을 배워온다. 스탕달은 '복사'(copie)와 '모방'의 모든 형식을 허영심(vanité)이라는 이름으로 지칭한다. 허영심 많은 사람(vaniteux)은 자신의 욕망을 자신의 내부에서 끌어내지 못한다. 그는 그것을 다른 사람에게서 빌려온다. 따라서 허영심 많은 사람은 돈키호테와 엠마 보바리의 형제들이다. 그리고 우리는 스탕달의 소설에서 이 삼각형의 욕망을 다시 찾아볼 수 있다.

『적과 흑』(*Le Rouge et le Noir*)의 서두에는 마을의 읍장과 그 부인이 베리에르(Verrières) 마을에서 산책하는 장면이 나온다. 레날 씨는 축대 사이를 걸으면서 엄숙한 표정을 짓고 있지만 고민하고 있다. 그는 쥘리앵 소렐을 자기 두 아들의 가정교사로 만들고 싶은 욕망을 품고 있다. 하지만 그것은 자식들에 대한 염려 때문도 아니고 지식에 대한 사랑 때문도 아니다. 부부 사이의 대화가 그 욕망의 메커니즘을 곧 우리에게 드러내준다.

—발르노 씨에게는 그의 아이들을 위한 가정교사가 없소.[12]

---

10) 『적과 흑』에 나오는 인물.

11) 장-자크 루소(Jean-Jacques Rousseau, 1712~78). 프랑스의 사상가·소설가.

12) 『적과 흑』을 보면 이 이야기 바로 직전에 "발르노 씨는 그의 사륜마차를 끌 요새 사들인 노르망디 산(産) 말 두 필을 대단한 자랑으로 여기고 있소. 하지만

—그는 우리에게서 쥘리앵을 빼앗아갈 수도 있을 거예요.

발르노(Valenod)는 레날 씨 다음으로 베리에르에서 가장 부자이고 가장 영향력 있는 사람이다. 그래서 베리에르의 읍장은 소렐 영감과 함께 협상을 진행하는 동안 눈앞에 떠오르는 그의 경쟁자 모습을 내내 보고 있다. 그는 소렐 영감에게 매우 유리한 제안들을 하지만, 꾀 많은 농부 소렐 영감은 기발한 답변을 생각해낸다. "우리는 다른 데서 더 나은 자리를 찾을 수도 있는데요." 그러자 레날 씨는 발르노가 쥘리앵을 고용하려 한다고 확신하게 되었고, 그리하여 그의 욕망은 두 배로 증가하게 된다. 구매자가 지불할 마음이 있는 것보다 더 비싼 가격은, 그가 자신의 경쟁자에게 있다고 상상하는 욕망에 따라 매겨진다. 그러니까 이 상상적인 욕망의 모방현상이 일어난 것이다. 더구나 모방 중에서도 빈틈없이 꼼꼼한 모방이다. 왜냐하면 복사된 욕망에서 모든 것은, 심지어 그 열성의 정도까지도 모델로 간주된 욕망에 따라 결정되기 때문이다.

소설의 마지막 부분에서 쥘리앵은 마틸드 드 라 몰을 다시 정복하고자 한다. 그래서 댄디(dandy)인 코라소프(Korasof)의 충고에 따라 그는 아버지와 같은 종류의 계교[13]를 동원한다. 그는 페르바크(Fervaques) 원수부인의 환심을 사려고 애쓴다. 그는 이 여자의 욕망을 불러일으키고, 그것을 마틸드에게 구경시킴으로써 마틸드에게 원수부인의 욕망을 모방하도록 암시하고자 한다. 물이 조금만 있으면 펌프에 맞물을 부을 수 있는 것처럼, 욕망이 약간만 있어도 허영의 존재가 욕망의 불꽃을 당기기에 충분하다.

그에게는 그의 아이들을 위한 가정교사가 없소"라고 되어 있다.

13) 레날 시장이 소렐 영감에게 쥘리앵을 자기 집 가정교사로 데려가겠다면서 아주 유리한 조건을 내걸었을 때 소렐 영감은 "다른 데서 더 나은 자리를 찾을 수도 있는데요"라고 함으로써 레날 시장의 욕망을 배가한다.

쥘리앵은 그의 계획을 실행에 옮기고 모든 것은 그가 예상했던 대로 진행된다. 원수부인이 그에게 보인 관심이 마틸드의 욕망을 일깨우게 된다. 그리하여 그 삼각형이 다시 나타난다……. 마틸드, 페르바크 원수부인, 쥘리앵……. 레날 씨, 발르노, 쥘리앵……. 그러니까 스탕달이 허영심에 관해 이야기하게 되면, 그 문제가 야심, 거래, 사랑 또는 무엇이든 간에 그때마다 그 삼각형이 다시 나타난다. 경제구조가 모든 인간관계의 원형을 제공한다고 생각하는 마르크스주의 비평가들이, 소렐 영감의 간사한 수단과 그 아들의 연애전략 사이의 유사성을 아직 지적하지 못했다는 것은 놀라운 일이다.

어떤 허영심 많은 사람이 어떤 대상에 대한 욕망을 품기 위해서는 그 대상이 명성이 높은 제삼자에 의해 이미 욕망되었다는 사실을 확인하기만 하면 된다. 여기서 중개자는 허영심이 만들어낸 한 **경쟁자**가 되는데, 허영심은 말하자면 경쟁자의 존재를 불러들인 다음 그 경쟁자의 실패를 요구하게 된다. 중개자와 욕망하는 주체 사이의 경쟁심은 돈키호테나 엠마 보바리의 욕망과는 근본적으로 차이가 있다. 아마디스는 슬픔에 빠진 고아들을 보호하겠다고 돈키호테와 다툴 수도 없고, 그를 대신해서 거인들을 쳐부술 수도 없다. 반대로 발르노는 레날 씨에게서 가정교사를 빼앗아갈 수 있다. 페르바크 원수부인도 마틸드 드 라 몰에게서 쥘리앵을 빼앗아갈 수 있다. 스탕달의 작품에 나타난 대부분의 욕망에서는 중개자 자신도 대상을 욕망하고 있거나 또는 욕망할 수 있는 것이다. 욕망이 실재하는 것이든 추측된 것이든 간에 이 대상을 주체의 눈에 끝없이 욕망을 불러일으키는 것으로 보이게 만드는 것은 바로 중개자의 욕망이다. 간접화는 중개자의 욕망과 완전히 동일한 제2의 욕망을 태어나게 한다. 이것은 언제나 **경쟁관계**에 있는 두 욕망을 한꺼번에 다루게 된다는 것을 의미한다. 중개자는 장애물로서 역할을 하거나 또는 하는 것처럼 보여야만 모델로서 그의 역할을 할 수 있다. 카프카(Kafka)의 우화에 나오는 냉혹한 문지기처럼 모델은 그 제자에게 낙원의 문을 보여주고는, 단 한 번의 동일한 행동으로 낙원 안으로 들어가지 못하게 금지한다. 그러므로 레날 씨가 발르노에게 던진 시선과 돈키호테가 아마디스를 올려다보는 시선이 매우 다르다고 해서 놀라지 말자.

세르반테스의 소설에서 중개자는 도달할 수 없는 하늘나라의 왕좌에 앉아 있고, 그의 충직한 제자에게 자신의 태연자약함을 다소 전달해준다. 그러나 스탕달의 소설에서는 바로 이 중개자가 지상으로 내려왔다. 중개자와 주체 사이의 이 두 가지 유형의 관계를 명확히 구분한다는 것은 스탕달의 인물들 가운데 가장 비열하게 허영심이 많은 자들과 돈키호테 같은 인물을 구분해주는 거대한 정신적인 편차를 깨닫는 일이다. 삼각형의 모양은, 그것이 이러한 구분을 가능하게 해줄 경우에만 그리고 이 편차를 한눈에 가늠할 수 있게 해줄 경우에만 우리의 관심을 지속적으로 끌 수 있다. 이 이중의 목표에 도달하려면, 삼각형에서 중개자를 욕망의 주체로부터 분리시키는 거리를 다양하게 하기만 하면 된다.

분명히 이 거리는 세르반테스에게서 가장 크게 나타난다. 돈키호테와 그의 전설적인 아마디스 사이에는 어떠한 접촉도 있을 수 없다. 엠마 보바리만 해도 파리에 있는 중개자와 거리가 덜 떨어져 있는 셈이다. 왜냐하면 여행자들의 이야기, 각종 도서나 신문들이 수도 파리의 최신 유행을 용빌(Yonville)까지 보급시키기 때문이다. 엠마 보바리는 또 보비에사르(Vaubyessard) 집안에서 무도회가 열렸을 때 중개자와 더 접근하게 된다. 그녀는 신성불가침의 장소에 뚫고 들어가서 우상을 정면으로 바라본다. 그러나 이 접근은 일시적인 것이다. 엠마는 그녀의 '이상'(idéal)의 화신들이 욕망하는 대상을 결코 욕망할 수 없을 것이다. 그녀는 결코 이 이상의 화신들과 경쟁할 수 없을 것이고, 결코 파리로 떠날 수도 없을 것이다.

쥘리앵 소렐은 엠마가 할 수 없는 모든 것을 해낸다. 『적과 흑』의 서두에서 주인공과 그의 중개자 사이에 놓인 거리는 『보바리 부인』에서보다 덜하지 않다. 하지만 쥘리앵은 바로 이 거리를 뛰어넘는다. 그는 자기 고장을 떠난다. 그리고 자존심 강한 마틸드의 애인이 된다. 그는 신속하게 화려한 지위로 승격된다. 이처럼 중개자가 가까이 있음은 스탕달의 다른 주인공들의 경우에서도 나타난다. 바로 이 인접성이 우리가 앞에서 살펴본 플로베르나 세르반테스의 세계와 스탕달의 세계를 근본적으로 구분해준다. 쥘리앵과 마틸드, 레날과 발르노, 뤼시앵 뢰벤(Lucien Leuwen)과 낭시(Nancy)의 귀족들, 상팽(Sansfin)과 노르망디의 소지주(小地主)들 사이의 거리가 매우 가깝기 때문에 욕망의 경쟁이 가능한 것이다. 세르반테스와 플로베르의 소설들에서 중개자는 주인공의 세계 외부에 있었지만, 스탕달의 소설에서는 중개자가 주인공과 동일한 세계의 내부에 있다.[14]

소설작품들은 따라서 두 가지 기본적인 범주로 집약되는 셈인데, 두 범주 안에서 부차적인 구분들은 무한히 가능하다. 중개자와 주체가 각각 그 중심을 차지하고 있는 가능성이라는 두 구형(球形)에서 둘 사이의 거리가 서로 접촉하지 않을 만큼 충분히 떨어져 있을 경우, 우리는 그것을 **외면적 간접화**(médiation externe)라고 한다. 또한 그 두 구형이 서로 어느 정도 깊이 침범할 만큼 둘 사이의 거리가 상당히 좁혀져 있을 경우, 우리는 그것을 **내면적 간접화**(médiation

14) 이것을 도표로 그려보면 다음과 같다.

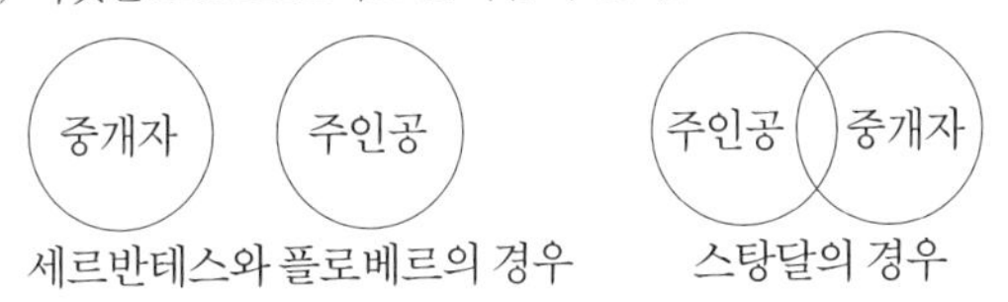

interne)라고 한다.

물론 중개자와 욕망하는 주체 사이의 간격은 물리적인 공간으로 측정되는 것이 아니다. 지리적인 거리가 떨어져 있다는 것이 하나의 요인이 될 수 있다고 할지라도, 중개자와 주체 사이의 거리는 우선 정신적인 것이다. 가령 돈키호테와 산초는 언제나 물리적으로는 서로 접근해 있다. 하지만 그들을 분리시키는 사회적·지적(知的)인 거리는 극복될 수 없다. 주인의 욕망의 대상을 하인이 욕망의 대상으로 삼는 일은 전혀 없다. 산초는 수도승들이 남기고 간 음식물들을 탐내고, 길에서 주운 금화 지갑을 탐내며, 돈키호테가 아낌없이 그에게 준 다른 물건들을 탐낸다. 가공의 섬(île fabuleuse)으로 말할 것 같으면, 자기 주인의 이름으로 모든 것을 소유하는 충성스러운 하인으로서 산초가 그 섬을 물려받기를 기대한 것은 바로 돈키호테 자신으로부터였다. 따라서 산초의 간접화는 외면적 간접화이다. 그러니까 중개자와의 어떠한 경쟁관계도 가능하지 않다. 이 두 동반자 사이의 조화로운 관계는 결코 심각한 정도로 흔들리는 법이 없는 것이다.

* * *

외면적 간접화의 주인공은 자기 욕망의 진정한 성격을 큰소리로 선언한다. 이 주인공은 자신의 모델을 공개적으로 존경하고 그 제자임을 자처한다. 돈키호테가 산초에게, 아마디스가 돈키호테의 삶에서 맡고 있는 특권이 주어진 역할을 설명하고 있는 것을 우리는 볼 수 있다. 보바리 부인과 레옹(Léon)[15]도 역시 그들의 서정적인 속내

15) 『보바리 부인』에서 엠마 보바리의 애인 가운데 하나이다. 변호사의 서기이며, 시골신사로 통한다.

이야기에서 욕망의 정체를 고백하고 있다. 『돈키호테』와 『보바리 부인』이라는 두 작품의 유사성은 고전적인 것이 되었다. 외면적 간접화의 유사점들을 이 두 소설 사이에서 느끼기란 언제나 쉬운 일이다.

스탕달에게서 모방은 그 당장에는 그래도 덜 해괴해 보인다. 그 이유는 스탕달 작품의 제자의 세계와 모델의 세계 사이에는 돈키호테나 엠마 보바리 같은 인물을 해괴하게 만들었던 차이가 없기 때문이다. 하지만 그렇다고 해서 모방이 외면적 간접화에서보다 내면적 간접화에서 덜 엄격하거나 덜 확실한 것은 아니다. 이러한 사실이 우리에게 놀랍게 보일 수도 있지만, 그 이유는 모방이 '거리상 가까이 있는' 모델을 대상으로 삼기 때문만은 아니다. 내면적 간접화의 주인공은 자신의 모방계획을 자랑으로 여기는 것이 아니라 이번에는 그것을 조심스럽게 감추기 때문이다.

대상을 향한 돌진(élan)은 근본을 파헤쳐보면 중개자를 향한 돌진이다. 그런데 내면적 간접화에서는 이 돌진을 중개자 자신이 제지한다. 왜냐하면 이 중개자가 그 대상을 욕망하거나 또는 소유할 수도 있기 때문이다. 자신의 모델에 매혹된 제자는, 그 모델이 제자에 맞서 설치한 기계적 장애물에서, 제자에 대한 악의적인 의도의 증거를 필연적으로 보게 된다. 이 제자는 자신을 충실한 신하로 자처하는 것이 아니라 간접화의 관계들을 거부할 생각만 하고 있다. 그럼에도 이 관계들은 전보다 더욱 확고하다. 왜냐하면 중개자의 명백한 적대감이 그의 위력을 약화하는 것이 아니라 오히려 증가시키기 때문이다. 그렇게 되면 주체는 그의 모델이 스스로를 주체 자신보다 너무나 우월하다고 믿어서 자기를 제자로 받아들이지 못한다는 사실을 납득하게 된다. 따라서 주체는 모델에게 갈등의 감정을 느끼게 되는데, 이때 갈등의 감정이란 가장 순종적인 존경심과 가장 강렬한 원한이라는 상반된 두 가지 감정의 결합으로 형성된 것이다. 이 감정을 증오

(haine)라고 부르기로 하자.

우리에게 욕망을 암시하고 그것을 충족시키지 못하게 방해하는 존재만이 진짜로 증오의 대상이다. 증오하는 사람은 자신의 증오심이 감추고 있는 은밀한 감탄 때문에 처음에는 자기 자신을 증오한다. 이 격렬한 감탄을 다른 사람들에게 그리고 자기 자신에게도 감추기 위하여 그는 중개자에게서 단지 장애물만을 보려고 한다. 그렇게 해서 중개자의 부차적인 역할이 정면으로 나오게 되고, 경건하게 모방된 모델의 중요한 역할은 감춰진다.

주체를 그의 경쟁자와 맞서게 하는 불화에서, 주체는 자신의 모방을 감추기 위하여 욕망의 논리적인 순서나 시간적인 순서를 도치시킨다. 그는 자신의 욕망이 경쟁자의 욕망보다 먼저 있었다고 주장한다. 그의 말을 들어보면 경쟁관계의 책임은 자신에게 있는 것이 아니라 중개자에게 있다. 비록 언제나 은밀한 욕망의 대상이었음에도 이 중개자에게서 유래한 것은 모두가 일관성 있게 험구의 대상이 된다. 이제 중개자는 교묘하고 악마적인 적이 된다. 즉 중개자는 주체에게서 가장 귀중한 소유물을 빼앗아가려고 애쓰는 것이다. 그는 주체의 가장 정당한 야망을 집요하게 방해한다.

막스 셸러(Max Scheler)[16]가 『원한의 인간』(*L'Homme du ressentiment*)에서 연구한 모든 현상은 우리 견해로는 내면적 간접화에 속한다. 게다가 원한(ressentiment)이라는 단어는 이러한 유형의 간접화에서 주체의 경험의 특징을 규정짓는 반작용, 충격의 반동의 성격을 강조한다. 열정적인 감탄과 경쟁의 의지는 외형적으로 모델이 제자에게 맞서 설치한 부당한 장애물에 부딪히게 되고, 막스 셸러가 그처럼 잘

16) 독일의 철학자(1874~1928). 그는 말하자면 심정(cœur)의 현상학을 발전시켰다.

묘사하고 있는 일종의 심리적인 자기중독(auto-empoisonnement)을 유발하면서 그 제자에게 무력한 증오의 형태로 되돌아오게 된다.

셸러가 지적하는 것처럼 원한은 바로 원한의 지배를 받지 않는 사람들에게도 원한의 관점을 강요할 수 있다. 욕망의 발생에서 모방이 맡게 되는 역할을 우리가 지각하지 못하게 하고, 때로는 셸러 자신도 지각하지 못하게 만드는 것이 바로 원한이다. 예를 들면 질투나 선망도 원한과 마찬가지로 내면적 간접화에 전통적으로 주어진 명칭—거의 언제나 우리에게 그 진짜 본성을 감추고 있는—에 지나지 않는다.

질투와 선망은 삼중의 존재를 전제로 한다. 즉 대상의 존재, 주체의 존재, 질투나 선망을 받게 된 자의 존재가 그것이다. 따라서 이 두 가지 '결점'[17]은 삼각형에 속한다. 즉 우리는 질투의 대상이 된 사람에게서 절대로 모델을 지각하지 않는다. 왜냐하면 우리는 언제나 질투에서 질투하는 자의 관점을 취하기 때문이다. 내면적 간접화의 모든 희생자가 그러하듯이, 이 질투하는 사람도 자신의 욕망이 자연발생적이라고, 다시 말해서 그 욕망이 대상에 뿌리내리고 있으며 단지 이 대상에만 국한된 것이라고 쉽게 믿기 때문이다. 그러므로 질투하는 사람은 언제나 자신의 욕망이 중개자의 개입보다 선행한다고 주장한다. 질투자는 중개자를 달콤한 밀담을 방해하러 온 일종의 틈입자, 난처한 자, 거북한 제삼자(terzo incommodo)로 우리에게 제시한다. 따라서 질투란 우리의 욕망 가운데 하나가 우연히 저지당했을 때 우리 모두가 느끼게 되는 신경질로 귀결될 수 있을 것이다. 그러나 진짜 질투는 그보다 더 풍부하고 더 복잡하다. 그것은 무례한 경쟁자에 대해서 언제나 매혹적인 요소를 지닌다. 게다가 질투로 고통을 겪는 사

17) 질투와 선망을 가리킨다.

람들은 언제나 같은 이들이다. 우리는 그들 모두가 어떤 우연한 불행의 희생자라고 생각해야만 할 것인가? 그들에게 그처럼 많은 경쟁자를 생기게 하고, 그들의 욕망을 통해서 장애물들을 증가시킨 것이 운명일 것인가? 우리는 그렇게 생각하지 않는다. 왜냐하면 우리는 질투나 선망의 고질적인 희생자들에게 '질투의 기질'이나 '시샘 많은 본성' 때문이라고 말하기 때문이다. 타인들이 욕망의 대상으로 삼고 있는 것을 욕망의 대상으로 삼고자 하는 억제할 수 없는 성향을 지니고 있지 않다면, 다시 말해서 그들의 욕망을 모방하고자 하는 억제할 수 없는 성향을 지니고 있지 않다면, 이러한 '기질'이나 이러한 '본성'은 구체적으로 무엇을 내포하고 있는가?

막스 셸러는 원한의 근원 가운데에서 '선망, 질투 그리고 경쟁심'을 꼽고 있다. 그는 선망을 '어떤 것이 타인에게 속해 있다는 사실 때문에 그것을 얻기 위해 우리가 하게 되는 노력에 대립되는 무력감'으로 정의하고 있다. 그는 다른 한편으로, 선망하는 사람의 상상력이 수동적인 장애물—대상의 소유자가 소유라는 사실 자체로 선망하는 사람에게 방해가 되는—을 미리 계산된 방해물로 변형시키지 않는다면, 그 용어의 정확한 의미에서 선망이란 없을 것이라고 관찰하고 있다. "다른 사람이 소유하고 있는 것을 그리고 내가 욕망하고 있는 것을 소유하지 못했다는 아쉬움, 그 자체만으로는…… (선망을) 태어나게 하기에는 충분하지 않다. 왜냐하면 그 아쉬움은 또한 나에게 욕망의 대상이나 그와 유사한 어떤 것을 획득할 결심을 하게 만들 수도 있기 때문이다. 선망이란 대상을 획득하고자 하는 수단을 사용하기 위해 투여된 노력이 실패하면서 무력감을 남기게 될 경우에만 태어난다."

이 분석은 정확하고 완벽하다. 이 분석은 실패의 원인에 대해서 선망을 지닌 사람이 품고 있는 환상도, 선망 때문에 생기는 마비도 잊지 않고 있다. 그런데 이 요소들은 서로 연관되지 않고 고립되어 있다. 이 요소들을 결합시키는 관계를 셸러가 지각하지 못하고 있는 것이다. 만약 선망을 설명하기 위해서 경쟁심의 대상부터 포기하고, 경쟁자 자신, 즉 중개자를 분석의 출발점이며 도달점으로 삼는다면, 반대로 모든 것이 일관된 하나의 구조로 밝혀지고 조직될 것이다. 만약 경쟁자가 남몰래 존경받지만 않는다면, 소유가 만들어낸 수동적인 장애물은 계산된 경멸의 제스처로 보이지 않을 것이고 혼란을 야기하지도 않을 것이다. 이 반신(半神)은 바쳐진 경의에 저주로 응답하는 듯이 보인다. 그는 선을 악으로 갚는 듯이 보인다. 주체는 자신이 지독한 불공평의 희생자라고 믿고 싶지만, 자신을 짓누르는 것처럼 여겨지는 질책이 정당한지 어떤지 고통스럽게 자문하게 된다. 따라서 경쟁심은 간접화를 격화할 따름이다. 즉 경쟁심은 간접화의 위력을 증가시키고, 중개자로 하여금 소유의 권리나 욕망을 공공연하게 주장하도록 강요함으로써 대상을 중개자에게 결합시키는 관계를 더욱 강화한다. 그래서 주체는 소유할 수 없는 대상에게서 전보다도 더 마음을 돌릴 수가 없어진다. 중개자는 이 대상을 소유하거나, 소유하고자 하는 욕망을 가짐으로써 자신의 위력을 이 대상에게 그리고 이 대상에 국한하여 누리게 된다. 다른 대상들은 비록 그것이 '간접화한' 대상과 유사한 것이든 동일한 것이든 간에 선망하는 사람의 눈에는 아무런 가치도 없다.

대단한 증오의 대상이 된 경쟁자가 바로 중개자라는 사실을 깨닫게 되면 모든 것이 분명해진다. 막스 셸러 자신이 『원한의 인간』에서 "스스로 모델을 선택한다는 사실"은 모든 사람에게 공통적인 자신을 비교하고자 하는 경향에서 나온 것이라고 한 말은 거의 맞는 말이다. 그는 계속해서 "모든 질투, 모든 야망, 또한 예를 들어 예수 그리스도의 모방을 전제로 하는 태도 같은 것의 근거를 이루는 것은 이러한 종류의 비교이다"라고 말한다. 그러나 이러한 직관은 사실과 동떨어져 있다. 대상이 부당하게 차지하고 있는 자리를 중개자에게 돌려줄 수 있는 것은 소설가들뿐이다. 유일하게 소설가들만이 일반적으로 받아들여진 욕망의 위계를 거꾸로 뒤집는다.

『한 관광객의 수기』(*Les Mémoires d'un touriste*)에서 스탕달은 자신이 현대적인(modernes) 감정이라고 부른 것, 즉 '선망, 질투 그리고 무력한 증오' 같은 보편적 허영심의 결과들을 경계하라고 독자에게 촉구한다. 스탕달의 공식은 삼각형의 이 세 가지 감정을 모아놓고 있다. 이 공식에 따르면 이 감정들은 특정한 모든 대상과는 별개인 감정으로 간주된다. 작가의 말을 빌리면, 19세기 사회 전체가 사로잡혀 있던 모방의 절박한 욕구와 이 세 가지 감정은 서로 연관되어 있다. 니체—그는 이 점에 관해 스탕달에게서 많은 것을 배웠다고 시인하고 있다—다음으로 셸러도 낭만적인 정신상태는 '원한'으로 가득 차 있다고 주장한다. 스탕달도 이와 똑같은 말을 하고 있다. 하지만 그는 정신의 독(毒)의 근원을 개인들, 즉 우리와 근본적으로는 동등한 사람들이지만 우리가 임의적인 특권을 부여한 그러한 개인들의 열정적인 모방에서 찾고 있다. 만일 현대적인 감정이 만발한다면, 그것은 '시기하는 본성'과 '질투 기질'이 유감스럽고도 불가사의하게 많은 사람 사이에 퍼졌기 때문이 아니라, 개인들 간의 차이가 점점 사라지고 있는 세계에서 내면적 간접화가 승리를 거두고 있기 때문이다.

오직 소설가들만이 욕망의 모방적 성격을 드러내준다. 오늘날에는 이러한 성질을 지각하기가 어려운데, 가장 열렬한 모방이 가장 완강하게 부인되기 때문이다. 돈키호테는 자신이 아마디스의 제자라고 주장하고, 그 시대의 작가들은 자신이 고대인들의 제자라고 주장했다. 허영심에 가득 찬 낭만적인 사람은 자신이 그 누구의 제자이기를 원하지 않는다. 그는 자신이 비할 데 없이 독창적이라고 확신하고 있다. 19세기에는 도처에서 자발성(spontanéité)이 신조가 되고 모방이 경시되었던 것이다. 떠들썩하게 주장되는 개인주의는 모방(copie)의 새로운 형태를 숨기고 있으므로 속아서는 안 된다고 스탕달은 어디서나 되풀이하고 있다. 낭만적인 혐오감, 사회에 대한 증오심, 고독에 대한 향수, 이 모두가 부화뇌동성과 마찬가지로 타인에 대한 병적인 관심을 은폐하고 있을 따름이다.

타인이 자신의 욕망에서 행하는 본질적인 역할을 숨기기 위해서 스탕달의 허영심 많은 사람은 지배적인 이데올로기의 진부한 생각에 도움을 청하기도 한다. 1830년대 귀부인들의 신앙심, 달콤한 이타주의, 위선적인 사회 참여의 이면에서 스탕달은 실제로 자신을 던질 준비가 되어 있는 사람의 고귀한 돌진을 발견하는 것이 아니라 궁지에 몰린 허영심의 궁여지책을 발견하며, 스스로 욕망을 갖기에는 무력한 자아(Moi)의 원심운동을 발견한다. 소설가는 자신의 인물들이 행동하고 말하도록 한 다음 눈짓으로 우리에게 중개자를 드러내준다. 그는 비밀리에 욕망의 진짜 서열(hiérarchie)을 재확립하면서도, 정반대 서열을 믿게 하려고 그의 작중인물이 내세우는 그릇된 이유를 믿고 있다고 주장한다. 바로 이것이 스탕달이 사용하는 아이러니의 항구적인 한 방식이다.

낭만적인 허영심 많은 사람은 자신의 욕망이 사물의 본성 속에 이미 있다고 언제나 확신하고 싶어 하거나, 마찬가지 이야기가 되겠지만, 자신의 욕망이 평온한 주체성에서 우러나온 것, 즉 거의 신(神)에 가까운 자아(Moi)의 무(無)로부터의(ex nihilo) 창조라고 확신하고 싶어 한다. 대상을 보고서 욕망을 느끼게 된다는 것은 욕망이 자신에게서 나온다는 것과 같은 의미이며, 따라서 사실상 타인으로부터 욕망을 취하게 되는 것이 결코 아니라는 것이다. 객관적인 편견이 주관적인 편견과 합쳐져서, 이 이중의 편견은 우리가 우리 자신의 욕망에 대해 지니고 있는 이미지에 뿌리를 내리고 있다. 주관주의와 객관주의, 낭만주의와 현실주의, 개인주의와 과학만능주의, 관념주의와 실증주의는 겉으로는 서로 대립하지만, 중개자의 존재를 감추는 데에는 비밀리에 의견이 일치하고 있다. 이 모든 도그마(dogmes)는 내면적 간접화에 적합한 세계관의 미학적인 또는 철학적인 표현이다. 이 모든 도그마는 욕망이 자연발생적이라는 거짓말에서 어느 정도 직접 유래한 것이다. 이 도그마들은 현대인이 열렬히 애착을 지니고 있는 욕망의 자율성(autonomie)이라는 하나의 동일한 환상을 옹호하고 있다.

뛰어난 소설은 비록 그것이 환상을 끊임없이 폭로하고 있음에도 이 환상을 동요시키는 데 도달하지 못하고 있다. 낭만주의 작가들이나 신낭만주의 작가들과 달리, 스탕달이나 플로베르나 세르반테스 같은 작가들은 그들의 위대한 소설작품 속에서 욕망의 정체를 밝히고 있다. 그러나 이 욕망의 정체는 폭로과정 속에 감춰져 있다. 일반적으로 자신의 자발성을 확신하는 독자는 그가 세계에 이미 투영하고 있는 의미를 작품에도 투영한다. 세르반테스의 작품에서 아무것도 이해하지 못했던 19세기에는 세르반테스의 주인공의 '독창성'에 찬사를 아끼지 않는다. 낭만적인 독자는 기묘한 오독(誤讀)—사실 이것이 탁월한 진실이다—을 통해서 더할 나위 없는 모방자인 돈키호테와 자신을 동일시하고, 그를 자신의 '개인-모델'로 삼는다.

따라서 소설적(romanesque)[18]이라는 용어가, 그 모호함 때문에 모든 간접화에 대한 우리의 무지를 반영한다고 놀랄 필요는 없다. 이 용어는 기사도 소설을 가리키고 『돈키호테』라는 작품을 가리킨다.

18) 문맥에 따라서 때로는 '소설의'라고 옮기기도 할 것이다.

이 용어는 낭만적(romantique)이라는 용어의 동의어가 될 수도 있고, 낭만적인 주장들의 쇠퇴를 의미할 수도 있다. 지금부터 우리는 낭만적이라는 용어를 중개자의 존재를 결코 드러내지 않은 채 그 존재를 반영시키는 작품들에 사용할 것이고, 중개자의 존재를 드러내는 작품들에는 소설적이라는 용어를 사용할 것이다. 또한 이 책은 근본적으로 소설적인 작품들을 다루게 될 것이다.

* * *

중개자의 특권은 욕망된 대상에게 전달되어 그 대상에게 환상에 불과한 가치를 부여한다. 삼각형의 욕망은 욕망의 대상을 변형시키는 욕망이다. 낭만적 문학은 이러한 변모에 무관심하지 않다. 오히려 그와는 정반대로 그것을 이용하고 있으며, 그 점을 자랑으로 여긴다. 그러나 낭만적 문학이 변모의 진짜 메커니즘을 드러내는 일은 결코 없다. 여기서 착각하고 있는 것은 남성적 요소와 여성적 요소를 필수 조건으로 하는 생물체(être vivant)라는 개념이다. 여성 쪽인 것은 시인의 상상력이다. 이 상상력은 중개자가 수태하지 않는 한 열매를 맺지 못한다. 오직 소설가만이 낭만주의가 고독한 주체[19]로 하여금 책임지게 만들었던 이러한 환상의 진정한 발생을 묘사할 수 있다. 낭만적 작가는 상상력의 '단성생식'을 옹호한다. 언제나 자율성에 매료되어 있는 낭만적 작가는 자신의 신들에게 절하기를 거부한다. 한 세기 반 전부터 계속되어온 유아독존적인 시론(詩論)들은 바로 이 거부의 한 표현이다.

낭만적 비평가들은 돈키호테가 이발사의 단순한 대야를 맘브리노

19) 즉 시인을 의미한다.

(Mambrin)의 투구로 오해한 것을 칭찬하고 있다. 그러나 돈키호테가 아마디스를 모방하지 않았다면 환상이란 없었을 것임을 부연해야만 한다. 즉 엠마 보바리가 낭만적인 여주인공들을 모방하지 않았다면 로돌프(Rodolphe)[20]를 멋진 왕자님으로 오해하지 않았을 것이다. '선망'과 '질투'와 '무력한 증오'의 파리 사교계는 맘브리노의 투구와 마찬가지로 환상적이고, 마찬가지로 욕망의 대상이 되고 있다. 여기서 모든 욕망은 추상적인 관념에 근거를 두고 있다. 스탕달의 표현을 빌리면 '머리로 하는 욕망'(désirs de tête)인 것이다. 기쁨은, 특히 고통은 구체적인 것들에 뿌리박고 있지 않다. 기쁨과 고통은 정신적인 것이지만, 설명하기에 적절한 낮은 의미에서 그러하다. 진짜로 모조 태양인 중개자에게서 쏟아지는 신비로운 햇빛은 대상을 거짓 광채로 번쩍이게 만든다. 스탕달의 예술 전체가 허영 · 고귀함 · 금전 · 권력 · 명성의 가치란 외형적으로만 구체적일 따름이라는 사실을 우리에게 설득시키는 것을 목적으로 삼고 있다.

바로 이 추상적인 성격으로 돈키호테의 욕망과 허영심에 의한 욕망을 비교할 수 있다. 욕망에 내재한 환상이 동일하지는 않지만 거기에 언제나 욕망이 있다는 것은 사실이다. 욕망은 주인공 주변에 꿈의 세계를 투영한다. 두 경우 모두 주인공은 단지 임종에 이르러서야 환상에서 깨어난다. 쥘리앵이 돈키호테보다 더 명석해 보인다면, 그것은 쥘리앵 주변의 사람들이 레날 부인을 제외하고는 모두가 쥘리앵보다 더 마술에 걸려 있기 때문이다.

욕망된 대상의 변모는 이 소설을 쓰기 전부터 스탕달을 사로잡았다. 『연애론』(*De l'Amour*)에서 그는 결정작용(cristallisation)[21]의 이미

20) 『보바리 부인』에서 엠마 보바리의 두 번째 애인으로 나오는 시골신사. 자기중심적이고 육감적인 이 인물은 남녀관계를 기분전환 정도로 생각하며, 따라서 어떤 여자든 자신이 육체적으로 공략할 수 있다고 믿는다.

지에 근거하여 변모에 관한 유명한 묘사를 하고 있다. 『연애론』 이후에 쓰인 소설들의 전개는 모두 1822년의 이데올로기에 충실한 것처럼 보인다. 그렇지만 이 작품들은 한 가지 본질적인 점에서 『연애론』과 구분된다. 『연애론』 이전의 분석들에 따르면 결정작용은 허영심의 결실이어야 한다. 그러나 스탕달은 『연애론』에서 우리에게 이 현상을 허영심이라는 항목에서가 아니라 **열정**(passion)이라는 항목에서 제시하고 있다.

그런데 **열정**이란 스탕달에게서 허영심의 정반대이다. 파브리스 델 동고(Fabrice Del Dongo)[22]는 뛰어나게 열정적인 존재이다. 그는 그의 감정의 자율성, 욕망의 자발성, 타인들의 의견에 대한 절대적인 무관심 때문에 타인들과 구분된다. 열정적인 존재는 타인에게서가 아니라 자신의 내부에서 욕망의 힘을 길어낸다.

그렇다면 우리가 잘못 생각한 것일까? 소설 속에서 진정한 열정은 결정작용 현상을 동반하는 것일까? 스탕달의 연인들이 이루는 쌍은 하나같이 이 관점에 위배된다. 파브리스가 클레리아(Clélia)[23]에게 품은 사랑, 쥘리앵이 마침내 레날 부인에게서 알게 된 사랑, 이런 진정한 사랑은 변하지 않는다. 진정한 사랑이 그 대상에게서 찾아내는 장점들, 대상에게서 기대하는 행복은 환상적인 것이 아니다. 열정적인 사랑(amour-passion)은 언제나 이 용어가 가지는 코르네유(Corneille)적인 의미에서 존경심을 동반한다. 열정적인 사랑은 이

---

21) 스탕달의 『연애론』에 따르면, 결정작용이란 눈앞에 나타나는 모든 현상에서 사랑하는 상대의 새로운 아름다움을 발견하는 정신작용을 말하며, 연애감정의 일곱 단계 가운데 다섯 번째와 일곱 번째 단계에서 이 결정작용이 일어난다고 한다.

22) 스탕달의 소설 『파름의 수도원』에 나오는 인물.

23) 『파름의 수도원』에 나오는 작중인물.

성 · 의지 · 감수성 사이의 완벽한 일치에 기초하고 있다. 진짜 레날 부인은 쥘리앵이 욕망의 대상으로 삼고 있는 레날 부인이고, 진짜 마틸드는 쥘리앵이 욕망의 대상으로 느끼지 않는 마틸드이다. 레날 부인과의 경우는 열정의 문제이고, 마틸드와의 경우는 허영심의 문제이다. 따라서 바로 허영심이 대상을 변모시키는 것이다.

1822년의 에세이[24]와 걸작소설들 사이에는 근본적인 차이점이 있다. 하지만 그 차이점을 느끼기는 그렇게 쉬운 일이 아니다. 왜냐하면 열정과 허영심의 구분이 두 경우에 모두 있기 때문이다. 『연애론』에서 스탕달은 삼각형의 욕망의 주관적인 효과를 우리에게 묘사하고 있지만, 그러나 그는 그 효과를 자발적 욕망의 결과로 돌린다. 자발적 욕망의 진짜 기준은 이 욕망의 강도에 있다. 가장 강렬한 욕망이 열정적인 욕망이다. 허영심으로 인한 욕망은 진정한 욕망의 더럽혀진 그림자이다. 허영심에서 유래하는 것은 언제나 타인들의 욕망이다. 왜냐하면 우리는 모두 타인들보다 더 강렬하게 욕망한다는 인상을 가지고 있기 때문이다. 열정과 허영심의 구분은 스탕달—그리고 그의 독자—에게 허영심의 비난을 면제해주는 데 사용된다. 중개자는 자신의 정체가 폭로되는 가장 중요한 순간에 여전히 작가 자신의 존재 뒤에 숨어 있다. 따라서 1822년의 관점을 낭만적이라고 규정해야 한다. 열정-허영심의 변증법은 '개인주의적'이다. 이 변증법은 다소 지드(Gide)의 『배덕자』(*L'Immoraliste*)에서의 본질적 자아(Moi naturel)와 사회적 자아(Moi social)를 상기시킨다.

비평가들이 이야기하는 바의 스탕달, 그리고 특히 『뤼시앵 뢰벤』(*Lucien Leuwen*)의 서문에서 폴 발레리(Paul Valéry)가 이야기하는 바

---

24) 에세이는 『연애론』을 가리키며, 걸작소설들은 『적과 흑』 『파름의 수도원』 등을 가리킨다.

의 스탕달은 거의 언제나 젊은 시절의 '지드적인' 스탕달이다. 지드적인 스탕달이 욕망의 도덕들(morales)—스탕달 자신이 그 선구자인—이 널리 퍼지던 시대에 유행했으리라고 짐작할 수 있다. 19세기 말엽과 20세기 초엽에 갈채를 받았던 스탕달은 어떤 대조, 즉 강렬하게 욕망하는 자발적인 존재와 타인들을 모방함으로써 약하게 욕망하는 하급인간(sous-homme)의 대조를 우리에게 보여준다.

『이탈리아 연대기』(*Les Chroniques italiennes*)와 내면적인 기록들에서 뽑은 문장 몇 개에 의거하면, 허영심과 열정의 대립은 그 원래 의미가 성숙기의 스탕달에게 있는 것이다. 그러나 『이탈리아 연대기』나 내면적인 기록들은 대소설(大小說) 작품들과 같은 체계에 속하지 않는다. 이 작품들의 구조를 세밀히 관찰해보면, 소설 속에서 허영심은 변모시키는 욕망이면서 가장 강렬한 욕망으로 변한다는 사실을 어렵지 않게 확인하게 된다.

그의 젊은 시절의 저술에서조차도 허영심과 열정의 대립은 지드의 사회적 자아와 본질적 자아의 대립—예를 들면 『교황청의 지하실』(*Les Caves du Vatican*)에서 플뢰리수아르(Fleurissoir)와 라프카디오(Lafcadio)의 대조가 보여준 것과도 같은—과는 결코 일치하지 않는다. 스탕달은 『연애론』에서 이미 "허영심이 열광(transport)을 태어나게 한다"고 주장하고 있다. 따라서 그는 모방된 욕망의 놀라운 힘을 완전히 인정하지 않은 것은 아니다. 그는 아직은 욕망의 원래 순위를 무조건 전도시키게 될 일종의 진화 초기단계에 머무르고 있을 따름이다. 작품을 읽어나갈수록 욕망의 힘은 더욱더 허영심 쪽으로 이동하게 된다. 마틸드가 쥘리앵에게서 빠져나가자 쥘리앵을 괴롭힌 것은 바로 허영심이다. 그리고 이 고통은 이 주인공이 그때까지 겪었던 고통 중에서 가장 격렬한 것이다. 쥘리앵의 강렬한 욕망은 모두가 타인의 욕망을 모방한 것들이다. 그의 야망은, 야망의 대상이 된 사람들을 향한 증오심으로 커져가는 삼각형의 감정이다. 쥘리앵이 여러 계층에 발을 걸치고 있을 때, 마틸드 같은 여자의 연인의 머릿속에 떠오르는 마지막 생각은 그녀의 남편들, 아버지들, 약혼자들에게, 다시 말해 그의 경쟁자들에게 미치곤 했다. 그는 발코니에서 그를 기다리고 있는 여자를 생각하는 것이 결코 아니다. 허영심을 가장 강렬한 욕망으로 만드는 진화는 『라미엘』(*Lamiel*)에 나오는 천재적인 인물 상팽에게서 완성되는데, 상팽에게는 허영심이란 진짜 열광에 속한다.

열정으로 말하자면 그것은 대소설들에서는, 장 프레보(Jean Prévost)가 『스탕달에 있어서의 창조』(*Création chez Stendhal*)라는 책에서 그처럼 잘 이야기하고 있는 바와 같이, 침묵으로만 시작된다. 입을 다물고 있는 열정을 욕망이라고 생각하기는 거의 힘들다. 정말로 욕망이 생기게 되면 열정에 사로잡힌 인물들에게서도 즉시 중개자를 발견할 수 있다. 그래서 쥘리앵보다 덜 불순하고 덜 복합적인 주인공들에게서조차도 욕망의 삼각형이 나타난다. 뤼시앵 뢰벤의 경우에는 신화적인 육군대령 뷔장 드 시실(Busan de Sicile)을 생각하면서 샤스텔레(Chasteller) 부인에게 막연한 욕망을 품게 되는데, 이런 막연한 욕망은 낭시의 귀족계급의 다른 어떤 여자를 욕망할 수도 있는 그러한 것이다. 레날 부인은 엘리자(Elisa)[25)]에게 질투를 느끼고, 쥘리앵이 매트리스 밑에 감추고 있다고 생각하는 누구인지도 모르는 사진의 주인공에게도 질투를 느낀다. 욕망의 발생에는 언제나 제삼자가 존재한다.

명백한 사실을 인정해야 한다. 말년의 스탕달에게 자연발생적인

25) 『적과 흑』에서 레날 부인의 가정부로 나오는 인물. 쥘리앵에게 사랑을 느낀다.

욕망이란 없다. 스탕달 소설의 모든 '심리학적' 분석은 허영심에 대한 분석이며, 다시 말해서 삼각형의 욕망의 폭로이다. 진정한 열정은 스탕달의 가장 훌륭한 주인공들에게서 이러한 광기 뒤에 나타난다. 진정한 열정은 이 주인공들이 최후의 순간에 도달하는 정상에서 느끼게 되는 평온함과 동일하다. 『적과 흑』에서 임종시의 평화는 그 이전의 병적인 흥분상태와 대립된다. 파브리스와 클레리아는 그들에게 결코 상처를 입히지 않으면서도 늘 위협적이던 허영심과 삼각형의 욕망을 넘어서자 파르네즈(Farnèse) 탑 속에서 진짜 행복한 휴식을 경험한다.

그렇다면 욕망이 사라졌을 때도 스탕달은 왜 여전히 열정을 이야기하는가? 아마도 이러한 도취의 순간들이 언제나 여성의 간접화의 결실이기 때문일 것이다. 스탕달에게서 여성은 욕망과 고통과 허영심의 중개자였다가 나중에는 평화와 평온함의 중개자가 될 수 있다. 네르발(Nerval)에게서처럼, 두 유형의 여성들 사이의 대립은 소설가의 삶과 창작에서 여성적 요소가 맡고 있는 모순된 두 가지 기능만큼 중요한 것은 아니다.

대소설작품들 속에서 허영심에서 열정으로의 이동은 미학적인 행복과 분리될 수 없다. 욕망과 고뇌를 극복하는 것은 창조의 기쁨이다. 이 극복은 언제나 죽은 마틸드[26]의 별 아래 그리고 그녀의 중재의 결과처럼 성취된다. 이러한 미학적인 창조의 문제들을 개입시키지 않고는 스탕달의 열정을 이해할 수 없다. 이 소설가가 행복의 순간을 표현할 수 있었던 것은 삼각형의 욕망의 완벽한 폭로, 다시 말하면 자기 자신의 삼각형의 욕망으로부터 해방되면서였다. 소설가

26) 1818년 스탕달이 이탈리아의 밀라노에서 사랑에 빠졌던 마틸드 뎀보스키(Mathilde Dembowski)라는 여성. 원서의 Méthilde는 Mathilde의 오자이다.

의 최고의 보상인 열정은 그러나 소설에는 거의 나타나지 않는다. 열정은 허영심과 욕망에 완전히 내맡겨진 소설세계에서 벗어나 있다.

* * *

내면적 간접화와 외면적 간접화의 통일성(unité)을 규정하는 것은 욕망된 대상의 변모이다. 주인공의 상상력은 환상의 어머니이다. 그러나 환상이라는 한 아이가 태어나려면 아버지가 있어야 하는데, 그 아버지가 중개자인 것이다. 프루스트(Proust)의 작품도 또한 이러한 결혼의, 이러한 분만의 증거를 제시한다. 삼각형의 공식은 마르셀 프루스트가 명확히 단언하기를 두려워하지 않았던, 소설의 천재성이 지닌 통일성을 드러내줄 것이다. 간접화라는 개념은 '장르'비평 이상의 수준에서 비교가 이루어지도록 부추긴다. 이 개념은 작품들이 서로에 의해 밝혀지게 만든다. 즉 작품들을 손상시키지 않고 이해하며, 작품들을 하나하나의 뚜렷한 개별성을 인정하면서 결합시킨다.

스탕달의 허영심과 프루스트의 욕망 사이의 유사점들은 예비지식이 가장 적은 독자에게는 충격적일 것이다. 하지만 그러한 독자에게만 그러하다. 왜냐하면 비평적 사고란 결코 이런 기초적인 직관에서 시작하여 발휘되는 것처럼 보이지 않기 때문이다. '사실주의'에 이끌린 어떤 비평가들에게 유사성은 당연하게 여겨진다. 소설이란 소설가 외부의 어떤 현실의 사진이라는 것이다. 또한 현실을 관찰함으로써 시대도 장소도 규정되지 않은 심리적 진실의 배경에 합류하게 된다는 것이다. 이와 반대로 '실존주의적' 경향의 비평에서 소설세계의 '자율성'이란 신성불가침의 도그마이다. 그래서 그 비평이 다루고 있는 소설가와 그 옆에 있는 소설가 사이에 최소한의 접점(接點)이라도 있다고 암시하는 것은 수치스러운 일이다.

그렇지만 스탕달의 허영심의 특징들이 프루스트의 욕망에서 강조되고 강화되어 다시 나타난다는 것은 분명하다. 욕망된 대상의 변모는 스탕달에게서보다 프루스트에게서 더욱 극심하고, 질투와 선망은 더욱 빈번하며 더욱 강렬해진다. 『잃어버린 시간을 찾아서』(*A la recherche du temps perdu*)의 모든 인물의 경우 사랑이 질투에, 즉 경쟁자의 존재에 완전히 종속되어 있다고 말해도 과언이 아니다. 따라서 욕망의 발생에서 중개자가 행하는 특권적인 역할이 전보다 더욱 명백해진 것이다. 프루스트의 화자는 『적과 흑』에서 대부분 암시만으로 그쳤던 삼각형의 구조를 매순간 분명한 언어로 정의하고 있다.

> 사랑에서 우리의 행복한 연적은, 말하자면 우리의 적은 우리의 은인이다. 그는 우리에게 무의미한 육체적 욕망만을 불러일으키는 어떤 존재에게 거대한 가치를 부여하게 하는데, 우리는 이 가치를 육체적인 욕망과 혼동한다. 우리에게 연적이 없다면, 또는 연적이 없다고 생각한다면……왜냐하면 연적들이 실제로 존재해야 할 필요는 없는 것이다.

삼각형의 구조는 사랑-질투에서와 마찬가지로 사교계의 속물근성(snobisme)에서도 뚜렷하게 나타난다. 속물도 역시 한 모방자인 것이다. 그는 그 출신·재산을 부러워하거나 그 멋을 부러워하는 존재를 맹목적으로 모방한다. 프루스트의 속물근성은 스탕달에게서 나타나는 허영심의 풍자화로 정의될 수 있다. 그것은 또한 플로베르의 보바리즘의 과장으로 정의될 수도 있다. 쥘 드 고티에는 이 결점을 '의기양양한 보바리즘'이라고 규정한다. 그리고 이 제목으로 그의 책의 한 대목을 할애한다. 속물은 자신의 개인적인 판단을 감히 믿지 못하고, 다른 사람이 욕망하는 대상들만 욕망한다. 그렇기 때문에 그는 유행의 노예인 것이다.

게다가 처음으로 우리는 일상용어의 하나인 속물근성이라는 단어를 만나게 되었는데, 이 단어는 삼각형의 욕망의 진실과 어긋나지 않는다. 속물근성의 모방적 성격을 강조하기 위해서는 속물의 욕망을 다루는 것으로 충분하다. 중개자는 더 이상 감춰지지 않는다. 욕망의 대상은, 속물근성이 예를 들어 질투처럼 욕망의 어떤 특정한 범주를 목표로 삼지 않는다는 사실 때문에 뒷전으로 물러난다. 사람들은 미학적인 쾌락, 지적인 생활, 의복, 음식 등 어떤 범주에서도 속물이 될 수 있다. 사랑에서 속물이 된다는 것은 질투에 헌신하는 것이다. 따라서 프루스트의 사랑은 속물근성과 동일하며, 프루스트의 욕망의 통일성을 그에게서 파악하려면 평소보다 약간 더 확장된 의미를 이 용어에 부여하기만 하면 된다. 『잃어버린 시간을 찾아서』에서 욕망의 모방(mimétisme)이 그러하기 때문에, 작중인물들은 그들의 중개자가 사랑에 빠지는가 사교계에 탐닉하는가에 따라 이른바 질투심 많은 자가 되거나 속물이 되거나 한다. 욕망의 삼각형이라는 개념은 프루스트의 이야기, 즉 사랑-열정과 속물근성 사이의 교차점에 접근하게 해준다. 프루스트는 끊임없이 이 두 가지 '악덕'의 동가(同價)를 주장한다. 그는 "사교계란 사랑에서 일어나는 일의 한 반영에 지나지 않는다"라고 쓰고 있다. 이것이 바로 소설가가 끊임없이 비춰보곤 하는, 그러나 충분히 명백하게 공식화되지 않은 '심리 법칙들'의 한 예이다. 대부분 비평가들은 이러한 법칙들에 관심이 없다. 그들은 이런 법칙들을 시대에 뒤떨어진 심리학 이론의 탓으로 돌리고, 이 이론이 아마도 마르셀 프루스트에게 영향을 미쳤을 것이라고 믿는다. 그들은 소설의 천재성이 지닌 본질에는 자유와 연관된 부분이 있기 때문에 법칙들과는 무관하다고 생각한다. 우리 생각에는 그들이 틀렸다. 프루스트의 법칙들은 삼각형의 욕망의 법칙들과 동일하다. 이 법칙들은 새로운 유형의 내면적 간접화로 정의되며, 중개자와 욕망하는 주체 사이의 거리가 스탕달에게서 나타나는 거리보다 더 가까운 경우에 나타나는 것이다.

사람들은 스탕달이 열정을 찬양하는 반면에 프루스트는 그것을 고발한다고 말하면서 우리에게 이의를 제기할 것이다. 그 말은 사실이다. 하지만 그러한 대립현상은 순전히 구두(口頭)로 그칠 뿐이다. 프루스트가 열정이라는 이름으로 고발하는 것을 스탕달은 허영심이라는 이름으로 고발한다. 또한 프루스트가 『되찾은 시간』(*Le Temps retrouvé*)이라는 이름으로 찬양하고 있는 것이, 스탕달의 주인공들이 감옥의 고독 속에서 흡족하게 받아들이던 것과 언제나 매우 다른 것도 아니다.

소설의 어조상 차이들 때문에 흔히 스탕달의 허영심과 프루스트의 욕망 사이의 구조적인 혈연관계가 우리에게 드러나지 않는다. 스탕달은 거의 언제나 그가 묘사하는 욕망의 외부에 있다. 그는 프루스트의 소설에서 고뇌의 빛에 잠겨 있는 현상들을 냉소적으로 밝혀준다. 게다가 이러한 관점의 차이조차도 언제나 일정하지 않다. 특히 부수적인 인물들이 문제가 될 경우에 프루스트의 비극은 유머를 잃지 않지만, 반대로 스탕달의 희극은 때때로 비극을 스쳐간다. 스탕달은 쥘리앵이 그의 유년기의 어두웠던 시절보다도 마틸드에 대한 허영심에 가득 찬 덧없는 열정이 진행되는 동안에 더 많은 고통을 받았다고 단언한다.

그렇지만 스탕달의 작품에서보다는 프루스트의 작품에서 심리적 갈등이 더 극심하다는 사실을 인정해야 한다. 관점의 차이들은 본질적인 대립을 반영한다. 우리는 소설문학의 기계적인 통일성을 확보하기 위해서 이 대립현상을 과소평가할 의사는 없다. 오히려 우리의 기본적인 논거를 다시 나타나게 하는 모순들을 강조하고자 한다. 이 논거는 중개자와 주체 사이의 거리를 말하는 것으로서, 그 거리의 다양성이야말로 소설작품의 가장 다양한 양상을 밝혀준다.

중개자가 욕망하는 주체와 가까울수록 두 경쟁자의 가능성이 뒤섞이는 경향이 있고, 그들 서로를 대립시키는 장애물은 더욱 극복하기 어려워진다. 따라서 프루스트적인 삶이 스탕달적인 허영심 많은 자의 삶보다 더욱 '부정적'이고 더욱 고통스럽다고 해서 놀랄 필요는 없다.

* * *

그러나 사람들은 "허영심의 스탕달과 속물근성의 프루스트 사이의 공통점이 무슨 상관인가? 이제는 하위 영역으로부터 시선을 돌리게 하여 더 이상 지체하지 말고 걸작소설들의 빛나는 정상을 향하여 이끌어가야 하지 않겠는가? 아마도 이 대작가에게는 가장 하찮은 명예에 해당하는 작품의 부분들은 가볍게 넘어가야 하지 않겠는가?" 하고 물을 것이다. '독창적'이고 마음을 놓이게 하며 '심금을 울리는 기억의' 프루스트, '심장의 고동을 멎게 하는' 프루스트, 이렇게 완전히 감탄할 만한 또 하나의 프루스트를 사람들이 만들어내고 있는 만큼 더욱 긴급하게 그래야 하지 않을까? 그는 본래의 프루스트가 시시하고 분산되어 보이는 만큼 더욱 자연스럽게 고독하고 깊이 있는 프루스트일 것이다.

가라지와 알곡식을 구분하고, 첫 번째 프루스트가 여전히 받을 만한 자격을 갖추지 못한 주목을 두 번째 프루스트에게 기울이고자 하는 유혹은 대단히 크다. 그러나 이러한 유혹이 내포하고 있는 것이 무엇인지 알아야 한다. 프루스트 자신이 처음에는 속물이었다가 그 다음에는 위대한 작가가 된 연속적인 두 개인으로의 구분을 작품 자체의 차원으로 옮겨보기로 하자. 이 소설가를 동시적이며 모순되는 두 작가로 나누어보자. 즉 관심거리가 속물근성일 뿐인 한 속물 작가와 그에게 합당하다고 판단되는 주제들을 적용할 수 있는 '위대한 작가'로 말이다. 마르셀 프루스트가 자기 작품에 대해 스스로 가지고 있던 생각에 이보다 더 모순되는 것은 없다. 프루스트는 『잃어버린 시간을 찾아서』라는 작품의 통일성을 주장했다. 그러나 프루스트 자신이 틀릴 수도 있다. 따라서 그의 말을 검토해볼 필요가 있다.

화자[27]의 욕망들, 아니 차라리 욕망에 관한 추억들이 소설의 모든 소재를 구성하고 있기 때문에, 이 소설의 통일성 문제는 프루스트의 욕망의 통일성 문제와 같은 것이 된다. 만일 완전히 구분되고 서로 대립되기까지 하는 두 가지 욕망이 소설 속에 존재한다면 동시에 두 프루스트가 존재할 것이다. 우리가 다루고 있는 불순하고 소설적인 욕망 외에도, 질투심과 속물근성을 유발하는 삼각형의 욕망 외에도, 단선적(linéaire)이고 시(詩)적이며 자발적인 욕망이 틀림없이 존재할 것이다. 좋은 프루스트와 나쁜 프루스트를 결정적으로 분리하기 위해서, 고독한 시인으로서의 프루스트와 남들과 어울리는(grégaire) 소설가로서의 프루스트를 구분하기 위해서, 중개자가 없는 욕망이 존재한다는 사실을 증명해야 할 것이다.

이러한 증명이 이미 이루어졌다고 말할지도 모른다. 우리가 위에서 언급했던 욕망과는 전혀 관련이 없는 프루스트의 욕망에 관해 말하는 것을 많이 듣게 된다. 이 욕망은 개인의 자율성을 전혀 위협하지 않는다. 이 욕망에는 거의 완전히 대상은 물론 심지어 중개자마저도 없다. 이 욕망에 대한 묘사도 독창적인 것이 아니라 상징주의의 어떤 이론가들에게서 빌려온 것이다.

27) 프루스트의 소설 『잃어버린 시간을 찾아서』의 주인공 마르셀을 가리킨다.

상징주의의 오만한 주관성(subjectivité)은 세계를 건성으로 훑어본다. 주관성은 거기에서 자신만큼 귀중한 것을 결코 찾아내지 못한다. 따라서 주관성은 세상보다 자신을 선호하게 되고 세상에서 얼굴을 돌린다. 그러나 주관성이 어떤 대상을 보지 못할 정도로 빨리 고개를 돌리는 법은 절대 없다. 이 대상은 굴껍데기 속의 모래알처럼 의식 속으로 끼어든다. 상상력이라는 진주 한 알이 이 최소한의 현실 주위에 동글동글 맺히게 된다. 상상력이 자신의 힘을 끌어내는 것은 자아(Moi), 오직 자아에서일 뿐이다. 이 자아를 위해 상상력은 호화로운 궁전을 짓는다. 그리고 꿈으로 만들어진 이 궁전이 현실이라는 믿을 수 없는 마법사가 살짝 건드리는 바람에 산산조각으로 부서지는 그날까지 자아는 이름 모를 행복에 잠겨 거기서 뛰놀고 있다.

이 묘사는 정말로 프루스트의 것인가? 여러 텍스트가 명백하게 이 묘사를 확인한 것처럼 보인다. 프루스트는 모든 것은 주체 안에 있고, 대상 안에는 아무것도 없다고 단언한다. 마치 자아와 타인 사이의 모든 변증법과 무관한 절대적으로 주관적인 소여들이 문제되기나 한 것처럼, 그는 '상상력의 황금문'과 '경험의 낮은 문'에 관해 우리에게 말하고 있다. 그러므로 '상징주의의' 욕망의 전통은 확고한 논증에 의거하고 있다.

다행히도 우리에게는 소설작품 자체가 남아 있다. 그런데도 아무도 소설을 참작할 생각을 하지 않는다. 비평가들은 주관주의자들의 신조를 시험해보지도 않고서 경건하게 서로에게 전파하고 있다. 그들이 소설가 자신의 보증을 받고 있다는 것은 사실이다. '심리적인' 법칙이 문제일 때는 그리 중요하게 여겨지지 않던 이 보증이 그들에게 이제는 믿을 만한 것으로 보인다. 프루스트의 견해는 그것이 근대적 개인주의 가운데 하나—낭만주의·상징주의·니체주의·발레리주의 등등—와 연관되는 한 존중받고 있다. 우리는 정반대 기준을 채택한 것이다. 우리가 한데 묶어서 낭만적이라고 규정한 이 태도들을 취할 때에만 소설의 천재성이 겨우 쟁취된다고 생각하는데, 왜냐하면 이 태도들은 모두가 자연발생적인 욕망이라는 환상을 그리고 그 욕망의 자율성 속에서 거의 신성한 주체성이라는 환상을 유지하도록 하는 운명을 타고난 것처럼 보이기 때문이다. 소설가는 그가 처음에 지녔던 낭만적 성격, 그리고 이제는 사라지기를 거부하는 낭만적 성격을 단지 천천히, 지속적으로만 극복할 수 있다. 이 극복은 소설작품 안에서 그리고 단지 작품 안에서만 이루어진다. 따라서 소설가가 사용하는 추상적인 어휘와 심지어 그의 '생각'까지도 그를 정확하게 반영하는 것은 아니다.

우리는 이미 스탕달이 허영심·복사·모방 등을 드러내주는 열쇠가 되는 말들(mots-clefs)을 소설 여기저기에 뿌려놓고 있음을 살펴보았다. 그렇지만 열쇠가 되는 어떤 단어들은 제대로 맞는 자물쇠에 가서 걸리지 않는다. 몇 개는 열쇠를 바꾸어야 한다. 자기 시대의 문단에서 이론적인 어휘를 빌려온 프루스트의 경우에는—아마도 문단과의 빈번한 교류가 없었기 때문에—오류들 역시 있을 수 있다.

소설의 이론과 실제를 다시 한번 비교해야만 한다. 우리는 허영심—삼각형의—이 『적과 흑』이라는 작품의 실질(substance) 속으로 깊숙이 파고들어가게 해준다는 사실을 확인했다. 이제 우리는 프루스트의 경우에 '상징주의적' 욕망—단선적인—이 동일한 실질 위를 그저 스쳐가게 할 뿐임을 보게 될 것이다. 이러한 증명이 설득력을 가지려면 그 증명 자체가, 우리가 이미 삼각형이라고 확인한 바 있는 사교계를 향한 욕망이나 사랑의 욕망과는 가능한 한 다른 어떤 욕망에 기초를 두고 있어야 한다. 프루스트의 욕망 가운데 자발성이 가장 잘 보장되는 것처럼 보이는 욕망은 어떤 것인가? 그것은 아마도 어린아이의 욕망과 예술가의 욕망이라고 말할 것이다. 그러므로 어린아이의 욕망이면서 동시에 예술적 욕망인 어떤 욕망을 하나 선택해보자.

화자는 그 유명한 베르마(Berma)[28]가 연기하는 것을 보고자 하는 강렬한 욕망을 느낀다. 그가 그 구경에서 끌어낼 것으로 기대하는 정신적인 이득은 진짜 성사(聖事)의 차원에 속하는 것이다. 상상력이 작동했고, 대상은 변형된 것이다. 그런데 이 대상은 어디에 있는 것일까? 굴(l'huître)과 같은 의식의 고독을 범한 모래알이란 어떤 것인가? 그게 바로 베르마라는 인물은 아니다. 왜냐하면 화자는 그녀를 전혀 본 적이 없기 때문이다. 그것은 옛날의 상연의 추억도 아니다. 그 어린아이는 연극예술에 대한 어떠한 경험도 없다. 그러면서도 스스로 극장의 물리적인 모습에 대한 공상도 하고 있다. 우리는 어떤 대상도 발견하지 못한다. 대상은 있지도 않은 것이기 때문이다.

그 상징주의자들은 아직도 너무 소심한 것일까? 대상의 역할을 전적으로 부인하고, 욕망의 완벽한 자율성을 주장해야 할 것인가? 이러한 결론은 유아론(唯我論)적 비평가들의 마음에 들 것이다. 불행하게도 화자는 베르마라는 인물을 만들어낸 것이 아니다. 이 여배우는 실존인물이다. 그녀는 그녀를 욕망하는 자아(Moi)의 내부가 아닌 다른 곳에 존재하고 있다. 그러므로 외부세계와의 접촉점 없이는 지낼 수 없다. 그런데 이 접촉을 보장해주는 것은 대상이 아닌 또 하나의 의식이다. 제삼자가 화자에게 이 대상을 지시해주며, 화자는 그 대상을 열정적으로 욕망하기 시작한다. 마르셀은 베르고트(Bergotte)[29]가 그 대여배우를 좋아한다는 사실을 알고 있다. 마르셀에게는 베르고트가 대단한 명성을 누리고 있는 것처럼 보인다. 이 스승의 사소한

28) 화자 마르셀의 기억에 남아 있는 유명한 여배우.

29) 베르고트는 『잃어버린 시간을 찾아서』에 나오는 작중인물로, 화자 마르셀이 흠모하는 작가이다.

말 한마디도 그에게는 법률의 위력을 지니는 것이 된다. 스완 집안의 사람들은 베르고트를 신(神)으로 받드는 종교의 사제들이다. 그들은 베르고트를 자신들의 집으로 초대한다. 신의 말씀(le Verbe)이 화자에게 계시되는 것은 바로 그들의 중개에 의해서인 것이다.

프루스트의 소설에서는 앞서 언급한 소설가들이 묘사한 이상한 과정들이 반복되고 있음을 보게 된다. 우리는 정신적인 결혼을 목격하게 되는데, 만일 이 정신적인 결혼이 없었다면 상상력이라는 처녀가 공상이라는 아이를 분만할 수 없었을 것이다. 세르반테스의 소설에서처럼 말로 된 암시에 글로 쓰인 암시가 겸해진다. 질베르트 스완(Gilberte Swann)은 베르마가 맡고 있는 큰 배역 가운데 하나인 라신(Racine)[30]의 『페드라』(*Phèdre*)에 관해 베르고트가 쓴 소책자를 마르셀에게 읽게 한다. "……조형적 귀족성이 있고, 기독교의 고행자가 입는 거친 마모직(馬毛織) 셔츠를 입고, 얀센파 교도의 창백한 얼굴이 트레젠 공주와 클레브 공작부인을 닮았다……." 이처럼 신비하고 시적이며 난해한 단어들이 마르셀의 정신에 강력하게 작용한다.

인쇄된 텍스트는 암시의 마술적 효력을 지니고 있는데, 소설가는 우리에게 그 예들을 끊임없이 제공한다. 어머니가 화자를 샹젤리제[31]로 보냈을 때, 그는 처음에는 이 산책을 매우 따분하게 여긴다. 어떤 중개자도 그에게 샹젤리제를 지시하지 않았던 것이다. "만일 베르고트가 그의 책 가운데 하나에서라도 샹젤리제를 묘사했더라면, 당시 사람들이 내 상상력 속에다 그 복사본을 넣기 시작했던 모든 것처럼 나는 아마도 샹젤리제를 알고자 하는 욕망을 느꼈을 것이다." 이 소설의 끝부분에서 공쿠르 형제의 『일기』를 읽게 되고 나서 베르뒤랭

30) 프랑스의 17세기 고전주의 비극작가(1639~99).

31) 파리의 중심가. 콩코르드 광장과 에투알 광장을 잇는 거리로, 엘리제궁이 있는 사교계의 중심지이다.

살롱이 나중에 변형된다. 베르뒤랭 살롱은 이전에 어떤 예술가도 그것을 묘사한 적이 없었기 때문에 화자의 머릿속에 매력적인 존재로 비친 적이 없었다.

> 몇몇 독서를 통해서도 내 안의 욕망을 일깨우지 못했던 어떤 것을 볼 수 있는 능력이 내게는 없었다……. 얼마나 여러 번 나 스스로 잘 알고 있었던가, 공쿠르 형제의 『일기』의 어떤 페이지가 내게 무엇을 욕망할 것인가를 가르쳐주었다 할지라도, 나는 그 사물들이나 사람들에게 주의를 기울일 줄 몰랐다. 그러나 그들의 이미지가 나 혼자 있을 때 어떤 예술가에 의해 제시되었더라면, 나는 그들을 다시 만나기 위해 또는 그 사물들을 다시 보기 위해 아무리 먼 거리도 마다하지 않았을 것이고, 죽음도 불사했을 것이다.

화자가 샹젤리제에서 산책할 때 열심히 읽었던 연극 광고들도 문학적 암시의 범주에 넣어야 한다. 암시의 가장 고급스러운 형태들은 가장 저급한 형태들과 분리되지 않는다. 돈키호테와 광고의 희생자인 소시민 사이의 거리는 낭만주의가 믿게 만드는 것처럼 그렇게 멀지 않다.

다음 인용에서 보듯이 중개자 베르고트에 대한 화자의 태도는 아마디스에 대한 돈키호테의 태도를 연상시킨다.

> ……거의 모든 것에 대해서 나는 그의 의견을 모르고 있었다. 나는 그의 의견이 내 의견들과는 완전히 다르리라는 것을 의심하지 않았다. 왜냐하면 그의 의견은 내가 오르고자 하는 미지의 세계에서 내려왔기 때문이다. 내 생각들이란 이 완벽한 정신의 소유자에게 순전히 어리석은 것으로 보였으리라고 생각한 나는 내 모든 생각

을 일소(一掃)해버렸고, 그래서 우연히 나 스스로 품은 적이 있었던 생각을 그의 어떤 책에서 다시 보게 되는 일이 생길 경우에는, 마치 신께서 친절하게도 그 생각을 되돌려주기라도 한 것처럼, 그리고 신께서 그 생각을 옳다고 선언하고 아름답다고 선언하기라도 한 것처럼, 내 마음은 부풀어오르곤 했다……. 그 후에도 내가 책을 쓰기 시작했을 때, 내가 쓰고 있는 문장이 좋은지 나쁜지 알 수가 없어서 계속 써야 할지 결단을 내릴 수 없는 그런 문장들과 동가(同價)인 문장들을 베르고트의 책에서 발견하곤 했다. 그러나 내가 그러한 문장들을 즐길 수 있었던 것은 오직 그의 작품에서 그 문장들을 읽을 때뿐이었다.

돈키호테는 아마디스를 모방하기 위해 방랑기사가 되고, 마르셀은 베르고트를 모방하기 위해 작가가 되고자 한다고 생각된다. 현대의 주인공[32]의 모방은 더욱 소박하고, 마치 종교적인 공포에 마비된 것처럼 압도되어 있다. 자아에 대한 타인의 힘은 예전보다 더 강하며, 우리는 그 힘이 예전 주인공들에게서처럼 단 하나의 중개자에 국한되지 않았음을 알게 될 것이다.

화자는 마침내 베르마의 공연을 관람하러 갔다. 그는 가족의 아파트로 돌아오면서 그날 저녁 만찬에 초대받은 노르푸아(Norpois) 씨와 알게 된다. 마르셀은 연극에 대한 자신의 인상을 서둘러 이야기하느라고 순진하게도 자신의 실망을 고백한다. 그의 아버지는 무척이나 당황했고, 노르푸아 씨는 그 위대한 여배우에게 화려한 상투어로 된 찬사를 보내지 않을 수 없다고 생각한다. 이처럼 진부한 대화가 교환되는 중요성은 전형적으로, 본질적으로 프루스트적이다. 관람

32) 마르셀을 가리킨다.

때문에 마르셀의 정신과 감수성에 생긴 공백감을 늙은 외교관의 말이 가득 채워준다. 그리하여 베르마에 대한 신뢰감이 다시 생겨난다. 다음 날 사교계 신문에 실린 저질의 관람평이 노르푸아 씨의 작품을 완성해준다. 예전 소설가들에게서처럼 말로 한 암시와 글로 쓰인 암시가 서로 도움을 준다. 그 뒤로 마르셀은 연극의 아름다움이나 자기가 느낀 기쁨의 강도에 더 이상 의심을 품지 않게 된다.[33] 타인, 오직 타인만이 욕망을 불러일으킬 뿐만 아니라, 자신의 경험이 타인의 증언과 반대된 경우 타인의 증언이 자신의 경험보다 쉽게 우세해진다.

다른 예들도 선택할 수 있지만 결과는 언제나 마찬가지일 것이다. 프루스트의 욕망은 매번 인상[34]에 대해 암시가 승리한다. 욕망의 발생에, 다시 말해서 주관성의 원천 자체에 언제나 당당하게 자리 잡고 있는 타인을 발견하게 된다. '변모'(transfiguration)의 원천은 언제나 우리 내부에 있지만, 그 샘물이 솟아나는 것은 중개자가 그의 마술방망이로 그 바위를 내려칠 때뿐이다. 화자는 결코 단순히 연기를 하고, 작품을 읽고, 예술품을 바라보고 싶어 하는 것만은 아니다. 그가 배우들의 얼굴에서 읽어내는 것은 언제나 기쁨이며, 상상력의 활동을 작동시키고 욕망을 유발하는 것은 대화이고 최초의 독서인 것이다.

……애초에 나의 내부 깊은 곳에 있던 것, 끊임없이 움직이면서 나머지 부분 전체를 지배하고 있던 그 손잡이는, 내가 읽고 있던 책의 철학적인 풍부함과 아름다움에 대한 믿음이었으며, 그 책이 어

33) 자기가 관람할 때는 재미있게 느끼지 못했으면서도, 재미있었다는 관람평을 읽게 되면 자기도 재미있게 관람한 것 같은 착각에 사로잡힌다.

34) 인상이란 자신이 스스로 가지게 된 느낌인 반면 암시는 타인이 자기에게 해주는 것이라는 점에서, 전자는 자연발생적이고 후자는 주어지는 것이다.

떤 것이었든 간에 그 풍부함과 아름다움을 내 것으로 삼고자 하는 내 욕망이었다. 왜냐하면, 비록 내가 그 책을 콩브레에서 샀다 하더라도……그 책을 스승이나 친구가 내게 뛰어난 책이라고 말했던 적이 있는 것이었기 때문임을 내가 인정했기 때문이다. 나의 스승이나 친구는 그 당시에 진실의 비밀을, 또한 그것을 안다는 것이 내 생각의 막연하지만 영구적인 목표였던, 반쯤은 예측하고 반쯤은 이해하지 못하고 있던 아름다움의 비밀을 소지하고 있는 것처럼 보였다.

그러므로 비평가들이 찬양해 마지않는 내면의 정원은 결코 외로운 정원이 아니다. 이미 '삼각형'이던 유년기의 모든 욕망에 비추게 되자 질투심과 속물근성의 의미가 전보다 더 뚜렷해진다. 프루스트의 욕망은 언제나 빌려온 욕망이다. 『잃어버린 시간을 찾아서』에는 우리가 앞서 개괄했던 상징주의나 유아론의 이론에 해당하는 것이 전혀 없다. 이 이론이 마르셀 프루스트 자신의 것이라고 이의를 제기할 수도 있으리라. 그럴 수도 있다. 그러나 마르셀 프루스트도 역시 틀릴 수 있다. 그 이론은 틀렸고, 우리는 그것을 거부한다.

욕망의 법칙의 예외들은 외관상으로만 예외이다. 마르탱빌(Martinville)의 종탑들의 경우에는 중개자가 없지만, 이 종탑들이 일깨운 욕망은 소유의 욕망이 아니라 표현의 욕망이다. 미학적인 감동은 욕망이 아닌 모든 욕망의 중단이며, 평온과 환희로 복귀하는 것이다. 스탕달의 '열정'과 마찬가지로 특권이 부여된 이 순간들은 이미 소설세계의 외부에 존재한다. 이 순간들은 『되찾은 시간』을 준비하며, 어떤 의미에서는 이 작품의 영보(領報)가 되고 있다.

욕망이란 하나이다. 어린 마르셀과 속물 마르셀 사이에 단절은 없고, 콩브레(Combray)와 소돔과 고모라(Sodome et Gomorrhe)[35] 사이에 단절은 없다. 우리가 거북스럽지 않게 화자의 나이를 자주 반문하게 되는 이유는 프루스트에게는 유년기의 이야기가 없기 때문이다. 어른들의 세계와는 무관한 자율적인 유년기란 어른들에게는 하나의 신화이다. 스스로의 유년기를 다시 만들어내는 낭만적 예술은 할아버지가 되는 기술과 마찬가지로 진지하지 못하다. 어린애의 '자발성'을 과시하는 이들은 무엇보다도 타인들, 즉 어른들, 자기와 비슷한 사람들과 구별되고자 한다. 그런데 이보다 더 유치한 것은 없다. 진짜 어린애가 속물보다 더 자발적으로 욕망하는 것은 아니며, 속물이 어린애보다 덜 강렬하게 욕망하는 것도 아니다. 속물과 어린애 사이에 엄청난 간격이 있다고 믿는 사람들은 베르마의 에피소드를 참조할 필요가 있다. 베르고트 같은 사람의 글이나 노르푸아 같은 사람의 말이 감동—구실이 된 예술작품과는 무관한—을 불러일으키는 것이 속물에게서인가 아니면 어린애에게서인가? 프루스트의 천재성은 인간본성에 새겨져 있는 것처럼 보이는 경계들을 지워버린다. 그 경계들을 다시 세우는 것은 우리의 자유에 속한다. 우리는 소설세계 안에 임의의 선을 하나 그을 수도 있다. 우리는 콩브레[36]를 축복하고 포부르 생-제르맹(Faubourg Saint-Germain)[37]을 저주할 수도 있다. 우리는 프루스트의 작품을, 마치 우리가 우리 주변의 세계를 읽어나가듯이, 우리 내부에서는 어린애를 발견하고 다른 사람에게서는 속

---

35) 프루스트의 『잃어버린 시간을 찾아서』는 플레아드(Pléade)판 전집에 세 편으로 나와 있는데, 제1권에는 『스완네 집 쪽으로』의 제1부 콩브레, 제2부 스완의 사랑, 제3부 지방이름과, 『꽃핀 소녀들의 그늘에서』의 제1부 스완 부인의 주변, 제2부 지방이름이 수록되어 있고, 제2권에는 『게르망트 쪽』과 『소돔과 고모라』, 제3권에는 『갇힌 여인』과 『사라진 여인』 『되찾은 시간』이 수록되어 있다.

36) 화자 마르셀이 어린 시절을 보낸 곳.

37) 화자 마르셀이 어른이 되어 속물노릇을 할 때 지내던 곳.

물을 발견하면서 읽을 수 있다. 그러나 우리는 스완네 집 쪽과 게르망트 쪽이 서로 만나는 것은 결코 보지 못할 것이다. 우리는 『잃어버린 시간을 찾아서』의 본질적인 진실을 여전히 모르는 채로 남게 될 것이다.

속물의 욕망이 삼각형인 것과 마찬가지로, 어린애의 욕망도 삼각형이다. 그렇다고 해서 어린애의 행복과 속물의 고통 사이에 어떠한 구분도 불가능하다는 의미는 아니다. 그런데 진짜 구분이 속물의 축출을 당연한 귀결로 삼는 것은 아니다. 그 구분은 욕망의 본질에 영향을 미치는 것이 아니라, 중개자와 욕망하는 주체 사이의 거리에 영향을 미친다. 프루스트의 유년기의 중개자들은 부모들과 위대한 작가 베르고트이고, 다시 말해서 마르셀 자신이 그들의 경쟁심을 전혀 두려워할 필요없이 공개적으로 찬양하고 모방하는 사람들이다. 따라서 어린애의 간접화는 외면적 간접화의 새로운 유형을 이룬다.

어린애는 자신의 세계 안에서 행복과 평화를 누린다. 그러나 이 세계는 이미 위협받고 있다. 어머니가 아들에게 입맞춤을 거절할 때,[38] 어머니는 내면적 간접화에 맞는 이중의 역할, 즉 욕망의 선동자 역할과 무자비한 감시자 역할을 하게 된다. 가족이던 신(神)이 갑자기 그 모습을 바꾼 것이다. 콩브레의 밤의 고뇌는 속물의 고뇌와 연인의 고뇌를 예고하고 있다.

우리에게는 역설적으로 보이는 속물과 어린애 사이의 이 근접성을 프루스트 혼자만 지각한 것은 아니다. 쥘 드 고티에는 속물근성인 '의기양양한 보바리즘' 외에도 '유치한 보바리즘'을 찾아내서 이 두 가지 보바리즘을 매우 비슷하게 묘사한다. 속물근성이란 "자기의 진

38) 『잃어버린 시간을 찾아서』의 화자 마르셀은 자신이 어렸을 때 엄마가 이마에 입을 맞추어주곤 했는데, 어느 날 그 입맞춤을 해주지 않게 되었을 때 잠 못 이룬 고통을 이야기하고 있다.

정한 존재가 의식의 영역에 나타나지 못하게 하고, 자신으로 인정하고 싶은 더욱 잘생긴 인물이 끊임없이 거기 나타나게 하기 위해, 그 사람에 의해서 사용된 방법들의 집합"이다. 어린애로 말하면, "자기 아닌 다른 사람을 자기라고 생각하느라고, 자신에게 매혹적인 모델의 자질과 능력을 자기 것인 체하는 것"이 어린애이다. 유치한 보바리즘은, 베르마의 에피소드가 조금 전에 보여준 바와 같이, 프루스트의 욕망의 메커니즘을 정확하게 재현하고 있다.

> ……어린 시절이란 자신을 다른 사람으로 생각하는 능력이 가장 명백하게 드러나는 자연적인 상태이다……. 어린애는 외부에서 오는 모든 충동에 대해 특별한 감수성을 나타내며, 동시에 인간의 학식에 의해 획득된 지식들, 그리고 그 지식들을 전달 가능하게 만드는 개념 속에 갇혀 있는 지식들에 대해서 놀라운 갈망을 보여준다……. 각자는 자신의 추억을 더듬어봄으로써 이 나이에는 현실성의 본의(esprit)에 관한 능력이 얼마나 빈약하며, 반면 현실에 대한 본의의 왜곡 능력은 얼마나 큰지 상상해볼 수 있다……. (어린애의) 갈망은 그 반대급부로 가르쳐진 것에는 무조건의 신뢰를 가지게 된다. 어린애에게는 활자로 인쇄된 개념이 눈으로 본 어떤 것보다 훨씬 강한 확신을 심어준다. 오랜 기간 이러한 개념은 그 보편성이라는 성격 때문에 자신의 개인적인 체험들보다 권위에서 우세하다.

위의 인용을 읽으면서 우리는 마치 조금 전에 수집한 프루스트의 글에 관한 주석을 읽는 듯한 생각이 들 것이다. 그러나 고티에는 프루스트보다 먼저 이 글을 썼으며, 그가 이야기하는 것도 플로베르에 관해서[39]이다. 기본적인 직관력이 뛰어나고 자신이 플로베르의 영감의 중심에 있다고 확신하는 고티에는, 플로베르도 알아차리지 못했던 분야에 자신의 생각을 적용하고, 플로베르가 아마도 부인했을지 모르는 결론을 끌어내면서, 바로 그 영감의 중심으로부터 자유자재로 빛을 발산한다. 플로베르에게서 암시는, 이것은 하나의 사실로서, 고티에가 원했으리라 여겨지는 이상으로 제한된 역할을 하고 있다. 그 암시는 그것과 명백하게 상반될 어떤 경험보다 결코 우세할 수 없다. 암시는 불충분한 경험을 과장함으로써 그 경험의 의미를 왜곡하는 정도로 만족하거나, 기껏해야 경험부족으로 야기된 공백을 메우는 정도로 만족하게 된다. 따라서 『보바리즘』이라는 책에 나타난 가장 암시적인 의견들은 때때로 엄격한 의미의 플로베르적인 관점에서 보아 가장 많은 논란의 여지가 있다. 하지만 고티에는 그 정도로까지 순전히 상상적인 것에 빠져들지는 않는다. 고티에는 프루스트의 심리의 큰 '법칙들'의 윤곽을 잡기 위해서는 '보바리적' 영감에 빠져들기만 하면 되고, 플로베르의 작품들에서 추출해낸 원칙들을 그 마지막 결과까지 밀고 나가기만 하면 된다. 이 두 소설가의 작품들이 심리적으로 그리고 형이상학적으로 동일한 하나의 기층(substratum)에 뿌리박고 있지 않다면 사정이 이와 같겠는가?

* * *

공연이 있은 지 24시간 뒤에 마르셀은 그가 베르마에게서 기대했던 모든 기쁨을 그녀가 제공했다고 생각하게 되었다. 개인의 체험과 다른 사람의 증언 사이의 괴로운 갈등은 다른 사람에게 유리하도

39) 플로베르에 관한 글을 쓴 것이지 프루스트에 관한 글을 쓴 것이 아니라는 사실에 주목하기 바란다.

록 해결되었다. 그러나 이러한 주제에서 타인을 선택한다는 것은 자신을 선택하는 특수한 방식일 따름이다. 그것은 노르푸아 씨와 『르피가로』지의 신문기자 덕분에 자신의 능력도 취미도 문제 삼지 않게 될 옛날의 자기 자신을 또다시 선택하는 일이다. 그것은 타인 덕택으로 자신을 믿게 되는 것이다. 이러한 작업은 진정한 인상을 거의 순간적으로 망각하지 않고는 불가능할 것이다. 이러한 타산적인 망각은 생생한 추억의 진짜 흐름이며 진실의 진정한 부활인 『되찾은 시간』까지 살아 있는데, 바로 그 진실의 부활 덕택으로 마르셀이 베르마의 에피소드를 쓰는 일이 가능해진다.

시간의 재발견 이전에 프루스트가 베르마의 에피소드를 썼더라면 베르마의 에피소드는 노르푸아 씨의 의견이나 『르피가로』지의 견해로 제한되었을 것이다. 마르셀 프루스트는 이것을 진짜로 자기 의견처럼 제시했을 테고, 우리는 이 젊은 예술가의 조숙함과 그 판단의 섬세함에 경탄했을 것이다. 『장 상퇴유』(*Jean Santeuil*)는 이런 종류의 장면들로 가득 차 있다. 그의 첫 번째 소설인 이 작품의 주인공은 언제나 낭만적이고 실제보다 훨씬 돋보인다. 『장 상퇴유』는 재능이 결핍된 작품이다. 『장 상퇴유』는 『되찾은 시간』의 경험보다 선행한 것이어서, 소설의 천재성이 솟아나는 것은 바로 『되찾은 시간』에서이다. 프루스트는 『되찾은 시간』의 미학적 혁명이 우선은 정신적·도덕적 혁명이었다고 끊임없이 주장했다. 우리는 지금 프루스트가 옳았음을 알고 있다. 시간을 되찾는다는 것은 타자의 의견 아래 가려져 있던 진짜 인상을 되찾는 것이다. 따라서 낯선 의견을 타자의 의견으로서 발견하는 것이다. 또한 우리가 자율적이고 자연발생적이기를 멈추는 바로 그 순간에, 간접화 과정이 우리에게 자율성과 자발성이라는 매우 강한 인상을 일으킨다는 것을 깨닫는 것이다. 시간을 되찾는다는 것은 대부분의 사람들이 진실을 피하는 데 삶을 바치고 있다는 진실을 받아들이는 것이며, 자신에게와 마찬가지로 남에게도 독창적으로 보이기 위해 언제나 타인들을 모방했음을 인정하는 것이다. 시간을 되찾는다는 것은 자신의 자존심을 좀 깎는 일이다.

소설의 천재성은 이기적인 거짓말들의 붕괴로 시작된다. 베르고트, 노르푸아, 『르피가로』지의 기사, 이것을 삼류 소설가는 우리에게 자신에게서 나온 것처럼 제시할 테고 재능 있는 소설가는 타인에게서 나온 것으로 제시할 텐데, 이것이 의식의 진짜 본심을 드러내는 것이다.

이 모든 것이 매우 진부하고 틀림없이 매우 평범해서 모든 사람의 진실처럼 생각될 것이다. 아마도 그렇겠지만, 그러나 우리의 진실은 아니다. 낭만적 자만심은 경쟁자의 주장을 때려부순 잔해 위에 자신의 자율성을 확립하기 위하여 중개자의 존재가 타인들에게 있음을 기꺼이 폭로한다. 타인들의 진실이 주인공의 진실이 될 때, 즉 소설가 자신의 진실이 될 때 소설의 재능이 발휘된다. '오이디푸스-소설가'는 타인들을 저주한 다음에야 자기 자신이 죄인임을 알아차린다. 그러나 자만심은 결코 자신의 중개자에게까지 미치지 못한다. 『되찾은 시간』의 경험은 일종의 자만심의 죽음이고 겸손의 탄생이며 또한 진실의 탄생이기도 하다. 도스토옙스키가 겸손의 무서운 힘을 찬양할 때, 그는 소설의 창작을 말하는 것이다.

따라서 욕망에 관한 '상징주의의' 이론은 스탕달의 결정작용의 본래 형태만큼이나 반(反)소설적이다. 이러한 이론들은 중개자가 없는 욕망을 기술하고 있다. 즉 자신의 세계관에서 타인이 수행하는 역할을 잊어버리기로 결심한 욕망하는 주체의 관점을 표현하고 있다.

만일 프루스트가 상징주의 어휘를 사용했다면, 그것은 소설의 구체적인 묘사가 중요하지 않게 되자 즉시 그의 머리에 중개자의 누락이 떠오르지 않은 탓이다. 그는 그 이론이 누락시킨 것이 아니라 표현하는 것, 즉 욕망의 허영, 대상의 무가치, 주관에 의한 대상의 변모, 쾌락(jouissance)이라 일컬어지는 실망, 이런 것들만 보고 있다……. 이 설명에서 진실이 아닌 것은 없다. 이 설명은 그것이 완벽하다고 주장될 때만 거짓이 된다. 프루스트는 이 묘사를 보충하기 위해 수천 페이지를 쓰고 있다. 그런데 비평가들은 아무것도 쓰지 않는다. 그들은 『잃어버린 시간을 찾아서』라는 거대한 작품에서 상당히 진부한 문장 몇 개를 빼내어 "이것이 프루스트의 욕망이다"라고 말한다. 이 문장들이 그들에게 귀중해 보이는 이유는 그 소설이 극복하고 있는 환상, 근대인들이 거기에 집착하면 집착할수록 그만큼 더 거짓이 되는 자율성이라는 환상을 무의식적으로 품게 하기 때문이다. 비평가들은 소설가 프루스트가 베를 짜듯이 재봉하지 않고 열심히 엮어낸 튜닉을 발기발기 찢어내고 있다. 그들은 평범한 경험의 수준으로 다시 내려와서, 프루스트가 베르마의 에피소드에서 처음에 베르고트와 노르푸아의 역할을 잊어버림으로써 자신의 경험을 훼손하듯이, 예술작품을 훼손한다. 따라서 '상징주의' 비평가들은 『되찾은 시간』을 파악하지 못하고 있다. 그들은 소설적 작품을 낭만적 작품으로 후퇴시키고 있다.

낭만주의자들과 상징주의자들은 변모시키는 어떤 욕망을 원하면서도 그 욕망이 완전히 자발적인 것이기를 바란다. 그래서 그들은 타인의 역할에 관해 언급하는 것을 듣고자 하지 않는다. 그들은 욕망의 어두운 면을 외면하면서, 그것이 그들의 아름다운 시적인 꿈과는 무관하다고 주장하고, 그것이 욕망의 대가임을 부인한다. 소설가는 그 꿈에 뒤이어 우리에게 '선망, 질투 그리고 무력한 증오'라는 내면적 간접화의 을씨년스러운 행렬을 보여준다. 스탕달의 공식은 프루스트 세계의 진실을 파악하는 데도 적용된다. 유년기를 벗어나면 곧 모든 변모가 극심한 고통과 일치한다. 꿈과 경쟁심의 복잡한 뒤얽힘이 너무나 완벽해서 프루스트의 욕망의 요소들을 분리하면 소설의 진실은 변질된 우유처럼 해체된다. 그렇게 되면 두 가지 한심한 거짓말, 즉 '내면적인' 프루스트와 '인간심리에 밝은' 프루스트만이 남는다. 그러면 모순된 이 두 가지 추상화(abstractions)가 어떻게 『잃어버린 시간을 찾아서』라는 작품을 낳을 수 있었을까 생각해보았자 소용이 없다.

* * *

우리가 알다시피 중개자의 접근은 두 경쟁자가 각기 중심을 차지하고 있는 가능(possible)이라는 두 개의 구형(球形)을 일치하게 만드는 경향이 있다. 따라서 두 경쟁자가 서로에게 느끼는 원한은 계속해서 커진다. 프루스트의 경우 열정의 발생은 증오심의 발생과 구분되지 않는다. 욕망의 '양가성'(ambivalence)은 질베르트의 경우에서 이미 매우 뚜렷이 나타난다. 화자가 청춘기의 그녀를 처음 보았을 때, 그의 욕망은 잔뜩 찌푸린 얼굴로 표현된다. 그 당장의 가족의 범위를 벗어나면 그때부터 오직 한 가지 감정, 중개자가 불러일으키는 감정을 위한 자리가 있을 뿐이다. 이 감정은 열쇠를 쥐고 있는 중개자가 화자를 '더 높은 왕국'에 들어가지 못하도록 단호하게 거부할 때 발생한다.

프루스트는 또한 욕망과 증오, 사랑과 질투를 말하면서도 이 모든 감정의 동가성(同價性)을 끊임없이 주장한다. 『장 상퇴유』에서 그는 증오에 대해 삼각형의 훌륭한 정의를 내리고 있는데, 이 삼각형의 정의가 또한 욕망의 정의이다.

증오심으로 인해……우리는 매일 적들의 삶에 대해 가장 허위의 소설을 쓰고 있다. 증오심은 우리 내심에 측은지심을 일으킬 누구에게나 공통된 고통을 겪은 후에 느끼게 되는 인간적인 평범한 행복 대신 커다란 기쁨을 그들에게 가정하게 되며, 이 커다란 기쁨은 우리의 분노를 자극하게 된다. 증오심은 욕망만큼이나 변모시킨다. 그리고 욕망처럼 우리를 인간의 피에 목마르게 만든다. 그러나 다른 한편으로 증오심은 기쁨이 파괴되어야만 충족감을 느낄 수 있기 때문에, 기쁨의 파괴를 가정하고, 그렇게 믿고, 영원히 파괴된 것으로 본다. 증오심은 사랑과 마찬가지로 이성(理性)에 괘념하지 않으며, 꺾이지 않는 희망에 시선을 고정하고 있다.

『연애론』에서 스탕달은 이미 증오심의 결정작용이 존재함을 주목한 바 있다. 한 걸음 더 나아가면 두 가지 결정작용이 하나가 된다. 프루스트는 욕망 속의 증오와 증오 속의 욕망을 끊임없이 보여준다. 하지만 그는 전통적인 언어에 충실하다. 그는 앞의 인용문에서도 곳곳에 나타나는 '처럼'(comme)이나 '만큼이나'(autant que) 같은 표현을 결코 없애지 않을 것이다. 그렇게 되면 내면적 간접화의 마지막 단계에 절대로 도달할 수 없을 것이다. 이 마지막 단계는 다른 소설가에게 남겨진 것이었는데, 그 다른 소설가는 러시아의 도스토옙스키이다. 그는 연대순으로는 프루스트보다 먼저이지만 삼각형의 욕망의 역사에서는 그보다 나중이다.

도스토옙스키의 작품 속에서는 타인을 따르는 욕망에서 완전히 벗어난 몇 안 되는 인물들을 제외하고는 질투 없는 사랑도, 시샘 없는 우정도, 혐오감 없는 매혹도 존재하지 않는다. 작중인물들은 서로 욕설을 퍼붓고 얼굴에 침을 뱉고는 얼마 지나지 않아 원수의 발 밑에 엎드려 그의 무릎을 껴안는다. 증오에 넘치는 이러한 매혹은 그 원리에서 프루스트의 속물근성과 스탕달의 허영심과 다르지 않다. 다른 욕망에서 복사된 욕망은 '선망, 질투 그리고 무력한 증오'라는 불가피한 결과로 귀착된다. 중개자가 더 가까워질수록 그리고 스탕달에서 프루스트로, 프루스트에서 도스토옙스키로 이동함에 따라 삼각형의 욕망이 맺는 열매는 더욱 쓰디쓴 것이 된다.

도스토옙스키의 소설에서 지나치게 강렬한 증오심은 마침내 폭발해버림으로써 이중성 또는 중개자가 맡은 모델과 장애물이라는 이중의 역할을 드러내게 된다. 숭배를 바치는 증오심, 진창 속과 심지어 핏속에서도 굴러다니는 이 존경심은 바로 내면적 간접화로 생긴 갈등이 절정에 달한 형태이다. 도스토옙스키의 주인공은 말과 행동으로 매순간 예전의 소설가들에게 의식의 비밀로 남아 있던 한 가지 진실을 폭로한다. '모순된' 감정들이 너무나 강렬하여 주인공들은 더 이상 감정들을 다스릴 능력이 없어진다.

서양의 독자는 도스토옙스키의 세계에서 때때로 갈피를 잡지 못한다. 그의 세계에서 내면적 간접화의 풍기를 문란시키는 힘은 가족의 핵심에서 행사된다. 그 힘은 프랑스 소설가들에게는 거의 범할 수 없는 것으로 남아 있는 생활의 차원에 영향을 미친다. 내면적 간접화를 다룬 위대한 소설가 세 명은 각자 자신의 특권적인 영역을 지닌다. 스탕달의 경우에는 공공생활이나 정치생활이 빌려온 욕망에 침식당한다. 프루스트의 경우에는 병(病)이 사생활로 번지지만 대체로 가정의 범주는 제외된다. 도스토옙스키의 경우에는 내밀한 가정의 범주 자체도 오염된다. 그러므로 내면적 간접화 내에서도 스탕달과 프루스트의 이족혼제(異族婚制)의 간접화와 도스토옙스키의 동족혼제(同族婚制)의 간접화를 대립시킬 수 있다.

게다가 이러한 분할은 엄격하지 않다. 스탕달은 그가 '머리로 하는' 사랑의 극단적인 형태를 묘사할 때 프루스트의 영역을 침해하고, 아버지에 대한 아들의 증오를 보여줄 때에는 도스토옙스키의 영역까지도 침해한다. 마찬가지로 마르셀과 부모의 관계는 '전(前)도스토옙스키적'(pré-dostoïevskiennes)이다. 소설가들은 빈번히 자신의 영역 밖으로 나오는 모험을 감행한다. 그러나 자신의 영역에서 멀어지면 멀어질수록 그들은 더욱더 빨라지고, 간략해지고, 불분명해진다.

소설가들 사이에 존재하는 실존적인 영역의 어림잡은 분할은 삼각형의 욕망에 의한 개인의 생명중추 침범, 즉 존재의 가장 내밀한 지역을 잠식해 들어오는 신성모독을 규정한다. 이 욕망은 처음에는 주변을 공격하다가 중심으로 번져오는 침식성 병이다. 그것은 모델과 제자 사이의 거리가 줄어들수록 더욱 철저해지는 소외현상(aliénation)이다. 프랑수아 모리아크(François Mauriac)[40]에게서 그리고 물론 도스토옙스키에게서 볼 수 있듯이, 이 거리는 아버지에게서 아들에게, 형에게서 동생에게, 남편에게서 아내에게 또는 어머니에게서 아들에게라는 가족의 간접화에서 최소로 좁혀진다.

도스토옙스키의 세계는 프루스트의 '이편에'(en deça) 또는 다르게 표현하면 프루스트의 '저편에'(au-delà) 있는데, 그것은 마치 프루스트가 스탕달의 이편이나 저편에 있는 것과 마찬가지다. 도스토옙스키의 세계는 예전의 작가들이 서로 달랐던 것처럼 두 작가들과도 다르다. 이처럼 다르다는 것은 관계나 접촉이 없다는 의미가 아니다. 만일 도스토옙스키가 이따금 그렇게 주장되는 만큼 '자율적'이라면, 우리는 그의 작품을 이해할 수 없을 것이다. 우리는 그의 작품을 마치 모르는 언어의 철자를 하나씩 발음하듯 그렇게 읽어나가게 될 것이다.

그렇다고 해서 도스토옙스키의 '감탄할 만한 괴물들'을 마치 예측

40) 프랑스의 소설가(1885~1970).

되지 않은 궤도를 가진 그만큼의 운석처럼 제시할 필요는 없다. 보귀에(Vogüé) 후작[41] 시절에 이미 사람들은 거의 어디에서나 도스토엡스키의 인물들이 너무나 '러시아적'이어서 데카르트적인 정신을 가진 우리에게는 완전하게 접근하기가 어렵다고 거듭 말하곤 했다. 불가사의한 이 작품은 본래 서구의 합리주의적인 기준에서 벗어난 것이었다. 그러나 오늘날에는 도스토엡스키의 세계를 지배하는 것이 더 이상 러시아인이 아니라, '자유'의 사도이고 천재적 개혁자이며 소설예술의 구태의연한 범주를 깨뜨린 우상파괴주의자이다. 도스토엡스키의 인간과 그의 자유로운 삶은 구식이고 심리적이며 부르주아적인 프랑스 소설가들의 단순한 분석에 끊임없이 대립되어왔다. 이러한 광신적인 숭배 때문에, 예전의 불신과 꼭 마찬가지로, 우리는 도스토엡스키에게서 근대소설의 귀착점과 그 최고의 단계를 보지 못하고 있다.

도스토엡스키의 매우 상대적인 난해함 때문에 그가 프랑스 소설가들보다 우수해지는 것도 열등해지는 것도 아니다. 여기서 난해함을 겪는 것은 작가가 아니라 독자이다. 도스토엡스키는 자신이 서구적 경험의 형태를 앞지른 러시아적 형태에 속한다고 확신하는 까닭에 프랑스 작가들의 망설임에 전혀 놀라지 않을 것이다. 러시아는 전통적인 봉건구조에서 과도기 없이 가장 현대적인 사회로 넘어왔다. 이 나라는 부르주아 계층의 대리기간을 전혀 경험하지 못했다. 스탕달과 프루스트는 바로 이 대리기간의 소설가들이다. 그들은 내면적 간접화의 상위 영역을 차지하고 있으며, 도스토엡스키는 가장 낮은 영역을 차지하고 있다.

---

41) 프랑스의 작가(Eugène Melchior Vicomte de Vogüé, 1848~1910). 그는 외교관으로 상트페테르부르크에 머무르면서 19세기의 러시아 작가들을 프랑스에 소개하는 데 공헌했다.

『미성년』(*L'Adolescent*)이라는 작품은 도스토옙스키의 욕망의 가장 고유한 성격을 잘 보여주고 있다. 돌고루키(Dolgorouki)와 베르실로프(Versilov)의 관계는 간접화라는 용어로만 설명할 수 있다. 아들과 아버지가 같은 여인을 사랑한다. 아흐마코바(Akhmakova) 장군부인을 향한 돌고루키의 열정은 아버지의 열정에서 베껴온 것이다. 아버지로부터 아들로의 이 간접화는 우리가 콩브레 시절에 관해 정의한 바 있는 프루스트의 유년기에 나타난 외면적 간접화가 아니라, 중개자를 지독히 미워하는 경쟁자로 삼게 되는 내면적 간접화이다. 그 불행한 사생아는 자기 의무를 완수하지 않는 아버지와 똑같은 사람이며, 동시에 아들을 내동댕이쳐버리는 알 수 없는 행동을 한 사람에게 매혹된 희생자이다. 따라서 돌고루키를 이해하려면 그를 이전 소설들에 나온 어린애나 부모들과 비교해서는 안 되고, 차라리 자신을 받아들이기를 거부하는 사람에게 매혹되는 프루스트의 속물과 비교해야 한다. 그러나 이러한 비교도 완전히 정확하지는 않다. 왜냐하면 아버지와 아들 사이의 거리가 두 속물 사이의 거리보다 가깝기 때문이다. 따라서 돌고루키의 시련은 프루스트의 주인공인 속물의 시련이나 질투를 느끼는 사람의 시련보다 훨씬 더 고통스럽다.

* * *

중개자가 가까워질수록 그의 역할은 커지고 대상의 역할은 감소한다. 도스토옙스키는 일종의 천재적인 직관으로 중개자를 사건의 전면에 내세우고 대상을 뒷전으로 밀어낸다. 결국 이러한 소설의 구성이 욕망의 진정한 서열을 반영한다. 스탕달이나 프루스트였다면 『미성년』에서 모든 것이 주요한 주인공이나 아흐마코바 장군부인을 중심으로 진행되었을 것이다. 그러나 도스토옙스키는 작품의 초점을 중개자인 베르실로프에게 맞추고 있다. 게다가 『미성년』은 우리 관점에서 본다면 그의 가장 대담한 작품도 아니다. 이 작품은 여러 해결책의 타협안인 것이다. 소설의 중심(重心)의 이동은 「영원한 남편」(L'Eternel mari)에서 가장 다행스럽게 그리고 가장 괄목할 만하게 나타난다. 부유한 독신자 벨차니노프(Velchaninov)는 돈 후안(Don Juan) 같은 사람으로서 피로와 권태가 덮쳐오기 시작하는 지긋한 나이의 사나이이다. 그는 며칠 전부터 신비하면서도 낯익은, 불안하면서도 미미한 한 남자의 순간적인 출현에 마음을 빼앗기고 있다. 그 인물의 정체는 곧 밝혀진다. 그는 파벨 파블로비치 트루소츠키(Pavel Pavlovitch Troussotzki)라는 인물로, 벨차니노프의 옛날 정부(情婦)였던 그의 아내가 얼마 전에 죽었던 것이다. 파벨 파블로비치는 죽은 아내의 옛 애인들을 만나러 자기 고장을 떠나 상트페테르부르크로 간다. 이번에는 그 애인들 가운데 하나가 죽는다. 파벨 파블로비치는 깊은 슬픔에 잠겨 장례행렬을 따라간다. 남은 것은 벨차니노프뿐인데, 그는 이 인물에게 가장 해괴한 관심을 집중시키고 끈질기게 따라붙어서 지치게 만든다. 아내에게 속임을 당한 이 남편은 과거에 관해서 가장 터무니없는 말들을 한다. 그는 한밤중에 연적인 벨차니노프를 찾아가 그의 건강을 위해 건배하고, 그의 입에 키스를 하며, 뉘집 딸인지도 모르는 불쌍한 여자의 도움을 받아 교묘하게 그를 괴롭힌다…….

아내는 죽고 아내의 애인은 남아 있다. 그러므로 대상은 더 이상 존재하지 않는데, 중개자인 벨차니노프는 그럼에도 여전히 물리칠 수 없는 매력을 행사한다. 이 중개자가 바로 이상적인 화자(narrateur)가 된다. 왜냐하면 그는 행동의 중심에 있으면서도 행동에 거의 참여하지 않기 때문이다. 그는 자신이 사건들을 해석하는 데 언제나 성공하는 것이 아닌 만큼 각별히 신경써서 사건들을 묘사하고,

중요한 세부묘사를 소홀히 다루게 될까 걱정한다.

파벨 파블로비치는 재혼을 생각한다. 사랑에 눈먼 이 사람은 첫째 부인의 애인 집을 한 번 더 찾아간다. 그는 벨차니노프에게 자기의 새 애인에게 줄 선물 고르는 일을 도와달라고 부탁한다. 그리고 새 애인의 집에 함께 가달라고 청한다. 벨차니노프는 거절하지만, 파벨 파블로비치는 고집을 꺾지 않고 간청하여 자기의 주장을 관철한다.

이 두 '친구'는 그 처녀의 집에서 잘 대접받는다. 벨차니노프는 이야기도 잘하고 피아노도 친다. 사교계에서 익힌 그의 태도는 경탄할 만한 것이다. 가족 모두가 그의 주위로 몰려들고, 파벨 파블로비치가 이미 자기 약혼녀로 생각하는 여자도 거기 끼어 있다. 망신당한 구혼자는 매력을 끌고자 노력하지만 허사로 끝난다. 아무도 그를 진지하게 대해주지 않는다. 그는 고통과 욕망에 떨면서 새로운 실패를 주시한다……. 몇 년이 지나서, 벨차니노프는 어느 기차역에서 또다시 파벨 파블로비치를 만나게 된다. 이 영원한 남편은 혼자가 아니다. 그의 아내인 매혹적인 여자가 젊고 씩씩한 군인과 함께 남편을 동반하고 있다…….

「영원한 남편」은 내면적 간접화의 본질을 가능한 한 단순하고 순수한 형태로 드러내준다. 독자의 주의를 딴 데로 돌리거나 독자로 하여금 길을 잃고 헤매게 하는 쓸데없는 이야기는 하나도 나오지 않는다. 이 텍스트는 너무나 분명해서 오히려 수수께끼처럼 보인다. 이 작품은 소설의 삼각형에다 우리를 눈부시게 하는 빛을 비추고 있다.

파벨 파블로비치의 경우를 보면, 스탕달이 제일 처음으로 원리를 제시한 바 있는 타인의 우선권이 욕망 속에 있음을 의심할 수 없게 된다. 주인공은 언제나 욕망의 대상과 자신의 관계는 경쟁자와 무관하다고 우리를 설득하고자 한다. 여기서 우리는 이 주인공이 우리를 속이고 있음을 잘 알고 있다. 중개자는 고정되어 있고, 마치 태양의 주위를 도는 행성처럼 주인공이 중개자의 주위를 맴돈다. 파벨 파블로비치의 행동은 우리에게 이상하게 보이지만, 삼각형의 욕망의 논리에는 완벽하게 부합한다. 파벨 파블로비치는 벨차니노프의 중개로만 욕망을 품을 수 있으며, 신비론자들이 말하듯이 벨차니노프 안에서만 욕망을 품을 수 있다. 그래서 그는 벨차니노프를 자기가 선택한 여자의 집으로 데리고 가서, 벨차니노프가 그 여자를 욕망의 대상으로 삼고 그 여자의 에로틱한 가치를 보증하도록 만든다.

어떤 비평가들은 파벨 파블로비치에게서 '잠재적 동성연애자'의 요소를 쉽게 보게 될 것이다. 그러나 잠재적이든 아니든 간에, 동성애는 욕망의 구조를 알기 쉽게 만들지는 않는다. 동성애(同性愛)는 파벨 파블로비치를 정상적인 남자에서 멀어지게 한다. 삼각형의 욕망을 이성애자(異性愛者)에게는 필연적으로 불가해하게 보일 동성애로 귀결시킴으로써 알게 된다거나 깨닫게 되는 것은 아무것도 없다. 만약 이 설명의 방향을 뒤집는다면 그 결과가 훨씬 흥미로울 것이다. 삼각형의 욕망에 비추어 동성애의 몇 가지 형태를 이해하려고 시도해볼 필요가 있다. 예를 들어 프루스트 작품에 나타난 동성애는 '정상적인' 돈후아니즘(donjuanisme)에서는 아직도 대상에 결부되고 있는 에로틱한 가치가 중개자 쪽으로 편향되는 현상으로 정의될 수 있다. 이러한 편향성은 선험적으로(à priori) 불가능한 것이 아니다. 중개자의 더욱 두드러진 우세와 대상의 점진적인 소멸로 특징지을 수 있는 내면적 간접화의 극단적인 단계에서는 이러한 편향이 사실임 직해 보인다. 「영원한 남편」의 어떤 대목들에서는 매혹적인 경쟁자를 향한 에로틱한 방향전환의 시초가 분명하게 드러난다.

소설들은 서로에 의해서 밝혀질 뿐 아니라, 비평이 방법론과 개념을 빌려오는 것이 바로 소설에서이고, 비평이 기울이는 노력도 소설 자체를 향한 것이다……. 여기서 파벨 파블로비치와 무척이나 흡사한 『갇힌 여인』(*La Prisonnière*)을 쓴 프루스트 쪽으로 관심을 돌려서 이 주인공이 무엇을 욕망하는지 이해해보자.

> 만약 우리가 우리의 사랑을 좀더 잘 분석할 줄 안다면, 즉 남자들—우리가 여자들과 균형을 다투어야 한다는 데에 죽을 지경으로 고통을 느끼지만 그럼에도 그녀들과 균형을 다투어야 하는—은 그들이 지닌 균형추 때문에만 흔히 여자들을 좋아하게 된다는 사실을 알게 될 것이다. 따라서 이 균형추가 제거되면 그 여자의 매력도 떨어진다. 남자에게서 그러한 예를 찾아보자면, 남자는 자기가 좋아하는 여자에 대한 사랑이 약화되는 것을 느끼면 여자에 대한 사랑이 지속되고 있음을 확인하기 위해 자기가 끌어낸 법칙들을 자발적으로 적용해서, 매일 여자를 자기가 보호하지 않으면 안 될 위험한 상황에 빠뜨린다.

프루스트의 주인공의 근본적 고민인 동시에 파벨 파블로비치의 고민이기도 한 이 고민은 거침없는 어조로 튀어나온다. 도스토옙스키의 주인공도 '자발적으로' 또는 침착하게 이 규칙들, 즉 그 자신이 실제로 '끌어낸' 규칙은 아니지만 자신의 비참한 생활을 더 잘 다스릴 따름인 이 규칙들을 적용하고 있다.

삼각형의 욕망은 하나[42]이다. 우리는 돈키호테에서 출발하여 파벨 파블로비치에 다다른 것이다. 또는 드니 드 루주몽(Denis de Rougemont)[43]이 『사랑과 서양』(*L'Amour et l'Occident*)에서 이야기하는

---

42) 삼각형의 욕망이란 모두 같다는 의미이다.

43) 스위스 출신의 사상가로서 엠마뉘엘 무니에(E. Mounier)와 함께 『에스프리』지(紙)를 창간했다. 『사랑과 서양』은 심리·역사·윤리 연구로 유명한 업적이다.

것처럼, 『트리스탄과 이졸데』(*Tristan et Iseult*)[44]에서 출발하여 매우 신속하게 우리의 분석에 밀려드는 질투심리에 도달한 것이다. 이 심리를 트리스탄의 시에 구현되고 있는 '신화의 남용'으로 정의함으로써 루주몽은 열정의 가장 '고상한' 형태들을 병적인 질투심에 결합하는 관련성을 노골적으로 인정하는데, 바로 이것이 프루스트와 도스토엡스키가 우리에게 묘사하는 것처럼 "욕망되고, 도발되고, 은밀하게 두둔받는" 질투이며 "사람들은 자기의 애인을 다시 쫓아다니고 또 자신의 내부에서 애인에 대한 사랑을 다시 느끼기 위해, 애인이 부정을 저지르기를 바라게 된다"라고 루주몽이 매우 정확하게 관찰하고 있는 질투이다.

파벨 바블로비치의 욕망이란 사실상 대략 이런 것이다. 영원한 남편은 질투심을 느끼지 않고는 지낼 수가 없다. 우리의 분석들과 드니 드 루주몽의 증언에서 힘을 얻어, 우리는 이제부터 삼각형의 욕망의 모든 형태 이면에 숨겨진 단 하나의 똑같은 끔찍한 함정, 주인공이 서서히 빠져들고 있는 함정을 보게 될 것이다. 삼각형의 욕망은 단 하나이며, 회의주의가 가장 정당화되는 것처럼 보이는 바로 그 논점에 대해 이 통일성의 명백한 증거를 제시할 수 있다고 우리는 스스로 믿고 있다. 하나는 세르반테스가, 다른 하나는 도스토엡스키가 예시한 바 있는 욕망의 이 두 '극단'은 동일한 하나의 구조 안에서 포착하기가 가장 어려운 것처럼 보인다. 파벨 파블로비치가 프루스트의 속물과 형제간이라든가, 도스토엡스키의 허영심 많은 인물과 형제간이라고 하면 모두가 우리 의견에 동의할 테지만, 파벨 파블로비치에게

44) 중세의 전설로 내려오는 비극의 주인공들로서 이 두 사람의 결합은 죽음으로만 가능하다. 이 전설은 프랑스 중세 시인의 작품에 나오기도 하고 독일과 이탈리아의 중세 시인들에게서도 나타난다. 특히 독일인 슐레겔과 빌란트가 이 신화를 완성했으며, 바그너가 3막의 서정극으로 엮었다.

서 그 유명한 돈키호테의 먼 사촌의 모습을 본다면 누가 인정하겠는가? 이 주인공의 열렬한 찬양자들은 틀림없이 우리의 비교가 독선적이라고 생각할 것이다. 그들은 돈키호테가 최정상에서만 살고 있다고 생각한다. 이런 숭고한 존재의 창조자가 어떻게 영원한 남편이 뒹굴고 있는 최하층을 짐작이나 할 수 있었겠는가?

이 질문에 대한 답변은 세르반테스가 『돈키호테』라는 작품을 구성하고 있는 단편소설들 가운데 하나에서 찾아야 할 것이다. 이 단편들 모두가 목가적인 틀이나 기사담의 틀에 맞춰진 것인데도, 이 텍스트들 모두가 다시 낭만적 소설의(romantico-romanesque) 장르로 떨어져버리지는 않는다. 이 단편들 가운데 하나인 「무례하게 호기심 많은 사람」(Le Curieux impertinent)은 파벨 파블로비치의 욕망과 완벽하게 닮은 삼각형의 욕망을 보여주고 있다.

안셀모(Anselme)라는 인물은 젊고 예쁜 카밀리오(Camille)와 결혼한다. 이 결혼은 행복한 남편의 친한 친구 로타리오(Lothaire)의 중개로 이루어졌다. 결혼식 후 얼마 지나지 않아서 안셀모는 로타리오에게 이상한 청탁을 한다. 그는 자기가 카밀리오의 '정절을 시험해보고' 싶다고 주장하면서 로타리오에게 카밀리오를 유혹해보라고 간청한다. 로타리오는 분개하며 거절한다. 그러나 안셀모는 포기하지 않고 갖가지 방법으로 친구를 재촉하고 말끝마다 자기 욕망의 집요함을 드러낸다. 로타리오는 오랫동안 피하다가 마침내 안셀모를 안심시키기 위해 그 제의를 받아들이는 척한다. 안셀모는 아내와 친구, 이 두 젊은이 단둘만의 만남을 주선한다. 그리고 그는 여행을 떠났다가 예고 없이 돌아와서는 로타리오가 맡은 역할을 진지하게 생각하지 않는다고 신랄하게 비난한다. 한마디로 말해서 그는 미친 듯이 행동하여 로타리오와 카밀리오가 서로 부둥켜안도록 만든다. 그러고는 아내가 불륜에 빠졌다고 생각한 안셀모는 절망에 빠져 자살한다.

「영원한 남편」과 『갇힌 여인』에 비추어서 이 작품을 다시 읽으면, 우리는 이 작품을 인위적이라거나 재미가 없다거나 하는 판단을 내릴 수 없을 것이다. 도스토옙스키와 프루스트는 우리로 하여금 진정한 의미로 파고들 수 있게 해준다. 「무례하게 호기심 많은 사람」은 세르반테스가 쓴 「영원한 남편」이다. 이 두 단편소설에서 차이가 있다면 줄거리의 세부묘사와 기법에서 다를 따름이다.

파벨 파블로비치는 벨차니노프를 자기 약혼녀의 집으로 유인하고, 안셀모는 로타리오에게 자기 아내를 유혹하라고 요구한다. 이 두 경우에서 중개자의 힘만이 이성(異性)의 선택의 우수성을 입증해줄 수 있다. 세르반테스는 이 이야기의 서두에서 두 주인공을 결합시키는 우정과, 안셀모가 로타리오에게 느끼는 한없는 존경심과, 결혼할 시기에 두 가족 사이에서 로타리오가 수행했던 중개자 역할을 장황하게 강조하고 있다.

이 열렬한 우정이 경쟁관계의 강렬한 감정으로 배가되는 것은 분명하다. 그러나 이 경쟁관계는 감춰져 있다. 「영원한 남편」에서는 '삼각형의' 감정의 다른 측면이 감춰져 있다. 아내에게 속은 남편의 증오심이 분명하게 드러난다. 우리는 이 증오심이 감추고 있는 숭배를 조금씩 알아차려야 한다. 파벨 파블로비치가 자기 약혼녀에게 줄 보석을 벨차니노프에게 골라달라고 부탁하는 이유는 벨차니노프가 대단한 성적 매력을 누리는 것으로 그에게 비치기 때문이다.

이 두 단편소설에서 주인공은 마치 독실한 신도가 신에게 제물을 바치듯이 사랑하는 여자를 중개자에게 공짜로 제공하는 것처럼 보인다. 그런데 독실한 신도가 대상을 바치는 것은 신이 그 대상을 누리게 하기 위해서이지만, 내면적 간접화의 주인공은 대상을 제공하되 신이 그 대상을 누리지 못하게 하기 위해서이다. 그는 사랑하는 여자를 중개자에게 밀어보냄으로써 중개자로 하여금 그 여자를 욕망의 대상으로 삼게 한 뒤에 욕망의 경쟁에서 승리하려는 것이다. 그가 욕망을 느끼는 것은 중개자 안에서(en)가 아니라, 바로 그 중개자에 대항해서(contre)이다. 주인공이 욕망하는 유일한 대상은 중개자에게서 빼앗아올 대상이다. 사실은 무례한 중개자에 대한 결정적인 승리만이 그의 흥미를 끄는 것이다. 안셀모와 파벨 파블로비치를 움직이는 것은 성적인 자만심이며, 그들을 가장 모욕적인 실패로 몰아넣는 것도 바로 이 자만심이다.

「무례하게 호기심 많은 사람」과 「영원한 남편」은 돈 후안에 대해서 낭만적이지 않은 해석을 암시한다. 안셀모와 파벨 파블로비치는 우리 시대에 득시글거리는 말 많고, 거드름피우고, '프로메테우스적인' 잘난 척하는 멋쟁이들과는 정반대이다. 돈 후안을 만들어낸 것도 자만심이고, 우리를 언젠가는 타인의 노예로 만드는 것도 자만심이다. 진짜 돈 후안은 자율적인 사람이 아니다. 반대로 그는 타인들 없이는 지낼 수 없는 사람이다. 이 진실이 오늘날 감춰져 있다. 그러나 이것이 셰익스피어의 작품에 나오는 어떤 유형의 유혹자들의 진실이며, 몰리에르의 돈 후안의 진실이다.

> 나는 우연히 이 한 쌍의 연인을 그들이 여행을 떠나기 사나흘 전에 만나게 되었다. 나는 그 두 연인처럼 서로에게 만족하고 사랑이 넘쳐흐르는 사람들을 본 적이 없다. 그들이 서로에게 느끼는 열정의 명백한 애정에 나는 감동했다. 그로 인해 나는 마음 깊이 충격을 받았고 내 사랑은 질투심으로 시작되었다. 그렇다. 나는 그들이 그렇게 행복하게 함께 있는 것을 보면서 느끼는 고통을 참을 수 없었다. 분한 생각이 내 욕망을 일깨웠다. 나는 그들의 화합을 깨뜨릴 수 있고, 내 마음의 섬세함이 깊은 상처를 입은 바 있는 그 약혼을 파기할 수 있다는 데서 극도의 쾌감을 상상했다.

* * *

「무례하게 호기심 많은 사람」과 「영원한 남편」 사이의 접촉점을 설명할 수 있는 문학적인 영향은 아무것도 없다. 두 작품 간의 차이점들은 모두 형식에 속하며 유사점들은 내용에 속한다. 도스토옙스키는 아마도 이러한 유사점들이 있으리라고는 전혀 짐작하지 못했을 것이다. 19세기의 많은 독자가 그러했던 것처럼 도스토옙스키도 스페인의 걸작을 낭만적 해석을 통해서만 보았던 것이고, 따라서 세르반테스에 대해서도 가장 틀린 이미지를 지니고 있었을 것이다. 『돈키호테』에 관한 그의 언급은 모두가 낭만적인 영향을 드러내고 있다.

「무례하게 호기심 많은 사람」을 『돈키호테』에 비교하는 것은 언제나 비평가들의 흥미를 불러일으킨다. 그들은 이 단편소설이 이 장편소설과 모순이 없는지 생각하게 된다. 이 걸작의 통일성이 다소 위태로운 것처럼 보인다. 소설문학을 통한 우리의 여행으로 밝혀진 것이 바로 이 통일성이다. 우리는 세르반테스에서 출발하여 세르반테스로 돌아오면서, 이 소설가의 천재성이 타인을 모방한 욕망의 극단적인 형태들을 포괄하고 있음을 확인한다. 돈키호테의 세르반테스와 안셀모의 세르반테스 사이에 놓인 거리는 그렇게 가까운 것이 아닌데, 왜냐하면 이 장(章)에서 살펴본 작품들을 그 사이에 모두 끼워 넣을 수 있기 때문이다. 하지만 이 거리가 극복할 수 없을 만큼 먼 것도 아닌데, 왜냐하면 이 소설가들 모두가 서로에게 손을 내밀고 있어서 플로베르·스탕달·프루스트·도스토옙스키가 한 세르반테스에서 다른 세르반테스로 끊이지 않고 연결된 하나의 사슬을 형성하고 있기 때문이다.

하나의 동일한 작품 안에서 외면적 간접화와 내면적 간접화의 동시적인 존재는 우리 눈에 소설문학의 통일성을 확인해준다. 이 문학의 통일성은 거꾸로 『돈키호테』의 통일성을 확인해준다. 우리는 지구를 일주해봄으로써 지구가 둥글다는 사실을 증명하듯이, 전자의 통일성을 후자의 통일성으로, 후자의 통일성을 전자의 통일성으로 증명한다. 이 근대소설의 아버지가 지닌 창조적 힘이 매우 크기 때문에, 소설의 모든 '공간'에서 쉽사리 위력을 행사한다. 세르반테스에게서 싹으로도 존재하지 않았던 서구 소설의 개념이란 하나도 없다. 또한 이 개념들에 관한 개념, 그 중심적 역할이 매순간 확인되는 개념, 모든 것이 재발견되는 근원인 모태 개념(l'idée-mère), 그것이 바로 삼각형의 욕망으로서 소설적 소설의 이론의 기초로 사용될 것이며, 이 첫 번째 장(章)은 그 서론에 해당한다.

2 사람들은 서로에게 신으로 비칠 것이다

소설의 모든 주인공은 소유로 인해 자신의 존재가 근본적으로 변모하기를 기대한다. 『잃어버린 시간을 찾아서』에서 마르셀의 부모는 그의 건강이 나쁘다는 이유로 그를 극장에 보내기를 주저한다. 아이는 그러한 망설임을 이해하지 못한다. 건강에 대한 염려는 그가 공연에서 기대하는 엄청난 혜택에 비해 하찮은 것으로 여겨지기 때문이다.

대상은 단지 중개자에게 도달하기 위한 수단에 불과하다. 욕망이 겨냥하는 것은 바로 중개자의 존재(l'être)이다. 프루스트는 타인이 되고자 하는 이 강렬한 욕망을 갈증에 비유하고 있다. 즉 "내 영혼이 여태껏 한 방울도 맛보지 못했던 만큼 더 게걸스럽게, 단숨에 꿀꺽꿀꺽, 흡수해버릴 수도 있는, 더욱 완벽한 음료로서의 삶에 대한 갈증—메마른 대지의 타는 듯한 갈증과도 흡사한 갈증—"에 비유하고 있다.

프루스트에게서 중개자의 존재를 흡수하려는 이 욕망은 자주 새로운 생활—스포츠 생활, 전원생활, '방탕한' 생활—에 입문하려는 욕망의 형태로 나타난다. 화자가 알지 못했던 존재방식에 부여하는 갑작스러운 위세는 언제나 이 욕망을 일깨워주는 존재와의 만남과 연관된다.

간접화의 의미는 욕망의 양 '극단'에서 특히 명료하다. 돈키호테는 자신의 열정의 진실을 우리에게 큰소리로 말하며, 파벨 파블로비치도 더 이상 그것을 우리에게 숨기지 못한다. 욕망하는 주체는 자신의 중개자가 되기를 원한다. 즉 그는 중개자에게서 완벽한 기사로서의 존재나 매혹적인 유혹자로서의 존재를 훔치고 싶어 한다.

사랑에서나 증오에서도 이러한 의도는 변하지 않는다. 『지하생활자』(제목을 흔히 『지하생활자의 수기』라고도 하는)의 주인공은 당구장에서 모르는 장교에게 떼밀리자 즉시 복수에 대한 극심한 갈망으로 고통스러워한다. 만일 '지하생활자'가 자기를 모욕한 자를 제압하고 유혹하기 위해서 쓴 편지에 이 증오의 형이상학적인 의미가 드러나 있지 않다면, 우리는 이 증오를 '정당하고' '합리적'이라고까지 생각할 수 있을 것이다.

> 나는 그에게 애원하는 어조로 사과를 요구했다. 그가 거절할 경우에는 결투라는 것을 상당히 분명하게 비쳐두었다. 편지는 매우 잘 쓰였으므로, 만일 장교가 '아름다움이나 고귀함'의 감정을 조금이라도 느꼈다면, 반드시 내게 달려와서 내 목을 껴안고 자신의 호의를 나타내 보일 것이다. 그렇게 된다면 얼마나 감동적이랴! 우리는 아주 행복하게, 정말로 행복하게 살 수 있으리라! …… 그의 관록이 붙은 풍채만으로도 그는 나를 적들에게서 보호해줄 것이며, 또 나는, 나의 총명함과 사상으로 그를 기품 있게 만들어줄 것이다. 우리가 할 수 있는 일들이 그 얼마나 많은지!

프루스트의 주인공과 마찬가지로 도스토옙스키의 주인공은 중개자의 존재를 흡수하여 자신의 것으로 만들기를 꿈꾼다. 그는 중개자의 힘과 자신의 '총명함'의 완벽한 종합을 상상한다. 그는 자기 자신인 채로 타인이 되기를 원하고 있다. 그런데 그는 왜 이런 욕망을 가지는 것이며, 왜 다른 많은 사람을 제쳐두고 특정한 이 중개자를 선호하는 것일까? 무슨 까닭으로 주인공은 그렇게도 성급하게 그리고 무비판적으로 숭배하다가 곧 걷어차버릴 이 모델을 선택하는 것일까?

이렇게 스스로가 타인의 실질(substance)에 융합되기를 원하려면, 저 자신의 실질에 대한 주체할 수 없는 혐오감을 느껴야만 한다. 지하생활자는 실제로 몸이 허약한 약골이다. 보바리 부인은 지방의 소시민계급에 속해 있다. 우리는 이러한 주인공들이 왜 자신들의 존재를 바꾸려 하는지 이해할 수 있다. 만약 이 모든 주인공을 개별적으로 고려해본다면, 우리는 그들의 욕망에 대한 변명을 진지하게 받아들이고 싶어질 것이다. 우리는 이 욕망의 형이상학적 의미를 놓칠 위험을 안고 있다.

형이상학적 의미를 획득하려면 개별적인 경우들을 넘어서 전체를 보아야 한다. 주인공들은 모두가 자신들의 가장 근본적인 개인적 특권, 즉 그들 자신이 선택하여 욕망할 수 있는 특권을 포기하고 있다. 이러한 전원일치의 포기를 예외없이 서로 다른 주인공들의 자질 탓으로 돌려버릴 수는 없다. 보편적인 원인을 찾아내야만 한다. 소설의 주인공들은 '자질'의 차원에서보다는 더욱 본질적인 차원에서 스스로를 증오한다. 바로 그것이 『스완네 집 쪽으로』(*Du côté de chez Swann*)의 서두에서 프루스트의 화자가 우리에게 말하고 있는 바이다. "나 자신이 아닌 모든 것, 대지와 그 대지 위의 존재들 모두가 내게는 나보다 더 귀중하고 더 중요하며 더 현실적인 실존을 부여받은 것처럼 보였다." 주인공을 짓누르고 있는 저주는 그의 주체성과 구분되지 않는다. 도스토옙스키의 주인공들 중에서 가장 흠잡을 데 없는 인물인 미쉬킨(Muyskine)조차도 고립된 존재, 즉 단독자로서의 불안을 느낀다.

그는 자기 앞의 눈부신 하늘을, 발 아래의 호수를, 주변에서 빛나는 너무나 광대하여 끝이 없는 듯이 보이는 수평선을 보게 되었다. 그는 가슴을 죄는 불안을 느끼면서 오랫동안 이 광경을 바라보았다. 그는 이제 자신이 밝고도 푸른 이 대양을 향해 두 팔을 내밀었으며 눈물을 흘린 적이 있다는 사실을 떠올렸다. 그리고 이 모든 것에 이방인이 되었다는 생각에 고통을 느꼈다. 결코 한 번도 참여하지 못하면서도 오래전부터, 옛날부터, 유년시절부터 마음이 끌리는 것을 느끼는 끝없는 축제, 이 향연이란 대체 무엇이란 말인가? …… 모두가 자신의 길이 있으며 또 그 길을 알고 있다. 그들은 노래를 부르며 오고 간다. 그런데 유독 그만이 인간들이나 자연의 목소리, 그 어느 것도 알지 못하고 아무것도 이해하지 못한다. 왜냐하면 그는 어디서나 이방인이며 쓰레기인 까닭이다.

주인공의 저주는 너무나 지독하고 총체적이어서 직접적으로 그의 영향을 받게 되는 모든 사람과 사물에까지 파급된다. 인도의 최하층민인 파리아와도 같은 주인공은 그가 접촉하는 모든 사람과 그가 사용하는 모든 사물을 오염시킨다.

만사가 가까이 있으면 있을수록 그의 생각은 그런 것들에서 더 멀어진다. 당장 그를 둘러싸고 있는 모든 것—권태로운 시골, 어리석은 소시민계급 사람들, 평범한 삶—이 그에게는 이 세상에 존재하는 하나의 예외, 예외가 만들어진 특별히 우연한 사건으로 여겨지는 반면에 그 너머에는 행복과 열정의 드넓은 나라가 까마득히 펼쳐져 있는 것만 같았다.

사회가 소설의 주인공을 파리아로 만드는 것이 아니다. 그 자신이 스스로에게 유죄선고를 내리는 것이다. 무슨 까닭으로 소설의 주체(subjectivité)는 그 정도로 자신을 혐오하는 것인가? "지하생활자가 지적한 바로는, 교양 있는 올바른 신사라면 자기 자신에 대한 요구가 끝없이 많아서 때로는 자신을 증오할 정도로 경멸할 수 있어야만 비로소 허영심 많은 자가 될 수 있다." 그런데 주체가 만족시킬 수 없는 이 까다로움은 어디에 기인하는 것일까? 그것은 그 자체에 기원을 두는 것일 수는 없다. 주체에게서 나와 주체에게 향해진 까다로운 요구라면 불가능한 요구가 아닐 것이다. 그러므로 주체가 외부로부터 온 거짓 약속을 믿었음이 틀림없다.

도스토옙스키가 보기에 이 거짓 약속은 본질적으로 형이상학적 자율성에 대한 약속이다. 2~3세기 전부터 이어져 내려오는 서구의 모든 학설(doctrine)의 이면에는 언제나 다음과 같은 동일한 원리가 있어왔다. 즉 신은 죽었고 인간이 신의 자리를 대신해야 한다는 원리이다. 자만심의 유혹은 영원하지만 현대에 와서는 그 유혹이 대대적으로 조직화되고 놀라울 정도로 증대된 까닭에 억제할 수 없게 되어버렸다. 현대의 '복음'(bonne nouvelle)[1]은 누구나 들을 수 있다. 복음이 우리 가슴에 더욱 깊이 새겨질수록 이 굉장한 약속과 체험으로 맛보게 될 참담한 실망 사이의 대조는 더욱 격렬해진다.

자만심의 목소리가 커져갈수록 존재한다는 의식은 더욱 쓰라리고

1) 외부에서 온 거짓 약속을 말한다. 오늘날 범람하는 광고에서 한 예를 들어보자. 화장품 광고는 그 화장품을 쓰면 누구나 그 광고에 나온 모델처럼 아름다워진다는 암시를 함으로써 제품에 대한 구매욕망을 불러일으킨다.

더욱 고독해진다. 그러나 이러한 의식은 모든 사람에게 공통적이다. 무슨 까닭으로 배가된 고통인 고독에 대한 환상이 생겨나는가? 무슨 이유로 사람들은 자신의 고통을 나누어가짐으로써 고통을 덜어내지 못하는 것일까? 왜 모든 사람의 진실이 각 개인의 의식에 깊이 묻혀 있는 것일까?

각 개인은 자신의 고독한 의식 속에서 약속이 거짓임을 알아차리지만 어느 누구도 그러한 체험을 보편화하지 못한다. 이 약속은 타인들에 관한 한 여전히 진실로 남는다. 각자 자기 혼자만 신의 유산을 물려받지 못했다고 생각하고, 이 불운을 감추려고 애쓴다. 원죄는 이제 더 이상 종교계에서처럼 모든 사람의 진실이 아니라 오히려 각 개인의 비밀이며, 자신의 전능과 빛나는 기량을 소리 높여 주장하는 소설의 주체가 소유하고 있는 유일한 것이다. "나는 그것에 관한 한 다른 사람들도 마찬가지라는 사실을 알지 못했으며, 일생 동안 나만의 비밀로 숨겨왔노라고 지하생활자는 단언한다."

사생아 돌고루키는 지켜지지 않은 약속의 변증법을 놀랄 만큼 잘 예시하고 있다. 그는 널리 알려진 왕가의 성(姓)을 지니고 있다. 이 성의 동음이의(同音異義)로 굴욕적인 오해가 끊임없이 야기된다. 첫 번째 서출에 두 번째 서출이 덧붙여진다. 현대인은 모두가 타인들에게는 왕자 돌고루키, 자신에게는 사생아 돌고루키가 아니겠는가? 소설의 주인공은 항상 세례받는 순간에 착한 요정들이 깜빡 잊어버린 어린애인 것이다.

모든 사람은 자신만이 홀로 지옥에 있다고 생각하는데, 바로 그런 생각이야말로 지옥이다. 환상은 일반화될수록 그 정도가 더 심해진다. 도스토옙스키의 '반(反)영웅'[2]이 "나는 혼자일 뿐인데, 그들은 모

2) 전통적인 영웅의 특징이 전혀 없는 소설이나 연극의 주인공을 말한다.

두가 한통속이구나!"라고 부르짖는 외침에서 지하생활의 희극적인 면모가 확실하게 드러난다. 환상이 너무 기괴해서 도스토옙스키가 창조한 거의 모든 실존(existence)에 균열이 나타난다. 극히 짧은 깨달음의 순간에 주체는 거짓이 보편적인 것임을 파악하고 그것이 더 이상 지속되지 못하리라 믿는다. 그는 사람들이 눈물을 흘리면서 서로를 포옹하리라 생각한다. 그러나 이러한 희망은 헛된 것이어서, 희망에 고무되었던 사람조차도 곧 타인들에게 자신의 끔찍한 비밀을 누설했을까 두려워한다. 그는 이 비밀을 그 자신에게 누설했을까를 더욱 두려워한다. 미쉬킨 같은 사람의 겸손이 처음에는 자만심이라는 갑옷을 뚫을 듯이 보인다. 그의 대화 상대자는 심중을 털어놓지만 곧 수치심에 사로잡힌다. 그는 자신이 존재를 바꾸기를 원하지 않으며 그 자신으로 충분하다고 소리 높여 선언한다.

그리하여 현대 복음의 희생자들은 그에게 최상의 협력자들이 된다. 더욱 심하게 노예가 될수록 그 노예는 더욱 열렬하게 노예상태를 옹호한다. 자만심은 단지 거짓의 도움으로 유지될 수 있을 뿐이며, 그 거짓은 삼각형의 욕망에 의해서 유지된다. 주인공은 신의 유산을 향유하는 것처럼 보이는 타인에게 열정적인 관심을 쏟는다. 신봉자로서 그의 믿음은 매우 대단해서, 그는 언제나 자신이 바야흐로 중개자에게서 이 기막힌 비밀을 훔치게 된다고 믿는다. 그는 지금부터 미리 유산을 향유한다. 그는 현재를 멀리하고 찬란한 미래에서 살게 된다. 중개자의 경쟁적인 욕망이 자신의 욕망에 장애가 되는 바로 그 중개자 자신을 제외하고는, 그를 신성(神性)에서 떼어놓을 수 있는 것은 아무것도 없다.

키르케고르의 자아처럼 도스토옙스키의 의식은 외부의 받침점이 없으면 존속하지 못한다.[3] 그 의식은 신(神)인 중개자를 포기할 때만 비로소 인간인 중개자에게 의지한다. 삼차원의 원근법에서 그림의 모든 선이 화폭의 '후경'(後景)이나 '전경'(前景)에 있는 고정된 한 점을 향하는 것과 마찬가지로, 기독교는 신이거나 타인인 하나의 소실점을 향하도록 존재를 이끌어간다. 선택이란 늘 자신을 위해 하나의 모델을 선택하는 것이고, 진정한 자유는 인간인 모델과 신인 모델 사이에서 근본적인 양자택일을 하는 것이다.

신을 향한 영혼의 도약은 자신 속으로의 침잠과 따로 떼어 생각할 수 없다. 반대로, 자만심의 후퇴는 겁에 질려 타인을 향하는 움직임과 분리할 수 없다. 성(聖) 아우구스티누스[4]의 표현을 뒤집어서 말하면, 자만심은 우리에게 외부 세계보다 더 외부의 것이다. 기독교인 소설가와 비기독교인 소설가 모두가 자만심의 외재성(外在性)을 훌륭하게 예증하고 있다. 프루스트는 『되찾은 시간』에서 우리가 자존심 때문에 '우리 자신을 외면한 채' 살아간다고 단언하고, 바로 이 자존심을 여러 차례에 걸쳐 모방정신에 연관시킨다.

만년에 이른 도스토옙스키의 통찰력은 소설작품들의 심오한 의미를 한층 더 훌륭하게 밝혀준다. 즉 기독교와 타인을 따르는 욕망 사이에 존재하는 매우 긴밀한 유사성과 근본적인 차이점에 대해 일관된 해석을 제공한다. 천재들의 모든 소설작품에 묵시적이거나 명시적으로 예증되어 있는 지고의 진실을 표현하기 위하여, 우리는 루이 페레로(Louis Ferrero)[5]의 『절망』(*Déspoirs*)에서 다음과 같은 관념적인

---

3) 키르케고르는 신만이 충일한 자아(le moi)를 지닌 유일한 존재라고 생각한다. 인간의 자아는 그 근사치에 지나지 않는다. 따라서 인간은 신이라는 모델(외부의 받침점)을 지향하게 된다.

4) 캔터베리 초대 대주교를 지냈던 성인(?~604).

5) 레오 페레로(Léo Ferrero, 1903~33)를 지라르가 루이 페레로로 잘못 쓰고 있다. 여기서 지라르가 인용한 문장도 레오 페레로가 죽던 해(1933)에 출간된 시집 『희망, 절망』(*Espoirs, désespoirs*)에서 발췌한 것이다.
레오 페레로는 『로마의 번영과 쇠퇴』(*Grandeur et décadence de Rome*)의 저자인 이

문구를 빌려오고자 한다. "열정은 기독교가 일깨워서 신에게로 인도한 힘의 주소지 변경이다."

신에 대한 부정은 초월성을 배제하는 것이 아니라 초월을 내세의 것에서 현세의 것으로 바뀌게 한다. 예수 그리스도에 대한 모방이 이웃에 대한 모방으로 바뀌는 것이다. 그러나 허영심 강한 자의 도약은 중개자의 인성(人性)을 극복하지 못하고 좌절하며, 이 갈등의 결과로 증오가 생긴다. 막스 셸러는 욕망의 모방적인 본성을 꿰뚫어보지 못했기 때문에 기독교라는 종교적 감정과 원한을 결코 구분하지 못했다. 그는 이 두 현상을 더 잘 구분하기 위해 그 둘을 비교해볼 엄두조차 내지 못했다. 따라서 그는 자신이 일소하고자 했던 니체적 혼돈[6]에 머물러 있게 된 것이다.

* * *

내면적 간접화에 대한 도스토옙스키적 의미를 알기 위해서는 스타브로긴이라는 핵심적인 인물을 연구해야 한다. 스타브로긴은 『악령』에 나오는 모든 인물의 중개자이다. 우리는 그에게서 적(敵)그리스도[7]의 모습을 발견하는 데 주저하지 말아야 한다.

스타브로긴을 이해하려면, 우리는 모델로서 그의 역할과 그의 '신봉자들'과 그의 관계를 살펴보아야 한다. 이 주인공이 지니는 의미를 파악하기 위해서는 그를 소설의 맥락에서 분리해서는 안 되며, 무엇

탈리아의 위대한 역사학자 구글리에모 페레로(Gugliemo Ferrero)의 아들로서 예술비평가이며 시인이다. 프랑스의 폴 발레리가 그의 재능을 높이 평가하여 레오나르도 다빈치에 관한 페레로의 저서에 서문을 쓰기도 했다.

6) 니체는 쓰라린 감정과 원한을 기독교 신앙과 동일시함으로써 혼돈에 빠졌다.

7) 「요한의 묵시록」에 따르면 종말 직전 나타나 혹세무민한다는 사이비 예수.

보다도 악령에 들린 사람들처럼 그의 '악마적 위대함'에 현혹되어서는 안 된다.

악령에 들린 사람들은 그들의 생각과 욕망을 스타브로긴에게서 얻는다. 그들은 진정으로 스타브로긴을 숭배한다. 그들은 모두가 그에게 내면적 간접화의 특성인 존경심과 증오심이 뒤섞인 감정을 느낀다. 또한 그들 모두가 그의 무관심이라는 얼음처럼 차가운 벽에 부딪혀 좌절한다. 불행한 가가노프는 스타브로긴과 결투를 벌이지만, 모욕적인 말도 총알도 이 반신(半神)에게 타격을 입히지 못한다. 악령에 들린 자들의 세계는 기독교 세계의 뒤집어진 이미지이다. 성자의 긍정적 간접화가 불안과 증오라는 부정적 간접화로 대체된다.

"엄청난 일들을 알려주는 스승이 있었으며, 죽은 자들 가운데서 부활한 제자가 있었다는 사실을 샤토프가 스타브로긴에게 상기시킨다." 키릴로프, 샤토프, 레비야드킨 그리고 『악령』에 나오는 모든 여인은 스타브로긴의 기이한 힘에 굴복하고, 거의 동일한 표현을 빌려 자신들의 삶에서 행하는 그의 놀라운 역할을 그에게 밝히고 있다. 스타브로긴은 그들의 '빛'이다. 그들은 '태양'을 기다리듯 그를 기다린다. 그의 앞에서 그들은 '신의 면전'에 있는 것처럼 느낀다. 그들은 '바로 신에게 말하듯이' 그에게 말을 한다. "샤토프가 그에게 이렇게 말한다. 니콜라이 스타브로긴, 그대가 떠나면 내가 당신의 발자국에 입맞추리라는 사실을 당신은 알고 있지요. 내 마음에서 당신을 떼어낼 수가 없군요."

스타브로긴은 샤토프가 그를 '일종의 별'처럼 여기면서 자신은 그 별에 비해 그저 '한 마리 벌레에 불과'하다고 생각하는 데 놀라움을 금치 못한다. 모두가 스타브로긴의 손에 '깃발'을 쥐어주기를 원한다. 『악령』에 나오는 가장 냉정하고 가장 내밀하며 가장 '자율적인' 인물이라고 할 수 있는 베르호벤스키(Verkhovenski)조차도 우상의 발 아래 쓰러져 그의 손에 입맞추며 당치 않은 말들을 수없이 지껄여댈 뿐 아니라, 마침내는 그에게 '황태자 이반', 혼돈 속에서 나타날 혁명 러시아의 구세주, 질서를 회복시킬 강력한 독재자가 되어주기를 청한다.

> 스타브로긴, 당신은 아름답소!라고 표트르 스테파노비치는 황홀경에 빠진 듯이 외쳤다……. 당신이야말로 내가 숭배하는 대상이오! 당신은 아무도 모욕하지 않습니다. 그렇지만 모두가 당신을 증오합니다. 당신은 사람들을 마치 당신과 동등한 자들인 양 대하는데도 그들은 당신을 두려워합니다……. 당신은 지도자요 태양입니다. 그리고 나는 한낱 지렁이에 불과하오.

절름발이 마리아 티모페예브나(Maria Timofeievna)는 스타브로긴과 대면하고 있으면 강렬한 공포심과 황홀감을 느낀다. 그녀는 공손하게 "당신 앞에서 무릎을 꿇을까요?"라고 그에게 묻지만, 마법은 곧 풀린다. 단지 마리아만이 자만심이 없는 까닭에 사기꾼의 가면을 벗길 수 있다. 스타브로긴은 내면적 간접화의 진정한 알레고리이다.

증오는 신에 대한 사랑의 뒤집어진 이미지이다. 우리는 이미 영원한 남편과 무례하게 호기심 많은 사람이 사랑하는 여자를 괴물 같은 신에게 '제물'로 바치는 것을 보았다. 『악령』의 인물들은 스스로를 제물로 바칠 뿐만 아니라 자신들이 가진 가장 소중한 것을 모두 바친다. 굴절된 초월은 수직적 초월에 대한 희화(戱畵)이다. 뒤집어진 이 절대숭배의 모든 요소는 기독교의 진리 안에 분명한 그 대응물을 가지고 있다.

가짜 예언자들은 미래의 세계에서 사람들은 서로에게 신으로 비칠 것이라고 확언한다. 이 모호한 메시지는 언제나 도스토옙스키의 가장 맹목적인 인물들에 의해 전달된다. 불행한 사람들은 한없는 동지애(fraternité)라는 생각만으로도 열광한다. 그들은 자신들의 공식(formule)이 지닌 아이러니를 깨닫지 못한다. 그들은 천국을 예언한다고 믿고 있으나, 사실은 지옥에 관해, 그들 스스로가 빠져들어가는 중인 지옥에 관해 말하는 것이다.

'물질주의'의 진보를 찬양하는 사람이나 한탄하는 사람은 모두가 똑같이 도스토옙스키의 사고와 관계가 없다. 삼각형의 욕망보다 덜 '물질주의적'인 것은 없다. 사람들이 대상을 서로 차지하려고 다투거나 더 많이 소유하도록 부추기는 열정은 물질의 승리가 아니라 인간의 얼굴을 지닌 신, 즉 중개자의 승리이다. 악마적 정신세계에서는 미쉬킨 같은 사람만이 스스로가 '물질주의자'라고 말할 자격이 있다. 사람들은 낡은 미신을 타파했다고 우쭐대지만 점점 더 명백해지는 환상이 지배하는 지하세계로 빠져드는 중이다. 성스러움(le sacré)은 점차 하늘을 떠나 지상으로 몰려든다. 성스러움은 세속적인 모든 행복에서 개인을 떼어놓으며, 그를 내세와 분리했던 것보다 더욱 깊은 심연을 그와 이 세상 사이에 생겨나게 한다. 타인들이 살고 있는 지상의 표면은 접근할 수 없는 하나의 천국이 된다.

신성(le divin)의 문제는 이러한 하위 층위에서는 더 이상 제기되지 않는다. 초월을 향한 욕구는 간접화로 '충족된다.' 따라서 종교적 논쟁은 학문적인 것으로 남게 되는데, 그 논쟁들이 아마도 강렬한 반대 의견들을 유발할 때는 특히 그러하다. 지하생활자가 신의 존재를 아무리 열렬하게 긍정하거나 부정한다 하더라도 그것은 입에 발린 말에 불과하므로 별 문제가 되지 않는다. 성스러움이 구체적인 의미를 가지려면 무엇보다도 지하생활자가 대지의 표면으로 다시 올라와야만 한다. 그러므로 어머니인 대지로의 귀환은 도스토옙스키에게 구원으로 가기 위한 첫 번째 필요 단계이다. 주인공은 의기양양하게 지하세계에서 빠져나와 자기가 태어난 땅을 부둥켜안는다.

* * *

두 가지 초월 사이에 존재하는 대립과 유사성은 타인을 따르는 욕망을 다룬 모든 소설가—그들이 기독교인이든 아니든 상관없이—의 작품에서 찾아볼 수 있다. 외면적 간접화의 경우에는 언제나 이러한 유사성들이 명백하다. 돈키호테에게 편력 기사단은 절대숭배의 대상이다. 이 소설의 호기심을 끄는 한 장(章)에서, 산초는 주인에게 왜 성직이 아니라 무사직을 선택했느냐고 묻는다……. 플로베르도 마찬가지로 보바리즘을 초월에 대한 굴절된 욕구로 생각한다. 청춘기의 엠마는 엄밀한 의미에서의 보바리즘에 빠지기 전에 유사(類似) 신비주의의 위기를 겪는다.

더욱이 '보바리즘'에 대한 쥘 드 고티에의 유명한 분석은 우리가 묘사한 도스토옙스키의 도식과 많은 점에서 일치한다. 고티에의 말을 따르면, 플로베르의 인물들은 "고정된 성격과 고유한 독창성이 본질적으로 결여되어 있기 때문에……그들 스스로는 아무것도 아니어서, 그들은 자신들이 따르게 되는 암시에 의해 이것이든 저것이든 어떤 것이 된다"라는 특징을 지닌다는 것이다. 이런 인물들은 "자기들이 선택한 모델에 필적하지 못한다. 하지만 자애심(l'amour de soi) 때문에 그들은 자신들의 무능력을 인정하지 못한다. 자애심은 그들의 판단력을 흐리게 하여, 스스로를 기만하는 입장으로 그리고 그들 자신의 관점으로 자신과 대체한 이미지에 자신을 동일시하는 입장으로 그들을 몰아간다." 이 설명은 적확하다. 그러나 자애심의 근저에는 자신에 대한 경멸과 증오가 있어서 자애심을 조종한다는 사실을 덧붙여야만 한다. 플로베르 주인공들의 터무니없는 우쭐함에 결합된 객관적인 초라함이 비평가의 판단을 흐리게 한다. 그리고 바로 주인공들 자신—또는 보바리 부인처럼 그들 가운데 적어도 가장 형이상학적인 인물—이 스스로의 무능함을 깨닫고 가장 내밀한 의식 속에서 누구보다도 먼저 아마도 유일하게 그들 자신만이 퍼붓게 될 비난을 모면하려고 보바리즘에 몰입한다는 사실을 비평가가 알아차리지 못하게 한다. 도스토옙스키적 광기와 마찬가지로 보바리즘은 스스로를 신격화하려는 다소 의식적인 의도의 실패에 그 근원을 두고 있다. 플로베르가 도스토옙스키만큼 명확하게 욕망의 형이상학적 근원을 밝혀주지 못하는 것은 사실이다. 하지만 열정의 '초월적' 특성이 『보바리 부인』의 수많은 대목에 분명하게 드러나 있다.

엠마 보바리는 로돌프에게 사랑의 편지를 쓴다.

> 그러나 편지를 쓰면서 그녀는 다른 남자, 즉 그녀의 가장 강렬한 추억과 그녀가 읽었던 가장 아름다운 책들과 그녀의 가장 극심한 갈망이 만들어낸 환영(fantôme)을 보았다. 그 환영은 마침내 너무도 그럴듯하고 현실적인 것이 되어서 그녀의 가슴은 경탄으로 설레었지만, 그는 신이 그러하듯 너무나도 많은 속성에 가려져 있어서 그녀는 그를 또렷하게 떠올릴 수 없었다.

욕망의 형이상학적 의미는 내면적 간접화의 상위 영역[8]이나 부르주아 영역에서는 다소 알아보기가 힘들다. 그렇지만 스탕달의 허영심은 플로베르의 보바리즘과 동일한 종류이다. 허영심 역시 소설의 인물들이 헛되이 발버둥치는 깊이가 덜할 뿐인 지하실에 불과하다.

---

8) 간접화 현상이 심화할수록 주체는 지옥과도 같은 지하(하위 영역)로 하강하게 된다. 그러므로 상위 영역이란 간접화의 초기단계를 가리킨다.

허영심이 강한 사람은 모든 것을 자신에게로 환원하고, 모든 것을 자신의 자아로 집결하려 하지만 결코 성공하지 못한다. 그는 항상 타인에게로 새어나가는 '달아남'(fuite) — 그로써 자기 존재의 실질이 흘러나가는 — 때문에 고통받는다.

도스토옙스키와 마찬가지로 스탕달도 물론 이 불행의 근원에 틀림없이 지켜지지 않은 약속이 있다는 사실을 완전히 이해했다. 그래서 그는 작중인물들의 교육에 많은 중요성을 부여한다. 허영심 많은 자들은 아주 종종 양심 없는 추종자들의 아첨으로 버릇이 없어진 응석받이 어린애와도 같다. 그들이 불행한 이유는 '십 년이라는 세월을 하루도 빠짐없이 남들보다 더 행복해야만 한다'는 말을 귀에 못이 박이도록 들어왔기 때문이다.

지켜지지 않은 약속은 스탕달의 작품에도 이 주제의 규모에 더 적절하고 더욱 일반적인 형태로 나타난다. 도스토옙스키의 경우에서와 마찬가지로 현대의 역사적 발전과 특히 정치적 자유에 대한 억누를 수 없는 충동이 허영심을 불러일으키거나 심화시킨다. 비평가들은 때로 이런 기본적인 생각과 스탕달의 진보된 견해들을 양립시키지 못한다. 자유에 대해 스탕달과 거의 같은 개념을 지니고 있던 토크빌(Tocqueville)[9] 같은 사상가의 저술을 읽어보면 난관은 해소된다. 현대의 약속은 도스토옙스키의 경우에서처럼 본질적으로 기만적이고 악마적이 아니지만, 우리는 그 약속을 용감하게 수용할 수 있

9) 프랑스의 정치가, 역사가, 자유주의 사상가(1805~59).
저서 『미국의 민주주의』(1835, 1840, 전2권)에서 민주주의로 인한 평등화의 진전이 정치·사회·문화에 미치는 영향을 논술하고 오늘날 대중사회의 출현을 예고했다. 또한 역사저작 『구체제와 혁명』(1856)에서는 혁명을 루이 14세 이후 전제정치의 귀결로 파악하고, 정치생활에서 자유정신의 불가결성을 강조했다.

을 만큼 충분히 강할 필요가 있다. 스탕달의 사회적이고 정치적인 모든 사고는 노예로서보다는 자유인으로서 살아가기가 훨씬 더 어렵다는 고대의 생각에 깊이 젖어 있다. 스탕달은 『한 관광객의 수기』 마지막 부분에서 자유를 쟁취할 수 있는 자만이 자유를 누릴 자격이 있다고 기술하고 있다. 오직 강한 자만이 허영심 없이 살아갈 수 있다. 모두가 평등한 세상에서 약한 자들은 형이상학적 욕망의 희생자가 되며, '선망, 질투 그리고 무력한 증오'라는 현대적 감정들이 승리를 거둔다.

자유를 정면으로 직시할 수 없는 사람들은 고뇌에 빠진다. 그들은 자기들의 시선을 고정할 근거지를 찾게 된다. 그들을 보편적인 세계에 연결해줄 신도, 왕도, 영주도 이제는 없다. 개별자라는 느낌에서 벗어나기 위해 사람들은 타인의 욕망을 모방한다. 즉 절대자를 포기할 수 없는 까닭에 신의 대체물을 선택한다.

낭만주의자와 달리 스탕달의 자기도취자(égotiste)는 세계에 맞추어 자신의 자아를 부풀리려 하지 않는다. 그러한 시도의 저변에는 언제나 모종의 숨겨진 간접화가 있다. 자기도취자는 자신의 한계를 의식하고 그것을 극복하기를 포기한다. 그는 겸손과 신중을 기하려고 '나'(Je)라고 말한다. 그는 전부(le tout)를 욕망하기를 포기했기 때문에 무(le rien)로 되던져지지 않는다. 따라서 스탕달에게서 자기도취는 근대 인본주의의 윤곽을 나타내고 있다.

이러한 시도가 아무리 흥미로운 것이라 해도 소설의 작업에는 거의 영향을 미치지 않는다. 소설에는 허영심과 열정 사이에 어떠한 중간항도 존재하지 않는다. 즉 무지·미신·행동·행복인 직접적인 실존과 진실에 대한 두려움, 우유부단, 허약함과 허영심인 간접화한 삶 사이에는 매개항이 없다.

스탕달의 초기 작품과 몇몇 에세이에는 덕 있는 사람들(gens de

bien)의 명철한 회의주의와 다른 사람들 모두의 위선적 종교 사이의 대립이라는 18세기의 유산이 여전히 남아 있다. 하지만 그의 위대한 작품들에서는 이 대립이 사라졌다. 대립은 허영심 많은 자의 위선적 종교와 열정적인 자의 진정한 종교의 대조로 대체되었다. 열정적인 모든 인물, 즉 레날 부인, 샤스텔레 부인, 파브리스, 클레리아 그리고 『이탈리아 연대기』의 주인공들은 신앙인들이다.

신앙인이 아니면서 열정적인 주인공을 창조하는 데 스탕달은 한 번도 성공하지 못했다. 그런 노력을 기울이지 않았기 때문이 아니라 결과가 만족스럽지 못했기 때문이다. 뤼시앵 뢰벤은 허영심과 천진난만함 사이에서 방황하며, 라미엘이 꼭두각시로 바뀌자 스탕달은 라미엘을 버리고 허영심 많은 상팽에게 몰두한다. 쥘리앵 소렐 역시 창조과정의 어떤 단계에서는 스탕달이 열정적이면서 신앙심이 없는 주인공으로 설정했던 자임이 틀림없다. 그러나 쥘리앵은 다른 사람들보다 약간 더 명석하고 정력적인 위선자에 불과하다. 그가 자신을 포기할 때, 즉 임종의 순간에야 비로소 그는 진정한 열정을 체험하게 될 것인데, 그때 우리는 그가 여전히 신을 의심하는 자인지 더 이상 알지 못한다.

스탕달이 그러한 인물을 창조하지 못했다는 사실은 시사적이다. 열정의 인간은 엄밀하고도 맹신적으로 종교적인 과거의 인간이다. 허영심 많은 자는 현재의 인간이다. 그는 언제나 자신이 의식하지 못하는 일종의 기회주의에 의해서만 기독교인이다. 허영심의 승리는 전통 세계의 약화와 동시에 이루어진다. 삼각형의 욕망을 지닌 사람들은 더 이상 믿음을 가지고 있지 않지만 초월성 없이는 살아가기가 불가능하다. 스탕달은 그들이 기독교의 힘을 빌리지 않고도 허영심에서 벗어날 수 있음을 확신하고 싶어 했지만 이 이상(理想)은 그의 소설에서 전혀 구체화되지 않았다.

따라서 스탕달과 도스토옙스키의 작품들을 비교하기 위해서 스탕달을 기독교인으로 만들거나 도스토옙스키를 무신론자로 만들 필요는 없다. 진실은 충분하다. 스탕달의 허영심은 다른 소설가들의 작품에서 만나게 되는 모든 형이상학적 욕망과 유사하다. 허영심의 개념을 심도 있게 파악하려면 개념의 이중적 의미, 즉 형이상학적인 동시에 세속적이며 성서적이면서 일상적인 의미에서 살펴야 한다. 허영심 많은 자는 구약의 전도서에서 말하는 공허감이 자신의 내부에 자리 잡아가는 것을 느끼기 때문에 경박한 행위와 모방으로 도피한다. 그는 자신의 허무를 감히 직시할 수 없기 때문에 이 저주를 면한 것으로 보이는 타인에게로 달려가는 것이다.

* * *

허영심과 수치심 사이에서 헛되이 오락가락하는 일은 프루스트의 속물근성에서도 역시 찾아볼 수 있다. 우리는 속물이 자신을 경멸하는 만큼 그를 경멸할 수는 결코 없을 것이다. 게다가 속물은 속물근성으로 획득하게 될 새로운 존재를 가장함으로써 비천함을 피해야 할 정도로 비천한 존재도 아니다. 속물은 항상 자신이 바야흐로 이 새로운 존재를 획득하게 되리라 믿고, 마치 자신이 이 존재를 이미 소유한 듯이 행동한다. 따라서 그는 참을 수 없을 만큼 거만하게 군다. 속물근성은 거만함과 비열함이 풀 수 없게 뒤섞인 혼합물이다. 이 혼합물이 형이상학적인 욕망을 규정한다.

우리는 속물과 소설의 다른 주인공들을 비교하는 데 거북함을 느끼지 않을 수 없다. 속물근성의 문제에 우리는 엄청나게 분노한다. 속물근성이야말로 우리 시대의 전위문학이 아무리 정의(正義)에 몰두해 있다 하더라도 결코 '명예를 회복시키'려 하지 않는 아마도 유일한 죄악이다. 전위파든 보수파든 모럴리스트들은 앞다투어 『게르망트 쪽』을 향해 눈살을 찌푸린다. 스탕달과 프루스트가 작품의 상당 부분을 속물근성에 할애하고 있다는 사실은 거북스럽게 생각되고 있다. 선의의 해설가들은 가장 저명한 소설가들의 작품이 지니고 있는 이러한 고약한 결점의 기능을 최소화하려고 애쓴다.

우리가 경멸하는 것은 도스토옙스키의 주인공이 아니라 속물인데, 그 이유는 속물근성이 '규범적'(normal) 세계에 속한 것으로 여겨지기 때문이다. 우리는 속물근성을 다행히 우리 스스로는 지니고 있지 않지만 그 한심한 결과를 주변에서 흔히 보게 되는 악덕으로 생각한다. 이 속물근성은 도덕적 판단의 대상이 된다. 반대로 지하생활자의 강박관념은 병적이거나 형이상학적인 것으로 보인다. 그것은 정신과 의사나 철학자의 영역에 속한다. 우리는 악령에 들린 자를 비난할 마음이 없다.

프루스트의 속물과 도스토옙스키의 주인공 사이에는 생각하는 만큼 그렇게 차이가 많은 것일까? 『지하생활자의 수기』는 아니라고 대답한다. 지하생활자를 그의 옛 동창생들과 더불어 관찰해보자. 이 따분한 자들은 임용지인 코카서스로 떠나는 즈베르코프(Zverkov)라는 어떤 친구를 위해 송별연을 계획한다. 지하생활자는 송별연 준비 현장에 있지만 아무도 그를 초대할 생각을 하지 않는다. 예기치 않았던 또는 아마도 너무나 뻔히 예견했던 모욕감으로 그는 자신이 전혀 필요로 하지 않을 뿐 아니라 진심으로 경멸해 마지않는 이 사람들을 '짓밟고 무찌르고 매혹하려는' 병적인 열정, 격렬한 욕망에 사로잡힌다.

이 가련한 자는 온갖 비굴함을 보인 후에 마침내 그렇게도 선망하던 초대를 받는다. 그는 송별회에 가서 자신의 몰염치함을 시종일관 의식하면서 우스꽝스럽게 행동한다.

이 에피소드에 비추어 『게르망트 쪽』을 다시 읽어보아야 한다. 환경이 다르다는 데 미혹되어서는 안 된다. 구조는 동일하다. 바발 드 브레오테(Babal de Bréauté) 같은 사람과 그밖의 수많은 프루스트의 인물들은 무가치하기로 말하자면 즈베르코프와 그의 패거리에 조금도 뒤지지 않는다. 지하생활자만큼 섬세한 심리학자인 프루스트의 속물은 자신의 중개자의 무가치를 꿰뚫어본다. 그렇지만 도스토옙스키의 경우에서처럼 이 통찰력은 무력하다. 꿰뚫어본다고 해서 통찰력 있는 사람이 매혹에서 풀려나지는 못한다.

프루스트의 주인공의 진실은 이 점에서 창조자인 작가의 진실과 합치된다. 부르주아 출신의 부유하고 명석한 젊은이 마르셀 프루스트는 그의 재산·재능·매력이 자신에게 전혀 도움이 안 되는 파리의 사교계에만 불가항력적으로 끌렸다. 고등학교 시절에 그가 사귀려고 했던 유일한 친구들이란, 장 상퇴유처럼 오로지 그를 원하지 않던 자들뿐이었다.

도스토옙스키의 작품에서와 마찬가지로 프루스트의 작품에서도 부정적인 기준으로 중개자의 선택이 결정된다. 속물은 사랑하는 자와 마찬가지로 '달아나는 사람'을 쫓아간다. 추적은 단지 도주가 있기 때문에 생긴다. 도스토옙스키의 경우처럼 프루스트의 경우에도 강박적인 욕망에 사로잡히는 이유는 초대받지 못했기 때문에, 타인이 무례하게 거절했기 때문이다. 「영원한 남편」이 에로틱한 측면을 비추는 것과 마찬가지의 강렬한 빛으로 『지하생활자의 수기』는 프루스트가 체험한 사교계의 측면을 밝혀준다.

프루스트의 속물은 지하생활자와 동일한 유혹, 예를 들어 중개자에게 편지를 쓰려는 유혹을 느낀다. 모욕을 주고자 쓰인 편지는 사실상 괴로움의 호소에 지나지 않는다. 게르망트 집안에 초대받지 못해 절망에 빠진 질베르트 스완은 공작부인에게 편지를 보내는데, 이 편지는 무례한 장교에 관한 에피소드에서 지하생활자가 궁리하는 편지와 약간 비슷하다. 『장 상퇴유』에서 주인공은 자기를 괴롭히는 동급생들에게 우정을 구걸하는 내용의 편지를 쓴다. 『백치』(*L'Idiot*)에서 나스타샤 필리포브나(Nastasia Philipovna)가 아글라야(Aglaé)에게 보내는 열광적인 아첨으로 가득 찬 메시지들도 프루스트의 편지들과 동일한 삼각형에 포함된다.

천재소설가들 사이에는 단절이 없다. 우리는 이러한 소설가들을 끝없이 비교해볼 수 있다. 예를 들어 도스토옙스키의 인물은 스탕달의 허영심 많은 자나 프루스트의 속물과 마찬가지로 조롱거리가 되지나 않을까 하는 강박관념 속에서 살아간다. 게르망트 집안의 공작부인 댁에 처음으로 초대받은 프루스트의 화자가 그랬듯이 그는 늘 자기가 속임수의 피해자라 생각하고, 삶이라는 향연에 초대받은 진짜 손님들, 신수권(神授權)을 받은 손님들이 자신을 비웃을 것이라고 상상한다. 프루스트의 작품에서와 동일한 감정이지만 감정은 전례 없이 격렬하게 표현된다. 바로 앞 장(章)에서 우리는 프루스트의 작품에 나타난 스탕달의 허영심의 희화를 보았다. 이제 우리는 도스토옙스키의 작품에서 프루스트의 속물근성의 희화를 보게 될 것이다.

이런 상황에서, 무슨 이유로 속물만이 특별히 우리의 경멸을 불러일으키는 것일까? 답변을 강요받는다면, 속물의 모방의 자의성이 우리의 비위를 거스르기 때문이라고 대답할 것이다. 어린애의 모방은 그것이 실재하는 열등함에 근거하기 때문에 눈감아줄 만한 것으로 여겨진다. 어린이는 어른이 지니는 물리적 힘도, 경험도, 수단도 지니고 있지 않다. 반면 속물에게서 우리는 이렇다 할 아무런 열등함도 발견하지 못한다. 속물은 비천한 자가 아니지만 스스로를 비천하게 만든다. 모든 개인이 '법적으로 자유롭고 평등한' 사회에서 속물은 당연히 없어야 한다. 그러나 이러한 사회에서만 속물이 존재할 수 있다. 사실 속물근성은 구체적인 동등성을 요구한다. 개개인이 서로 간에 좀더 열등하거나 좀더 우월하다면 노예근성과 독재, 아첨과 오만은 있을 수 있지만, 이 용어가 뜻하는 엄밀한 의미에서의 속물근성은 결코 있을 수 없다. 속물은 그 자신이 임의로 신성을 부여한 자들에게 인정받기 위해 온갖 비굴한 짓을 서슴지 않는다. 프루스트는 바로 이 점을 매우 강조한다. 『잃어버린 시간을 찾아서』의 속물들은 거의 언제나 그들의 사교계 중개자들보다 우월하다. 그들은 재산에서나 매력에서 또한 재능에서도 중개자를 능가한다. 따라서 속물근성의 본질은 부조리이다.

속물근성은 동등성에서 시작된다. 이 말은 프루스트가 계급 없는 사회에서 살았다는 것을 의미하지 않는다. 하지만 현실적이고 구체적인 구분은 속물근성에서 비롯된 추상적인 구분과는 아무런 관계가 없다. 사회학자의 관점에서 베르뒤랭 집안은 게르망트 집안과 동일한 계급에 속한다.

속물은 현실적인 가치를 모두 상실한 귀족이라는 칭호에, 단지 열두어 명의 노부인만이 진정으로 높이 평가하는 '사교계에서의 지위'에 경의를 표한다. 모방은 자의적일수록 더욱 경멸할 만한 것으로 보인다. 중개자가 가까이 있으면 모방은 자의적이 되고, 이 근접성이 우리를 도스토옙스키의 주인공에게로 이끌어간다. 지하생활자와 그의 옛 동창생들은 모두가 상트페테르부르크라는 '인위적이고 계획된' 도시에 사는 관료들로서, 그들 사이에는 아무런 차이도 없다. 이제 그들 사이에 완벽한 동등성이 존재하므로 모방은 프루스트의 작품에서보다 더욱 부조리한 것이 된다.

지하의 주인공들은 프루스트의 속물들보다 훨씬 더 혐오감을 준다. 그런데도 우리는 이 혐오감을 느끼지 못한다. 우리는 동일한 도덕의 이름으로 어떤 이들은 비난하고 어떤 이들은 너그럽게 봐주고 있다. 속물근성의 해로운 특성을 따로 떼내어 다루고자 했던 우리의 노력은 완전히 실패로 돌아갔다. 우리는 언제나 한편으로 스탕달의 허영심을 만나면서, 다른 한편으로는 도스토옙스키의 광기와 만난다. 자만심과 수치심 사이에서 오락가락 흔들리는 일은 어디서나 찾아볼 수 있지만, 단지 그 흔들림의 진폭만은 다르다.

우리는 무슨 이유로 타인을 따르는 욕망의 다른 희생자들에 비해 유독 속물을 더욱 곱지 않은 시선으로 바라보는가? 소설 속에 설명이 들어 있지 않다면 독자에게서 찾아볼 수밖에 없다. 우리에게 존중할 만하게 여겨지거나 그림처럼 멋있어 보이는 욕망의 영역은 언제나 우리 자신의 세계에서 가장 멀리 떨어져 있다. 반면 우리의 분개심을 불러일으키는 것은 중개적인(intermédiaire) 부르주아 영역이다. 아마도 비난의 이러한 '지리적' 분포가 우연한 일은 아닐 것이다.

한 번 더 말하지만, 이것은 타인을 따르는 욕망의 문제이므로 소설가들 자신이 우리 조사(enquête)의 안내자가 되어야 한다. 프루스트는 밀접하게든 소원하게든 속물근성에 관련되는 모든 것에 전혀 문외한이 아니다. 그는 이 '결점'이 우리에게 불러일으키는 비난의 감정에 대해 분명 뭔가 할 말이 있다.

『스완네 집 쪽으로』의 주목할 만한 에피소드에서 우리는 마르셀의 가족이 르그랑댕(Legrandin)의 속물근성을 발견하는 장면을 목격한다. 르그랑댕은 미사가 끝나자 지방 귀족들 주변에서 동분서주한다. 그는 여느 때처럼 마르셀의 부모에게 친근하게 인사하는 대신 순간적으로 얼굴을 찡그리더니 옆으로 획 돌려버린다. 이런 일이 일요일마다 연속해서 두 번 반복된다. 마르셀의 부모에게 더 이상의 확증은 필요하지 않다. 르그랑댕은 속물이다.

단지 할머니만이 이 사실을 확신하지 못한다. 할머니의 기억으로는 르그랑댕은 속물들의 적이다. 그가 속물들에 대하여 좀 지나치게 가혹하다고까지 생각한다. 그런 르그랑댕이 어떻게 그다지도 신속하게 타인들의 과오를 답습하여 죄에 물들 수 있겠는가? 마르셀의 부모는 이런 '자기기만'(mauvaise foi)에 속지 않는다. 그들의 눈에는 그렇기 때문에 이 가련한 자가 더욱 가련하게 비친다. 마르셀의 아버지는 이 사건 전반에 걸쳐서 최고의 엄격함과 더불어 최고의 명민함을 보여주고 있다.

장면은 하나뿐이지만 관람객은 셋이어서 서로 다른 세 가지 해석이 있다. 세 가지 견해가 있으나 이것들은 독자적이지 않아서 주관론자들이 원하는 것처럼 비교를 할 수 없는 것들이다. 이 세 가지 견해를 서로 다른 두 가지 관점으로 분류하여 등급을 정할 수 있다. 첫 번째는 장면에 대한 이해력의 관점이다. 할머니에서 어머니로, 다시 어머니에서 아버지로 이행되면서 르그랑댕의 속물근성은 점점 더 분명히 파악된다. 서로 다른 이해력의 정도는 일종의 사다리를 형성하며, 그 위에 세 작중인물이 층을 이루며 자리 잡는다. 이 첫 번째 사다리 뒤로 두 번째 사다리가 보이는데, 그것은 도덕적 순수성의 정도에 따른 사다리로 훨씬 희미하게 드러난다. 할머니가 이 두 번째 사다리의 꼭대기에 놓이는데, 그 이유는 그녀가 전혀 속물근성에 물들지 않았기 때문이다. 어머니는 조금 아래쪽에 위치한다. 어머니는 이미 약간은 물들어 있다. 비록 어머니가 혹시 남의 '마음을 아프게 할까 봐' 항상 염려하고 비록 스완을 특별히 아끼지만, 예전에 '고급창녀'였던 그의 아내를 집에 받아들이기를 거부한다. 사다리의 더 낮은 곳에 아버지가 위치한다. 아버지는 그 나름대로 가족들 중에서 가장 속물이다. 그는 연로한 외교관인 그의 동료 노르푸아가 베푸는 변덕스러운 친절과 아첨에 허영심으로 인한 기쁨과 고뇌를 느낀다. 포부르 생-제르맹의 사교계에서뿐만 아니라 모든 사회에는 금기가 만연하고 파문의 벼락이 번쩍인다. 직업의 영역은 프루스트가 '속물근성'

이라고 부르는 것이 발아하기에 특별히 적절한 토양이다.

도덕적 순수성의 사다리를 얻으려면 이해력의 사다리를 거꾸로 뒤집기만 하면 된다. 따라서 속물이 우리에게 불러일으키는 분개심의 정도는 언제나 우리 자신이 지닌 속물근성의 척도가 된다. 르그랑댕 자신도 이 법칙에서 예외가 아니다. 그는 두 사다리 모두에 자신의 자리를 가지고 있는데, 순수성의 사다리에서는 가장 낮은 자리를, 따라서 이해력의 사다리에서는 가장 높은 자리를 차지한다. 르그랑댕은 속물근성의 미세한 표명에도 고통스러울 만큼 민감하다. '정신을 거스른 죄'가 그에게 불러일으키는 증오심은 꾸며낸 것이 아니다. 그가 초대받기를 원하는 살롱의 문이 그에게 닫힌 것은 속물들에 의해서이다. 그 자신이 속물이어야 비로소 타인들의 속물근성으로 고통을 받는다.

욕망하는 주체가 그 자신을 피폐하게 만드는 악을 선택하고, 그 악에 격분한다는 사실은 유감스러운 우연이 아니다. 분개심과 죄의식 사이에는 불가피한 관련이 있다. 가장 날카로운 통찰력이 분개심을 일으킨다. 속물만이 진정으로 다른 속물을 안다. 그가 다른 속물의 욕망, 즉 그의 존재의 본질 자체를 모방하기 때문이다. 여기에서 복사본과 원본 사이의 통상적인 차이를 찾아낸다는 문제는 있을 수 없는데, 원본이란 존재하지 않는다는 적절한 이유 때문에 그러하다. 속물의 중개자는 그 스스로 또 하나의 속물, 즉 첫 번째 복사본이다.

형이상학적인 욕망을 파악하는 것과 그 욕망에 참여하는 것 사이에는 긴밀하고도 직접적인 연관이 있다. 속물들끼리는 첫눈에 서로를 알아보고 즉시 서로를 증오한다. 왜냐하면 욕망하는 주체에게는 자기의 모방이 간파되는 것을 보는 것보다 더 나쁜 일은 없기 때문이다.

중개자와 주체 사이의 거리가 줄어들수록 차이는 줄어들고, 상대방에 대한 파악은 명료해지며, 증오심은 강렬해진다. 주체가 비난하는 타인의 욕망이란 언제나 자기 자신의 욕망이지만 자신은 이 사실을 자각하지 못한다. 증오심은 개인주의적이다. 증오심에 의해 이 자아와 이 타인 사이에 절대적인 차이가 있다는 환상이 맹렬하게 커져가지만, 사실 그 둘을 갈라놓는 것이라고는 아무것도 없다. 따라서 분개심에 찬 이해란 불완전한 이해이다. 몇몇 모럴리스트가 주장하듯이 형편없는 것이 아니라 불완전한 이해인 이유는 주체가 타인의 내부에 도사리고 있는 스스로를 피폐시키는 허무를 알지 못하기 때문이다. 주체는 타인을 괴상한 신으로 만들어버린다. 분개심에 차서 타인을 파악하는 모든 이해는 순환적이어서 주체도 모르게 돌아와 주체를 덮친다. 이 심리적 원은 욕망의 삼각형에 내접(內接)되어 있다. 우리가 내리는 대부분의 윤리적 판단은 중개자, 즉 그와 비슷해지려고 우리가 모방하는 경쟁자에 대한 증오심에 그 근원을 두고 있다.

중개자가 아직 멀리 떨어져 있으면 원은 매우 거대하다. 윤리적 판단이 적용되는 궤도는 직선과 혼동되기 쉽다. 욕망하는 주체는 으레 이러한 혼동에 빠진다. 욕망의 공간은 '유클리드적'이다. 우리는 늘 우리의 욕망과 증오의 대상을 향해 직선으로 움직이고 있다고 믿는다. 소설의 공간은 '아인슈타인적'이다. 소설가는 직선이 실제로는 우리를 필연적으로 우리 자신에게로 되돌아오게 만드는 원이라는 사실을 보여준다.[10)]

---

10) 유클리드 공간에서는 평행선공리에서 보듯이 물체가 직선의 궤도로 움직인다고 생각되지만, 이 원리는 실제세계에서 그대로 적용되지 않는다. 실제로는 곡선의 궤도를 그리는데, 그것은 중력장과 시간이 가미된 아인슈타인 공간으로 설명될 수 있다. 아인슈타인 공간은 유클리드 공간과 차원이 다른 것으로서, 공간 자체가 휘어 있다.

중개자가 매우 가까이 있을 때, 관찰자들은 주인공의 심리적 원을 간파하고 강박관념에 관해 말한다. 강박관념에 사로잡힌 사람은 적에게 포위당한 요새와 흡사하다. 그는 자기가 가진 수단으로 대처할 수밖에 없는 처지에 놓인다. 르그랑댕은 웅변적으로 속물근성을 비난하며, 블로크(Bloch)는 출세지향주의를, 샤를뤼스(Charlus)는 동성애를 격렬하게 비난한다. 모두가 제각기 자신의 악덕에 관해 말할 뿐이다. 강박적인 사람은 자기와 동류인 사람들, 다시 말해서 자기 경쟁자들에 대해 통찰력을 발휘하는 반면 정작 자신에 대해서는 맹목성을 드러냄으로써 우리를 놀라게 한다. 이 통찰력과 맹목성은 중개자가 가까워질수록 일치협력하여 증가한다.

심리적인 원의 법칙은 기본적이다. 그러므로 이 원은 타인을 따르는 욕망을 다루는 모든 소설가의 작품에서 찾아볼 수 있다. 카라마조프(Karamazov) 집안의 삼형제 중에서 이반(Ivan)은 아버지를 가장 닮은 자이고 알료샤(Aliocha)는 가장 덜 닮은 자이다. 이반이 아버지를 가장 증오하고 알료샤는 가장 덜하다. 이들의 관계에서 우리는 어렵지 않게 프루스트의 두 가지 '사다리'를 발견한다.

심리적 원은 또한 세르반테스의 작품에서도 나타난다. 돈키호테를 치료하려고 애쓰는 사람들은 가장 심하게 존재론적 질환에 걸려 있는 자들이다. 언제나 가장 심하게 병들어 있는 자들이 타인들의 병에 관해 끊임없이 생각한다.

오이디푸스는 타인들을 비난하고 난 뒤에야 자기에게 죄가 있음을 알게 된다. 소설의 심리학은 프랑스의 최신 비평가들이 주장하는 것보다 훨씬 더 진부하다. 사실 소설의 심리학이 최상의 순간에 이르면 위대한 종교들의 심리학과 일치한다. "그러므로 남을 판단하는 사람이라 하더라도 자기는 죄가 없다고 말할 수는 없습니다. 남을 판단하면서 자기도 똑같은 짓을 하고 있으니 결국 남을 판단하는 것은 바로 자기 자신을 단죄하는 것입니다." (성 바울로, 『로마인들에게 보낸 편지』)[11]

* * *

젊은 속물의 마음에서 깨어나는 '사교계의 봄'(printemps social)은 다른 욕망들과 마찬가지로 그 자체로서는 경멸할 만한 것이 아니다. 우리의 심리학적 원은 근본적인 차이에 대한 환상을 만들어낸다. 우리 모두가 남몰래 포부르 생-제르맹을 꿈꾸는 것은 아니지만, 우리가 특히 속물들에게 가혹한 이유는 그들이 역사적으로 우리와 동일한 세계에서 살기 때문이다. 우리가 형이상학적인 욕망의 부르주아적 태도에 적대적인 이유는 그런 태도에서 우리 이웃의 욕망과 더불어 우리 자신이 느끼는 유혹에 대한 기분 나쁜 희화를 알아보기 때문이다.

속물에 대한 몰이해와 도스토옙스키의 작중인물에 대한 몰이해는 전혀 별개의 두 가지 문제이다. 전자의 경우에 결핍된 것은 호감이고, 후자의 경우는 지성의 작용이다. 우리는 무엇이 지하생활자로 하여금 자신의 중개자를 숭배하고, 증오하고, 그의 발 밑에 쓰러져 흐느껴 울며, 그에게 모욕과 애정이 뒤섞인 일관성 없는 편지를 보내게 하는지 알지 못한다. 반면에 우리는 질베르트 스완이 게르망트 집안의 공작부인에게 편지를 쓸 때, 그녀가 어떤 유혹에 굴복했는가는 매우 잘 이해한다. 아무리 속물의 모방이 우리에게 정당화될 수 없는 것으로 여겨지더라도 그것은 도스토옙스키의 주인공의 모방보다는 훨씬 더 정당화될 수 있는 것이다. 속물의 가치관이 아마도 우리의

11) 성경의 「로마인들에게 보낸 편지」 2: 1~3.

것은 아니겠으나, 그것은 우리의 이해를 완전히 벗어날 만큼 낯설지는 않다. 그 증거로 우리는 항상 속물을 탐지해낼 탁월한 능력을 지니고 있다고 생각한다. 우리는 속물이 자발적이고 독창적인 양 꾸미는 가식적인 태도를 꿰뚫어본다. 우리는 그를 감염시킨 문학과 사교계의 현상들이 어떤 것들인지 간파한다. 우리는 그가 자신의 모습을 찾아내고자 하는 역사와 미학 그리고 시(詩)와 같은 언제나 빈약하기 그지없는 지주(支柱)가 어떤 것인지를 잘 알고 있다. 우리는 그가 내세우는 변명이나 그에게서 느껴지는 강렬한 호감에 또는 반대로 그가 감추려고 애쓰는 우스꽝스럽고 비합리적이면서 속물근성과 동류의 본질을 지닌 파렴치한 출세주의에 전혀 주목하지 않는다.

그런 것들이야말로 타인을 따르는 욕망에서 언제나 가장 잘 알려진 형태들로서 추문을 일으킨다. 돈키호테의 이웃들도 르그랑댕을 비난하는 마르셀의 아버지처럼 옹졸한 정의감으로 인해 노골적이고 부당한 그런 사람들이다. 그와 대등한 사람들, 즉 하찮은 시골 신사들이 보기에 돈키호테는 단지 속물에 불과하다. 그들은 돈키호테가 '그럴 자격이 없는' 돈(Don)이라는 칭호를 쓰는 것을 비난한다. 산초도 아내에게 공작부인이 되어야 한다고 설득할 때 그 역시 속물로 보인다.

위대한 소설가들은 그들이 창조한 인물들에 대해 우리처럼 분노하지도 열광하지도 않는다. 어떤 인물들은 너무 관대하게 여겨지고 다른 인물들은 너무 잔인하게 생각되는 것은 바로 우리 자신의 열정 때문이다. 세르반테스는 프루스트가 샤를뤼스 남작을 바라본 것과 같은 방식으로 돈키호테를 바라본다. 만일 우리가 이 모든 주인공 사이의 유사성을 알아차리지 못한다면, 그 이유는 그들 간의 거리가 가깝거나 멀거나에 따라서 우리가 때로는 마르셀의 부모처럼 엄격한 입장에 서거나 또는 할머니처럼 관대한 입장을 취하기 때문이다.

우리는 속물근성이 불러일으키는 노여움을 극복해야만 한다. 소설가들이 취했던 길을 따라가지 않고서는 소설의 통일성에 도달할 수 없다. '오이디푸스-소설가'는 타인들을 비난한 연후에야 자기가 죄인이라는 사실을 알게 된다. 그때 비로소 그는 비관적 심리학과 낭만적 우상숭배를 뛰어넘어 정의로운 입장에 도달한다. 소설의 이 정의(正義)는 도덕자연하는 위선과 그릇된 초연함과는 판이하다. 이것은 소설 자체에서 확인할 수 있는 구체적인 그 무엇이다. 바로 이 정의가 자기성찰과 관찰 사이의 합일을 가능하게 하며, 이 합일로부터 존재와 진실이 솟아나온다. 자아와 타인 사이의 장벽을 허물어뜨림으로써 돈키호테나 샤를뤼스 같은 인물들을 창조해내는 것도 바로 이러한 정의이다.

* * *

프루스트를 세르반테스나 도스토옙스키와 동등한 작가로 취급하려면 속물과 소설의 다른 주인공들 사이의 유사성을 밝히는 것만으로는 미흡하다. 이 프랑스 작가가 욕망의 형이상학적 의미를 놓치고 있지 않다는 사실 또한 증명해야 한다. 이 의미는 『되찾은 시간』의 '원고에 덧붙인 교정지'(becquet)[12]에 매우 명확하게 표명되어 있다.

> 우리를 고통스럽게 하는 모든 사람에게서 신을 연상하는데, 그들은 단지 신성의 단편적인 반영이자 최하급 단계에 불과하다. 이 신성(관념)을 심사숙고하는 즉시 우리는 느끼고 있던 고통 대신 기쁨

12) 프루스트는 원고를 교정하고, 교정에 교정을 거듭하는 완벽주의자로 알려져 있다. 그는 네 번째 권 『소돔과 고모라』를 교정하다가 죽었다.

을 맛보게 된다.

이런 대목들은 얼마든지 있으며 이런 대목들을 인용하는 것으로 만족할 수도 있을 것이다. 그런데 도스토옙스키의 형이상학적 통찰력에 비해 여기서 다루고 있는 문장들은 문맥에서 유리된 빈약한 것들이다. 프루스트는 결코 도스토옙스키가 한 정도로, 심지어 스탕달이 한 만큼도 강도 있게 굴절된 초월을 주장하고 있지 않은데, 그 이유는 그가 스탕달만큼 심도 있게 자유의 문제를 생각하지 않기 때문이다. 우리가 앞에서도 보았듯이, 프루스트는 주인공들의 체험을 완전히 헛되게 만드는 욕망의 유아론적(唯我論的) 이론을 자주 채택하거나 또는 채택하는 듯이 보인다.

중개자의 신성은 천재소설가의 내심에 도사리고 있다. 따라서 그것은 각각의 소설들이 예술성의 극치를 이루는 바로 그 지점에서 명확히 표출되어야 한다. 프루스트의 소설에서 그 지점이란 어디일까? 만약 작가 자신에게 질문한다면, 그는 소설의 예술성—프루스트의 예술성—이란 은유들이 창조되는 가운데 그 절정에 이르게 된다고 대답할 것이다. 그러므로 은유가 욕망의 형이상학적 의미를 표출해야 한다. 은유가 하는 일이 바로 그것이다. 프루스트의 걸작에서 성스러움이란 그저 은유의 또 하나의 영역에 불과한 것은 아니다. 그것은 소설가가 주체와 중개자의 관계를 다룰 때면 언제나 나타난다. 연달아 나타나는 우상들 앞에서 화자가 느끼는 모든 종류의 감정은 종교적 체험의 다양한 양상에 상응하는 것으로, 종교적 체험에서는 공포와 배척 그리고 금기들이 점점 더 중요한 역할을 하게 된다. 이미지와 은유는 중개자를 마치 선택된 자들만이 들어가 영원한 지복을 누리는 닫힌 정원의 수문장처럼 그리고 있다.*

화자는 언제나 두려움과 전율을 느끼면서 신에게 접근한다. 가장 하찮은 행위들조차도 이미지 덕분에 의식(儀式)의 가치를 지닌다. 마르셀은 하녀인 프랑수아즈(Françoise)를 동반하고 스완네 가족들이 사는 곳으로 '순례'의 길을 떠난다. 이 부르주아 아파트는 계속해서 신전 · 성소(聖所) · 교회 · 성당 · 기도실 등에 비유된다. 프루스트가 사용하는 종교용어들은 거의가 종교의식에서 차용한 것들이다. 주술, 신비술, 원시세계 그리고 기독교 신비주의 같은 단어들은 결코 빠지지 않는다. 형이상학과 종교에 관해 전혀 또는 거의 언급하는 일이 없는 이 소설가의 작품에서 초월에 관한 어휘만은 놀라울 정도로 풍부하게 사용되고 있다.

고전적인 신화까지도 중개자를 신격화하는 데 제 몫을 하고 있다. 『꽃핀 소녀들의 그늘에서』의 초입 부분에서 화자는 오페라에 가게 되는데, 상등 관람석에 앉은 그는 일반 관람자들 위에서 당당하고 거만하게 군림하는 게르망트 집안 사람들과 그의 친구들을 바라본다. 극장의 일반 좌석과 분리된 칸막이 좌석은 평범한 사람들에게는 접근 불가능한 다른 세계이다. 베뉴아르(baignoire)[13]라는 단어와 푸르스름한 조명 때문에 화자는 물과 관련된 모든 신화를 연상하게 된다. 사교계의 사람들이 숲의 요정과 바다의 요정 그리고 트리톤[14]으로 변모된다. 이 대목은 다소 요란한 기교와 '아름다운 시대'(belle époque)[15]의 사치스러움을 보여주는 한 예로서, '심미안을 가진 사람들'이 프루스트의 작품에서 이런 부분을 대하게 되면 틀림없이 꽤 거북함을 느끼게 되는 그런 대목이다.

---

* 예를 들어 앞에서 인용한 베르고트에 관한 텍스트를 참조하라.

13) baignoire라는 단어는 극장의 1층 '칸막이 관람석'이라는 의미 외에 '욕조'라는 의미도 있다.

14) 그리스 신화에 나오는, 사람의 얼굴에 물고기의 몸을 한 바다의 신.

15) 20세기 초를 가리킨다.

문학 창조의 하위 층위에서 이미지란 작가가 마음대로 생략하거나 대체할 수 있는 단순한 장식에 불과하다. 마르셀 프루스트는 이러한 자유를 포기하고 있다. 이 소설가는 대상이 아니라 욕망을 다루는 데서 사실주의 작가이다. 이미지는 대상을 '변용시켜야' 한다. 그러나 아무 방식으로나 변용시켜서는 안 되고 학교와 책에서 배운 것을 토대로 대상을 '결정(結晶)시키는' 중산계급 청년 특유의 방식으로 변용시켜야 한다. 1885년 무렵에 상류사회를 꿈꾸던 고등학생의 마음에서 생겨나던 욕망과 화자의 병약하고 보호된 유년기 그리고 심지어 극장 내부의 장식까지도 기막히게 뒤섞여 신화의 이미지 안에서 서로 합쳐진다. 순수성을 고집하는 정통주의자들은 얼마나 협소한 한도 내에서 이 작가의 선택이 이루어졌는지를 이해하지 못한다.

신화라는 낡은 장치가 도움을 줄 수 없음이 명백한데도 프루스트가 그것을 필요로 한다는 사실은 아이러니가 아닐 수 없다. 이러한 신화적 암시들은 교양 있는 독자의 마음속에 성스러움을 환기하는 것이 아니라 오히려 모든 성스러움이 시들어 마침내 죽어버리는 분위기, '고전주의 문화'라는 속세를 연상시킨다. 따라서 프루스트는 그가 신화적 암시들로 하여금 수행하기를 바라는 역할에 가장 부적합한 이미지를 선택하게 된다. 하지만 그는 신화적 암시들을 자신의 미학체계 안으로 끌어들이는 데 성공한다. 그 이유는 소설 전개의 바로 이 지점에서 중개자의 신성이 확실히 밝혀지기 때문이다. 마르셀이 그저 '고정되고 고뇌에 찬' 시선을 어떤 이에게 던지기만 하면, 우리는 그 사람과 마르셀 사이에 열리는 초월의 심연을 보게 된다. 여기에서 지각을 성스럽게 만드는 것은 더 이상 이미지가 아니라, 바로 지각이 이미지를 성스럽게 한다. 그런데도 프루스트는 이 가짜 이미지를 진짜 이미지로 취급하여 가짜 이미지가 중개자에게서 빌려온 성스러움을 반사하도록 한다. 이미지는 마치 메아리가 소리를 그 근원으로 되돌려보내듯 성스러움을 반사한다. 이 유희는 무의미하지 않다. 유희는 욕망의 사실주의를 파괴하지 않고 오히려 완벽하게 성취시킨다. 사실 욕망에서는 성스러움에 대한 거대한 굶주림을 제외하고는 모든 것이 허위이고 연극적이며 인위적이다. 바로 이 굶주림이, 어린아이가 자신의 신을 발견하는 순간부터, 어린아이가 자신을 짓누르는 신의 전능함이라는 짐을 자신의 중개자인 타인에게 던져버리게 되는 순간부터, 초라하고 실증적인(positive) 존재의 구성요소들을 변모시킨다.

성스러움이 결핍된 유년기가 몇 세기 전부터 죽어 있던 신화들을 되살아나게 한다. 유년기는 가장 메말라 있던 상징들에 생기를 불어넣는다. 프루스트는 자기가 속한 중산층의 배경—이 점을 우리는 그에게서 참아내기 힘들다—내에서 네르발(Nerval)[16]과 동일한 목적을 추구한다. 네르발은 그가 좋아하는 작가 가운데 하나이다. 『실비』(*Sylvie*)의 저자인 네르발은 이성(理性)을 여신으로 신격화하고, 회의적인 귀족들이 지닌 건축술의 환상을 진정한 신전으로 변형시킨다. 형이상학적인 삶은 너무도 강렬해서, 어떤 이들에게는 가장 불리한 상황에서 다시 나타난다. 게다가 그것은 꽤 기형적인 형태가 될 수도 있다.

* * *

인간을 향해 굴절된 초월이라는 개념은 프루스트의 시학을 밝혀준다. 이 개념은 『되찾은 시간』과 관련하여 남아 있는 혼돈을 사라지게

---

16) 프랑스의 시인·소설가·저널리스트(1808~55). 상징어의 선구가 된 14행 시집인 『환상 시집』(1854)은 낭만주의 후기 및 상징주의 시인들과 프루스트에게 영향을 주었다.

한다. 과거의 추억물과 접촉하게 되면 예전에 가졌던 욕망의 초월적 특성이 되살아난다. 추억은 욕망과 달리 경쟁적 욕망에 더 이상 오염되지 않는다. "우리를 고통스럽게 하는 모든 사람을 우리는 신과 결부하는데, 그들은 단지 신의 단편적인 반영에 불과할 뿐이다. …… 그 신성(관념)을 심사숙고할 때 우리가 겪었던 고통 대신에 즉시 기쁨을 누리게 된다."

감동적인 기억으로 인해 성스러움을 향한 충동을 다시 느끼게 되는데, 이 충동은 중개자에 의해 더 이상 무산되지 않는 까닭에 순수한 희열이다. 작은 마들렌[17]이야말로 진정한 **성체배령**(communion)이다. 그것은 성사(聖事)의 모든 덕목을 지니고 있다. 기억은 욕망의 상반되는 요소들을 떼어놓는다. 성스러움이 향기를 발산하는 동시에 주의 깊고 초연한 지성은 이제 자신이 걸려 넘어지던 장애물을 인식할 수 있게 된다. 지성은 중개자의 역할을 알아차리고 우리에게 욕망의 끔찍한 메커니즘을 깨닫게 한다.

그러므로 감동적인 기억은 최초의 욕망에 대한 비난을 내포하고 있다. 비평가들은 이 점에 이르면 '모순'에 관해 말한다. 결국 행복을 가져다주는 체험이 거부된다. 이는 사실이다. 그러나 모순은 프루스트에게 있는 것이 아니라 형이상학적 욕망에 내재한다. 정말로 욕망을 안다는 것은 중개자가 행하는 역할의 사악하며 성스러운 이중성을 알아차리는 일이다. 추억에서 느껴지는 황홀감과 욕망에 대한 비

---

17) 제1권 『스완네 집 쪽으로』의 앞부분에 나온다. 어느 겨울날 주인공 마르셀이 추위에 떨며 집으로 돌아왔을 때, 어머니가 준 작은 마들렌 과자를 차에 적셔 먹으면서 느꼈던 감미로움에 관한 이야기이다. 오랜 세월이 흐른 뒤에도 그는 마들렌을 매개로 다시 과거를 환기하게 된다. 프루스트는 과거의 환기력이 지성의 힘이 미치지 못하는 영역, 즉 우리가 꿈에도 생각지 못했던 어떤 물질적인 대상 안에(또는 이 대상이 주는 감각 안에) 숨어 있다고 말한다.

난은, 마치 길이와 넓이 또는 표면과 이면이 서로 맞물리듯 그렇게 맞물려 있다. 프루스트의 '심리묘사'는 비밀의 폭로와 분리될 수 없다. 폭로는 심리묘사의 다른 면이다. 그것은 오늘날 사람들이 주장하는 바와 같이 꽤나 빈약한 관심으로 수행되는 문학의 부수적인 작업이 아니다.

감동적인 기억은 프루스트의 생애에 대한 최후의 심판이다. 기억은 알곡식을 가라지에서 분리하지만, 소설이란 과거이기 때문에 소설에는 가라지가 나타나게 마련이다. 감동적인 기억은 프루스트의 모든 작품의 중심에 있다. 그것은 진실의 근원이며 성스러움의 원천이다. 종교적인 은유가 솟아나는 것은 바로 기억으로부터이며, 신적인 동시에 악마적인 중개자의 기능이 폭로되는 것도 기억에 의해서이다. 우리는 기억의 효과를 가장 오래되고 가장 행복했던 추억으로만 제한해서는 안 된다. 생생한 기억은 증오의 안개를 걷어버리기 때문에 고통스러운 시기에 가장 절실하게 필요하다. 감동적인 기억은 모든 시간의 흐름 속에서 작용한다. 그것은 콩브레의 천국과 마찬가지로 『소돔과 고모라』의 지옥을 밝혀준다.

기억은 작가로서의 그리고 인간으로서의 마르셀 프루스트에게 구원이다. 우리는 『되찾은 시간』의 명백한 메시지 앞에서 뒤로 물러선다. 우리의 낭만주의는 상상된 구원만을 그리고 절망을 안겨주는 진실만을 허용한다. 감동적인 기억은 황홀경인 동시에 인식이다. 만일 기억이 흔히 말하듯이 대상을 왜곡한다면, 소설은 우리에게 욕망의 순간에 체험된 환상을 묘사하는 것이 아니라 이 새로운 변형의 결과인 새로운 환상을 묘사하게 될 것이다. 아마도 욕망의 사실주의란 없을 것이다.

3 욕망의 변모

타인을 따르는 욕망이란 예외없이 타인이 되고자 하는 욕망이다. 형이상학적 욕망은 단 하나이지만 이 원초적 욕망을 구체화하는 개별적 욕망들은 무한히 다양하다. 직접 관찰할 수 있는 바에 따르면 소설 주인공들의 욕망에서 확고부동한 것이란 아무것도 없다. 욕망의 강도 자체도 일정하지 않다. 강도는 대상이 소유하고 있는 '형이상학적 위력'의 정도에 달려 있으며, 이 위력 자체는 대상과 중개자를 가르는 거리에 달려 있다.

대상과 중개자의 관계는 유품과 성자의 관계와 같다. 성자가 사용했던 묵주나 입었던 옷은 단순히 그가 만졌거나 축성한 메달보다 더 인기가 있다. 유품의 가치는 유품과 성자 사이의 '거리'에 따라 좌우된다. 형이상학적 욕망에서의 대상도 이와 마찬가지다.

그러므로 소설의 삼각형이 지닌 두 번째 변(邊)인 중개자와 욕망된 대상 사이의 관계를 검토해보아야 한다. 지금까지는 우리의 관심이 첫 번째 변, 즉 중개자와 욕망하는 주체의 관계에 제한되었다. 이 두 변은 다행스럽게도 거의 동일한 방식으로 변화한다. 욕망의 삼각형은 이등변삼각형이다. 따라서 중개자가 욕망하는 주체에 가까이 접근할수록 욕망은 점점 더 강렬해진다.

돈키호테의 경우 중개자는 가장 멀리 떨어져 있어서 개별적인 욕망들이 가장 적은 고통을 준다. 이 온순한 주인공은 고집을 부리지 않는다. 실패에 직면하면, 그는 초연한 태도로 또 다른 기사가 과업을 완수할 것이라 결론짓고는 다른 곳으로 행운을 추구하러 간다.

돈키호테의 활동은 놀이와 아주 흡사하다. 어린아이의 놀이는 어른들을 모방하는 것이므로 이미 삼각형의 구조를 지니고 있다. 그러나 대상과 중개자 사이의 거리, 즉 장난감과 그것에 의미를 부여하는 어른과의 거리가 멀기 때문에 장난감을 가지고 노는 아이가 그것에 부여된 위력의 가공적 성격을 완전히 잊어버리는 법은 절대 없다. 돈키호테는 놀이의 수준은 벗어나 있지만, 그렇다고 아주 멀리 있는 것도 아니다. 소설의 주인공들 중에서 그가 가장 차분한 이유는 그렇기 때문이다.

아주 멀리 있는 중개자는 매우 넓은 표면에 산광(散光)을 발산한다. 아마디스는 아무것도 명확하게 지시하지 않으면서 거의 모든 것을 지시한다. 모험들이 가속도로 연달아 일어나지만, 그 어떤 모험도 단독으로는 돈키호테를 제2의 아마디스로 만들어주지 못한다. 그렇기 때문에 주인공은 불운에 맞서 악착스럽게 싸워야 할 필요가 없다고 판단을 내린다.

중개자가 가까워질수록 지시는 명확해지고, '형이상학적 위력'은 증가하며 대상은 '대체 불가능한 것'이 된다. 엠마 보바리의 욕망은 돈키호테의 욕망보다 강렬하고, 쥘리앵의 욕망은 엠마의 욕망보다 더욱 강렬하다. 조명기가 조금씩 가까워질수록 그 빛은 점점 더 축소된 표면 위에 집중하게 된다.

엠마의 모험들은 돈키호테의 모험보다 이미 더 '진지한' 것들이지만, 진정으로 욕망할 만한 대상들, 즉 엠마를 그녀 자신이 원하는 여인으로 만들어줄 수 있는 대상들이 시골에는 없다. 로돌프와 레옹도 아직은 형이상학적인 미봉책에 불과하다. 그들은 다소 대체가 가능하며, 중개자로부터 희미한 빛만을 받고 있을 뿐이다.

주인공들의 행위는 간접화의 변화하는 여건을 반영한다. 돈키호테는 몹시 흥분해 있지만 놀이를 하는 아이와 흡사하다. 엠마 보바리는 이미 훨씬 더 번민하고 있다. 중개자에게 접근하기는 늘 어렵지만 결코 도달하지 못하리라고 체념할 정도로, 현실세계에 비쳐 어른거리는 그림자에 만족할 정도로 불가능한 것은 아니다. 바로 그 점이 보바리즘에 특별한 색조(tonalité)를 부여한다. 보바리즘은 본질적으로 사색적이다. 엠마는 많이 꿈꾸고 거의 욕망하지 않는 반면, 스탕달·프루스트·도스토옙스키의 주인공들은 거의 꿈꾸지 않으면서 많이 욕망한다. 내면적 간접화와 더불어 다시 행동이 나타나지만, 이 행동은 더 이상 놀이와 아무런 관련도 없다. 신성한 대상이 가까워져 손에 닿을 듯이 여겨지며, 주체와 대상 사이에는 단 하나의 장애물만이 남게 되는데, 그것이 바로 중개자 자신이다. 중개자가 가까워질수록 행동은 언제나 더욱 열정적이 된다. 도스토옙스키의 경우에는 좌절된 욕망이 너무도 강렬해서 살인을 저지르기도 한다.

* * *

욕망에서 형이상학적인 것의 역할이 증대할수록 물리적인 것의 역할은 감소한다. 중개자가 가까워질수록 열정은 더욱 강렬해지고 대상은 구체적인 가치를 더욱 상실한다.

낭만주의자와 신낭만주의자의 말을 믿는다면, 상상력이 언제나 더욱 총체적으로 승리할 때만이 좋은 결과를 얻을 수 있다. 그러나 현실이 점진적으로 축소될수록 욕망으로 야기되는 경쟁관계는 필연적으로 심화된다. 이 법칙을 엄밀하게 적용하면, 스탕달의 세계와 프루스트의 세계 사이에 존재하는 차이와 유사성을 완벽하게 정의할 수 있다. 스탕달의 허영심 많은 인물들과 프루스트의 속물들은 동일한 하나의 대상, 즉 포부르 생-제르맹의 사교계를 갈망하는 것처럼 보인다. 그러나 프루스트의 포부르 생-제르맹은 이미 스탕달의 포부르 생-제르맹이 아니다. 19세기를 지나는 사이에 귀족계급은 그들이 누리던 실질적인 마지막 특권마저 상실했다. 프루스트의 시대에는 옛 귀족과의 친분이 더 이상 확실한 아무런 이득도 되지 않는다. 만일 욕망의 강도가 대상의 구체적인 가치에 비례한다면, 프루스트의 속물근성은 스탕달의 허영심보다 강렬하지 못할 것이다. 그런데 사실은 이와 반대이다. 『잃어버린 시간을 찾아서』의 속물들은 『적과 흑』의 허영심 많은 인물들보다 훨씬 더 번민한다. 그러므로 한 소설가에게서 다른 소설가로의 이행은 물리적인 것을 희생함으로써 획득된 형이상학적인 것의 진전으로 정의될 수 있다. 물론 스탕달도 욕망의 힘과 대상의 중요성 사이에 존재하는 역관계를 모르지 않았다. 그는 "사회적 격차가 작을수록 그 차이는 더욱 가식을 야기한다"[1]라고 기술하고 있다. 이 법칙은 단지 스탕달의 허영심에만 적용되는 것이 아니다. 소설문학의 처음부터 끝까지 전체에 걸쳐 입증되는 이 법칙은 작품들을 다른 작품들과 상호 관련하여 위치시킬 수 있게 한다. 프루스트의 속물근성과 또한 도스토옙스키의 지하생활자는 말할 것도 없이 스탕달의 이 법칙을 '극단까지 이행'한 것일 뿐이다. 그러므로 내면적 간접화의 가장 극단적인 형태들은 최대한의 가식을 야기하는 최소한의 격차로 정의되어야 한다. 게다가 이 정의는 프루스트가

---

1) 예를 들어 귀족들의 사교계에서 실제로 귀족들은 사라지고 부르주아들의 귀족 놀음만이 남는다. 즉 대상인 실체는 사라지고 중개자에 의해 만들어진 대상에 대한 개념인 관념만이 남아 가식을 야기한다.

속물근성을 정의한 바와 대체로 일치한다. 즉 "사교계는 허무의 왕국이므로, 샤를뤼스 씨의 원한이나 상상력만이 터무니없이 침소봉대할 수 있는, 사교계의 저마다 다른 숙녀들이 지니고 있는 장점들 간에는 지극히 근소한 정도의 차이만 있을 따름이다."

스탕달의 『뤼시앵 뢰벤』에서는 주인공과 낭시의 젊은 귀족들 사이의 경쟁이 마침내 매우 현실적인 대상, 즉 귀족의 우아함과 부(富)라는 지극히 현실적인 이점을 겸비한 아름다운 샤스텔레 부인에게 고정된다. 프루스트의 작품에서도 사회적 환경은 이와 동일해서 주요 관심사는 언제나 귀족들의 살롱에 상주하는 데 있지만 더 이상 샤스텔레 부인은 존재하지 않는다. 물론 게르망트 집안 사람들이 있기는 하지만, 그들의 아름다움도 돈도 속물들의 관심을 끌지 못한다. 공작 부인댁의 만찬도 다른 만찬들보다 더 세련된 것이 아니며, 그녀가 베푸는 저녁파티가 더 화려한 것도 아니다. 초대받은 사람들과 그렇지 못한 사람들 간의 차이는 완전히 형이상학적일 따름이다. 프루스트가 '사교계에서의 상당한 지위'라 부르는 것은 덧없고 허망하며, 자신이 속물이 아니라면 거의 감지할 수도 없는 그런 것이다. 사교계로 입문하는 것은 돈키호테가 시골 여인숙 주인에게서 기사 서임을 받는 것만큼이나 '객관적' 가치를 지니지 못한다.

지하생활자는 추상적인 욕망을 향한 이러한 진전의 마지막 단계를 보여준다. 대상은 완전히 사라지고 없다. 즈베르코프의 연회에 초대받고 싶은 격렬한 욕망은 물질적 이득이나 사교상의 이득이라는 말로는 더 이상 해석될 수 없다.

욕망에 대한 낭만주의와 상징주의 이론들은 나름대로 현실의 점진적인 감소를 반영한다. 욕망의 구체적인 지주는 **결정작용**이라는 개념 안에서 이미 하찮은 것이 되어버렸다. 1822년의 나뭇가지는 굴과 진주의 알레고리 안에서 하나의 '모래알'로 축소된다. 이러한 묘사들은 중개자를 언급하지 않는다는 점을 제외한다면 정확하다. 상상력이 풍요로워지는 것은 바로 중개자가 있기 때문이다. 낭만주의자는 항상 예배당을 혼동한다. 그는 자신의 자아라는 제단 위에 세상을 제물로 바친다고 주장하지만, 정작 그가 예배를 드려야 하는 대상은 타인이다.

욕망 안에서 '물리적'인 것과 '형이상학적'인 것은 서로를 희생시키면서 변화한다. 이 법칙은 다양한 양상을 보인다. 예를 들어 이 법칙은 존재론적 질환의 고통이 가장 극심한 단계에서 성적 쾌락이 점점 사라지는 이유를 설명해준다. 중개자의 '위력'은 마치 언제나 초과된 용량의 독이 점차로 주인공을 마비시키듯이 성욕에 작용한다.

엠마 보바리는 그녀의 욕망이 그다지 형이상학적이 아닌 까닭에 여전히 성적 쾌락을 맛본다. 그러나 스탕달의 허영심 많은 인물들의 경우에 쾌락이란 이미 하찮은 것이다. 정복의 순간에는 쾌락이 거의 존재하지도 않다가 형이상학적 위력이 사라지고 나면 빈번하게 다시 나타난다. 프루스트의 경우에는 쾌락이 거의 완전히 사라지고 없다. 도스토옙스키의 경우에는 더 이상 문제조차 되지 않는다.

* * *

가장 적절한 경우에조차도, 대상의 육체적 특성은 단지 부차적인 역할만을 수행한다. 그러한 특성은 형이상학적 욕망을 유발하지도 연장하지도 못한다. 게다가 스탕달이나 프루스트의 주인공이 마침내 욕망의 대상을 소유하게 되었을 때, 육체적 쾌락의 결여가 주인공을 실망시키지도 않는다. 실망은 본질적으로 형이상학적이다. 주체는 대상을 소유해도 자신의 본질(l'être)이 변하지 못했다는 사실을 확인한다. 기대했던 변모가 실현되지 않은 것이다. 실망은 대상의

'위력'이 커 보일수록 더욱 심해진다. 그러므로 중개자가 주인공에게 가까울수록 그만큼 실망도 커진다.

돈키호테와 보바리 부인의 경우에는 용어의 엄밀한 의미에서 아직은 형이상학적 실망이 존재하지 않는다. 이러한 현상은 스탕달의 소설에서 나타난다. 스탕달의 주인공이 욕망하는 대상을 쟁취하는 바로 그 순간 대상의 '위력'은 터진 풍선에서 공기가 새나가듯 사라져 버린다. 대상은 소유하자마자 갑자기 신성을 상실하고 객관적 속성만이 남게 되어, "겨우 이런 것이란 말인가!"라는 스탕달의 그 유명한 탄식을 자아낸다. 쥘리앵이 어깨를 으쓱하는 제스처는 그가 여전히 무사태평함을 나타내지만, 프루스트의 쓰라린 환멸에서는 더 이상 그렇게 나타나지 않는다. 도스토옙스키의 주인공에게는 형이상학적 실패로 야기된 정신적 혼란이 너무나 심각하여 자살을 하기도 한다.

실망은 삼각형의 욕망이 지닌 부조리의 부인할 수 없는 증거이다. 이제 주인공은 명백한 사실을 인정해야 할 것으로 보인다. 그 무엇이나 어떤 사람도 더 이상 주인공을 비천해지고 굴욕당한 그의 자아와 분리할 수 없는데, 이러한 자아를 욕망이, 말하자면 미래라는 허울로 은폐했던 것이다. 욕망이 결여된 주인공은 마치 우물을 파던 인부가 줄이 끊어질 경우에 그렇듯이 현재라는 심연으로 추락할 위험에 처한다. 어떻게 하면 이 끔찍한 운명을 모면할 수 있을까?

그는 자신의 욕망의 실패를 부인할 수는 없지만, 그 결과를 그가 지금 소유하고 있는 대상이나 그 대상을 지시했던 중개자로 제한할 수는 있다. 실망은 형이상학적인 모든 욕망의 부조리가 아니라 방금 실망을 안겨준 개별적인 그 욕망의 부조리를 증명한다. 주인공은 자기가 착각했음을 깨닫는다. 입문적인 가치는 주인공이 부여했던 것으로서, 대상 자체는 애당초 지니고 있지 않은 것이다. 그러나 이러한 가치를 주인공은 다른 곳, 즉 제2의 대상에게로, 새로운 욕망으로 옮겨간다. 주인공은 마치 미끌거리는 돌에서 돌로 뛰면서 개울을 건너듯이 한 욕망에서 다른 욕망으로 옮겨간다.

두 가지 가능성이 제시된다. 실망한 주인공은 자신의 예전 중개자에게 새로운 대상을 지시하게 하거나, 아예 중개자를 바꿔버릴 수도 있다. 이러한 결정은 '심리상태'나 '자유'에 속하는 것이 아니라, 형이상학적 욕망의 수많은 다른 양상과 마찬가지로 주인공과 중개자 간의 거리에 달려 있다.

우리가 알고 있듯이, 거리가 아주 멀리 떨어져 있으면 대상의 형이상학적 위력이 미약하다. 중개자의 위력이 개별적인 욕망 안에 편입되어 있지 않다. 신은 존재의 부침(浮沈)을 초월한 저 높은 곳에 있다. 신은 유일하며 영원하다. 돈키호테는 수많은 모험을 하지만 단지 하나의 아마디스가 있을 뿐이다. 보바리 부인은 자신의 꿈을 결코 바꾸지 않으면서도 끊임없이 연인들을 바꿀 수 있었다. 중개자가 가까이 있으면 대상이 그에게 밀접하게 합쳐지며, 감히 말하건대 '신의 책임'[2)]이 욕망 안으로 편입된다. 따라서 이제 욕망의 실패는 대상 저 너머로 반사되며, 중개자 자신을 검토하게 된다. 처음에는 우상이 토대 위에서 흔들리다가, 실망이 너무 심할 경우에는 우상이 무너져내린다. 프루스트는 극도로 세밀한 수많은 묘사로 중개자의 추락을 그려낸 바 있다. 사건은 주체의 존재(l'existance)에서 진정한 혁명이다. 이 존재의 모든 요소가 자석에 이끌리듯 중개자에게 끌리고 있다. 중개자는 요소들의 서열과 심지어 그 의미까지도 결정짓는다. 그러므로 우리는 왜 주인공이 온갖 방법을 모두 동원해서라도 필경 매우 고

2) 주체가 신성을 부여한 중개자는 주체에게 신과 다름없다. 중개자에 의해 간접화된 주체의 욕망이 쓰라린 실패로 끝나면 주체는 그 책임이 자신이 아닌 중개자(신)에게 있다고 생각하여 중개자를 바꾸게 된다.

통스러울 체험을 늦춰보려고 하는지를 이해한다.

프루스트의 화자는 여러 해 동안 초대받기를 헛되이 갈망하다가 마침내 게르망트 집안에 초대받았을 때 필연적인 실망을 맛본다. 이 살롱도 다른 살롱들과 마찬가지로 평범하기 그지없으며, 상투적인 대화들뿐이다. 게르망트 집안 사람들과 그 손님들, 이 초인(超人)들이 드레퓌스(Dreyfus) 사건[3]이나 최근에 나온 소설에 관해서, 그것도 다른 사람들과 같은 말투와 어조로 말하기 위해 모인다는 말인가? 마르셀은 중개자의 신성한 위엄과 소유하게 되었을 때의 부정적인 체험을 조화해보고자 애쓴다. 그는, 자기가 처음으로 참석한 저녁파티에서 자신의 불경한 존재로 귀족들의 성찬식(聖餐式)이 중단되었으므로 자신이 떠나야만 성찬의식이 재개되리라고 스스로 거의 납득하기에 이른다. 전도(顚倒)된 성인 토마(Thomas)[4]의 경우, 믿음의 의지가 너무도 강렬해서 우상의 공허함이 명백히 입증된 후에도 한동안 남게 된다.

모든 간접화는 신기루를 투사한다. 이 덧없는 환상들은, 마치 생생한 기억을 완전히 말살함으로써 예전의 진실들을 대신하고 일상적인 체험을 가차없이 검열함으로써 미래의 진실로부터 자신을 보호하는 수많은 '진실'과 마찬가지로, 연달아 생겨난다. 마르셀 프루스트는 '자아'(Moi)를 잇따라 생겨나는 간접화에 투사된 '세계들'(mondes)이라고 일컫는다. '자아'들은 서로 완전히 분리되어 있어서 과거의 '자아'들을 회상하거나 미래의 '자아'들을 예견하기란 불가능하다.

---

3) 1894년 프랑스 참모본부 소속 유대인 포병대위였던 드레퓌스가 독일 스파이라는 혐의로 체포되어 1899년 특별사면될 때까지 프랑스 공화정을 뒤흔들었던 간첩의혹사건을 말한다.

4) 「요한의 복음서」 20:24~29 '토마의 불신앙' 참조.

스탕달의 소설에서 우리는 단자적 '자아'들로 파편화하는 전조들을 관찰할 수 있다. 스탕달의 주인공의 감수성은 『잃어버린 시간을 찾아서』에서 차례로 잇따르는 인격들(personnalités)을 예고하는 갑작스러운 변이들을 겪는다. 쥘리앵 소렐은 하나의 자아를 유지하지만, 그 통일성은 마틸드를 향한 사랑이라는 일시적인 착오의 순간에 위협받는다.

그렇지만 프루스트의 소설에서 존재는 신의 영원성이 프루스트 이전 소설들의 주인공에게 보장해주던 통일성과 지속성을 결정적으로 상실한다. 마르셀 프루스트의 소설을 처음 읽는 독자를 불안하고 짜증나게 했던 '인격의 해체'는 중개자들의 증가로 생긴다. 경고의 소리들은 아마도 부분적으로만 입증되었을 것이다. 중개자가 멀리 있는 한, 그러므로 유일한 중개자로 있는 한, 주인공은 자신의 통일성을 유지하지만 이 통일성은 거짓말과 환상으로 이루어진 것이다. 그의 존재를 온통 둘러싸고 있는 단 하나의 거짓말은 일련의 일시적인 거짓말들보다 도덕적으로 더욱 바람직하지 못하다. 프루스트의 주인공이 다른 주인공들보다 더 심하게 병을 앓는다 하더라도 그것은 동일한 병이며, 또 그가 더 많은 잘못을 저질렀다 하더라도 그것은 동일한 잘못이다. 따라서 우리는 그를 비난해서는 안 되고 반드시 불쌍히 여겨야 한다. 왜냐하면 그가 자신의 선임자들보다 훨씬 더 불행하기 때문이다.

중개자의 지배가 짧을수록 지배는 더욱 포악해진다. 그렇기 때문에 도스토옙스키의 주인공에게 가장 극심한 고통이 주어진다. 지하생활자의 경우에는 중개자들이 너무 빨리 바뀌기 때문에, 중개자에 따라 바뀌는 자아들에 관해 뚜렷하게 말할 수조차 없다. 격렬한 위기에 의해서나 또는 프루스트의 소설에서 볼 수 있듯이 정신적 무력기에 의해 구분되는 상대적인 지속기가 도스토옙스키의 소설에서는 끊임없는 위기로 대체된다. 다른 소설가들의 경우 영구적이거나 일시적으로 위계가 정해져 있는 요소들이 여기에서는 혼돈상태에 처한다. 지하생활자는 빈번히 동시적인 간접화들 사이에서 이러지도 저러지도 못한다. 그는 지속되는 매순간 다른 존재가 되는데, 그것은 모든 대화 상대자에게도 마찬가지로 그러하다. 이것이 바로 모든 비평가가 지적한 바 있는 도스토옙스키의 존재의 동질다형(polymorphie)이다.

중개자가 가까워짐에 따라 통일성은 파편화하여 다수가 된다. 일련의 단계를 거쳐 우리는 돈키호테의 중개자인 시간을 초월한 가공의 외로운 중개자에게서 도스토옙스키의 군중에게로 옮겨간다. 스탕달의 말에 따르면, 그 시대의 '상류층'을 나누어 가지고 있던 '대여섯 명의 모델'과 프루스트의 다수의 자아는 하향행진의 단계들이다. 악령에 들린 자들의 악마는 군대(légion)라 불리며 돼지떼 속에 피신해 있다. 그는 하나인 동시에 수가 많다. 인격의 이러한 분열은 내면적 간접화의 최종단계이다.

많은 작가가 중개자들의 이러한 증식에 주목했다. 장-파울(Jean-Paul)[5]은 그의 마지막 소설인 『혜성』(*Der Komet*)에서 『돈키호테』로부터 영감을 받는다. 그의 주인공 니콜라우스 마르크그라프(Nikolaus Markgraf)는 "그의 영혼을, 배우가 그러듯이, 낯선 영혼과 바꿔놓는다." 하지만 그는 선택된 역할에 자신을 고정할 수 없어서 새로운 책을 읽을 때마다 중개자를 바꾼다. 장-파울의 소설은 그럼에도 19세기의 타인을 따르는 욕망의 다소 피상적인 양상들만을 다루고 있다. 중개자들은 멀리 떨어져 있다. 스탕달과 프루스트와 도스토옙스키의 경우에는 내면적 간접화의 층위에서 모델의 수가 증가한다. 바로

5) 본명이 Johann Paul Friedrich Richer인 독일의 소설가(1763~1825).

내면적 간접화 안에 현대 작가의 심오한 진실이 담겨 있다.

프루스트에서부터 중개자는 글자 그대로 '어느 누구도' 될 수 있으며 '어디에서나' 갑자기 나타날 수 있다. 신비주의적 계시는 항구적인 위험이다. 발베크(Balbec)의 산책로에서 이루어진 우연한 만남이 마르셀의 운명을 결정짓는다. 일단의 소녀들을 흘깃 본 것만으로도 주인공은 매료된다.

> 만일 내가 우연히 그녀들 가운데 한 소녀 — 그녀들 모두가 동일한 고유의 본질을 지녔기 때문에 어떤 소녀이든 상관이 없다 — 를 얼핏 본다면, 그것은 마치 끊임없이 변하는 악마적인 환각상태에서 내 눈앞에 투사되는 적대적이지만 열렬히 갈망했던 꿈, 조금 전까지만 해도 정체된 채로 나의 뇌 속에서만 항구적으로 존재했던 꿈의 일부를 보는 것만 같았을 것이다.

프루스트의 '어떤 소녀이든'이라는 표현은 도스토옙스키의 소설에서는 자동적인 현상에 속한 것이어서 우스꽝스러운 반감을 일으킨다. 다른 경우에서와 마찬가지로 이번에도 도스토옙스키는 프루스트의 체험의 진실을 희화적으로 보여주고 있다. 지하생활자는 마르셀과 마찬가지로 공공장소에서 타인의 위엄에 매료되어 존재론적 열병을 일으킨다. 두 경우 모두 주인공은 '적대적이지만 열렬히 갈망했던 꿈'과 대면하고 있다. 주의 깊게 읽어보면 두 소설가에게서 동일한 구조를 발견하게 된다. 알지 못하는 장교가 길을 가다가 걸리적거리는 지하생활자의 어깨를 잡아서 무례하게 '밀쳐낸다.' 프루스트의 화자는 소녀들의 무리가 행하는 무례함의 직접 대상은 아니지만, 알베르틴(Albertine)이 겁에 질린 한 노인의 머리 위를 뛰어넘는 모습을 보면서 자신을 피해자와 동일시한다. 프루스트와 도스토옙스키는 동일한 방법으로, 군중을 헤치고 나아가는 중개자의 건방진 태도, 그의 발 밑에서 우글거리는 벌레들과 같은 군중을 대하는 경멸에 찬 무관심 그리고 매료된 관중에게 그가 행사하는 거역할 수 없는 위력에 대한 인상을 묘사하고 있다. 이 중개자의 모든 것은, 불행한 자가 짓밟힌 채 증오와 숭배라는 엇갈린 감정에 떨면서 부질없이 가로채려 애쓰는, 확고하고 차분한 **본질**의 우월성을 드러내고 있다.*

간접화가 불안정할수록 멍에도 무거워진다. 돈키호테의 간접화는 때로는 사실적이라기보다는 상징적인 봉건군주제이다. 지하생활자의 간접화는 그것이 잠정적인 만큼 포악한 독재의 연속이다. 이러한 발작상태의 결과는 존재의 어떤 한 영역에 한정되는 것이 아니라 본질적으로 **포괄적**이다.

공허한 절충주의, 일시적인 열광, 언제나 더욱 덧없는 것이 되어가는 유행, 언제나 더욱 빠른 속도로 이어지는 이론 · 학설과 학파들 그리고 오늘날 우리를 흥분시키는 '역사의 가속화', 이 모든 것이 도스토옙스키 같은 사람의 안목으로는 우리가 조금 전에 서술한 발전과정에서 나타나는 비슷한 양상들에 지나지 않는다. 지하생활자는 개인적인 동시에 집단적인 존재의 해체이다. 오직 도스토옙스키만이 역사의 틀 안에서 어쨌든 고려해야 할 현상을 우리에게 기술하고 있다. 우리는 거기에서, 이 러시아 소설가의 예찬자들이 그러했듯이, 예전의 작가들이나 사상가들이 놓쳐버린 영원한 진실이 불현듯 나타나리라고 기대해서는 안 된다. 도스토옙스키 자신은 그의 작중인물들의 동질다형을 역사적으로 고찰하고 있다. 지하에서의 존재방식의 일시적인 출현은 『백치』에 나오는 가혹할 정도로 냉소적인 한 대목에서 미쉬킨 대공에 의해 강조된다.

---

* 이러한 '매저키즘'에 관해서는 이 책의 제8장을 참조하라.

오래전 시대에 살던 사람들은(맹세하건대 나는 늘 이런 사람들에게 놀란다) 우리 시대의 사람들과는 매우 달랐다. 그들은 마치 또 하나의 다른 인류인 듯하다……. 그 시대의 사람들은 말하자면 한 가지 생각만을 하고 있었다. 우리 시대의 사람들은 더 신경질적이고, 더 발전되어 있으며, 더 예민하고, 두세 가지 생각을 동시에 해나갈 수 있다. 현대의 인간이 더 폭이 넓은데, 바로 그 점이 지난 세기에서처럼 인간을 하나의 통일된 존재가 될 수 없게 방해하는 요인임을 내가 보증하는 바이다.

도스토옙스키는 우리들 자신이 걸어온 길을 한 문장으로 요약하고 있다. 확고한 충성심을 가지고 늘 변함없이 그대로인 세르반테스의 주인공에서 출발하여, 수치심과 예속상태에 빠져 있는 정말로 나약한 인간이며 '서구 휴머니즘'의 폐허 위에 꽂힌 보잘것없는 풍향계인 지하생활자에게까지 우리는 차츰차츰 내려오게 되었다.

따라서 삼각형의 욕망의 가장 다양한 형태가 보편적인 하나의 구조로 조직된다. 어떤 소설가의 경우에서도, 그의 작품에 나타난 욕망의 한 양상이 다른 양상들과 그리고 다른 모든 작품과 관련되지 않는 것이란 없다. 따라서 욕망은 소설문학의 한 끝에서 다른 끝까지 전개된 역동적인 구조로서 나타난다. 이 구조는 공간 속으로 낙하하는 물체에 비유될 수 있는데, 그 형태는 낙하에 따라 얻어지는 가속도로 끊임없이 변한다. 각기 다른 층위에 자리 잡은 소설가들은 이 물체를 그들이 본 대로 묘사한다. 대부분의 경우 그들은 물체가 방금 겪은 그리고 또다시 겪게 될 변모를 의심하게 만든다. 그들은 자기들의 관찰과 선배들의 관찰 사이의 상관관계를 항상 알지는 못한다. 이러한 상관관계를 밝히는 일은 소설작품의 '현상학'에 맡겨진 임무이다. 이 현상학은 다양한 작품 간의 경계를 더 이상 고려할 필요가 없다. 그저 자유롭게 이 작품에서 저 작품으로 옮겨가면서 형이상학적 구조의 움직임 자체를 받아들이려 애쓰고, 타인을 따르는 욕망의 '위상학'을 정립하고자 할 뿐이다.

4 주인과 노예

형이상학적 욕망은 전염성이 매우 강하다. 때때로 이러한 속성을 쉽게 파악하지 못하는 이유는 타인을 따르는 욕망이 가장 예기치 않았던 경로를 통해 한 사람에게서 다른 사람에게로 전염되기 때문이다. 우리가 욕망에 맞서 설치하는 장애물, 욕망이 일으키는 분개심, 욕망에 퍼붓는 야유, 이런 것들에 의해 타인을 따르는 욕망은 지탱된다.

우리는 돈키호테의 친구들이 그의 광기를 치유하려는 목적으로 그의 미친 짓을 흉내내는 것을 여러 차례 보게 된다. 그들은 돈키호테를 따라 돌진하고, 변장을 하며, 수없이 많은 마법을 지어내다가, 주인공이 앞서 다다른 기상천외함의 절정에까지 점진적으로 다다른다. 바로 여기가 세르반테스가 그들과 만나기로 약속한 곳이다. 그는 잠시 멈추어서, 그들의 환자와 마찬가지로 미친 의사들을 보고는 짐짓 놀라는 척한다.

우리는 낭만주의자들과 또 문학에서 정의의 기사들[1]처럼 세르반

1) 약한 자를 돕는 중세의 기사들.

테스가 마침내 '이상(l'idéal)의 적들'을 무력하게 만들고 돈키호테로 하여금 끊임없이 당하게 했던 모든 모욕에 대해 복수할 결심을 했다고 결론지어서는 안 된다. 낭만적인 해석에 찬동하는 주요한 논거들 가운데 하나는 주인공을 치료하고자 끼어드는 사람들에 대해 세르반테스의 호감이 분명히 결여되어 있다는 사실이다. 세르반테스가 돈키호테의 설교자들에게 반감을 지니고(contre) 있기 때문에 그는 돈키호테 편이어야(pour) 한다는 것이 낭만적 논리의 전개방식이다. 세르반테스는 훨씬 더 단순한 동시에 훨씬 더 섬세하다. 소설의 옳고 그름을 가리는 흑백론적 개념은 세르반테스와 아무런 관련이 없다. 세르반테스는 단순히 돈키호테가 주위에 존재론적 질환을 퍼뜨리고 있다는 사실을 보여주고자 할 뿐이다. 산초의 경우에서 명백한 이 전염성은 주인공과 자주 접촉하는 모든 사람, 특히 그의 광기가 빈축을 사거나 분노하게 하는 사람들에게 더욱 강하게 작용한다.

기사 지망생인 삼손 카라스코(Samson Carrasco)는 단지 이 불행한 신사에게 잃어버린 건강을 되찾게 해주려는 목적에서 기사로서의 무장을 갖추지만, 돈키호테가 그를 말에서 떨어뜨리기 이전에 이미 자신이 기사라는 사실에 열중하고 있다. "삼손의 시종은, '나의 주인보다 더 미치광이는 없으리라 믿는데, 왜냐하면 제정신을 잃었으며 또 일단 제정신으로 돌아온다 하더라도 응분의 대가를 치르게 될 일을 자초할 다른 기사에게 제정신이 들게 해주려고 자기 자신이 미쳐버리기 때문이다'라고 말한다."

이 시종은 훌륭한 예언자로 입증된다. 돈키호테 수하에서 모욕을 당한 삼손 카라스코는 분개한다. 이제 기사 지망생은 의기양양한 경쟁자를 쓰러뜨리기 전에는 무기를 내려놓을 수 없게 되었다. 세르반테스가 이러한 심리적 메커니즘에 매료되었음은 명백해서 소설이 진전될수록 이러한 예들이 많아진다. 공작부인의 젊은 시녀인 알티시도라(Altisidora)는 돈키호테에게 연정을 품은 것처럼 가장하지만 거절당하자 정말로 화를 낸다. 따라서 이 분노는 사랑의 시초가 아니라면 무엇을 의미할 수 있겠는가?

존재론적 질환에 본질적으로 내재한 알아차리기 힘든 악마적인 특성은 수많은 에피소드에 단초를 제공한다. 우리는 특히 왜 아벨라네다(Avellaneda)의 서투른 모방과 제1부의 성공이 『돈키호테』의 제2부의 주요 주제가 되는지 이해하게 된다. 이 소설이 거둔 성공의 모순된 성격은 놀랍게도 돈키호테적이다. 이 책이 배포되자 기사의 이름과 더불어 그의 무훈들에 관한 소문이 기독교 세계의 가장 먼 곳까지 퍼지게 된다. 전염될 기회가 증가한다. 사람들은 대표적인 모방자를 모방한다. 형이상학적 욕망을 고발하는 작품이 욕망의 휘하로 말려들게 되어 최상의 협력자가 된다. 만일 세르반테스가 18세기 말 이후 계속되고 있는 터무니없는 해석들을 읽는다면 그는 뭐라고 말할 것인가? 샤미소(Chamisso)[2]나 우나무노(Unamuno)[3] 또는 앙드레 쉬아레스(André Suarès)[4]에 대해서는 또 뭐라고 말할 것인가? 이 소설가는 우리에게 암시적으로 이렇게 빈정거리고 있다. 존재론적 질환을 고발한다고 믿는 그 자신도 아마 돈키호테를 뒤쫓아 광기의 길로 돌진하는 모든 선한 사마리아인과 유사하지 않겠는가.

형이상학적 욕망의 전염성은 소설이 폭로하고 있는 핵심이다. 세르반테스는 이 핵심으로 끊임없이 되돌아온다. 돈키호테가 바르셀로나에 머무르는 동안 어떤 모르는 사람이 그에게 다음과 같은 말로

---

2) 독일의 시인이며 과학자(1781~1838).

3) 스페인의 사상가이며 작가(1864~1936). 『돈키호테와 산초의 생애』(1905)의 저자이다.

4) 프랑스의 작가(1868~1948). 1937년에 세르반테스·톨스토이·보들레르에 관해서 쓴 에세이집을 발간했다.

시비를 건다.

> 썩 꺼져버려, 라 만차의 돈키호테!……너는 미친 놈이야. 그런데 그저 너 혼자 미쳐서 얌전히 들어앉아 있다면 그리 큰 해가 되지는 않을 테지. 하지만 너한테는 너와 관계있는 모든 사람을 미치고 얼빠지게 만드는 특성이 있단 말야. 내 말의 증거로는, 네놈을 따라다니고 있는 신사분들을 보는 것만으로도 충분하지.

돈키호테가 세르반테스의 인물들 가운데 욕망을 전염시키는 유일한 인물은 아니다. 안셀모와 로타리오는 이런 이상한 현상에 대한 두 번째 예를 제공한다. 로타리오가 친구의 정신나간 요구를 거절하는 것은 그에게 부여된 성격에 비해 단호하지도 특히 끈질기지도 않은 처사이며, 그가 안셀모와 맺은 관계의 성격에 비추어 꼭 필요해 보이지도 않는다. 로타리오가 일종의 혼미상태에 빠져버린 것이다.

바로 이러한 혼미상태에서 벨차니노프도 파벨 파블로비치의 약혼녀 집으로 가게 된다. 여기에서 다시 우리는 좀더 강경한 거절을 기대하지만, 벨차니노프는 초대를 받아들인다. 로타리오와 마찬가지로, 그도 간접화 작용에서 상대방에게 가담한다. 도스토옙스키는 그가 '야릇한 충동의' 희생자라고 말한다. 「영원한 남편」과 「무례하게 호기심 많은 사람」 사이에는 무수한 유사성이 있다.

형이상학적 욕망은 언제나 전염성을 지니고 있다. 전염성은 중개자가 주인공과 가까워질수록 점점 더 강해진다. 전염과 근접은 결국 동일한 하나의 현상이다. 마치 페스트나 콜레라에 걸리듯이, 감염된 주체와 단순히 접촉하는 것만으로도 근접한 욕망에 '전염될' 때에는 내면적 간접화가 있는 것이다.

허영심과 속물근성은 물론 잘 조성된 토양, 즉 이미 확립된 허영심이나 속물근성의 한가운데서만 개화할 수 있다. 중개자가 가까워질수록 간접화로 인한 피해는 확대된다. 피해의 집단적 발현이 개인적 발현보다 더 심하다. 이러한 발전의 결과는 무궁무진하지만 점진적으로만 나타난다.

내면적 간접화의 세계에서 전염성은 누구나가 자신이 중개자 역할을 수행하고 있다는 사실을 알지 못하면서도 이웃의 중개자가 될 수 있을 정도로 만연해 있다. 자기도 모르는 사이에 중개자가 된 이러한 개인은 아마도 자발적으로 욕망할 수 없는 자일 것이다. 그래서 그는 자신의 욕망의 복사를 모방하려는 유혹을 느끼게 된다. 애초에는 아마도 그에게 단순히 변덕에 불과했던 것이 강렬한 열정으로 바뀐다. 모든 욕망은 그것이 공유됨을 알게 되면 배가된다는 사실을 누구나 알고 있다. 따라서 동일한 두 개의 삼각형이 거꾸로 서로 겹친다. 욕망은 두 경쟁자 사이를 점점 더 빠른 속도로 왕래하며, 충전되고 있는 배터리의 전류가 그렇듯이 왕래할 때마다 매번 그 강도가 증가된다.

이제 우리 앞에는 '주체-중개자'와 '중개자-주체', 즉 '모델-추종자'와 '추종자-모델'이 있다. 각자는 자신의 욕망의 우선권과 선행성을 주장하면서 서로를 모방한다. 각자는 서로를 지독하게 잔인한 박해자로 생각한다. 이러한 모든 관계는 대칭적이어서 두 상대자는 모두 깊은 심연이 자신들을 갈라놓고 있는 만큼이나 서로 다르다고 믿지만, 한 상대방에 대해 말할 수 있는 것은 다른 상대방에게도 똑같이 적용된다. 두 주체가 서로 가까워질수록 그리고 그들의 욕망이 강렬해질수록, 거꾸로 포개진 두 삼각형의 무익한 대립은 더욱 지독해지고 더욱 공허해져간다.

증오가 강렬해질수록 우리는 증오의 대상인 경쟁자에게 더욱 가까워진다. 어떻게 해서든 서로 다르게 보이려는 욕망을 포함하여, 이 증오는 한 사람에게 암시하는 모든 것을 다른 사람에게도 똑같이 암시한다. 따라서 서로 닮은 원수 한 쌍은 언제나 동일한 길을 가게 되고, 그로써 그들은 노발대발하게 된다. 그들을 보면 잃어버린 당나귀를 찾으려고 나귀 울음소리를 흉내내면서 산을 돌아다니는 『돈키호테』에 나오는 두 보좌판사가 머리에 떠오른다. 그 흉내가 너무나 훌륭해서 일행인 두 사람은 나귀를 다시 찾았다고 믿고는 매번 서로에게로 달려간다. 그러나 이제 나귀는 없다. 늑대들이 잡아먹었으므로.

세르반테스의 알레고리는 이중 간접화의 고통과 허영심을 모순된 희극으로 바꿔놓는다. 소설가들은 낭만적 개인주의를 별로 중요시하지 않는다. 낭만적 개인주의는, 그것이 감추고자 함에도 언제나 대립의 산물일 따름이다. 현대사회는 이제 부정적인 모방(imitation négative)에 불과해서, 이미 다져진 길에서 벗어나고자 노력하는 사람들도 어쩔 수 없이 선례를 따르지 않을 수 없다. 이러한 실패는 모든 소설가가 묘사했던 것으로, 그 메커니즘이 일상생활의 가장 하찮은 세부에서까지도 반복된다. 예를 들어 발베크에서 휴가를 보내고 있는 부르주아들의 '둑길 산책'을 보자.

모든 사람은 …… 자기가 그들에게 관심이 없다는 생각을 그들이 하도록 서로를 보지 않는 척하면서도, 자기 옆에서 걷거나 또는 맞은편에서 걸어오는 사람들과 부딪치지 않으려고 남모르게 그들을 훔쳐보았다. 왜냐하면 각자는 서로에게 동일하고 명백한 경멸로 위장된 동일하고 은밀한 관심의 대상이었기 때문이다.

* * *

이중 간접화 또는 상호 간접화는 제1장에서 개괄된 몇 가지 설명을 보완할 수 있게 해준다. 우리는 레날 씨가 가정교사에 대한 자신의 욕망을 발르노가 지녔다고 상상한(imaginaire) 욕망에서 모방했다는 사실을 알고 있다. 이러한 상상은 완전히 주관적인 불안의 결과이다. 발르노에게는 쥘리앵을 자기 자식들의 가정교사로 들이려는 생각이 전혀 없다. 소렐 영감이 "우리는 다른 데서 더 나은 자리를 찾을 수도 있는데요"라고 말한 것은 그가 뛰어나게 교활한 인간이기 때문이다. 아무도 소렐 영감에게 그러한 제의를 한 적이 없다. 아무짝에도 쓸모없는 자기 아들에게 읍장이 관심을 기울이고 있다는 사실을 알았을 때 그는 누구보다도 놀란다.

그렇기는 하지만, 얼마 지나지 않아서 발르노는 쥘리앵에게 자신을 위해 일해달라고 제안한다. 스탕달은 레날 씨가 상상하는 발르노와 쥘리앵 따위는 안중에도 없는 진짜 발르노를 혼동하는 것일까? 전혀 그렇지 않다. 스탕달도 세르반테스와 꼭 마찬가지로 형이상학적 욕망의 전염성을 드러내고자 한다. 레날이 발르노의 욕망을 모방한다고 생각했는데, 이제 발르노가 레날의 욕망을 모방하고 있다.

상황이 복잡하게 뒤얽혀버렸다. 레날 씨에게 진실을 설득하기 위해 온 세상이 합세한다 하더라도 그는 여전히 진실을 받아들이지 않을 것이다. 사업가 기질이 있는 레날 씨는 항상 쥘리앵에 대한 발르노의 의도에 의심을 품어왔다. 실제 사건들로 자신의 기만적인 직감이 사실로 확인되었으므로 이제 그는 의심조차 하지 않을 것이다. 현실은 환상으로부터 솟아나와 환상에 거짓 담보를 제공한다. 국민과 정치가들이 그들을 대립시키는 갈등의 책임을 최선의 신념을 가지고 서로에게 전가하는 과정도 이와 비슷하다.

이중 간접화에서 두 상대방 모두에게 대상은 변모된다. 우리는 거기에서 기이한 부정적 공동작업의 산물을 볼 수 있다. 그러므로 부르주아들은 '그들의 증명을 되풀이할' 필요가 없다. 그들은 그들과 같은 부류의 사람들의 경멸이나 선망이 담긴 시선에서 매일매일 그 증거들을 보고 있다. 호의적인 사람의 의견은 무시할 수 있지만, 경쟁자의 본의 아닌 고백은 의심할 수 없다.

쥘리앵은 자신이 가진 만큼의 가치가 있겠지만 그 가치는 초기에 거둔 성공과 전혀 관계가 없다. 그를 출세하게 만드는 당사자들에게는 정작 그에 대해 진정한 관심도 진실된 애정도 없다. 그들은 이 젊은이가 그들에게 무슨 일을 해줄 수 있는지조차 분별하지 못한다. 쥘리앵에게 급료를 인상해주고 장래를 보장해주는 것은 그들의 경쟁심이다. 그를 라 몰 저택에 들어갈 수 있게 하는 것도 바로 이 경쟁심이다. 실제의 쥘리앵과 베리에르의 두 명사가 놓칠세라 서로 경쟁하는 쥘리앵 사이에는 이발대야와 맘브리노의 투구 사이에 존재하는 만큼 큰 차이가 있지만, 그 성격은 다르다. 환상은 돈키호테의 환상처럼 우스꽝스러운 것이 아니다. 그런데 아주 이상하게도 바로 그렇기 때문에 환상이 신빙성을 얻게 된다. 진짜 부르주아는 기분에 거슬리는 시시한 말들만 믿는다. 심지어는 그런 말들을 모든 진실의 기준으로 삼기까지 한다. 이중 간접화에서는 대상을 욕망한다기보다는 그것이 다른 사람의 수중에 들어갈까봐 두려워한다. 부르주아가 아주 '긍정적'이기를 희망하는 세계의 다른 요소들처럼, 욕망하는 대상의 변모 자체는 부정적인 것이 되어버렸다.

이중 간접화라는 현상은 『돈키호테』의 제2부에 나오는 특히 이해하기 어려운 대목을 설명할 수 있게 해준다. 매우 능숙하게 돈키호테를 속이는 공작부인의 하녀 알티시도라는 죽은 척했다가 다시 살아난 것처럼 꾸민다. 그리고 그곳에 모여 있던 사람들에게 망령들과 지낸 일들을 묘사한다.

문 앞에까지 이르렀을 때, 나는 거기서 몸에 꼭 끼는 상의와 반바지 차림으로 공놀이를 하는 악마들을 열두어 명 보았다. 그들은 한결같이 소맷부리가 플랑드르식인 짧고 헐렁한 망토를 입고 있었는데, 소매 밖으로 네 손가락이 나와서 손이 더 커 보였다. 그들의 라켓은 불이 번지듯 재빠르게 움직이고 있었다. 그러나 나를 더욱 놀라게 한 것은 그들이 공 대신 책을 사용하고 있었다는 점인데, 책들은 공기와 털뭉치로 채워져 있었다. 참으로 멋지고 새로운 생각이었다. 하지만 내가 그토록 놀랐던 것은 그래서가 아니었다. 이긴 사람들은 기뻐하고 진 사람들은 상심하는 것이 당연한데도, 그들은 모두가 불평하고, 투덜대고, 악담을 퍼붓는 것이었다. ……그리고 나를 놀라게 한 것이 또 있는데……날아오는 공은 한 번 치고 나면 소용없어져버리고 만다는 점이다. 그래서 한 번 칠 때마다 쓸모없어진 책들과 새로운 책들이 늘어났고, 그것은 굉장했다.

악마적인 폼 경기[5]는 이중 간접화에서 모방이 지닌 상호적 성격을 완벽하게 상징하고 있다. 경기자들은 서로 대립하면서도 비슷하며, 그들이 정확히 동일한 동작을 취하고 있으므로 심지어 서로 대체가 가능하다. 서로 되받아치는 공은 '주체-중개자'와 '중개자-주체' 사이에서 일어나는 욕망의 왕복운동을 상징한다. 경기자들은 파트너들, 즉 의견이 일치된 사람들, 그러나 단지 불화하기로 합의한 사람들이다. 아무도 지기를 바라지 않지만 기이하게도 이 경기에는 패배자들만 있다. "……모두가 불평하고, 투덜대고, 악담을 퍼붓는 것이었다." 우리가 아는 바와 같이, 모두가 자신을 괴롭히는 불행의 책임을 상대방(l'Autre)에게 전가한다. 이중 간접화가 모두에게 고통의 동일한 원인이 되는 것이 바로 이 점이다. 즉 자진해서 참가한 경기자들이기는

5) 테니스의 전신(前身)인 운동경기.

하지만 그들이 결코 벗어날 수 없는 부질없는 싸움인 것이다. 알티시도라의 이야기는, 이 젊은 처녀가 돈키호테에게 말을 하고 있기 때문에, 그를 겨냥한 매우 명백한 알레고리이다. 게다가 그 점이 이 대목에 불가사의한 성격을 부여한다. 이 이야기는 「무례하게 호기심 많은 사람」이라는 소설과 마찬가지로 『돈키호테』라는 소설에도 끼어들 자리가 없어 보인다. 우리가 기사다운 숭고한 광기와 악랄한 경기자들의 비열한 열정 사이의 연관성을 파악하기는 어렵다. 그러나 이 연관성이야말로 욕망에 관한 형이상학적 이론과 외면적 간접화에서 내면적 간접화로의 이행을 완벽하게 해명해준다. 이 이상한 이야기에서 세르반테스는 삼각형의 욕망의 동질성을 반어적으로 주장하고 있다. 타인을 따르는 모든 욕망은, 시초에 그 욕망이 아무리 고귀하고 악의 없는 것으로 보일지라도, 차츰차츰 그 희생자를 지옥의 영역으로 끌고 간다. 돈키호테의 원거리 단일 간접화에 이어서 이중 간접화가 뒤따른다. 폼 경기의 파트너들은 결코 둘 이하가 아니라 무한히 늘어날 수 있다. 알티시도라는 악마들을 '열두어 명' 보았다고 막연하게 진술하고 있다. 상호 간접화는 이중 간접화에서 시작하여 삼중, 사중, 다중의 간접화로 늘어날 수 있다. 그리하여 마침내 집단 전체로 파급될 수 있다. '불이 번지듯' 빠르게 진행되는 라켓의 움직임은 한 사람이 지옥의 '문'에, 즉 간접화의 마지막 단계에 다다를 때까지의 형이상학적 과정의 놀라운 가속화를 상징한다.

환상의 구속력은 전염성이 확산되고 희생자의 수가 늘어날수록 점점 증가한다. 최초의 광기가 강해져서 무르익고 만개하면서 모든 사람의 눈에 띄게 되고, 그들은 광기에 유리한 증언을 한다. 광기가 초래하는 결과가 너무도 괄목할 만한 것이어서 광기의 근원인 공상(空想)은 영원히 땅속에 묻히고 만다. 모든 가치도 이러한 소용돌이에 휩쓸린다. 모델들과 그 모방자들(copies)은 부르주아 주변에서 점점 더 빠르게 반복된다. 그런데도 부르주아는 여전히 최신 유행과 최근의 우상과 최근의 슬로건 앞에서 황홀경에 빠져 영원함 속에서 살아간다. 사고와 인간, 체계와 상투적인 방식이 더욱 비생산적으로 순환하면서 꼬리를 물고 이어진다. 바로 그것이 알티시도라의 마귀 들린 경기자들이 서로에게 되받아 보내는 공기와 털뭉치이다. 세르반테스의 소설에서 늘 그렇듯이 암시에 대한 문학적 측면이 특히 강조되어 있다. 라켓을 한 번 휘두를 때마다 "쓸모없어진 책들과 새로운 책들이 늘어났고, 그것은 굉장했다." 소설의 형태는 점진적으로 기사도 소설에서 연재소설로, 또 언제나 훨씬 풍부하고 훨씬 집요한 집단적 암시의 현대적인 형태들로 이행하고 있다. 따라서 가장 노련한 광고는 상품의 우수성이 아니라 그것을 타인들이 욕망하고 있다는 사실을 입증하려 한다. 삼각형 구조는 일상생활의 가장 사소한 세부에까지 침투해들어간다. 우리가 상호 간접화라는 지옥으로 깊이 내려갈수록, 세르반테스가 묘사했던 과정은 언제나 더욱 보편적이고 더욱 우스꽝스러우며 더욱 파국적인 것이 된다.

* * *

우리는 한 욕망의 근원에서 실재하는 것이든 가공적인 것이든 간에 언제나 또 하나의 욕망을 볼 수 있다고 말한다. 이 법칙에는 수많은 예외가 있는 것처럼 보인다. 쥘리앵의 욕망에 불을 붙이는 것이 마틸드의 갑작스러운 무관심이 아닌가? 얼마 후에 쥘리앵이 단호하게 가장한 무관심은 페르바크 부인의 경쟁적인 욕망보다 훨씬 강도가 높은 것이어서 마틸드의 욕망을 되살아나게 하지 않는가? 이러한 욕망의 발생에서 무관심이 행하는 역할은 우리가 분석한 결과와 모순되는 것처럼 보인다.

이러한 반론에 답하기 전에 약간의 여담이 필요하다. 성적 욕망에서는 삼각형의 욕망이 설정되기 위해서 경쟁자의 존재는 필요하지 않다. 사랑받는 사람은 사랑을 하는 사람의 눈에 대상과 주체로 나뉜다. 사르트르(Sartre)[6]는 『존재와 무』(*L'Etre et le Néant*)에서 이 현상을 파악하고, 이 현상에 근거하여 사랑과 새디즘과 매저키즘을 분석하고 있다. 대상과 주체로의 분리는 사랑을 하는 자와 받는 자 그리고 사랑받는 자의 육체를 세 꼭지점으로 하는 삼각형을 나타나게 한다. 성적 욕망도 삼각형의 모든 욕망과 마찬가지로 항상 전염성을 지니고 있다. 전염성을 말하게 되면 반드시 원래의 욕망과 동일한 대상을 욕망하는 제2의 욕망을 말하지 않을 수 없게 된다. 자기 연인의 욕망을 모방하는 것은 이 연인의 욕망 덕분에 자기 자신을 욕망하는 일이 된다. 이중 간접화의 이 특별한 양태를 교태(coquetterie)라고 일컫는다.

교태 부리는 여자는 자신이 유발한 욕망에 재치 있고 세련된 자신이 굴복되기를 원하지 않지만, 욕망을 불러일으키지 않으면 그녀는 그리 재치 있고 세련된 귀부인이 될 수 없다. 그녀 자신이 선택한 사랑도 오로지 타인들이 그녀에게 부여한 선택에만 근거를 두고 있다. 그렇기 때문에 그녀는 이 선택에 대한 증거들을 열심히 찾는다. 그녀는 연인의 욕망을 유지하고 부추기지만, 그것은 연인에게 자신을 허락하기 위해서가 아니라 거부하기 위해서이다.

연인의 고통에 대해 교태 부리는 여자가 보이는 무관심은 위장된 것은 아니지만 일상적인 무관심과는 전혀 다른 것이다. 그녀의 무관심은 욕망의 결여가 아니라 자기 자신에 대한 욕망의 이면이다. 연인

6) Jean-Paul Sartre(1905~80). 프랑스의 철학자이며 작가. 『존재와 무』(1943)는 그의 이론을 체계화한 철학서이다.

은 속아넘어가지 않는다. 그는 자기가 사랑하는 여자의 무관심에서 자신에게는 결여되어 있다고 느끼는 신의 자율성을 알아본다고까지 믿으면서 그것을 쟁취하기 위하여 애태운다. 이것이 바로 교태가 연인의 욕망을 자극하게 되는 이유이다. 그리고 이번에는 반대로 이 욕망이 교태를 더욱 부채질하게 된다. 바로 여기에 이중 간접화의 악순환이 존재한다.

연인의 '절망'과 사랑받는 여자의 교태는 두 감정이 서로를 복사하기 때문에 일치협력하여 증가한다. 이것은 두 상대방 사이에서 순환하면서 언제나 더욱 강렬해지는 동일한 욕망이다. 두 연인이 동의하지 않는다 하더라도, 그것은 상식이나 애정소설들이 주장하고 있듯이 그들이 너무나 '다른' 사람들이기 때문이 아니라, 서로 너무나 비슷한 사람들이며 각자가 서로의 복사이기 때문이다. 하지만 그들이 서로 비슷해져갈수록 그들은 더욱 자신들이 다르다고 상상한다. 그들은 자신들의 강박관념인 이 동일자(ce Même)를 마치 절대 타인(l'Autre absolu)처럼 이해한다. 이중 간접화는 서로 역방향으로 대칭을 이루는 두 인물의 선과 선, 점과 점을 잇는 대립을 공허한 만큼이나 결정적인 것으로 고정한다.

다른 경우에서와 마찬가지로, 이 경우에도 갈등을 초래하는 것은 근접성이다. 여기에서 다루는 기본법칙은 사회적 진화와 마찬가지로 '머리로 하는' 사랑의 메커니즘에도 적용된다. 결코 알지 못하지만 항상 느껴지는 이러한 근접성이 연인이 절망하게 되는 원인이다. 그가 사랑하는 여자를 경멸하면 반드시 자기 자신을 경멸하게 되며, 그녀를 욕망하면 반드시 그녀로 하여금 그녀 자신을 욕망하게끔 만들게 된다. 그는 알세스트(Alceste)[7]처럼 인간혐오에 빠지지 않을 수

7) 프랑스의 극작가 몰리에르(1622~73)의 희곡 「인간 혐오자」의 주인공.

없다.*

이제 우리는 여담을 마치고 앞서 제기했던 반론에 답할 수 있게 되었다. 내면적 간접화의 세계에서는 무관심이 결코 단순히 중성적일 수는 없다. 그것은 욕망의 전적인 결여가 아니다. 관찰자의 눈에 무관심은 언제나 자기 자신에 대한 욕망의 외면적 양상으로 비친다. 또한 그렇게 추측된 이 욕망이 모방된다. 무관심의 변증법은 형이상학적 욕망의 법칙에 모순되기는커녕 이를 확인해준다.

무관심한 사람은 우리 모두가 그 비결을 알고자 하는 뛰어난 자제력을 늘 소유하고 있는 것처럼 보인다. 그는 외부와의 접촉이 차단된 상태에서 자신의 존재를 즐기면서 그 무엇도 방해할 수 없는 완전한 행복을 누리며 살고 있는 것처럼 보인다. 그는 신이다……. 쥘리앵은 마틸드에 대한 무관심을 위장하고 페르바크 부인의 욕망을 유발해서 마틸드에게 하나가 아닌 두 가지 욕망을 모방하도록 제시하고 있

이 작품의 줄거리는 사교계의 위선을 싫어하는 알세스트의 마음을 찢는 고통스러운 양자택일에 관한 이야기이다. 그는 자기가 사랑하는 여인 셀리멘의 험구와 교태를 묵인하고 그녀를 받아들이느냐, 아니면 그녀의 성품을 비난하고 그녀를 잃어버릴 위험을 무릅쓰느냐 하는 두 가지 선택의 기로에 있다. 그런데 셀리멘이 모든 남자에게 똑같은 연애편지를 보낸 것이 밝혀져 그들 모두가 그녀를 떠난다. 알세스트는 그녀 곁에 머무르지만, 결국 일신상의 일로 당찮은 중상을 받고서 인간에게 혐오를 느끼게 되어 셀리멘과도 결별한 뒤 속세를 버리고 사막으로 떠난다.

* 교태는 더욱이 매우 불안정하고 민감한 간접화이며, 새로운 욕망에 의해 끊임없이 반복되기를 요구하는 간접화이다. 교태는 내면적 간접화의 상위 영역에 속한다. 중개자와 욕망하는 주체가 가까워지면 교태는 자취를 감춘다. 사랑받는 여자는 그녀를 사랑하는 남자의 전염성에 감염되지 않는다. 그녀는 자기를 사랑하는 남자의 욕망과 균형을 이루기에는 너무나도 강렬한 은밀한 경멸감에 빠져 있다. 이 욕망은 여자로 하여금 그녀 자신을 높이 평가하게 만드는 것이 아니라, 그녀를 사랑하는 남자의 품위를 떨어뜨린다. 사랑에 빠진 남자는 스스로를 소유하도록 자신을 내맡기는 대상들이 살고 있는 진부하고 따분하며 비천한 영역으로 흡수되고 만다.

다. 그는 전염할 기회를 증가시키려 애쓴다. 이것이 바로 댄디인 코라소프[8]의 '러시아식 전략'이다. 그렇지만 코라소프가 고안해낸 것은 아니다. 소렐 영감이 레날 씨와의 협상에서 이미 두 가지 방법을 섞어서 사용하고 있다. 그는 좀더 유리한 제안들을 레날 씨에게 막연히 암시함으로써 더욱 돋보이는 무관심을 가장한다. 프랑슈콩테[9] 지방 농부의 술책과 이지적인 사랑 사이에는 구조상 아무런 차이도 없다.

* * *

내면적 간접화의 세계에서 모든 욕망은 동일한 대상을 향한 경쟁적인 욕망들을 생겨나게 할 수 있다. 욕망하는 주체가 그를 대상으로 이끌어가는 충동에 굴복하게 된다면, 그가 자신의 욕망을 타인에게 드러내게 된다면, 그는 매순간 자신에게 새로운 장애물을 설치하고 이미 존재하는 장애물을 강화하는 셈이다. 사랑에서와 마찬가지로 거래에서도 성공의 비결은 본심을 드러내지 않는 것이다. 자기가 느끼는 욕망을 감추고 느끼지 않는 욕망을 가장해야 한다. 감정을 속여야만 한다. 언제나 바로 이 거짓말 덕분에 스탕달의 인물들이 목적을 달성하며, 열정적인 사람과의 관계가 아닌 한 이는 사실이다. 그런데 혁명 이후의 세계에서 열정을 지닌 사람은 지극히 드물다.

허영심 많은 여자에게 그녀를 욕망한다는 사실을 드러낸다는 것은 자신이 열등하다고 밝히는 것과 같다는 사실을 스탕달은 자주 반복한다. 이는 결코 욕망을 유발하지 못하면서 자신만이 욕망에 빠진다

8) 『적과 흑』에 나오는 인물. 스스로 교제에 능하다고 자처하는 러시아인으로, 쥘리앵에게 유혹의 기술을 가르쳐준다.
9) 프랑스의 옛 주(州).

는 것을 의미한다. 이중 간접화가 사랑의 영역을 침범하게 되면 상호성의 희망은 모두 사라진다. 플로베르는 그의 단평(短評)에서 '절대로 두 사람이 동시에 사랑할 수는 없다'*는 절대원리를 표명한 바 있다. 모든 일치(communion)는 일치 그 자체에 따라 규정된 감정에서 사라져버린다. 단어는 그 단어가 지시한 대상이 사라져버린 뒤에도 살아남아 애초에 지시했던 것의 정반대를 지시하게 된다. 굴절된 초월은 항상 언어를 교묘하고도 서툴게 오용하는 특성이 있다. 마틸드의 사랑과 레날 부인의 사랑은 낮과 밤처럼 다른 것이지만 이 두 감정을 표현하기 위해서 동일한 단어가 사용된다.

따라서 낭만적인 열정이라는 단어도 그 단어가 주장하는 바의 정반대를 지시한다. 낭만적인 열정이란 상대방에게 자신을 내맡기는 것이 아니라 경쟁적인 두 허영심 사이에서 일어나는 무자비한 전쟁이다. 낭만적인 최초의 주인공들인 트리스탄과 이졸데[10)]의 이기적인 사랑은 미래의 불화를 예고하고 있다. 드니 드 루주몽은 매우 엄밀하게 이 신화를 분석하여 마침내 이 시인이 숨기고 있는 진실인 소설가들의 진실에 도달한다. 트리스탄과 이졸데는 "서로를 사랑하지만, 각자는 상대방이 아닌 자신의 입장에서만 상대를 사랑한다. 그렇기

---

* 마리-잔 뒤리(Marie-Jeanne Durry), 『플로베르와 그의 미발표 초고』(*Flaubert et ses projets inédits*), p.25.

10) 정열적인 연애 개념의 기원을 이루는 중세 유럽의 전설(제1장의 주 42 참조). 현존하는 작품 가운데 가장 오래된 것은 12세기 후반 프랑스어로 쓰인 베룰의 시와 토마가 쓴 시이다. 두 작품 모두 부분적인 단편(斷片)들만 남아 있는데, 전체 줄거리는 다음과 같다.
어려서 양친을 여읜 트리스탄은 자라서 큰아버지 마르크 왕의 궁정을 재난에서 구하지만, 기묘하게도 큰아버지의 아내가 될 이졸데를 데리고 돌아가는 배 안에서 실수로 함께 사랑의 묘약을 마시고 숙명적인 사랑에 빠진다. 그 뒤로 두 사람은 밀회와 사랑의 도피, 이별과 재회를 되풀이하지만 결국 서로의 사랑으로 말미암아 죽음에 이른다.

때문에 그들의 불행은 잘못된 상호성에서 비롯되며, 이중의 나르시즘을 숨기고 있다. 사태가 그러하므로 때때로 그들의 격렬한 열정에서 우리는 사랑의 대상을 향한 일종의 증오심이 섞여 있음을 느끼게 된다."

토마[11]와 베룰(Béroul)[12]의 연인들의 경우에 암묵적이던 것이 스탕달의 소설에서는 완전히 명료해진다. 지휘자의 보이지 않는 지휘봉을 따라 춤추는 두 사람처럼, 두 상대방은 완벽하게 대칭을 이룬다. 그들의 욕망의 메커니즘은 동일하다. 무관심을 위장함으로써 쥘리앵은 마틸드의 마음속에 있는 태엽을 감는데, 이 태엽은 쥘리앵 자신의 마음속 태엽과 동일한 것으로서 그 열쇠는 마틸드가 쥐고 있다. 이중 간접화는 사랑의 관계를 요지부동한 법칙에 따라 전개되는 투쟁으로 바꾸어버린다. 승리는 두 연인 중에서 거짓말을 가장 잘 유지하는 자에게 돌아간다. 자신의 욕망을 드러낸다는 것은, 한 사람이 욕망을 드러내는 실수를 범하면 곧 그 상대방은 그런 실수를 저지를 마음이 우러나지 않는 만큼, 더욱 용서할 수 없는 실책이 된다.

쥘리앵은 마틸드와 사랑의 관계를 맺은 초기에 이런 실책을 범했다. 그의 용의주도함이 한순간 느슨해졌던 것이다. 마틸드가 그의 것이 되자, 그는 자기가 느끼는 행복감을 마틸드에게 감출 수 없었다. 사실 그의 행복이란 미온적인 것이지만 허영심에 가득 찬 여자가 그에게서 멀어지게 하기에는 충분한 것이다. 쥘리앵은 진실로 영웅적

11) 12세기 말엽 앵글로노르만의 시인. 트리스탄과 이졸데의 전설을 궁정풍 연애시로 썼다. 흰 손의 이졸데와 결혼했음에도 금발의 이졸데를 잊지 못하는 트리스탄은 죽어가면서 금발의 이졸데를 부르지만, 너무 늦게 도착한 그녀는 죽음으로 그에게 합류한다.

12) 중세 앵글로노르만의 음유시인. 트리스탄과 이졸데의 전설을 토마가 궁정풍 연애시로 쓴 것과 달리 베룰은 노골적인 사실주의 기법으로 두 연인의 강렬한 사랑의 고통을 묘사했다.

인 노력을 기울여 위선을 행하고서야 겨우 상황을 회복하기에 이른다. 그는 한순간의 솔직함의 대가로 수없이 많은 거짓말을 하지 않으면 안 된다. 그는 마틸드에게 거짓말을 하고, 페르바크 부인에게 거짓말을 하고, 라 몰 가족 전부에게 거짓말을 한다. 거짓말들이 쌓여서 그 무게가 마침내 그에게 유리한 쪽으로 저울을 기울게 한다. 모방의 흐름이 역전하여 마틸드가 서둘러 쥘리앵의 품에 안긴다.

마틸드는 자기가 노예임을 인정한다. 노예라는 단어는 지나친 말이 아니며, 우리에게 투쟁의 성격을 명확히 밝혀준다. 이중 간접화에서는 각자가 상대방의 자유를 희생해서만 자신의 자유를 누린다. 투사들 가운데 하나가 자신의 욕망을 고백하고 자만심을 꺾으면 투쟁은 곧 끝난다. 그때부터 모방의 역전은 일절 불가능하다. 왜냐하면 노예의 표명된 욕망이 주인의 욕망을 파괴하고 그의 진정한 무관심을 확고하게 하기 때문이다. 주인의 무관심이 이번에는 노예를 절망에 빠뜨리고 욕망을 배가한다. 이 두 가지 감정은 동일한 것인데, 왜냐하면 서로 간의 복사이기 때문이다. 따라서 두 감정은 서로를 보면서 더욱 강화될 수밖에 없다. 두 감정은 동일한 방향으로 영향력을 행사하여 구조의 안정성을 확고히 한다.

이러한 '주인과 노예'의 변증법은 헤겔의 변증법과 기묘한 유사성을 보여주고 있으나, 또한 커다란 차이점도 존재한다. 헤겔의 변증법은 폭력적이던 과거에 자리 잡고 있다. 헤겔의 변증법은 나폴레옹이 즉위하면서 그 마지막 효력마저 잃게 된다. 소설의 변증법은 그와 반대로 후기 나폴레옹 시대의 세계를 배경으로 하고 있다. 헤겔의 경우에서와 마찬가지로 스탕달의 경우에서도 개인적인 폭력의 지배는 종식되었다. 폭력의 지배가 다른 것으로 대체되지 않으면 안 된다. 헤겔은 이 다른 것을 규정하기 위해 논리와 역사적 반성(réflexion)을 신뢰한다. 인간관계에서 폭력과 독단의 지배가 끝나면 필연적으로 충족(Befriedigung), 즉 화해가 그 뒤를 이어 정신의 지배가 시작된다. 현대의 헤겔주의자들, 특히 마르크스주의자들은 이러한 희망을 버리지 않는다. 그들은 단지 정신의 시대가 도래하는 시기를 연기했을 뿐이다. 그들은 헤겔이 이 시기에 관해 약간 착오를 범했다고 말한다. 헤겔은 그의 계산 속에 경제적인 요인들을 고려하지 않았다는 것이다.

소설가는 논리적 추론을 불신한다. 그는 자기 주위와 내면을 응시한다. 그는 숱하게 언급된 화해를 예고하는 어떤 것도 찾아내지 못한다. 스탕달의 허영심, 프루스트의 속물근성 그리고 도스토옙스키의 지하생활은 물리적인 폭력이 존재하지 않는, 또 필요할 경우에도 경제적인 폭력이 존재하지 않는 그런 세계에서 의식들 간에 벌어지는 투쟁이 취하는 새로운 형태이다. 힘이란 서로에게 적대적인 동시에 저 자신의 공허감으로 고통받는 의식들 사이에서 사용되는 가장 거친 무기에 불과하다. 이 무기를 빼앗으면 그러한 의식의 소유자들은 지난 수세기가 예상하지 못했던 새로운 무기들을 만들게 되리라고 스탕달은 우리에게 말한다. 그들은 투쟁을 위한 새로운 영역을 선택하게 될 것이다. 이는 뉘우치지 않는 도박꾼들의 생리와도 비슷하다. 그들은 금지조처가 있을 때마다 자신들의 돈을 잃어버릴 새로운 방법을 고안해내기 때문에 통제적인 어떤 법제로도 그들을 보호할 수가 없다. 사람들은 그들에게 부과된 정치제도와 사회제도가 어떤 것이든 간에 혁명주의자들이 꿈꾸는 행복과 평화를 얻지 못할 것이며, 보수주의자들이 두려워하는 화합—맹종(盲從)으로 이룬—에도 이르지 못할 것이다. 그들은 결코 화합하지 않기 위해 언제나 충분히 의견의 일치를 볼 것이다. 그들은 불화에 가장 불리해 보이는 상황에 적응하여 악착같이 투쟁의 새로운 형태를 고안해낼 것이다.

현대 소설가들이 연구하는 것이 바로 의식들 간의 투쟁에 관한 '지하생활의' 형태들이다. 소설이 19세기의 존재론적이고 사회적인 가장 중요한 진실의 장(場)이라면, 그것은 소설이 정신적 에너지가 도피하는 존재의 영역에 관심을 기울이는 유일한 것이기 때문이다. 욕망의 삼각형은 보드빌[13] 작가나 천재소설가들의 관심사밖에는 될 수 없었다. 발레리(Valéry)[14]가 보드빌 작가를 천재소설가에 합류시키려 했던 점은 옳았지만, 그의 눈에 물의를 일으키는 것으로 비쳤던 이 뒤섞임에서 소설 장르에 대해 매우 부르주아적이고 학문적인 반론을 끌어내려 했던 점은 잘못이다. 소설가들의 진실에 비추어볼 때 발레리의 민첩함은 결국 실증주의자의 우둔함과 같은 맹목성을 지니고 있다. 그렇다고 놀랄 필요는 없는데, 왜냐하면 양쪽 다 자신의 자율성이라는 신화를 옹호하고 있기 때문이다. 유아론적(唯我論的) 이상주의와 실증주의는 단지 고독한 개인과 집단만 인정하기를 원한다. 이 두 가지 추상 개념은 모든 것의 위로 날아보려는 자아에게는 틀림없이 달콤하게 들리지만 둘 다 공허하기는 마찬가지다. 소설가만이 그가 자신의 노예상태를 인정하는 명확한 한도 내에서 구체적인 것, 즉 인정받기 위해 벌이는 헤겔식 투쟁을 패러디하는 자아와 타인 사이의 적대적 대화를 암중모색한다.

현대 독자들의 각별한 관심을 끄는 『정신현상학』(*La Phénoménologie de l'esprit*)의 두 가지 주제는 '불행한 의식'과 '주인과 노예의 변증법'이다. 우리 모두는 매혹적인 두 주제의 종합만이 우리의 문제를 밝혀줄 수 있으리라고 막연히 느끼고 있다. 헤겔의 경우에 불가능했던 바로 이 독창적인 종합이야말로 소설의 변증법이 우리에게 어렴풋이 느끼게 한 그 무엇이다. 내면적 간접화의 주인공은 모든 물리적인 위

13) 일반적으로 노래·춤·토막극 등으로 꾸민 대중적 희가극을 말한다.
14) 프랑스의 시인·비평가·사상가(1871~1945).

협이 배제된 원초적 투쟁을 다시 겪으면서 최소한의 욕망 안에서 자유를 누리는 불행한 의식을 한다.

헤겔의 변증법은 물리적인 용기를 근거로 한다. 두려워하지 않는 자는 주인이 되고 두려워하는 자는 노예가 된다. 소설의 변증법은 위선을 근거로 한다. 폭력은 그것을 행사하는 자의 이해(利害)에 이바지하기는커녕 그의 욕망의 강도를 드러낸다. 그러므로 폭력은 노예 상태의 기호이다. 쥘리앵이 서재 벽에 걸린 칼을 움켜쥐자 마틸드의 두 눈은 기쁨으로 빛난다. 쥘리앵이 그녀의 행복감을 알아차리고는 그 역할이 순전히 장식적이고 상징적인 무기를 신중하게 내려놓는다.

내면적 간접화의 세계에서는—최소한 상위 영역에서는—물리적인 힘이 위력을 상실했다. 개인의 기본 권리는 존중되지만, 자유롭게 살 만큼 충분히 강하지 못하면 허영심으로 인한 경쟁의 마력에 굴복하게 된다. 적(赤)에 대한 흑(黑)[15]의 승리는 이러한 힘의 패배를 상징한다. 나폴레옹 제정의 패망과 반동적이고 교권적인 체제의 정착은 그 영향력이 막대한 형이상학적이며 사회적인 혁명의 기호들이다. 동시대인들은 스탕달이 『적과 흑』을 기점으로 파당적인 불화를 넘어서고 있었다는 사실을 이해하지 못했다. 그런데 우리들 자신은 이를 이해한 것일까?

15) '적'은 군복의 붉은색을, '흑'은 성직자의 옷색깔인 검은색을 뜻한다.

5 적과 흑

문학사가들은 스탕달이 그의 사상의 대부분을 철학자나 관념론자들에게서 물려받았다고 말한다.

그렇다면 탁월하다고 여겨지는 이 소설가가 자신의 사상을 지니지 못했으며, 죽을 때까지 다른 이들의 사상에만 충실했다는 말이 된다. 이러한 풍설은 퇴치하기 어렵다. 이러한 견해는 지성적이지 않은 소설을 원하는 사람들뿐만 아니라 스탕달의 틀에 박힌 체계를 찾고자 하고 그의 초기 저작, 즉 그가 일찍이 저술했던 다소 교육적인 텍스트 안에서만 그러한 체계를 발견했다고 믿는 사람들에게 인기가 있다.

그들은 스탕달 작품의 모든 문을 열 만능열쇠를 갈망한다. 또한 스탕달의 미숙한 저작들인 폴린에게 보내는 『편지』(*Lettres*), 『일기』(*Journal*), 『새로운 철학』(*Filosofia nova*)에서 아무런 어려움 없이 그러한 진짜 열쇠꾸러미를 가져온다. 이 고철덩어리는 소리만 요란했지 문들은 여전히 열리지 않는다. 카바니스(Cabanis)[1]나 데스튀트 드

1) 피에르 장 조르주 카바니스(Pierre Jean Georges Cabanis, 1757~1808)는 프

트라시(Destutt de Tracy)[2]의 도움으로는 『적과 흑』의 한 페이지도 설명할 수 없다. 기질체계에서 일시적으로 차용해온 몇 가지를 제외한다면, 성숙기에 집필된 소설에서는 청년기에 수립한 이론들의 흔적을 더 이상 찾아볼 수 없다. 스탕달은 전(前)시대의 거장들로부터 독립성을 획득한 당대의 몇 안 되는 사상가 가운데 하나이다. 바로 그렇기 때문에 스탕달은 그가 청년기에 숭배했던 신들에게 대등한 자격으로 경의를 표할 수 있는 반면, 그와 동시대인인 대부분의 낭만주의자들은 그렇게 할 능력이 없다. 그들은 합리주의라는 신전을 향해 몹시 교만한 태도를 보이지만, 변덕이 나서 논증을 하게 될 때에는 계몽주의 시대로 되돌아간다. 그들의 견해는 분분하고 심지어 상반되기까지 하지만, 지적인 사고구조는 변하지 않았던 것이다.

스탕달은 다른 사람들의 사상을 복사하지 않게 된 그날 이후로 사상을 포기한 것이 아니라 스스로 사고하기 시작한다. 만일 이 작가가 정치적·사회적인 큰 문제들에 관해 자신의 의견을 절대 바꾸지 않았다면, 그는 무슨 이유로 『앙리 브륄라르의 생애』(*La Vie de Henri Brulard*) 앞부분에 귀족계급에 대한 자신의 관점을 마침내 결정했다고 명시했던 것일까? 스탕달의 견해에서 귀족계급보다 더 중요한 비중을 차지하는 것은 없지만, 그는 어디에서도 귀족계급에 관한 자신의 결정적인 관점을 설명하고 있지 않다. 실제로 스탕달은 교훈주의를 싫어했다. 그의 독창적인 사고는 곧 소설이고 또 소설일 뿐인데,

---

랑스의 의사이자 유물론 철학자이다. 무신론자인 그는 모든 관념을 감각과 물리적 경험으로 설명했다. 주요 저서로 『육체와 정신의 관계』(*Rapports du physique et du moral*, 1802)라는 개설서를 남겼다.

2) 프랑스의 철학자(1754~1836). 카바니스와 마찬가지로 무신론자이며 감각론 유파에 속하는 심리적 유물론을 주장했다. 스탕달에게 지대한 영향을 미쳤다고 한다.

그 이유는 스탕달이 작중인물을 벗어나는 순간 타인의 유령이 다시금 그를 사로잡기 시작하기 때문이다. 따라서 모든 것을 소설 속에서 알아낼 필요가 있다. 비소설 텍스트들이 때로 상세한 설명을 제공하기도 하지만 신중하게 다루어야 한다.

과거를 맹목적으로 믿지 않았던 스탕달은 『연애론』에서부터 몽테스키외(Montesquieu)[3]와 18세기의 다른 훌륭한 사상가들의 오류에 문제를 제기한다. 그들의 제자임을 자처하는 스탕달은 왜 철학자들 같은 예리한 관찰자들이 미래를 예견하는 데서 근본적인 오류를 범하고 있는지 묻는다. 『한 관광객의 수기』 끝부분에서 철학적 오류라는 주제는 다시 거론되어 좀더 심도 있게 연구되고 있다. 스탕달은 몽테스키외의 사상에서 루이 필리프(Louis Philippe)[4] 같은 사람을 비난할 만한 근거를 전혀 찾아내지 못한다. 이 부르주아 왕은 프랑스인들에게 일찍이 누릴 수 없었던 자유와 번영을 가져다준다. 실제로 진보가 이루어지지만, 그것이 시민들에게 이론가들이 예견했던 행복의 증진을 가져다주지는 못한다.

철학자들의 오류로 스탕달은 자신의 임무를 알게 된다. 추상적 지성에 의한 판단을 경험을 통해 정정해야만 한다. 멀쩡하게 건재한 바스티유 감옥은 혁명 이전 사상가들의 시야를 제한했다. 바스티유 감옥이 무너졌고, 세상은 엄청나게 빠른 속도로 변한다. 그는 자신이 여러 세계에 걸쳐 있음을 알게 된다. 그는 입헌군주제를 따르면서도

---

3) 프랑스의 법학자·정치사상가(1689~1755). 저서로는 『페르시아인의 편지』(1721년 익명으로 발표), 『로마 흥망 원인론』(1734), 『법의 정신』(1748) 등이 있다.

4) 루이 필리프(1773~1850)는 왕정복고기부터 자유주의 반정부파의 후계자로 알려져 있었다. 1830년 7월혁명에 의해 오를레앙파 부르주아에게 추대받아 프랑스의 왕 루이 필리프 1세로 즉위하여 7월왕정을 시작했으나, 1848년 2월혁명으로 7월왕정이 붕괴되자 영국으로 망명했다.

구체제를 잊지 않는다. 그는 나폴레옹에게 봉사했고, 독일과 이탈리아에서 살았으며, 영국을 방문했고, 미국에 관해 출간되는 수많은 저작에 정통했다.

스탕달이 관심을 가진 나라들은 모두가 동일한 모험에 착수하고 있지만 그 진행속도에는 차이가 있다. 이 소설가는 역사와 사회를 관찰하는 진짜 실험실 안에서 살고 있는 것이다. 이와 동일한 최고의 실험실이 어떤 의미에서는 스탕달의 소설들이다. 이 실험실 안에 스탕달은 현대세계에서조차 각각 분리된 채로 있는 다양한 요소를 함께 집어넣는다. 그는 지방과 파리, 귀족들과 부르주아들, 프랑스와 이탈리아, 심지어는 현재와 과거까지도 비교 대조한다. 갖가지 체험이 전개되며, 이 체험들 모두가 동일한 목적을 갖는다. 즉 '왜 현대세계에서 사람들은 행복하지 않은가?'라는 동일한 기본적 질문에 답을 마련하기 위한 체험들인 것이다.

이 질문은 독창적인 것이 아니다. 스탕달의 시대에 살던 모든 사람 또는 그들 대부분이 이러한 질문을 제기했다. 그러나 진지하게 이러한 질문을 제기하는 사람들은 드물며, 게다가 그들은 혁명을 한 번 더 요구하거나 덜 요구함으로써 이 문제를 선험적으로 해결하지 못했다. 비소설 저작에서 스탕달은 자주 이 두 가지를 동시에 요구하는 것처럼 보인다. 하지만 이러한 부차적인 텍스트에 지나치게 신경쓸 필요는 없다. 스탕달의 진짜 답변은 소설작품에 섞여 있다. 그것은 이 작품 안에 흩어져 있다. 확산되어 있으며 망설임과 반복으로 가득 차 있다. 그러나 또한 스탕달이 다른 의견들에 직면하여 자신의 '개인적인' 의견을 피력할 때 보여주던 단호함만큼이나 신중함을 보여주고 있다.

* * *

왜 현대세계에서 사람들은 행복하지 않은가? 이에 대한 스탕달의 대답은 정치 당파나 여러 가지 '사회과학'의 언어로는 표현할 수 없다. 이 대답은 부르주아적 상식이나 '이상주의' 모두에 무의미하다. 우리가 행복하지 않은 이유는 허영심 때문이라고 스탕달은 말한다.

이 답변이 단지 도덕과 심리학의 영역에만 속하는 것은 아니다. 스탕달의 허영심은 역사적인 면도 내포하고 있는데, 이러한 측면이야말로 본질적인 것으로서 이제 우리가 해명해야만 한다. 임무를 잘 수행하려면 스탕달이 『앙리 브륄라르의 생애』에서 말하고 있는, 그리고 뒤늦게 정립된, 귀족계급에 대한 그의 견해를 먼저 설명할 필요가 있다.

스탕달이 보기에 욕망은 자신의 내부에서 발생하며 이 욕망을 충족하기 위해 전심전력을 기울이는 사람은 귀족(noble)이다. 따라서 용어의 정신적인 의미에서 귀족계급(noblesse)이란 정확히 열정(passion)의 동의어이다. 귀족은 그가 지닌 자발적 욕망의 힘으로 다른 사람들을 초월한다. 원래는 사회적 의미에서 귀족계급이 되려면 정신적 의미에서도 귀족계급이어야 했다. 역사의 어떤 시기에는 귀족이라는 단어의 이 두 가지 의미가 적어도 이론상으로나마 일치했다. 이러한 일치는 『이탈리아 연대기』에 예시되어 있다. 14세기와 15세기의 이탈리아에서 가장 위대한 열정들이 태어나 사회의 엘리트 계층에서 성장했다.

사회조직과 사람들 품성의 위계 사이의 불완전한 일치는 오래 지속될 수 없다. 어떤 관점에서 보면, 이 일치는 귀족이 이를 의식하게 되는 것만으로도 무너지기 시작한다. 다른 사람들보다 자신이 우월하다는 사실을 알기 위해서는 비교가 불가피하다. 비교란 비교의 대상들을 서로 접근시켜 동일한 차원에 놓고 어느 정도 동일하게 다루는 것이다. 잠정적으로나마 우선 가정을 세우지 않는다면 인간의 동등성은 부정될 수 없다. 형이상학적 욕망으로 규정되는 허영심과 수치심 사이의 왕복운동은 이 첫 번째 비교에 이미 들어 있다. 비교하는 귀족은 사회적 의미에서 이미 약간 더 귀족이지만, 정신적 의미에서는 약간 덜 귀족이다. 반성(反省)작업이 시작되면 차츰 귀족과 그 자신의 귀족계급이 분리되고, 귀족계급은 귀족이 아닌 사람의 시선에 따라 간접화한 단순한 소유물로 바뀐다. 그러므로 한 개인으로서의 귀족은 열정적인 사람의 전형이지만, 계급으로서의 귀족신분은 허영심에 바쳐진다. 귀족성이 신분제도로 변해가고 세습되어갈수록, 평민계급에서 나올 수도 있는 열정적인 인간에게는 귀족의 지위가 더욱 허락되지 않으며 존재론적 불행은 더욱 심화한다. 차후로 귀족계급은 자신을 모방하게 될 다른 계급들을 계속해서 허영심으로 이끌어갈 것이며, 형이상학적 욕망이라는 숙명적인 길에서 그들의 앞장을 서게 될 것이다.

따라서 귀족계급은 가장 먼저 쇠퇴하기 시작한다. 그리고 이 쇠퇴의 역사는 형이상학적 욕망의 필연적인 진전에 합류한다. 귀족계급이 헛된 보상의 유혹에 끌려 베르사유궁으로 달려갈 때, 그들은 이미 허영심에 잠식되어 있다. 루이 14세는 왕당파가 숭배하는 반신(半神)도 아니고 자코뱅 당원들이 혐오하는 동양적 전제군주도 아니다. 그는 대제후들을 불신하고 그들의 허영심을 통치수단으로 이용하여 귀족계급의 와해를 촉진한 능란한 정치가이다. 중재권(仲裁權)을 보유하고 있는 군주는 귀족계급을 무익한 경쟁에 빠져들게 만든다. 명석하지만 왕에게 매료된 생-시몽(Saint-Simon)[5] 공작은 억누를 수

5) 『회상록』의 저자(1675~1755). 이 저작은 루이 14세의 몰락기와 섭정시대에 걸

없는 분노를 느끼며 귀족계급의 이러한 무력화를 지켜본다. '속수무책인 증오'의 역사가였던 생-시몽은 스탕달과 프루스트의 위대한 스승들 가운데 한 사람이다.

절대군주제는 혁명과 가장 현대적인 형태의 허영심에 이르는 한 단계이다. 그러나 다만 한 단계일 따름이다. 궁정의 허영심은 진정한 의미의 귀족계급과 대조를 이루지만 부르주아적 가치와도 대조를 이룬다. 베르사유궁에서는 가장 사소한 욕망도 군주의 일시적인 기분에 따라 확인되고 승인되어야 한다. 궁정에서의 생활은 루이 14세를 부단히 모방함을 뜻한다. 태양왕은 그의 주위에 있는 모든 사람의 중개자이다. 그런데 이 중개자는 그의 충성스러운 추종자들과 엄청난 정신적 거리를 사이에 두고 있다. 왕은 신하들의 경쟁자가 될 수 없다. 몽테스팡(Montespan) 씨[6]는 그의 아내가 일개 서민과 바람을 피웠더라면 더 고통스러웠을 것이다. '신권'(神權)에 관한 이론은 군주제였던 지난 두 세기에 걸쳐 베르사유궁은 물론 프랑스 전체에서 만연했던 외면적 간접화의 개별적인 유형을 완벽하게 규정하고 있다.

구체제의 궁정신하들의 심적 상태는 어떤 것이었을까? 좀더 정확히 말해, 그에 대한 스탕달의 생각은 어떤 것일까? 스탕달의 소설에 나오는 부차적인 인물들과 스무 편이 넘는 저작들 안에 산재한 간략하나마 암시적인 지적들은 이 질문에 꽤 명확한 답을 제공해준다. 18세기에도 허영심으로 인한 고통은 강렬하지만 참을 수 없을 정도는

친 32년(1691~1723)간의 이야기이다. 『회상록』의 앞뒤에는 「서언」과 「결론」이 붙어 있는데, 「서언」에서 생-시몽은 특히 여러 가지 행위의 숨은 원인을 포착하려는 자신의 생각을 설명하고 있다.

6) 1662년 몽테스팡 후작과 결혼해 1676년 이혼한 몽테스팡 부인은 프랑스 왕 루이 14세의 애첩이었다. 그녀는 1663년 왕비의 여관(女官)이 되었고, 1667년 이래 국왕의 총애를 받았다. 왕은 그녀를 위해 소(小)트리아농궁과 크라니관을 축조했다.

아니다. 부모의 그늘에서 어린아이들이 그렇듯이 군주의 비호 아래 여전히 즐길 만했다. 언제나 빈둥거리기만 하는 생활에 대한 무의미하면서도 엄격한 규칙들을 비웃는 미묘한 즐거움마저도 누린다. 대귀족이 완전한 여유와 자비를 지니는 이유는 자신들이 다른 사람들보다 태양왕에 더 가까이 있으며, 그렇기 때문에 신의 빛을 듬뿍 받아 인간인 그들보다 더 신과 같은 존재임을 알고 있기 때문이다. 그는 말해야 될 것과 말해서는 안 되는 것, 해야 될 일과 해서는 안 될 일을 언제나 정확히 알고 있다. 따라서 그는 조롱당할 것을 염려하지 않으며 다른 사람들을 기꺼이 조롱하고 웃음을 터뜨린다. 그가 보기에 궁정의 최신 유행에서 조금이라도 뒤떨어진 것은 무엇이나 우스꽝스럽게 여겨진다. 그러므로 베르사유와 파리의 외부에 있는 것은 모두 우스꽝스럽다. 희극의 개화(開花)에 이러한 궁정신하들의 세계보다 더 적절한 배경을 꿈꾸기란 불가능하다. 놀라울 만큼 획일적인 관객은 단 하나의 암시도 놓치는 법이 없다. 만일 '폭군!'이 사라지면 극장에서 웃음도 사라진다는 사실을 디드로(Diderot)[7]가 알았더라면, 그는 무척 놀랐을 것이다.

혁명이 파괴한 것은 하나뿐으로, 비록 생각이 얕은 사람들에게는 혁명이 무의미해 보일지라도 그것은 가장 중요한 것, 즉 왕의 신권이다. 왕정복고 이후에도 여전히 루이·샤를·필리프가 왕좌에 오른다. 그들은 왕좌에 집착하지만 다소 황급히 내려온다. 어리석은 자들만이 체조와도 같은 이러한 단순동작에 관심을 쏟는다. 군주제는 더 이상 존재하지 않는다. 이 소설가는 『뤼시앵 뢰벤』의 마지막 부분에서 이 진실을 장황하게 강조한다. 베르사유궁의 화려함이 실리적인 정

7) 프랑스의 계몽사상가·작가(1713~84). 달랑베르와 함께 백과전서 간행에 반생을 바쳤다.

신을 가진 은행가를 매료하지는 못한다. 진정한 힘은 어딘가 다른 곳에 있다. 그리고 이 허울뿐인 왕 루이 필리프는 자신을, 왕권의 쇠퇴를 뜻하는 바인, 신하들의 경쟁자로 만드는 증권거래를 한다.

이 마지막 특징이 상황에 대한 열쇠를 제공한다. 궁정신하의 외면적 간접화가 '가짜-군주' 자신이 참여하는 내면적 간접화 체제로 대체된다. 혁명주의자들은 귀족의 특권을 파괴하면 허영심도 모조리 파괴할 수 있으리라고 생각했다. 그러나 허영심은 제거했다고 믿고 있는데 사실은 더욱 악화되어 몸 전체로 퍼져서 수술이 불가능해지는 암과도 같은 존재이다. 더 이상 '폭군'을 모방하지 않는다면 누가 모방의 대상이 될 수 있겠는가? 이제 사람들은 서로를 모방한다. 단 한 사람에 대한 우상숭배가 수백 수천의 경쟁자에 대한 증오로 대체된다. 발자크(Balzac)[8] 역시 탐욕이 군주제에 의해 제지되어 허용범위 내로 억제되지 않는 현대의 대중에게는 욕망 이외의 다른 신이 있을 수 없다고 주장한다. 사람들은 서로에게 신으로 비치게 될 것이다. 귀족과 부르주아의 젊은이들은 입신출세를 위하여 예전에 베르사유로 몰려들었던 것처럼 파리로 몰려든다. 한때 사람들이 베르사유궁의 다락방에서 북적대던 것처럼 그들은 카르티에 라탱(Quartier Latin)[9]의 지붕밑 방에서 혼잡을 이룬다. 민주주의는 도처에 궁정신하들만 있고 어디에도 군주는 없는 부르주아 계급의 거대한 궁정이다. 발자크의 견해는 이 모든 점에서 대부분 스탕달의 견해와 일치하는데, 그는 이러한 현상을 다음과 같이 묘사하고 있다. "군주제일 때 당신이 궁정신하와 하인들만을 거느리는 반면, 헌장이 공표되면서

8) 프랑스의 소설가(1799~1850).

9) 파리 5구와 6구에 걸쳐 있는 대학가. 1257년 로베르 드 소르봉이 소르본(파리 대학의 인문대)을 세웠을 무렵 학자들이 프랑스어를 경시하고 라틴어로만 학문을 논했다 하여 붙은 이름이다.

당신은 자유인의 봉사·감언이설과 아첨을 받게 된다." 미국에 관해 논하면서 토크빌 역시 민주주의에 만연한 '추종정신'을 말하고 있다. 이 사회학자의 다음과 같은 견해는 외면적 간접화에서 내면적 간접화로의 이행을 명확하게 밝혀준다.

> 출생과 재산의 모든 특권이 파괴되고, 모든 직업이 누구에게나 열려 있어 자력으로 그 직업의 정상까지 도달할 수 있게 되면, 각자의 야심에 따라 거대한 활동무대가 용이하게 열리는 것처럼 보이며, 사람들은 기꺼이 자기가 위대한 운명의 부름을 받았다고 생각한다. 하지만 그것이 잘못된 생각임을 매일매일의 체험을 통해 깨닫게 된다. 시민들 모두에게 원대한 희망을 품게 하는 바로 이 평등성이 시민들 각자를 개별적으로 약하게 만든다. 평등성은 그들의 욕망이 확대되도록 허용하는 동시에 사방에서 그들의 힘을 제한한다.
> ……그들은 그들과 비슷한 몇 사람이 지니고 있던, 그들을 거북하게 하는 특권을 파괴하고 나서 모든 사람과의 경쟁에 뛰어들게 된다. 경계가 그 위치를 바꾼 것이 아니라 형태를 바꾼 것이다.
> ……평등성에서 생겨난 본능과 이 본능을 만족시키기 위한 수단 사이에 존재하는 이러한 지속적인 대립이 그들의 마음을 괴롭히고 지치게 한다……. 사회적 상태와 정치적 구조가 제아무리 민주적이라 할지라도 시민들 개개인은 주변에서 그를 지배하는 여러 가지 상황을 알아차리게 되리라 여겨지지만, 또한 그들이 자기들의 시선을 집요하게 한 가지 측면에만 고정하게 되리라 예견할 수 있다.

토크빌이 민주주의 체제의 속성이라고 생각하는 이러한 '불안'은 스탕달의 소설에서도 찾아볼 수 있다. 구체제의 허영심은 명랑하고 태평하고 경박한 것이었다. 19세기의 허영심은 우울하고 의혹에 차서 사람들은 자신이 웃음거리가 되지 않을까 몹시 두려워한다. 그것은 내면적 간접화로서 '선망과 질투 그리고 무력한 증오'를 수반한다. 스탕달은 안정된 구성원의 전형인 어리석은 사람들마저도 변해 버리면, 한 나라의 모든 것이 변한다고 단언한다. 1780년의 바보는 재치 있는 사람이 되고자 했다.[10] 사람들을 웃기는 일이 그의 유일한 야심이었다. 1825년의 바보는 심각하고 신중하고자 한다.[11] 그는 정말로 불행한 까닭에 외견상 생각이 깊은 사람으로 보이고 싶어 하며 쉽사리 그렇게 된다고 스탕달은 덧붙이고 있다. 스탕달은 '침울한 허영심'이 풍습과 프랑스인의 심리에 미친 영향을 끊임없이 기술한다. 가장 심하게 타격을 입은 사람들은 귀족들이다.

> 혁명의 진지한 결과에서 시선을 돌리면, 우선 상상력을 자극하는 광경들 가운데 하나가 프랑스 사회의 현재 상태이다. 나는 젊은 시절을 매우 친절했던 귀족들과 함께 보냈다. 그들이 오늘날의 늙고 심술궂은 과격왕당파이다. 처음에 나는 그들의 침울한 기분이 나이 탓이려니 생각했다. 나는 막대한 재산과 훌륭한 귀족칭호를, 요컨대 상류층 사람들이 그들 중 몇몇에게 줄 수 있는 대부분의 특권을 물려받게 될 그들의 자제들과 사귀게 되었다. 나는 그들이 그들의 부모보다 훨씬 더 낙담에 빠져 있다는 사실을 알게 되었다.

10) 계몽주의 시대의 담론(기존의 권위에 대한 재치 있는 비판과 풍자·조롱)이 유행하던 볼테르적 분위기를 가리킨다.

11) 1825년은 왕당파와 가톨릭이 득세하던 정치적 반동기(왕정복고가 1815년에 이루어져 1830년 7월의 7월혁명으로 종식)의 엄숙하고 무거운 분위기를 가리킨다.

외면적 간접화에서 내면적 간접화로의 이행은 귀족계급의 몰락에서 마지막 단계를 구성한다. 반성작업은 혁명과 망명으로 완결되었다. 물질적 특권을 상실한 귀족이 이제부터는 그들이 누렸던 특권의 진실, 즉 그 독단성을 직시하도록 강요받는다. 스탕달은 혁명이 귀족의 특권을 박탈하는 것만으로는 귀족계급을 몰락시킬 수 없다는 사실을 명백히 알고 있었다. 오히려 귀족계급은 부르주아 계급에게 빼앗긴 것을 욕망함으로써, 또한 내면적 간접화의 천박한 감정에 열중함으로써 스스로 파멸했다. 특권이 독단적이라는 사실을 알면서 그러한 특권을 욕망한다는 것은 분명히 허영심의 극치이다. 귀족은 나라 안의 다른 계급들과 투쟁함으로써 자신의 귀족계급을 지킨다고 믿지만 오히려 그것을 파괴한다. 어떤 부르주아라도 그러한 욕망을 품게 되리라 생각되는데, 그는 자신의 이권(bien)을 '되찾으려고' 욕망하며, 그의 욕망은 부르주아의 시기심으로 자극되어 가장 공허한 하찮은 명예에도 대단한 가치를 부여하게 된다. 이 두 계급은 서로에게 간접화하여, 그 이후로는 동일한 방식으로 동일한 것을 욕망한다. 무수한 망명귀족 덕분에 지위와 재산을 되찾게 된 왕정복고기의 공작의원은 '복권에 당첨된' 부르주아와 다를 바 없다. 귀족은 부르주아를 증오하면서 점점 더 부르주아에 가까워진다. 스탕달은 발자크에게 보내는 편지에서 그들이 귀족신분을 높이 평가하기 때문에 그들은 천박하다고 강한 어조로 쓰고 있다.

지난날의 교육의 결과인 우아한 태도와 정중함만이 아직도 귀족계급이 약간이나마 부르주아 계급과 다른 점이지만, 이 마지막 차이마저 곧 사라지게 된다. 이중 간접화는 계급들 간의 그리고 개인들 간의 차이를 서서히 용해하는 용광로이다. 이중 간접화는 겉으로는 차이와 관련이 없어 보이는 만큼 더욱 효율적으로 기능한다. 이중 간접화는 새롭지만 가짜인 광채를 차이에 부여한다. 어디에서나 개가를 올리고 있는 동일자와 동일자의 대립은 전통적인 대립에 가려 오랫동안 드러나지 않는다. 그래서 전통적인 대립의 난폭함이 되살아나며, 과거가 온전하게 존속하리라는 믿음이 유지된다.

왕정복고기에 귀족계급이 그 어느 때보다도 더 생기가 돌았던 이유는 그들의 특권을 향한 욕망이 예전보다 더 강렬했기 때문이며, 또한 유서 깊은 가문들이 그들 자신과 평민 사이의 장벽을 강조하는 데 그렇게도 급급해한 적이 없었기 때문이라고 생각할 수 있다. 하지만 사람들은 내면적 간접화가 작용하고 있다는 사실을 알아차리지 못한다. 그들이 알고 있는 유일한 획일성은 기계적인 획일성, 자루 속에 들어 있는 공들이나 풀밭의 양떼에서 볼 수 있는 획일성일 뿐이다. 그들은 열정적인 분리, 즉 그들 자신이 행한 분리에 존재하는 동일화의 현대적인 경향을 알아보지 못한다. 그러나 심벌즈는 두 원반이 서로 정확하게 맞부딪쳐야 가장 큰 소리를 내는 법이다.

더 이상 차이가 없기 때문에 귀족은 스스로의 차이를 드러내려고 애쓴다. 또한 이에 완벽하게 성공하지만, 그렇다고 해서 더 귀족이 되지는 않는다. 예를 들어, 입헌군주제하에서 귀족이 나라에서 가장 훌륭하고 가장 고귀한 계급이었던 것은 사실이다. 루이 15세 시대의 유쾌하고 매력적인 귀족에 이어 왕정복고기에는 오만상을 찌푸린 침울한 신사가 등장한다. 이 음산한 인물은 지대(地代)로 살아가며, 돈을 벌고, 일찍 자고, 심지어 저축도 한다. 이 엄격한 도덕은 도대체 무슨 의미일까? '조상들이 지녔던 미덕'으로 정말 돌아가자는 것일까? 보수적인 신문들은 끊임없이 그렇게 말하지만, 이를 믿어서는 안 된다. 매우 소극적이며 침울하고 시무룩한 이런 지혜는 전형적으로 부르주아적이다. 귀족계급은 자신이 특권을 누릴 '가치가 있다'는 사실을 타인들에게 입증하고자 한다. 바로 그런 이유로 귀족계급은 자신의 특권을 인정하지 않는 계급에게서 윤리적인 규범을 차용해 자신의 것으로 삼는다. 부르주아의 시선으로 간접화한 귀족계급은 의식조차 못하면서 부르주아 계급을 복사한다. 스탕달은 『한 관광객의 수기』에서 혁명이 프랑스 귀족계급에게 제네바(Genève)의 민주적이고 신교도적인 풍습을 물려주었다고 냉소적으로 지적하고 있다.

그렇게 해서 부르주아 계급에 대한 증오로 그들은 부르주아화한다. 또한 간접화는 상호적이므로, '부르주아-신사'가 '신사-부르주아'와 한 쌍을 이루게 될 것을 예견해야 하며, 귀족의 희극과 역(逆)대칭을 이루는 부르주아의 희극을 기대해야 한다. 궁정신하들이 부르주아의 여론을 구슬리기 위해 사부아(Savoie) 지방의 보좌신부를 복사한다면, 부르주아들은 귀족들의 마음을 사로잡기 위해 대귀족인 양 처신하게 될 것이다. 부르주아의 모방이 극에 달해 완벽한 희극을 연출하는 전형적인 인물이 『라미엘』에 나오는 네르빙드(Nerwinde) 남작이다. 나폴레옹 제정 때 장군의 아들인 네르빙드는 구체제의 방탕아와 영불해협 저편의 댄디를 같은 비율로 종합한 모델을 어설프지만 열심히 모방한다. 네르빙드는 따분하고도 힘든 생활을 영위하지만, 그 무질서는 나름대로 체계적으로 계획된 것이다. 그는 매우 정확한 계산에 따라 의식적으로 파산한다. 이 모든 것은 그가 페리괴(Périgueux) 지방 모자상(帽子商)의 손자라는 사실을 남들이 망각하도록, 또한 자신마저도 그 사실을 망각하도록 하기 위해서이다.

이중 간접화는 도처에서 성공을 거둔다. 사교춤을 추는 스탕달의 인물들은 하나같이 크로스 샤세[12]를 추고 있다. 그전의 상태에 비하면 모든 것이 역전되어 있다. 스탕달의 재치는 우리를 즐겁게 하

12) 남녀가 번갈아 앞으로 뛰어나오며 추는 사교춤.

지만, 사실이라고 믿기에는 너무 기하학적으로 보인다. 그러므로 스탕달의 관찰과 병행하여, 유머가 결여된 관찰자인 토크빌의 확인에 주목할 필요가 있다. 예를 들어 『구체제와 혁명』(*L'Ancien Régime et la Révolution*)에서 우리는 부르주아 계급에 적대적이면서 부르주아를 닮아가고, 이 중산계층이 버리는 중인 모든 덕목을 채택하는 귀족계급의 모순에 대한 견해를 발견한다. 이 사회학자는 다음과 같이 지적한다. "한 나라에서 가장 반(反)민주적인 계급들이야말로 우리가 민주주의에서 합당하게 기대할 수 있는 그러한 종류의 윤리성을 가장 잘 알 수 있게 해준다."

귀족계급이 가장 생기 있어 보일 때는 바로 귀족계급이 최악으로 생기를 잃은 때이다. 『라미엘』의 초판에서는 네르빙드의 이름이 도비녜(d'Aubigné)[13]였다. 모방을 좋아하는 이 댄디는 벼락출세한 부르주아 계급이 아니라 진짜 귀족계급에 속해 있었다. 그는 맹트농 부인(Mme de Maintenon)의 후손이다. 하지만 그의 행동거지는 후기 판본에서와 동일하다. 스탕달이 결국 벼락출세한 부르주아를 택했다면, 이 평민에게 귀족계급의 희극을 연기하도록 했다면, 그렇게 하는 것이 아마도 가장 쉽고 가장 확실하게 희극적인 효과를 거둘 수 있는 해결책이라고 판단했기 때문이다. 그렇다고 초판본이 실수를 범했다는 뜻은 아니다. 초판본은 스탕달의 진실의 본질적인 한 양상을 잘 설명해주었다. 이 경우에 귀족계급의 희극을 연기하는 자는 바로 혈통이 귀족인 자이다. 귀족가문이든 아니든 간에, 루이 필리프 치하에서는 주르댕(Jourdin) 씨[14]가 귀족계급을 욕망했던 식으로만 '욕

13) 귀족임을 나타내는 d'(de)가 붙어 있다.

14) 몰리에르의 희곡 「평민귀족」(Le Bourgeois Gentilhomme, 1670)의 주인공. 직물상인으로 돈을 번 주르댕 씨는 사교계에 진출하려는 목적으로 여러 가지 필요한 교양을 익히고자 개인교습을 받는데, 이런 것을 가르치는 선생들에게

망할' 수 있다. 몰리에르의 주인공과 마찬가지로 열정적으로 그러나 그보다는 덜 순진하게 귀족계급을 모방할 수 있을 따름이다. 이 모방과 또한 이런 종류의 많은 다른 모방을 스탕달은 우리에게 폭로하고자 했다. 업무의 복잡성과 대중의 분화—이는 결국 단 하나의 동일한 현상이다—로 연극이 이러한 문학적 기능을 수행하기에는 부적절해졌다. 희극은 군주제와 '명랑한 허영심'과 더불어 사라져버렸다. '침울한 허영심'의 무궁무진한 변모를 묘사하기 위해서 그리고 허영심이 초래하는 대립의 공허함을 알리기 위해서는 좀더 유연한 장르가 요구된다. 그러한 장르가 바로 소설이다. 스탕달이 마침내 이를 이해하게 되었다. 오랜 세월에 걸쳐 노력과 실패를 거듭하면서 마음이 바뀌게 된 스탕달은 연극을 포기했다. 그러나 결코 위대한 희극 작가가 되기를 포기하지는 않았다. 소설작품들은 모두가 희극성의 경향을 띠고 있으며, 스탕달의 작품도 예외가 아니다. 플로베르는 『부바르와 페퀴셰』(*Bouvard et Pécuchet*)에서, 프루스트는 샤를뤼스 남작이라는 인물에서 그러한 탁월한 능력을 발휘하고 있으며, 스탕달은 『라미엘』에 나오는 희극적인 대단한 장면들에서 자신의 그러한 생각을 요약하고 마무리짓는다.

* * *

민주주의에 대한 증오로 민주화하는 귀족계급의 모순은 그 어디에서보다도 정치활동에서 가장 명백하게 드러난다. 귀족계급의 부르주아지화는 귀족들이 과격왕당파에 부여하는 특별한 배려에서 분명

갖가지 수단으로 뜯기고 이용당한다. 또한 딸을 적어도 후작과 결혼시키려는 주르댕 씨의 맹목적인 야심마저 딸과 그녀의 평민애인의 꾀에 속아 좌절된다.

해진다. 이 정당은 전적으로 특권 보호에 전념한다. 이 정당과 루이 18세 사이의 불화는 군주제가 더 이상 귀족계급의 북극성이 아니라 귀족정당의 수중에 있는 정치도구에 불과하다는 사실을 명백히 드러내고 있다. 이 귀족정당의 진로는 왕이 아니라 경쟁상대인 부르주아 계급을 향하고 있다. 게다가 과격왕당파의 이념은 혁명이념을 무조건 뒤집어놓은 것에 지나지 않는다. 과격왕당파 이념의 핵심은 반동(réaction)이며 내면적 간접화의 소극적인 노예상태를 폭로하고 있다. 정당들의 지배는 이러한 간접화의 자연스러운 정치적 표현이다. 정당 간의 대립을 야기하는 것은 정치강령이 아니라, 대립이 정치강령을 만들어낸다.

과격왕정복고주의(l'ultracisme)가 얼마만큼 비열한지 알려면 그것을 다른 형태의 사고(思考), 즉 혁명 이전에 있었던 사고로서 당시의 귀족계급 전체를 매료했던 계몽주의 철학과 비교해볼 필요가 있다. 이 사고를 실천하면서 귀족으로 남으려는 귀족계급에게는 이 철학만이 유일하게 가능한 방법임을 스탕달은 확신했다. 진정한 귀족—군주제의 마지막 시대에도 이러한 귀족이 몇몇은 남아 있었다—은 지적 영역으로 들어가게 되어도 자신의 고유한 미덕을 잃지 않는다. 그는 반성할 때조차도 말하자면 자발적이다. 과격왕당파들과 달리 그는 자기가 채택하는 사고가 계급의 이익에 기여하기를 요구하지 않는다. 이는 진짜 영웅적인 시대에 그가 도전자에게 귀족의 신분을 제시하라고 요구하지 않으리라는 것과 마찬가지다. 도전받는 사람이 어느 정도 자신감이 있다면, 도전은 언제나 그 자체만으로도 도전자의 귀족신분을 입증하기에 충분하기 때문이다. 사고의 영역에서는 합리적인 명증성이 도전을 대신한다. 귀족은 도전을 받아들이고 만사를 보편성에 의거해 판단한다. 그는 가장 일반적인 진실을 향해 똑바로 나아가며, 그 진실을 모든 사람에게 적용한다. 그는 예외를 인정하지 않는데, 특히 그가 이득을 얻을 수 있는 예외라면 더욱 그러하다. 몽테스키외와 18세기의 계몽된 대귀족들 중 가장 깨인 자들에게서 귀족정신과 자유주의 정신은 같은 것이었다.

18세기의 합리주의는 그것이 지닌 환상 자체에서도 귀족적이다. 합리주의는 '인간의 본성'을 신뢰하며 인간관계에서 불합리를 고려하지 않는다. 건전한 반성의 술책을 뒤집어엎는 형이상학적 모방을 알지도 못한다. 만약 몽테스키외가 19세기의 '침울한 허영심'을 예견했더라면 그다지 호감을 주지 못했을 것이다.

게다가 오래 지나지 않아 합리주의가 특권의 소멸을 의미한다는 사실이 명백해진다. 진실로 귀족적인 반성은, 진실로 귀족적인 전사가 전장에서 죽음을 감수하듯 특권의 소멸을 체념하고 받아들인다. 귀족계급은 특권계급으로서 자신을 파괴하지 않고는 스스로를 돌아볼 수도 귀족으로 남을 수도 없다. 그런데 혁명으로 귀족계급은 스스로를 돌아보지 않을 수 없게 되었으므로, 이들에게 남은 유일한 선택은 소멸이다. 귀족계급은 자신에게 합당한 단 하나의 정치적 제스처, 즉 8월 4일 밤[15]에 특권적인 삶에 스스로 종지부를 찍는 제스처를 실행함으로써 귀족답게 몰락할 수 있다. 또한 발르노 일파와 이권다툼을 하다보니 마침내 그들과 비슷하게 닮아버린 채로 귀족원의 의석에서 비천하게 부르주아식으로 몰락할 수도 있다. 그것이 바로 과격왕당파의 해결방식이다.

처음에는 귀족이, 그러고 나서 귀족계급이 있었으며, 마지막에는 귀족 정당만이 남는다. 정신적인 귀족과 사회적인 귀족이 일치하던 시기가 지나자 서로가 서로를 배제하려는 경향을 보인다. 그 뒤로 특

---

15) 프랑스에서 1천 년 이상 유지되어온 귀족과 성직자의 봉건적 특권 폐지가 1789년 8월 4일 밤에 선언되었다. 이에 앞장선 의원들은 부르주아지가 아닌 귀족 출신이어서 더욱 극적인 효과가 있었다.

권과 고귀한 정신 사이의 불일치는 극심해져서, 그것을 숨기려는 노력에도 불구하고 뻔히 드러나 보인다. 한 예로, 낭시 지방 귀족의 잡무를 담당한 지식인 뒤 페리에(Du Périer) 박사가 귀족의 특권을 변호하는 말을 들어보자.

> 한 사람이 공작으로, 백만장자로, 프랑스 귀족원 의원으로 태어난다. 자신의 지위가 덕목과 일반적인 행복 그리고 그밖의 다른 좋은 것들에 적합한지 아닌지 검토하는 일은 그의 소관이 아니다. 그의 지위는 훌륭하다. 따라서 그것을 유지하고 더 좋은 것으로 만들기 위해 무슨 일이든 해야 한다. 그렇지 않으면 겁쟁이나 바보로 무시당하게 된다.

뒤 페리에는 우리에게 먼저 19세기의 귀족이 아직 타인의 시선에 구애받지 않고 딴 생각 없이 특권을 누릴 수 있는 매우 행복한 시대에 살고 있다는 확신을 주고자 한다. 그렇지만 이런 거짓말은 너무나 노골적이어서, 뒤 페리에는 이를 노골적으로 표현하지 않는다. 그는 단언하지 않고 변죽만 울리는 소극적인 완곡한 표현을 사용한다. '검토하는 일은 그의 소관이 아니다' 등등이 그 예이다. 조심스러운 표현에도 불구하고 타인의 시선이 너무나 집요해서 뒤 페리에는 다음 문장에서 이를 고려하지 않을 수 없다. 그런데 그는 귀족의 명예가 이 시선에 파렴치하게 비친다고 생각한다. 만일 특권 수혜자가 자신의 특권에 집착하지 않는다면 '겁쟁이나 바보로 무시당하게 된다.' 뒤 페리에의 두 번째 거짓말이다. 귀족들은 순진하지도 파렴치하지도 않다. 그들 모두가 그저 허영심 많은 사람들일 뿐이며, 평범한 벼락출세자로서 그러한 특권을 욕망한다. 바로 그 점이 무슨 수를 써서라도 감추어야 할 추한 진실이다. 그들은 귀족신분을 높이 평가하기 때문에 천박하다.

혁명 이후로 특권을 누린다는 사실을 알지 못하면서 특권의 수혜자가 될 수는 없게 되었다. 스탕달의 마음에 드는 영웅(héros)[16)]을 프랑스에서는 찾을 수 없다. 스탕달은 그러한 영웅이 아직도 이탈리아에는 있다고 믿고 싶어 한다. 혁명이 그저 스쳐지나갔을 뿐인 이 행복한 나라에서는 세상을 즐기고 자신을 즐기는 일이 반성을 하고 타인의 눈치를 보느라 완전히 망쳐진 것이 아니다. 진실로 영웅적인 정신의 소유자는 자신에게 자유로운 활동을 허용하는 특권이 주어진 환경과 여전히 조화를 이루고 있다. 파브리스 델 동고는 그가 특권을 얻어낸 부당함 가운데에서도 자발적이고 고결할 수 있다.

먼저 우리는 파브리스가 혁명정신을 구현하는 황제를 도우러 달려가는 것을 본다. 얼마 뒤, 우리는 거만하고 독실하고 귀족적인 이 영웅을 그가 유년기를 보냈던 이탈리아에서 다시 만난다. 파브리스는 영광스러운 제국군대의 일개 병사에게 결투를 신청하면서 자기가 '귀족의 특권을 상실'할지도 모르는 행위를 한다고 생각하지 않는다. 하지만 그를 위해 헌신하는 하인에게는 몰인정하게 말한다. 얼마 후에는 또다시, 그의 신앙심에도 불구하고, 그를 파름의 대주교로 만들어줄 성직매매 음모(聖職賣買陰謀)에 주저없이 가담한다. 파브리스는 위선자가 아니며 지성이 결여된 자도 아니다. 그에게 부족한 것은 어떤 반성에 대한 역사적 기초일 뿐이다. 프랑스의 특권층 젊은이가 하지 않을 수 없는 비교가 그의 머릿속을 스치지도 않는다.

프랑스인들이 파브리스가 지닌 순진성을 회복할 수 없는 이유는 열정의 단계로 거슬러 올라갈 수 없기 때문이다. 역사적인 그리고 심리

---

16) 프랑스어 héros는 영웅 또는 주인공이라는 뜻이다. 예전의 서사시에서 주인공은 곧 영웅이었지만, 근대 이후로 나타난 소설에서는 주인공이 반드시 영웅은 아니다. 여기에서는 영웅인 주인공을 의미하는 것으로 보인다.

적인 변화는 돌이킬 수 없다. 스탕달이 왕정복고를 불쾌하게 여기더라도, 그것이 단순히 '구체제로의 복귀'이기 때문은 아니다. 그러한 복귀란 있을 수 없는 일이다. 더욱이 루이 18세의 헌장[17)]은 '1792년[18)] 이후' 민주주의를 향한 최초의 진전을 뜻한다. 그러므로 『적과 흑』에 통용되던 해석은 용납될 수 없다. 문학개론서에서 묘사하는 것처럼 권리를 주장하는 소설이며 급진적 공화주의자의 소설이란 존재하지 않는다. 만일 스탕달이 전제봉건주의 복귀의 열정으로 인해 자신들의 돈벌이 활동무대를 일시적으로 저지당한 부르주아 모두를 위해 집필했다면, 그의 작품은 매우 치졸한 것이 되었을 것이다. 전통적인 해석들은 이 소설의 가장 기본적인 소재들, 특히 쥘리앵의 전격적인 출세를 고려하지 않고 있다. 그의 출세는 종교결사[19)]에 의해 좌절되었다고 반론을 제기할 수도 있을 것이다. 물론 그렇지만, 바로 이 종교결사가 얼마 후에는 라 몰 후작의 총애를 받고 있는 그를 구하기 위해 애쓴다. 쥘리앵은 과격왕당파의 희생자라기보다 1830년 7월[20)]에 승리를 거두게 되는 부유하고 질투심에 가득 찬 부르주아에 의한 희생자이다. 게다가 스탕달의 걸작에서 당파적인 교

---

17) 루이 18세의 헌장은 루이 18세가 왕으로 복귀한 1815년 국민에게 한 약속이다. 비록 군주제를 시행하지만 프랑스 국민들이 혁명으로 얻은 자유와 평등의 본질적인 부분을 침해하지 않을 것이라고 선언함으로써 왕정기의 헌법인데도 어느 정도 자유주의적인 요소를 포함하고 있다.

18) 1792년은 프랑스혁명이 본궤도에 올라 왕정이 폐지되고 공화국이 선포되는 등 민주주의로의 본격적인 걸음을 내디딘 해이다. 1792년 이후에는 공포정치(1792~94), 그에 대한 반동(1794~99), 다음에는 나폴레옹의 쿠데타와 황제체제가 있었다.

19) 왕정복고시대의 지도자 계급을 모아 결성한 교권옹호적인 비밀결사단체.

20) 1830년 7월에는 부르주아지가 주동이 되어 복고왕정(1815~30)을 타도한 자유주의적 혁명이 일어났으며, 그 결과 왕과 함께 상층 부르주아지가 지배하는 7월왕정(1830~48)을 수립했다.

훈을 찾으려 해서는 안 된다. 끊임없이 정치에 관해 말하고 있는 이 소설가를 이해하려면, 먼저 정치적인 사고방식에서 벗어나지 않으면 안 된다.

쥘리앵은 눈부신 출세를 하는데 그것은 라 몰 씨 덕분이다. 『적과 흑』에 관한 스탕달의 글에서 그는 라 몰 씨를 다음과 같이 묘사하고 있다. "대귀족으로서 그의 성격은 1794년 혁명[21]에 의해 형성된 것이 아니었다." 달리 말하자면 라 몰 씨는 진정한 귀족성의 흔적을 지니고 있다. 그는 부르주아에 대한 증오로 부르주아처럼 되지는 않았다. 그의 자유로운 정신은 그를 민주주의자로 만든 것이 아니라, 용어가 지닌 최악의 의미에서 보수주의자가 되는 것을 막아주었다. 라 몰 씨는 오로지 파문과 부정(否定)과 거부로만 일관하지 않는다. 과격왕정복고주의와 귀족의 반동으로 그에게 있는 다른 감정들이 억압당하지도 않는다. 그의 아내와 친구들은 사람을 단지 출신과 재산과 정치적 정통성에 따라 판단하고, 발르노 같은 사람도 그들의 입장이 된다면 그렇게 할 것이다. 하지만 정작 라 몰 씨는 재능 있는 평민의 출세를 도와주는 아량을 지닌 사람이다. 그는 쥘리앵 소렐의 경우에서 이를 입증한다. 스탕달은 이 인물을 단 한 번 '통속적'이라고 생각하는데, 자기 딸이 쥘리앵과 결혼하면 후작부인이 될 수 없다는 생각으로 격분할 때이다.

쥘리앵은 새로운 체제 아래 잔존하는 더욱 정통적인 '구체제'적 요소 덕분에 성공한다. 이는 과거로 복귀하는 데 반대운동을 벌이는 스탕달의 기묘한 방식이다. 비록 이 소설가가 라 몰 후작과 같은 이를

---

21) 1794년 7월에는 로베스피에르의 공포정치에 대한 반동적 쿠데타가 일어나(테르미도르의 반동) 혁명의 진보적인 기운이 꺾이고 보수체제로 회귀하는 상황이 전개된다. 혁명이라는 단어는 지라르가 붙인 것으로, 굳이 말한다면 1794년 테르미도르파가 일으킨 보수반동적 혁명이라고 할 수 있겠다.

만날 기회가 없었던 수많은 젊은이의 좌절을 보여주었다 할지라도, 그의 소설은 아직 '구체제'에 반대하는 어떤 것도 입증하지 못했던 것이다. 평민들의 야심을 증대시킨 것은 사실상 혁명이며 장애물을 증가시킨 것도 혁명인데, 그 이유는 대부분의 유력인사들이 가지게 된 '귀족적 특성', 즉 요지부동의 과격왕정복고주의가 혁명의 덕분이기 때문이다.

그렇다면 이러한 젊은이들의 길을 가로막는 장애물을 민주적이라고 해야 할 것인가? 이는 매우 부질없이 민감한 사안, 심지어는 지지할 수 없는 역설이 아닐까? 부르주아지가 '나라에서 가장 원기왕성하고 활동적인 계급'이므로 지도적인 입장을 차지하는 것이 옳지 않을까? '민주주의'가 좀더 실현되면 야망을 품은 자들의 길이 평탄해지리라는 것은 사실이지 않을까?

그것은 사실이다. 게다가 과격왕당파의 어리석음으로 그들의 몰락은 불가피하다. 그러나 스탕달은 더 멀리 내다본다. 귀족정당의 정치적 도태는 욕망을 충족하지도 화합을 이루지도 못한다. 입헌군주제 아래에서 맹위를 떨치던 정치적 분쟁은 역사적 대드라마의 후유증으로, 즉 스러져가는 폭풍의 마지막 뇌성벽력쯤으로 여겨진다. 혁명주의자들은 자리를 말끔히 정리하고 새로운 토대에서 다시 출발해야 한다고 생각한다. 스탕달은 그들에게 그들이 이미 재출발했노라고 말한다. 외관상 과거의 역사가 인간관계의 새로운 구조를 은폐하고 있다. 당쟁의 근원은 과거의 불평등성에 있는 것이 아니라 비록 불완전하나마 현재의 평등성에 있다.

내부 투쟁에 대한 역사적 측면에서의 정당화는 하나의 핑계에 지나지 않는다. 그 핑계를 제거하면 진짜 이유가 나타날 것이다. 과격왕정복고주의는 자유주의와 함께 사라지겠지만, 내면적 간접화는 사라지지 않을 것이다. 또한 내면적 간접화는 경쟁하는 두 진영으로 분리를 유지하는 구실을 찾기에 전혀 궁색하지 않을 것이다. 종교사회에 뒤이어 시민사회가 분리주의적으로 변했다. 과격왕당파나 그 후계자들이 정치무대에서 사라지리라는 핑계로 민주주의의 미래를 낙관적으로 예상하는 것은 또다시 대상을 중개자 앞으로, 욕망을 시기심 앞으로 지나가게 만드는 일이다. 이는 현재의 경쟁자와 자신의 질투심을 구분하지 못하는 만성 질투병 환자처럼 행동하는 일이다.

프랑스 역사에서 지난 세기는 스탕달이 옳았음을 입증한다. 당파간의 투쟁은 당대의 불안정 가운데 유일하게 안정된 요소이다. 경쟁을 유발하는 원리가 아니라 형이상학적 경쟁이, 마치 자연에서 껍질을 부여받지 못한 연체동물이 종(種)을 불문하고 무조건 가장 먼저 나타난 것 속에 들어가 자리 잡고 사는 방식으로, 대립원리 속으로 슬그머니 들어간다.

레날-발르노 조(組)가 이러한 진실을 증명해준다. 레날 씨는 1827년 선거[22] 이전에 과격왕정복고주의를 버린다. 그리고 자유진영의 후보자로 출마한다. 장 프레보는 이 갑작스러운 전향에서 스탕달의 소설에 나오는 부차적인 인물들까지도 독자를 '놀라게' 하는 능력이 있음을 발견했다고 믿는다. 평소에는 통찰력이 있던 장 프레보가 이 점에서는 소설의 자유라는 해로운 신화에 굴복한 셈이다.

쥘리앵은 그의 옛 후원자의 정치적 변절을 알았을 때 웃음을 머금는다. 그는 아무것도 변하지 않았다는 사실을 너무나 잘 알고 있다. 다시 한번 발르노와 대립되는 입장을 취하는 것이 중요한 것이다. 발르노는 종교결사의 총애를 받고 있다. 그러므로 그는 과격왕당파의 후보가 될 것이다. 레날 씨로서는 몇 년 전까지만 해도 몹시 두려웠

---

22) 왕정복고기에 치러진 선거 가운데 하나로 보인다. 복고왕정 말기인 이 무렵에는 귀족 중심의 군주주의자들과 부르주아지 중심의 자유주의자들의 대립이 한층 가열되었다.

던 자유주의자들 쪽으로 불가피하게 전향할 수밖에 없다. 소설의 마지막 부분에서 우리는 베리에르의 읍장을 다시 만나게 된다. 그는 거창하게 '탈당한 자유주의자'라고 자신을 소개하지만, 두 번째 문장부터는 발르노에 관한 말이 입에서 떠나지 않는다. 타인에 대한 복종은 그것이 부정적인 형태를 띠고 있어도 마찬가지로 긴밀하다. 꼭두각시는 그 끈이 교차되어 있어도 여전히 꼭두각시인 것이다. 대립의 위력에 관한 한, 스탕달은 헤겔이나 실존주의 철학자들의 낙관주의와는 견해가 다르다.

베리에르의 두 사업가가 구성하는 도형은 그 둘 모두가 동일한 정치정당에 속했던 동안은 완벽하지 못했다. 레날 씨의 자유주의로의 전향은 이중 간접화에 따른 것이었다. 아직까지 충족되지 못한 대칭을 향한 요구가 있었던 것이다. 『적과 흑』의 줄거리가 진행되는 동안 줄곧 무대 한쪽 구석에서 공연되던 레날-발르노 조의 발레춤을 멋지게 끝맺음하려면 이와 같은 마지막 앙트르샤[23]가 필요하다.

쥘리앵은 마치 선율의 주제가 관현악의 새로운 변주로 은밀히 재현되는 음악을 듣고 있는 음악 애호가처럼 레날 씨의 '전향'을 음미한다. 대부분의 사람들은 이러한 변장에 속는다. 스탕달은 자기 독자들이 속지 않도록 쥘리앵의 입가에 미소를 띠게 만든다. 스탕달은 우리가 속지 않기를 바란다. 그래서 우리가 관심을 대상에서 중개자에게 돌려 고정하기를 바란다. 그는 우리에게 욕망의 발생과정을 폭로하고, 진정한 자유와 이 자유를 웃음거리로 만드는 소극적인 노예상태를 구분하도록 가르치고자 한다. 레날 씨의 자유주의를 진지하게 받아들이는 것은 『적과 흑』의 본질 자체를 파괴하는 것이며, 천재적인 작품을 빅토르 쿠쟁(Victor Cousin)[24]이나 생-마르크 지라르댕

23) 공중에 떠서 두 발을 서로 엇갈리게 하는 동작을 가리키는 무용 용어.

(Saint-Marc Girardin)[25] 같은 사람의 수준으로 격하하는 것이다.

레날 씨의 전향은 19세기 동안 줄곧 구경거리를 즐기는 관객들의 마음을 사로잡았던 정치 희비극의 제1막에 해당한다. 배우들은 서로 협박을 주고받다가 이내 그 역할을 주고받는다. 그들은 무대에서 내려와 새로운 의상으로 갈아입고 다시 올라간다. 언제나 이와 비슷하면서도 언제나 다른 이러한 구경거리 뒤에는 언제나 더욱 공허하고 더욱 가혹한 동일한 대립이 존속한다. 그리고 내면적 간접화의 지하작업이 계속된다.

* * *

우리 시대의 정치사상가들은 스탕달의 소설에서 언제나 그들 자신의 반성의 메아리를 찾으려고 한다. 그들 자신의 열정에 따라 혁명가적인 스탕달이거나 반동적인 스탕달을 재창조하기도 한다. 하지만 그들의 사상은 스탕달을 이해하기에는 항상 부족하다. 아라공(Aragon)[26]의 스탕달도 모리스 바레스(Maurice Barrès)[27]의 스탕달이나 샤를 모라스(Charles Maurras)[28]의 스탕달과 마찬가지로 만족

---

24) 프랑스의 철학자(1792~1867). 유심론적 절충주의의 창시자로 여겨진다. 프랑스에 헤겔의 철학을 처음으로 소개했다.

25) 생-마르크 지라르댕(1801~73)은 프랑스의 평론가·저널리스트·정치가(자유주의자)였으며, 7월왕정과 제2제정 때에는 소르본에서 프랑스 문학을 강의했다.

26) 프랑스의 시인·소설가(1897~1982). 브르통과 함께 1924년에 시작된 초현실주의 운동의 핵심 멤버로 활동했으나, 1927년 프랑스 공산당에 가입한 뒤로는 사실주의 소설을 썼으며, 제2차 세계대전 중에는 레지스탕스 운동에 앞장섰다. 『엘자의 눈동자』(1942) 등의 뛰어난 시집을 남겼다.

27) 프랑스의 소설가(1862~1952).

28) 프랑스의 정치가·시인·평론가(1868~1952). 드레퓌스 사건을 계기로 보수적

스럽지 못하다. 스탕달이 쓴 글 한 줄만으로도 빈약하게 구축된 이념을 무의미하게 만들어버리기에 충분하다. "『뤼시앵 뢰벤』의 서문에는, '과격 정당들에 관해서 말하자면, 그것은 늘 우리가 최근에 본 가장 우스꽝스러워 보이는 것들이다'라고 써 있다."

젊은 시절의 스탕달은 확실히 공화주의자들에게 편향되어 있었다. 성숙기의 스탕달은, 루이 필리프의 비난에도 아랑곳하지 않고 부자가 되는 것도 거부하면서 암암리에 새로운 혁명을 준비하는 청렴한 카토(Cato)[29] 같은 이들에게 호감을 가졌다. 그러나 호감이라는 매우 함축적인 감정과 정치적 가입을 혼동해서는 안 된다. 이 문제는 『뤼시앵 뢰벤』에서 심도 있게 논의되었으며 후기의 스탕달, 즉 가장 중요시되는 스탕달의 입장이 이 작품에 명확히 드러나 있다.

정치판에 남아 있는 귀족계급을 찾으려면 근엄한 공화주의자들 사이에서 찾아야 한다. 유일하게 이러한 공화주의자들만이 모든 형태의 허영심을 파괴하려는 희망을 보존하고 있다. 따라서 그들은 인간 본성의 우수성에 대한 18세기의 환상을 여전히 간직하고 있다. 그들은 혁명에서도 '침울한 허영심'에서도 아무것도 이해한 바가 없다. 그들은 이념적 반성의 가장 아름다운 열매들이 언제나 불합리라는 벌레에 훼손된다는 사실을 알지 못한다. 고지식한 이런 사람들에게는 철학자들처럼 혁명 이전을 살아가는 데 대한 핑계도 없다. 따라서 그들은 몽테스키외보다 훨씬 현명하지 못할 뿐 아니라 훨씬 더 재

정치단체 '악시옹 프랑세즈'를 결성하고 같은 이름의 정치평론지를 창간했다. 왕정독재를 이상으로 하는 순국수주의, 반(反)유대·반민주주의를 주창했으며, 제2차 세계대전 중에는 '악시옹 프랑세즈'를 비시 정부의 대변기관으로 하는 친나치 협력 혐의로 종전 후 종신금고형을 선고받았다.

29) 고대 로마공화정 중기의 장군·대정치가(B.C. 234~B.C. 149). 인구·재산 조사 및 풍기단속을 담당한 감찰관으로서 사치를 배격하고 헬레니즘화 풍조에 반대하여 고대 로마의 전통적인 가치와 풍습을 지키고자 했다.

미없는 사람들이다. 만일 행동이 자유롭다면 그들은 공화당원과 신교도의 청교도주의가 뉴욕주에서 성공을 거둔 체제와 완전히 유사한 체제를 만들어낼 것이다. 개인의 권리는 존중받고 번영은 보장되겠지만, 귀족의 삶에서 마지막 세련미마저 사라져버릴 것이며 허영심은 입헌군주제 아래에서보다도 훨씬 저속한 형태를 취하게 될 것이다. 스탕달은 자신의 '구둣방 주인에게' 아첨하기보다는 탈레랑(Talleyrand)[30] 같은 사람이나 심지어 루이 필리프의 재상의 비위를 맞추는 편이 그래도 덜 괴롭다고 결론을 내린다.

스탕달은 정치에 관한 한 무신론자인데, 이는 그의 당대에서나 우리 시대에서나 믿기 어려운 일이다. 표현상의 경솔함에도 불구하고 그의 무신론은 경박한 회의주의가 아니라 깊은 신념이다. 스탕달은 문제를 회피하는 것이 아니다. 그의 관점은 전(全)생애에 걸친 명상의 결과로 얻어진 것이다. 그러나 이러한 관점은 파당적 정신의 소유자나, 모르는 사이에 파당정신에 물든 많은 다른 사람으로서는 이해하기 어려운 견해이다. 사람들은 이 소설가의 견해에 모호한 경의를 표하면서 암암리에 이 견해의 일관성을 부인한다. 이 견해는 '직관적'이며 '황당한' 것으로 판단되고, 온통 '변덕'과 '모순'으로 가득 차 있다고 여겨진다. 이 불행한 작가를 분열시켰을 '귀족적이고 서민적인 이중의 유산'을 사람들이 원용하지 않는다면 그는 행복할 수 있으리라! 모순된 정신의 지배를 받고 있는 스탕달 같은 사람의 이미지를 메리메(Mérimée)[31]에게 일임하도록 하자. 그러면 우리는 아마

---

30) 프랑스의 정치가·외교관(1754~1838). 나폴레옹 1세의 시종장을 지냈으며 나폴레옹의 백일천하 후 2개월 반 동안 총리로 있었으나, 1830년 7월혁명에서는 루이 필리프의 즉위에 공헌했다.

31) 프랑스의 역사가·소설가·극작가(1803~70). 낭만주의 시대의 작가였으나 사실주의 기법에 입각한 냉엄한 문체를 사용한 것으로 알려져 있다.

도 스탕달이 자가당착을 비난하는 것이 사실은 우리와 우리 시대를 비난하고 있다는 사실을 이해하게 될 것이다.

이 소설가의 견해를 좀더 잘 파악하려면, 언제나 그랬듯이 후기 작품과 비교할 필요가 있다. 후기 작품은 그의 견해가 지닌 관점을 충분히 정당화해줄 수 있을 뿐 아니라, 형이상학적 욕망의 더욱 발전된 단계를 보여준다는 한 가지 사실만으로도 견해의 대담성을 보편화한다고까지 여겨지기 때문이다. 스탕달의 경우에는 플로베르에게 계시자 역할을 부탁해야 한다. 엠마 보바리의 욕망이 아직 외면적 간접화에 속한 것이라면, 플로베르의 일반적인 세계는 그리고 특히 『감정교육』(*L'Education sentimentale*)의 도시 세계는 스탕달의 것보다 이미 더욱 극단적인 내면적 간접화에 속한다. 플로베르의 간접화는 스탕달의 간접화 특성들을 과장하고 있어서 항상 원본보다 알아보기가 훨씬 수월한 풍자화를 그려내고 있다.

『감정교육』의 배경이 되는 사회도 『적과 흑』의 배경과 동일하다. 다시 한번 지방과 파리가 대립된다. 그러나 무게중심은 나라의 활력이 점점 더 집중되는 욕망의 도시인 파리 쪽으로 옮겨진 것이 확실하다. 인간관계는 동일한 상태로 남아 있어서 내면적 간접화의 발전을 측정할 수 있게 해준다. 라 몰 씨는 당브뢰즈(Dambreuse) 씨로 대체되었는데, '자유주의자'인 그의 탐욕스러운 대은행가로서의 특성은 1794년과 1830년의 사건의 결과로 형성된 것이다. 마틸드의 자리는 금전에 좌우되는 당브뢰즈 부인이 이어받는다. 쥘리앵 소렐 역은 쥘리앵과 마찬가지로 수도를 '정복하러' 몰려드는 수많은 젊은이의 무리가 맡게 된다. 그들은 쥘리앵보다 재능은 없지만 욕심은 더 많다. 출세의 길은 얼마든지 있으나 사람들은 하나같이 가장 '눈에 띄는' 지위를 욕망한다. 그리고 선두대열은 결코 길어질 수가 없는데, 왜냐하면 선두대열이란 이들의 관심 덕분에 형성되는 것이며 관심은 불가피하게 제한된 것이기 때문이다. 소집되는 사람들의 수는 계속해서 늘어나지만 선택되는 사람들의 수는 병행해서 늘어나지 않는다. 플로베르의 야심찬 인물은 욕망의 대상에까지 절대 다다르지 못한다. 그는 진정한 비참함도, 소유나 환멸로 인한 진정한 절망감도 경험하지 못한다. 그의 지평선은 전혀 확장되지 않는다. 그는 어쩔 수 없이 쓰라림과 원한, 쩨쩨한 경쟁관계에 빠져들게 된다. 플로베르의 소설은 부르주아의 미래에 대한 스탕달의 우울한 예견이 옳았음을 입증한다.

과격왕당파가 없는데도 야심찬 젊은이들은 성공한 유력인사들과 더욱 격렬하게 대립한다. 대립의 지적인 내용은 스탕달의 작품에서보다 한결 더 하찮고도 불안정한 그런 것이다. 만일 『감정교육』에 묘사된 부르주아의 이러한 권세의 길(cursus honorum)에서 승리자가 있다면, 그는 작중인물 가운데 가장 보잘것없는 자이면서 가장 모사꾼인 마르티농(Martinon)일 것이다. 그는 『적과 흑』에 나오는 소인배 탕보(Tambeau)에 대응하는 인물이다. 군주제를 대체한 민주주의 진영은 언제나 더 거대하고 더 익명이며 더 부당하다. 진정한 자유를 누리기에 부적합한 플로베르의 인물들은 항상 그들의 이웃이 매료되는 것에 매료된다. 그들은 언제나 타인들의 욕망만을 욕망한다. 욕망보다 경쟁심이 우선하기 때문에 허영심으로 인한 고통의 양은 필연적으로 증가한다.

플로베르 역시 정치에서는 무신론자이다. 시대와 기질상의 차이를 고려한다면, 그의 태도는 스탕달의 태도와 놀랄 만큼 유사하다. 그들의 정신적인 유사성은 토크빌의 글을 읽어보면 더 잘 이해될 것이다. 이 사회학자 역시 파당적 독성에 면역이 된 자이며, 그가 쓴 가장 훌륭한 글에서 그는 이 두 소설가의 위대한 작품 속에 흔히 암시적으로만 남아 있는 역사적·정치적 진실을 체계적으로 표현하는 데 거의 성공하고 있다.

증가되는 평등성—우리식으로 말한다면 중개자의 접근—은 조화가 아니라 언제나 더욱 첨예한 경쟁을 야기한다. 상당한 물질적 이익의 근원이 되는 이 경쟁은 더욱 막대한 정신적 고통의 근원이기도 한데, 물질적인 그 어떤 것도 정신을 만족시킬 수는 없기 때문이다. 빈부의 차를 완화하는 평등은 그 자체로 좋은 것이기는 하지만, 가장 열성적으로 평등을 요구하는 자들마저도 만족시키지 못하고 다만 그들의 욕망을 심화할 뿐이다. 평등을 향한 열정의 이러한 악순환을 강조함으로써 토크빌은 삼각형의 욕망의 본질적인 한 양상을 드러내고 있다. 존재론적 질환은 알다시피 그 병에 걸린 환자를 언제나 병이 심화되기에 가장 적절한 '해결책' 쪽으로 이끌어간다. 평등을 향한 열정은 그와 역대칭인 불평등을 향한 열정이 아니라면 그 무엇도 극복할 수 없는 광기이다. 불평등은 평등보다 더욱 추상적이며, 자유를 용감하게 감당할 능력이 없는 모든 사람이 겪게 되는 자유로 인한 불행에 더욱 직접적으로 종속되기 때문이다. 경쟁관계에 있는 이념들은 이러한 불행과 무능력을 반영할 따름이다. 따라서 내면적 간접화에 속한다. 이러한 이념들의 매료하는 힘은 상대방이 서로에게 제공하는 은밀한 조력 덕분이다. 존재론적 분열—그 이원성이 기하학적인 비인간성을 반영한다—의 결과가 이번에는 게걸스러운 경쟁관계에 자양분을 제공한다.

스탕달·플로베르·토크빌은 오늘날 우리가 전체주의적이라고 부르게 될 발전을 '공화주의적'이거나 '민주주의적'이라 부르고 있다. 중개자와의 거리가 가까워지고 사람들 간의 구체적인 차이가 줄어들수록 대립관계는 개인의 삶과 집단의 삶에서 언제나 더 큰 몫을 차지하게 된다. 존재의 모든 힘이 점차 서로 더욱 정확하게 대칭을 이루는 쌍둥이 구조로 조직된다. 따라서 인간의 모든 힘은, 투쟁에는 구체적인 차이도 실제적인 가치도 개입되지 않기 때문에, 무용한 만큼이나 집요한 투쟁 속에서 팽팽하게 서로 맞선 상태에 있다. 전체주의라고 불러야 하는 것은 바로 이것이다. 이 무서운 현상의 정치적·사회적인 양상은 개인적이고 사적인 양상과 구분되지 않는다. 사람들이 욕망과 욕망을 전전하다가 총체적이고 영구적으로 존재를 동원하여 허무에 봉사하게 될 때 전체주의가 생긴다.

발자크 같은 사람은 주변에서 목도하는 대립을 매우 진지하게 받아들이는 반면, 스탕달과 플로베르 같은 사람은 우리에게 늘 대립의 공허함을 지적한다. 이 두 작가의 작품에서 이중 간접화는 '머리로 하는 사랑', 정치적 투쟁, 사업가들이나 시골 명사들 간의 쩨쩨한 경쟁으로 구체화된다. 이러한 개별적인 영역에서 시작하여 어느 경우에나 매번 드러나는 것은 낭만적이고 현대적인 사회에서 볼 수 있는 엄밀히 분리주의적인 경향이다. 그러나 스탕달과 플로베르는 이러한 경향이 인간성을 어디까지 끌고 갈 것인지 예견하지 못했으며, 아마도 예견할 수 없었을 것이다.

기술의 발달이 사람들 사이의 차이를 하나씩 사라지게 하는 세계에서 이중 간접화는 더욱 거대해지기만 하는 집단적 삶의 영역을 침범하고 개개인의 더욱 내밀한 마음속 깊이로 침투해 들어가서는, 마침내 한 나라의 경계를 넘어서 나라들과 인종들과 대륙들을 자신의 영역으로 삼기에 이른다. 스탕달과 플로베르가 삼각형의 욕망의 확장 가능성을 과소평가했던 이유는 아마도 그들이 너무 이른 시대를 살았기 때문인지 모르며, 또는 아마도 그들이 삼각형의 욕망이 지니는 형이상학적 본성을 명확하게 이해하지 못했기 때문일 수도 있다. 어쨌든 그들은 20세기에 일어날 천재지변과도 같으면서 무의미한 투쟁들을 예감하지 못했다. 그들은 도래하는 시대가 기괴하리라는 것은 감지했으나 그 비극을 의심하지는 못했다.

6 스탕달과 세르반테스 그리고 플로베르의 소설 기법의 문제

이중 간접화는 생각과 믿음과 가치를 야금야금 먹어치우고 소화하면서도 그 껍데기만은 남겨놓는다. 이중 간접화는 삶의 외관을 그대로 유지하게 한다. 이렇게 은밀히 진행되는 가치의 해체는 가치를 반영한다고 여겨지는 언어의 해체를 초래한다. 스탕달·플로베르·프루스트와 도스토옙스키의 소설들은 동일한 길에서 동일한 정도로 그러한 단계를 거치고 있다. 그들은 우리에게 혼란이 끊임없이 확대되고 심화되는 연속적인 상태를 묘사하고 있다. 이 소설가들이 사용하는 언어는 이미 형이상학적 욕망으로 변질되었을 뿐 아니라 본래의 진실을 밝히기에 부적합한 것이기 때문에, 이러한 혼란의 폭로는 복잡한 문제들을 야기한다.

언어의 변질이 스탕달의 작품에서는 아직 초기단계에 있다. 초기단계에서는 의미가 무조건 전도(顚倒)된다는 특성이 있다. 예를 들어 우리는 귀족이라는 단어의 두 가지 의미, 즉 정신적 의미와 사회적 의미가 먼 옛날에는 일치했다가 상반되는 의미로 변하는 것을 목도했다. 허영심 많은 자는 이 모순을 결코 인정하지 않는다. 그는 마치 대상들과 그 대상들을 지시하는 이름들 사이의 일치가 언제나 완벽한 것처럼 말을 하고, 언어에 반영된 전통적인 계급제도가 여전히 실재하는 것처럼 말을 한다. 따라서 그는 진정한 귀족계급이 귀족들에게보다는 평민들에게 더욱 존재하며, 정신의 고양이 천박한 과격 왕정복고주의에서보다 계몽주의 철학에서 더욱 존재한다는 사실을 깨닫지 못한다. 이미 시효 만료된 계층과 구태의연한 언어에 충실하기 때문에 스탕달의 허영심 많은 인물은 사람들 간의 현실적인 차이를 인식하지 못하고 추상적인 차이만 되풀이할 뿐이다.

열정적인 사람은 허영심이 이 세계에 세워놓은 환상의 장벽을 보지 않으면서 통과한다. 그는 글자 그대로의 뜻에 개의치 않고 그 속에 담긴 정신으로 똑바로 나아간다. 그는 타인들에게 신경쓰지 않고 자신이 욕망하는 대상을 향해 걷는다. 그는 거짓으로 이루어진 세계에 존재하는 유일한 현실주의자이다. 그렇기 때문에 그는 언제나 약간 미치광이처럼 보인다. 그는 레날 부인을 택하고 마틸드를 포기하며, 감옥을 택하고 파리와 파름의 수도원과 베리에르를 포기한다. 만일 그가 라 몰 씨라면, 그는 자신의 성(姓)과 문장(紋章)을 상속받을 친아들 노르베르(Norbert)보다 쥘리앵을 선호할 것이다. 열정적인 사람은 진실을 향해 똑바로 나아가기 때문에 허영심 많은 자를 어리둥절해서 갈피를 못 잡게 만든다. 그는 스탕달의 허영심인 진실의 부정에 대한 본의 아닌 부정이다.

언제나 이 이중 부정에서 소설의 긍정이 솟아나온다. 어디에서나 귀족계급·이타주의·자발성·독창성이 되풀이 말해진다. 열정적인 사람이 등장하면 우리는 곧 그것이 노예상태, 복사, 타인들에 대한 모방을 의미한다는 것을 이해한다. 쥘리앵이 내심으로 웃는 모습을 보고서 우리는 레날 씨의 자유주의 전향이 얼마나 억지인지를 알게 된다. 그와 반대로 베리에르 부르주아들의 조잡한 빈정거림은 레날 부인의 고독한 우월성을 돋보이게 한다. 열정적인 사람은 거꾸로 된 세상에서 방향을 지시하는 화살표이다. 열정적인 사람이 예외(exception)라면, 허영심 많은 사람은 규범(norme)이다. 스탕달의 소설에서 형이상학적 욕망의 폭로는 규범과 예외 사이의 변함없는 대립을 근거로 이루어진다.

스탕달의 방식은 새로운 것이 아니다. 이러한 방식은 세르반테스와 스탕달에게 공통된 것이다. 『돈키호테』에서도 규범과 예외 사이의 대립이 나타난다. 하지만 그 역할은 다르다. 돈키호테가 예외이고 어리둥절한 구경꾼들이 규범이다. 기본적인 방식이 한 작가에서 다른 작가로 가면서 역전된다. 세르반테스의 소설에서는 예외가 형이상학적으로 욕망하고 다수는 자발적으로 욕망한다. 스탕달의 소설에서는 예외가 자발적으로 욕망하고 다수는 형이상학적으로 욕망한다. 세르반테스는 우리에게 똑바로 된 세상에 있는 거꾸로 된 주인공을 보여주고, 스탕달은 거꾸로 된 세상에 있는 똑바로 된 주인공을 보여준다.

그렇지만 이러한 방식에 절대적인 가치를 부여해서는 안 된다. 규범과 예외 사이의 대립이 『돈키호테』의 인물들 사이에 차이를 만드는 것은 아니다. 세르반테스의 소설에서는 항상 존재론적으로 건강한 상태를 배경으로 삼각형의 욕망이 나타나지만, 이 배경은 결코 선명하지 않으며 그 구성도 다양할 수 있다. 돈키호테는 대체로 양식(良識)의 배경 위로 떠오르는 예외이다. 그러나 이 주인공은 기사가 되는 광기의 발작과 발작 사이에 제정신이 돌아온 동안에는 그 자신이 구경꾼이 된다. 그때 그는 세르반테스가 꼭 필요로 하기는 하지만 그다지 중요하지는 않은 이성적인 보조역할을 한다. 유일하게 중요한 것은 형이상학적 욕망의 폭로이다.

돈키호테와 함께 있을 때는 산초가 혼자서 이 필수적인 보조역할을 담당하지만—바로 그런 이유로 낭만주의자들의 눈에 무시할 만한 인물로 비친다—, 전경(前景)으로 나서는 순간부터는 이 시종이 다시 한번 집단의 양식을 배경으로 뚜렷이 드러나는 예외가 된다. 그때 산초가 지닌 형이상학적 욕망은 폭로의 대상이다. 이 소설가는 주요 배역을 맡긴 배우들을 역할 사이사이에 단역으로도 출연시키는 궁핍한 극단 단장과도 흡사하다. 그런데 그가 우리에게 특히 보여주고자 하는 바는 형이상학적 욕망이 지극히 교묘하다는 사실이다. 즉 어느 누구도 그 영향권에서 벗어날 수 없지만, 어느 누구에게도 또한 결정적으로 강요되지 않는다.

스탕달의 경우에는 『적과 흑』을 선두로 소설에 나타난 대립 속에서 이러한 상대성을 찾아볼 수 있다. 비록 원칙상 근본적인 차이라 할지라도, 허영심과 열정의 차이는 사람들을 명확하게 구분된 범주로 분류하지 않는다. 세르반테스의 소설에서는 동일한 한 인물이, 자기보다 허영심이 덜한 사람과 대면하는지 더한 사람과 대면하는지에 따라 존재론적 건강상태와 질환상태를 연달아 구현할 수 있다. 그런 식으로 마틸드 드 라 몰은 어머니의 살롱에서는 열정을 구현하지만 쥘리앵을 대하면 자신의 역할을 바꾼다. 그녀는 다시 규범으로 바뀌고 쥘리앵이 예외가 된다. 쥘리앵 자신으로 말하자면, 그 역시 그 자체(en soi)로서는 예외가 아니다. 레날 부인과의 관계에서는—물론 마지막 장면들을 제외하고—쥘리앵이 규범을, 그녀가 예외를 구현한다.

허영심과 열정은 스탕달의 모든 인물이 단계별로 자리매김된 사다리에서 이상적인 양 극단에 위치한다. 허영심에 깊이 빠져들수록 중개자는 주체와 가까워진다. 선조인 보니파스(Boniface)처럼 되기를 꿈꾸는 마틸드 드 라 몰과 나폴레옹처럼 되기를 꿈꾸는 쥘리앵은 그들 주변 사람들과 중개자 사이의 거리보다 그들의 중개자들에게서 훨씬 더 멀리 떨어져 있다. 따라서 주변 사람들이 마틸드나 쥘리앵보다 더 노예이다. 두 인물 간의 가장 미세한 '정도'의 차이도 대조를 드러나게 한다. 스탕달의 소설에 나오는 대부분의 장면들은 그와 같은 대조에 기초해서 이루어진다. 효과를 강화하려는 목적으로 이 소설가는 매번 대립관계를 강조하고 두드러지게 하지만, 그렇다고 대립이 그만큼 절대적인 가치를 지니는 것은 아니다. 이러한 대립은 곧 스탕달의 간접화의 새로운 양상을 강조하게 될 새로운 대립으로 대체된다.

낭만적 비평은 대립만 떼내어 다루며 그것만 본다. 낭만적 비평은 주인공을 기탄없이 찬탄이나 증오의 대상이 되게 만드는 기계적인 대립관계를 요구한다. 그래서 돈키호테와 쥘리앵 소렐을 절대적 예외, '이상형'의 기사, 타인들의 순교자로 만드는데, 타인들은 우리가 알고 있는 사람들로서 모두가 일률적으로 용납하기 힘든 인물들로 그려진다.

낭만적 비평은 규범과 예외 사이의 소설의 변증법을 인정하지 않는다. 그렇게 함으로써 천재적인 소설의 본질 자체를 파괴한다. 또한 소설 속에서 천재작가가 아주 힘들게 극복한 자아와 타인들 간의 이원론적 분리를 다시 끌어들인다.

이러한 관점의 오류는 전혀 놀라운 일이 아니다. 이 비평이 걸작소설에서 반드시 찾아내려는 절대적 대립이야말로 전형적으로 낭만적이기 때문이다. 흑백논리는 내면적 간접화가 승리하는 곳이라면 언제나 나타난다. 낭만적인 예외는 선(善)을, 규범은 악(惡)을 구현한다. 그러므로 대립은 기능적인 것이 아니라 본질적인 것이 된다. 한 낭만적 작가에서 다른 작가로 바뀌면서 대립의 내용은 바뀌지만 그 기본적인 의미는 절대로 바뀌지 않는다. 채터턴(Chatterton)[1)]이 영국

1) 프랑스의 시인·소설가인 알프레드 비니(1797~1863)의 극작품 「채터턴」

인들보다, 생-마르(Cinq-mars)[2]가 리슐리외(Richelieu)[3]보다, 뫼르소(Meursault)[4]가 판사들보다, 로캉탱(Roquentin)[5]이 부빌(Bouville)의 부르주아보다 우월한 것은 엄밀하게 동일한 이유에서는 아니지만, 이 주인공들은 언제나 우월하며 그 우월성은 언제나 절대적이다. 그러한 사실만이 진정으로 중요하다. 이 우월성이 낭만적이고 개인주의적인 폭로의 본질 자체를 표현한다.

낭만적인 작품은 타인들에게 대항하는 무기이다. 언제나 타인들이 영국인들, 리슐리외, 판사들과 부빌의 부르주아의 역할을 담당한다. 작가는 너무나 절실하게 변명의 필요성을 느낀 나머지 항상 예외를 찾아나선다. 그는 다른 사람들 모두와 대립되는 이 예외, 즉 자기가 가는 길에서 우연히 만나게 되는 여자들 모두가 박해받고 있다고 상상하고는 있는 힘을 다해서 그녀들의 오빠, 연인, 남편, 수행원인 충실한 하인들에게 달려드는 돈키호테와 같은 예외적 인간에게 자신을 엄밀하게 동일화해야 한다. 비평가들의 행동도 다르지 않다. 19세기 이후의 낭만적 해석가들이 돈키호테 자신에게 적용하는 행동이 바로 이러한 종류의 '보호'인 것이다. 세상만사가 정확히 역전된다. 돈키호테를 더할 나위 없이 훌륭한 예외로 인정하고서 이 비평가들은

(1835)의 주인공. 이 작품은 자신의 소설 「스텔로」(1832)의 일부를 극화한 것이다. 주인공인 시인 채터턴이 사회에서 중상과 경멸을 당하자 원고를 불 속에 던진 뒤 아편을 삼키고 자살한다는 줄거리로, 시인과 사회의 불화를 그리고 있다.

2) 역시 비니의 작품 『생-마르』(1826)의 주인공. 정치권력을 대표하는 리슐리외에게 대항하다 패한 귀족 생-마르의 음모와 좌절을 그리고 있다.

3) 프랑스의 추기경·정치가(1585~1642). 국왕(루이 13세)과 섭정이었던 모후(마리 드 메디시스)의 화해를 중재한 공을 인정받아 1622년에 추기경, 1624년에 재상의 지위에 올랐다. 그의 정치이념은 왕권 확립에 있었기 때문에 반항적인 귀족을 가차없이 억압했다.

4) 카뮈의 소설 『이방인』의 주인공.

5) 사르트르의 소설 『구토』의 주인공.

그의 입장을 맹목적으로 옹호한다. 그들은 세르반테스의 소설에서 예외적 인간의 의미가 무엇인지 생각조차 하지 않은 채 소설에 나오는 다른 인물들, 필요하다면 작가까지도 포함한 모든 인물에 맞서 돈키호테에게 유리한 변론을 펼친다. 이렇게 해서 그들은 자신들이 옹호자로 자처하는 작품에 상당한 손상을 입히는 것이다.

이렇게 적절하지 못한 모든 구조활동은 결국 그들이 지킨다고 주장하는 것에 손상을 입히고야 만다. 낭만적인 모든 혜택이 마찬가지로 파국적인 결과를 초래한다고 해서 놀랄 필요는 없다. 사실 돈키호테가 미녀들의 가족을 몰살한다 한들 그것이 돈키호테에게 무슨 상관인가! 편력기사들이 지나치게 흥분한들 문학작품인 소설 속의 편력기사들에게 무슨 상관이란 말인가! 구출해야 할 '희생자'란 세상 전체에 맞서 영광스럽게 자신의 존재를 입증할 구실일 따름이다. 이 말은 우리가 아니라 낭만주의자 자신들이 하는 말로서, 그들은 자신들이 생각하는 것보다 더 정당하게 세르반테스의 주인공을 원용하고 있다. 돈키호테에 관한 낭만적 해석보다 더 돈키호테적인 것은 틀림없이 아무것도 없다. 편력기사단을 모방하는 현대인들에게 승리의 영광을 안겨주어야 한다. 그들이 자신들의 모델보다 우월하다는 사실을 인정해야만 한다. 돈키호테는 사실상 분별없이 싸움을 했지만 살아 있는 여자들을 위해서 싸웠다. 그런데 낭만적 비평가들이 상상의 적들을 맹렬하게 비판하는 것은 이야기 속의 인물을 위해서이다. 그들은 돈키호테의 평상적인 기괴함을 제곱하고 있다. 다행히도 세르반테스는 이러한 '이상주의'의 절정을 예견했으며, 자기 주인공이 그곳까지 기어오르도록 하는 것을 잊지 않았다. 존재하지 않는 허구의 입장을 옹호하는 고귀한 수호자들을 비유해야 하는 대상은, 카스티야(Castille)[6]의 대로들에서 닥치는 대로 칼싸움을 벌이는 돈키호테가 아니다. 그것은 바로 페드로의 꼭두각시들을 쳐부수는 돈키호테이며, 미학적으로 충분한 거리를 두고 바라볼 줄 모르는 광경을 교란하는 돈키호테이다. 최고도의 환상계수를 지니고 있는 무궁무진한 천재 세르반테스가 때마침 우리에게 필요한 은유를 제공한다.

스탕달의 경우에는 낭만적 오해가 그다지 눈길을 끌지 않지만 심각성은 떨어지지 않는다. 다른 낭만적 작가들의 작품에서와 마찬가지로 스탕달의 작품에서도 예외가 규범보다 더 훌륭한 만큼 이러한 오해를 피하기란 어렵다. 그러나 적어도 스탕달의 대작들에서는 예외가 다른 방식으로 훌륭하다. 작품들에서 열정적인 주인공과 작가 그리고 독자 사이의 동일화는 없다. 스탕달이 파브리스가 될 수 없는 이유는 그가 파브리스 자신보다 파브리스를 더 잘 이해하고 있기 때문이다. 스탕달의 작품을 이해하는 독자라면 그 역시 자신을 파브리스에게 동일화할 수 없을 것이다.

비니(Vigny)의 작품을 이해하는 독자라면 채터턴에게 자신을 동일화할 것이며, 그가 사르트르의 작품을 이해한다면 로캉탱에게 자신을 동일화할 것이다. 이 점이 낭만적 예외와 스탕달의 예외 사이에 존재하는 중요한 차이이다.

낭만적 비평은 스탕달의 소설에서 당대의 감수성의 비위를 맞추는 장면들만 분리하여 다룬다. 19세기에는 쥘리앵을 불량배로 만들었다가, 오늘날에는 영웅이며 성자로 만든다. 만일 우리가 의미심장한 대립들의 총목록을 다시 만들어본다면 이 낭만적 비평이 변함없이 제시하는 극단적 해석의 빈곤성을 확인할 수 있을 것이며, 또한 우리가 너무도 빈번히 자아도취자의 단조로운 우레와 같은 불운으로 대체하는 냉소적 대위법을 알아볼 수 있을 것이다. 대립을 고정하고 일

6) 스페인 중앙부의 고원지방. 북쪽의 구(舊)카스티야와 남쪽의 신(新)카스티야(마드리드·톨레도 등의 5개 주로 이루어져 있다)로 나뉜다.

의적(一義的)인 의미만 부여함으로써 우리는 이 소설가가 쟁취한 최상의 성과를, 즉 세르반테스나 스탕달 같은 작가의 작품에 드러난 규범과 예외의 미묘한 변증법을 손상시키는 것이 아니라 오히려 보장해주는 자아와 타인을 다루는 탁월한 평등성을 망쳐버리게 된다.

여기서 중요한 것은 도덕적·형이상학적 차이라고 말할 수 있다. 물론 그렇지만, 뛰어난 소설에서는 미학이 더 이상 별개의 한 왕국을 세우지 않고 윤리와 형이상학에 합쳐진다. 소설가는 대립들을 증가시킨다. 마치 조각가가 되풀이하여 표면의 다른 측면들을 골고루 다뤄가면서 그 모델을 완성하는 것과 마찬가지다. 자아와 타인들 간의 기계적인 대립에 사로잡힌 낭만적 작가는 언제나 동일한 측면에만 끌질을 한다. '나'(Je)라고 말하는 정체불명의 공허한 주인공에 타인이라는 찡그린 가면이, 순수한 내면성에 절대적인 외면성이 대조를 이룬다.

낭만적 작가는, 현대 화가들이 그러하듯 이차원의 묘사를 한다. 그가 소설의 깊이를 정복하지 못하는 이유는 타인을 만나지 못하기 때문이다. 이 소설가는 낭만적 변명을 넘어선다. 다소 은밀하게, 다소 공개적으로, 그는 자아와 타인 사이를 가로막는 장벽을 뛰어넘는다. 우리가 곧 마지막 장(章)에서 보게 될 터인데, 이 기억할 만한 극복은 죽음의 순간에 주인공과 세계 사이에 이루어지는 화해의 형태로 소설 자체 속에 기록되어 있다. 주인공이 소설가의 이름으로 말을 하는 것은 결말에서, 단지 결말에서일 뿐이다. 그리고 죽어가는 주인공은 예외없이 자신의 지난 삶을 부인한다.

소설에서 화해는 미학적이고 윤리적인 이중의 의미를 지닌다. '주인공-소설가'는 형이상학적 욕망을 초월하기 때문에 그리고 그를 매료하던 중개자가 그와 동류의 인간임을 깨닫기 때문에 소설의 삼차원을 획득한다. 소설에서의 화해는 타인과 자아, 관찰과 자기성찰

사이의 종합—낭만적 저항에서는 불가능했던—을 가능하게 한다. 화해는 또한 소설가로 하여금 그의 작중인물들 주변을 돌아보게 하고, 그들에게 삼차원과 더불어 진정한 자유와 활기를 부여할 수 있게 한다.

* * *

스탕달의 예외는 원칙적으로 언제나 성장에 가장 불리한 토양, 즉 파리가 아닌 지방에서, 남자들이 아닌 여자들에게서, 귀족이 아닌 평민들에게서 개화(開花)한다. 진짜 귀족성은 폴리냐크 씨(M. de Polignac)의 내각에서보다 할아버지 가뇽(Gagnon)에게서 더 많이 나타난다. 그러므로 사회계급이 소설세계에서 의미를 잃어버린 것이 아니다. 사회계급은 에너지와 자발성이라는 스탕달의 덕목을 직접적으로 반영하는 대신 간접적으로 반영한다. 악마의 거울[7]과도 같은 계급제도는 거기에 거꾸로 비친 사회상을 우리에게 보여주고 있다.

스탕달의 마지막 여주인공이며 악마의 딸인 라미엘이라는 사랑스러운 인물 안에는 허영심 많은 자가 불운을 위해 선택한 기호들이 모조리 갖춰져 있다. 여자이고 고아이며 가난하고 무식하고 시골 사람이면서 평민인 라미엘은 남자들보다 더 정력적이고 귀족들보다 더 기품이 있으며 파리 사람들보다 더 세련되었을 뿐 아니라 자칭 재담가라는 사람들보다 더 재기발랄하다.

---

7) 안데르센의 동화 「눈의 여왕」에 나오는 주제이다. 어느 날 악마가 사람들을 골려줄 목적으로 거울을 하나 만들었는데, 이 거울은 착하고 아름다운 것은 보잘것없는 것으로, 반면에 쓸모없고 흉한 모습을 한 것은 더욱 흉하게 비추는 특성이 있다. 그러나 동화에서와는 조금 다르게 모든 것을 반대로 비추는 거울로 자주 인용된다.

소설세계의 무질서는 또한 사회의 전통적인 질서를 반영한다. 아직은 질서가 전혀 없는 완벽한 무질서가 아니다. 스탕달의 세계는 거꾸로 놓인 피라미드이다. 거의 기적적이라고나 할 역피라미드의 균형이 오래 지속될 수는 없다. 이러한 균형은 혁명시대 직후 시기의 고유한 특성이다. 구(舊)사회의 피라미드는 곧 무너져 산산조각으로 형체도 없이 부서질 것이다. 스탕달 이후의 소설에서는 무질서 안에서 더 이상 어떠한 질서를 찾아볼 수 없다. 플로베르의 소설에서만 해도 이미 대립항들의 의미가 사라져버렸다. 만사가 거의 또는 전혀 의미가 없다. 여자들이 남자들보다 더도 덜도 진짜(authentique)가 아니고, 파리 사람들이 지방 사람들보다 허영심이 더도 덜도 강하지 않으며, 부르주아 계급의 사람들이 귀족들보다 더도 덜도 정력적이지 않다.

이러한 플로베르의 세계에서 자발적인 욕망—절대 완전히 사라지지는 않는다—은 사라지지 않았지만, 예외는 그 수나 중요성에서 감소되었다. 예외는 특히 스탕달의 주인공처럼 당당하고 의연하게 살아가지 못한다. 그가 사회에 맞서 치르는 싸움에서는 언제나 그가 열세에 놓인다. 예외는 흉칙한 포석(鋪石)의 틈새에서 자라는 허약한 식물이다.

소설세계에서 이렇게 자발적인 욕망의 역할을 축소해버린 것은 소설가가 유일하게 부린 변덕이나 특별히 침울해진 그의 기분 때문이 아니라 존재론적 질환이 심화한 탓이다.

우리는 자발적 욕망이 세르반테스의 소설에서는 아직도 규범이라는 사실을 보았다. 그 규범이 스탕달의 소설에서는 예외로 바뀐다. 세르반테스의 소설에서는 형이상학적 욕망이 양식의 배경 위로 떠오르는 반면, 스탕달의 소설에서는 자발적 욕망이 형이상학적 배경 위로 떠오른다. 삼각형의 욕망이 가장 흔한 욕망이 되어버렸다. 물론 이러한 기법상의 역전에서 지나치게 엄정한 결론을 끌어내려 해서는 안 된다. 소설작품 안에서 욕망의 통계적 진실에 관한 표현을 찾아서도 안 된다. 한 방식의 선택은 무수한 요인에 의해 좌우되므로 그중 가장 사소한 요인이 효율성에 대해 전적으로 정당한 관심사가 되지는 않는다. 모든 기법은 어느 정도 과장을 포함하고 있기 마련으로, 그 효과를 엄밀한 의미에서의 소설의 폭로와 혼동해서는 안 된다.

그렇지만 세르반테스의 소설과 스탕달의 소설에서 상반되는 기법을 선택했다는 사실에는 역시 의미가 있다. 형이상학적 욕망의 심화와 전파가 기법상의 전복을 가능하게 할 뿐 아니라 심지어 요구하기까지 한다. 형이상학적 욕망은 끊임없이 더욱 보편적이고자 한다. 세르반테스의 소설에서 소설의 폭로는 개인에게 집중되었지만, 스탕달과 내면적 간접화를 다룬 다른 소설가들의 작품에서는 그 강조점이 집단 쪽으로 이동한다.

도스토옙스키의 『백치』처럼 전적으로 특별한 몇 가지 경우를 제외한다면, 플로베르부터는 자발적 욕망은 그것이 수행하는 역할이 너무도 미미하여 소설의 폭로자 구실을 하지 못한다. 플로베르의 예외는 게다가 간접적이고 부정적이며 사회적인 어떤 의미를 지니고 있다. 『보바리 부인』에서 유일하게 예외적인 인간들이란 가난했기 때문에 부르주아적 욕망을 피할 수 있었던 농업공진회의 농부의 아내와 학식 덕분에 그러한 욕망을 피할 수 있었던 명망 있는 의사뿐이다. 이러한 예외들이 스탕달의 소설에서와 어느 정도 동일한 역할을 수행한다. 즉 늙은 농부의 아내는 연단 위의 상석에 앉아 있는 환한 얼굴의 부르주아들과의 의미심장한 대조를 두드러지게 한다. 마찬가지로 이 위대한 의사의 존재는 샤를(Charles)[8]과 오메(Homais)[9]의 무가치를 두드러지게 하지만, 너무나 은밀히 부수적으로 지나가기 때문에 폭로에 결정적인 영향력을 행사하지 못한다. 예외는 소설 세계에서 단지 완전히 후미진 영역에서만 생존할 뿐이다.

레날 부인과 그녀의 남편 사이의 대립과, 그녀와 베리에르의 부르주아들 사이의 대립은 언제나 본질적이다. 엠마와 샤를 사이의, 그리고 엠마와 용빌의 부르주아들 사이의 대립은 엠마의 머릿속에서만 본질적이다. 이러한 대립들이 잔존할 때에도 그 폭로적인 가치는 꽤나 미약하다. 대부분의 경우 모두가 잿빛 단조로움에 섞여 눈에 띄지 않는다. 형이상학적 욕망의 진전은 공허한 대립만 증식할 따름이다. 형이상학적 욕망의 진전에 따라 구체적인 대립은 약화되거나 소설 세계 주변의 극단으로 밀려난다.

형이상학적 욕망의 이러한 진전은 상이한 두 방향으로 진행된다. 존재론적 질환은 이미 전염된 영역에서는 심화하는 반면, 다른 한편으로는 아직 전염되지 않은 영역으로 병이 확산된다. 비전염 구역으로의 침범이 『보바리 부인』의 진정한 주제이다. 이 여주인공을 형이상학적 욕망의 역사 내부에 위치시키기 위해 플로베르에 관한 어느 비평가의 매우 통찰력 있는 정의를 다시 읽어볼 필요가 있다. "보바리 부인은 25년 후의 레날 부인이다." 이 판단은 약간 도식적이기는 하지만 플로베르의 욕망의 본질적 양상을 드러내고 있다. 보바리 부인은 삼각형의 욕망의 '상위'영역에 속한다. 그녀는 언제나 외면적 간접화로 시작되는 질환의 초기 증세를 앓고 있다. 따라서 플로베르의 이 소설은 시기적으로 스탕달의 작품들보다는 나중이지만, 형이상학적 욕망의 이론적 분석에서는 스탕달의 작품들보다 먼저 다루

---

8) 『보바리 부인』에 나오는 인물. 엠마 보바리의 남편으로, 시골 보건소의 의사이다.

9) 『보바리 부인』에 나오는 인물. 용빌의 약사이다. 스스로 박식하다고 생각함으로써 어리석음을 드러낸다.

어져야 한다.

형이상학적 욕망의 변화는 스탕달과 플로베르 사이에 존재하는 많은 차이를 설명해준다. 소설가 각자는 형이상학적 구조의 유일한 순간에 직면해 있다. 그러므로 기법상의 문제는 결코 같은 기간에 연속해서 두 번 제기되지 않는다.

스탕달의 간결함과 전격적인 아이러니는 소설의 실질을 관통해서 뚫고 들어가는 예외들의 망(réseau)에 근거하고 있다. 일단 독자가 대립의 내막을 알게 되면, 두 인물 사이에 생기는 가장 사소한 오해가 열정-허영심의 도식을 드러내며 형이상학적 욕망을 폭로하고 있음을 알게 된다. 모든 것이 규범과 예외 사이의 대립에 기초하고 있다. 양화(le positif)에서 음화(le négatif)로의 이행은 전기 스위치를 내리면 빛에서 어둠으로 바뀌는 만큼 신속히 이루어진다. 스탕달 소설의 한 끝에서 다른 끝까지 열정의 번뜩임이 허영심의 어둠을 밝히고 있다.

플로베르는 스탕달의 빛을 사용하지 않는다. 즉 전극(電極)은 제거되어 더 이상 전기가 흐르지 않는다. 플로베르의 대립은 거의 모두가 더욱 공허하고 더욱 집요한 레날-발르노 유형에 속한다. 스탕달의 소설에서 두 경쟁자가 추는 춤은 우리에게 해설자의 역할을 하는 증인의 입회 아래 진행된다. 스탕달은 레날 씨가 자유당원으로 전향한 일에 대한 해명으로 우리에게 쥘리앵의 '내면의 웃음'을 보여주기만 하면 된다. 플로베르의 소설에서는 더 이상의 빛도, 평야를 조망할 고지(高地)도 없다. 그러므로 부르주아의 거대한 평원을 한 걸음씩 신중하게 걸어나가야 한다.

* * *

외부의 도움 없이 대립의 허망함을 드러내야만 한다. 이것이 플로베르가 직면한 문제이다. 이 문제는 그의 문학 인생에서의 주요한 강박관념인 어리석음의 문제와 뒤섞인다. 이 문제를 해결하기 위해 플로베르는 가짜 열거법과 가짜 대조법이라는 문체(style)를 만들어낸다. 소설세계의 다양한 요소 간에는 어떠한 현실적 작용도 일어나지 않는다. 이러한 요소들은 서로 겹치지 않으며, 또한 구체적으로 서로 대립하지도 않는다. 이 요소들은 대칭적으로 맞서다가 공허함에 빠져버린다. 부조리를 드러내는 냉정한 병치이다. 목록은 길어지지만 그 합계는 언제나 제로이다. 목록은 언제나 부질없는 동일한 대립들, 즉 귀족과 부르주아, 독실한 신앙인과 무신론자, 혁명주의자와 공화주의자, 정부(情夫)와 정부(情婦), 부모와 자식, 부자와 빈자 사이의 대립들이다. 소설세계는 터무니없는 장식들과 그저 '대칭을 위해' 있을 뿐인 가짜 창문들이 가득한 궁전이다.

플로베르의 기괴한 대립인물들(les antithèses)은 위고(Hugo)[10]의 고상한 대립인물들이나 또는 실증주의 학자가 결정적이라 믿는 분류법에 의거한 범주들을 희화하고 있다. 부르주아는 이러한 가공의 자원에 기뻐한다. 내면적 간접화의 산물인 이러한 대립 개념은, 『부바르와 페퀴셰』의 놀라운 정원이 자유분방한 본성과 관계가 있듯이, 진정한 가치와 관련된다. 플로베르의 이 작품은 '약간의 현실에 관한 담론'으로서 앙드레 브르통(André Breton)[11]의 담론보다 훨씬 더

10) 프랑스의 시인·소설가·극작가(1802~85). 그의 이름을 시대와 국경을 넘어 유명하게 만든 장편소설 『레 미제라블』(1862)의 저자이다.

11) 프랑스의 시인·작가(1896~1966). 브르통은 상상력의 복권, 꿈과 광기와 초자연 현상의 재검토, 자동기술법에 의한 언어의 해방 등을 바탕으로 예술관·

대담하다. 왜냐하면 이 소설가가 과학과 이데올로기, 즉 당시에 절대 권력을 누렸던 부르주아 계급의 진실의 본질 자체를 공격하고 있기 때문이다. 플로베르의 인물들이 지닌 이러한 '견해'는 스탕달의 허영심 많은 인물들이 지닌 견해보다 의미가 더 결여되어 있다. 그것은 동물계에서 흔히 볼 수 있는 쓸데없는 기관들, 즉 무슨 이유로 다른 종(種)이 아닌 이런 종에게 주어졌는지 알 수 없는 괴상한 돌기들을 연상시킨다. 어떤 초식동물들이 무익한 싸움에 끊임없이 직면하게 될 때밖에는 사용할 수 없는 거대한 뿔을 떠올리게 한다.

대립은 이중의 무가치, 양쪽 모두에게 똑같은 정신적 빈곤을 자양으로 자라난다. 오메와 부르니지앵(Bournisien)[12]은 각기 대립상태로 결속된 소시민계급 프랑스의 반쪽씩을 상징한다. 마치 술취한 두 사람이 오직 서로의 균형을 잃게 하려는 이유 때문에 균형을 유지하는 것처럼, 플로베르의 인물들의 쌍들은 단지 기괴한 한 쌍을 이루면서만 '생각을 한다'. 오메와 부르니지앵은 서로를 부추기다가 마침내 엠마 보바리의 시체 앞에서 손에 작은 커피잔을 쥔 채 나란히 잠들어버린다. 플로베르가 지닌 소설의 천재성이 무르익어갈수록 대립은 심화되고, 대립되는 인물들의 동일성은 더욱 뚜렷하게 드러난다. 그러한 변화는 부르주아 가정의 벽난로 위에 놓인 장식품 한 쌍처럼 서로 대립하면서 완벽하게 서로를 보완하는 부바르와 페퀴셰에 이르게 된다.

『부바르와 페퀴셰』에서는 근대적인 사고에 남아 있던 품위와 영향력을 지속성과 안정성을 상실함으로써 잃어버린다. 간접화의 리듬은 가속화한다. 사고와 체제, 이론과 원리들이 언제나 부정적으로 결

인생관을 쇄신할 것을 주창했다.

12) 『보바리 부인』에 나오는 인물. 용빌의 사제이다.

정된(déterminées) 대립하는 한 쌍을 이루어 맞서 다툰다. 대립이 대칭으로 대체된다. 이제 대립은 장식적인 역할만 수행한다. 소시민계급의 개인주의는 동일한 것과 상호교환 가능한 것이 벌이는 우스꽝스러움의 극치로 끝난다.

7 주인공의 고행

드러나는 욕망은 어떤 것이든 경쟁자의 욕망을 유발하거나 배가할 수 있다. 그러므로 대상을 차지하려면 욕망을 숨겨야 한다. 바로 이런 숨김을 스탕달은 위선이라고 한다. 위선자는 자신의 욕망에서 보여질 수 있는 모든 것, 즉 대상을 향한 충동인 것은 모두 억누른다. 그런데 욕망은 역동적인 것이어서, 욕망으로 생기는 충동과 거의 구분하기 어렵다. 흑(黑)의 세계에서 승리를 거두는 위선은 욕망에 내재한 현실적인 것을 모두 비난한다. 욕망을 성취하기 위해 욕망을 감추는 일만이 '주인과 노예의 변증법'의 근거가 될 수 있다. 여기에서는 일상사나 신앙에 관련된 평범한 위선은 문제 삼지 않는다. 그러한 위선은 누구에게나 해당되는 것이므로 사람들을 선별하지 않는다.

문제되는 위선은 간접화에서 두 상대방이 복사하는 동일한 욕망이다. 따라서 이 욕망은 두 상대방 모두에게 똑같이 암시적이다. 중개자의 통찰력이 절대적인 것이므로 은폐도 완전한 것이어야 한다. 위선자가 모든 유혹을 물리쳐야 하는 까닭은, 그의 신은 그가 느끼는 유혹을 이미 헤아리고 있기 때문이다. '모델-제자'는 자신의 '제자-모델'의 가장 사소한 동요도 감지한다. 중개자는 '깊은 속마음을 헤아리는' 성경의 신과도 같다. 욕망을 성취하기 위한 위선은 종교적 고행과 마찬가지의 의지력을 요구한다. 두 경우 모두에서 중요한 것은 저항하는 힘이다.

흑(黑)의 세계에서 쥘리앵의 행로는 적(赤)의 세계에서 군인으로서의 행로와 마찬가지로 어렵다. 그런데 노력의 방향이 바뀌었다. 욕망이 언제나 타인을 거치는 세계에서 정말로 효과적인 행동은 언제나 자신에게 달려 있다. 그러한 행동은 전적으로 내면적이다. 그래서 이 소설가는 자기가 창조한 인물들의 행위를 묘사하고 그들의 말을 반복하는 것만으로는 만족하지 못한다. 그들의 말과 행위가 서로 어긋나므로 소설가는 그들의 의식을 간파해야만 한다.

베리에르나 다른 곳의 바보들은 이 보잘것없는 신학생의 전격적인 출세가 완전히 행운이나 권모술수적인 계산 덕분이라고 생각한다. 그러나 스탕달을 따라 쥘리앵의 의식 속으로 들어갈 수 있는 독자라면 지나치게 단순한 이 견해를 포기하지 않을 수 없다. 쥘리앵 소렐의 성공은 그가 신비주의자의 열정으로 키워온 정신의 신비한 힘 덕분이다. 이 힘은 진정한 신비주의자가 신에게 봉사하듯이 자아에 봉사한다.

쥘리앵 소렐은 유년기에 이미 욕망을 성취하기 위한 고행을 실행한다. 그는 나폴레옹에 관한 자신의 진실된 생각을 드러낸 데 대해 스스로 벌을 내리기 위해 한 달 내내 한쪽 팔을 멜빵으로 걸메고 다닌다. 비평가들은 한쪽 팔을 걸메고 다니는 행위의 고행적인 의미는 알아차리지만, 단지 '성격상의 특성'으로만 이해한다. 그들은 어린아이의 이 행위 안에 흑(黑)의 세계 전체가 들어 있음을 알지 못한다. 걸멘 팔은 한순간의 솔직함, 즉 한순간의 유약함에 지불한 대가이다. 소설에서 또다시 곤경에 처했을 때 마틸드에 대한 단호한 무관심은 솔직함의 두 번째 순간에 대한 대가이다. 쥘리앵은 그녀를 향한 자신의 욕망을 그녀에게 들켜버렸던 것이다. 실수도 비슷하고, '자체-징벌'도 비슷하다. 위선의 법규를 어기는 위반은 하나같이 고행적인 은폐의 배가로 대가를 치르게 된다.

우리가 두 행위의 동일성을 알아차리지 못하는 이유는, 걸멘 팔이 구체적으로 아무런 결과도 가져오지 못하는 반면 단호한 무관심은 마틸드의 마음을 다시 사로잡게 해주기 때문이다. 팔을 걸멘 행위는 '비합리적'으로 보이지만, 가장된 무관심은 '사랑의 전략'으로 보인다. 두 번째의 고행적인 행위는 소설의 '심리학'을 보강해주는 세속적인 세계에서 행해진다. 쥘리앵의 성공은 이 시도의 긍정적인 성격을 믿게 만든다. 우리는 어린아이의 전적인 무지와 어른의 명철한 계산을 어렵지 않게 확신한다. 하지만 스탕달은 사태를 그렇게 소개하지 않는다. 두 행위는 동일하게 불확실한 의식상태에서 행해진다. 쥘리앵에게 지시를 내리는 직관인 위선의 직관은 결코 이성적이지 않지만 실효성은 확실하다. 쥘리앵이 거두는 모든 승리는 이 직관 덕분이다.

걸멘 팔은 은밀한 고행의 첫 번째 시기인 아무런 동기도 없는 시기를 구성한다. 게다가 이러한 무동기성은 고행의 개념 자체와 분리될 수 없는 것이다. 마틸드의 재정복은 두 번째 시기인 보상의 시기를 이루고 있다. 두 행위의 동일성을 이해한다는 것은 욕망을 성취하기 위한 고행의 문제를 포괄적으로 제기하는 일이다. 마틸드의 재정복은 우리에게 이러한 고행이 형이상학적 욕망이 지닌 원래의 근본적인 부조리에 포개진 또 하나의 부조리가 아니라는 사실을 증명한다. 욕망을 성취하기 위한 금욕임이 완벽하게 입증된다. 내면적 간접화에서 주체와 대상을 가르는 것은 실제로 '중개자-경쟁자'의 욕망이다. 그러나 중개자의 욕망 자체도 주체의 욕망에서 복사된 것이다. 욕망을 성취하기 위한 고행은 모방을 약화시킨다. 그러므로 고행만

이 대상을 향한 길을 터주는 유일한 것이다.

신의 관심과 은총을 부여받기 위해 신비주의자가 세상에 등을 돌리는 것과 마찬가지로, 쥘리앵은 마틸드의 관심과 욕망의 대상이 되기 위해 마틸드에게서 멀어진다. 욕망을 성취하기 위한 고행은 종교적 관점에서의 '수직적' 고행과 마찬가지로 삼각형의 상황에서 합당하고 생산적이다. 굴절된 초월과 수직적 초월 사이의 유사성은 우리가 짐작하는 것보다 훨씬 긴밀하다.

도스토옙스키는, 스탕달이 그랬듯이 이 두 가지 초월 사이의 유사성을 끊임없이 강조한다. 『미성년』의 주인공 돌고루키는 쥘리앵의 고행과 약간 비슷한 고행을 실행한다. 돌고루키는 쥘리앵과 마찬가지로 자신의 '이데아'(idée), 즉 그가 경건하게 모방하는 모델을 가지고 있다. 이 모델은 정복자 나폴레옹이 아니라 백만장자인 로스차일드(Rothschild)이다. 돌고루키는 단호히 절약생활을 함으로써 돈을 벌고자 한다. 돈을 번 다음에는 그 재산을 포기하여 타인들에게 자기가 얼마나 돈을 경멸하는지 보여줄 작정이다. 그는 헌신적인 하녀가 가져다주는 식사를 창문 밖으로 내던지면서 금욕적인 생활을 준비한다. 그가 '건강하기를 바라는' 늙은 하녀를 저주하면서 그는 한 달 이상 물과 빵만 먹는다.

이것은 쥘리앵의 걸멘 팔과 매우 비슷하다. 떠돌이 마카르(Makar)가 사막에서 수도승들이 영위하는 궁핍한 생활을 이야기하자, 자신의 수프를 창 밖으로 던지던 바로 그 돌고루키가 '사회에 무익한' 생활방식을 큰소리로 비난한다. 종교적 고행과 자기 자신의 행위 사이의 놀랄 만한 유사성을 이해할 능력이 없는 그는 명철한 현대인으로서, '2 더하기 2는 4'임을 알고 있는 사람으로서 단호한 어조로 수도생활의 문제에 종지부를 찍는다. 이 이성론자는 욕망의 형이상학적 구조를 알고자 하지 않는다. 그는 터무니없이 빈약한 설명에 만족하고, '양식'(良識)과 '심리학'에 도움을 청한다. 그의 확신은 그 자신이 점점 더 의식적으로 욕망을 성취하기 위한 고행을 실행한다는 사실로 전혀 감소되지 않는다. 자기분석의 능력 없이 자만심에 끌려다니는 그는 기독교 신비주의 신학의 원리와 예외없이 비슷하면서 거꾸로인 지하의 신비주의 신학의 계율을 본능적으로 적용한다. "구하지 말라 받을 것이다. 찾지 말라 얻을 것이다. 문을 두드리지 말라 열릴 것이다." 도스토옙스키는 인간이 신에게서 멀어질수록 처음에는 이성의 이름으로, 나중에는 저 자신의 이름으로 불합리에 빠져들게 된다고 말한다.

스탕달의 소설에서 신부의 양면성은 금욕이 취할 수 있는 두 가지 방향과 관계된다. 극도의 위선은 그 독이 든 열매가 없다면 미덕과 구분할 수 없다. 선량함과 사악함의 대조가 신부 안에 미묘하게 통합되어 있다. 쥘리앵은 오랫동안 피라르(Pirard) 신부와 주변의 불량배들을 혼동하게 될 것이다.

심리학의 영역에서 스탕달에게 많은 빚을 지고 있다고 주장한 니체는 원한을 살 위험이 군인에게 가장 적고 사제에게 가장 많다고 생각한다. 폭력이 합법적인 적(赤)의 세계에서 폭력의 열정은 자유롭게 퍼진다. 반대로 흑(黑)의 세계에서 열정은 감춰진다. 그 점에서 사제는 자신의 욕망을 억제한다고 공언하기 때문에 명백한 특혜를 누린다. 그는 선을 지배할 수 있는 것과 마찬가지로 악을 지배하는 데서도 불가피한 자제력을 지니고 있다. 스탕달은 내면적 간접화의 고행의 요구를 알고 있기 때문에 왕정복고시대 교회의 역할을 중요하게 생각한다. 종교결사의 지하활동이 이러한 간접화에 속한다. 쥘리앵의 '종교적' 소명이 그의 기회주의로 완전히 설명될 수는 없다. 그의 종교적 소명은 흑(黑)의 세계에 뿌리내린 이 거꾸로 된 종교에 이미 속해 있다.

스탕달의 반(反)교권주의로 도스토옙스키와의 모든 비교가 저지되기는커녕 스탕달 나름의 방식에 따라 본질적으로 도스토옙스키적 사고인 두 가지 초월 사이의 유사성을 표현한다. 스탕달의 반교권주의는 라블레(Rabelais)[1)]나 볼테르(Volaitre)[2)]의 반교권주위와 전혀 아무런 관계가 없다. 이 소설가가 고발하는 것은 향락적인 중세의 성직자의 악습이 아니다. 오히려 그 반대이다. 종교적 위선은 이중 간접화를 숨기고 있다. 스탕달은 자주 추문을 폭로하는 즐거움을 누렸지만, 그가 진정으로 교회나 기독교를 왕정복고시대의 반동적 사회가 표방하고 있는 희화(戱畵)와 혼동한 적은 없다. 스탕달의 사회에서는 교회가 '유행'했지만, 도스토옙스키의 사회에서는 그렇지 않다는 사실을 기억할 필요가 있다.

도스토옙스키의 세계에서 굴절된 초월은 더 이상 종교 뒤편으로 숨겨지지 않는다. 그렇다고 해서 『악령』의 인물들이 무신론자가 됨으로써 자신의 진짜 얼굴을 내보인다고 믿지는 말자. 스탕달의 독신자들이 신자가 아닌 만큼, 악령 들린 사람들은 무신론자가 아니다. 형이상학적 욕망의 희생자들이 그들의 정치적·철학적 그리고 종교적인 사고를 채택하는 것은 언제나 증오심과 관련해서이다. 서로 맞선 의식에 사상이란 무기에 지나지 않는다. 사상이 그렇게 중요했던 적은 없었던 것으로 보이지만, 현실적으로는 전혀 문제되지 않는다. 사상은 형이상학적 경쟁에 완전히 예속되어 있을 따름이다.

---

1) 프랑스의 작가·의사(1494?~1553?). 프랑스 르네상스 최대의 걸작 『가르강튀아와 팡타그뤼엘』의 저자이다. 복음주의 신앙을 지키면서 공식문화의 경직과 기만을 희화한 라블레를 당시 교권권력은 위험인물로 간주했으며, 또 그가 장대하게 표현한 생(生)의 찬가는 교조주의화한 칼뱅파에 대한 도전으로 간주되었다.

2) 프랑스의 계몽사상가(1694~1778). 볼테르는 인간의 정신이 모든 권위와 종교에서 자유로워야 한다고 주장했다.

욕망을 성취하기 위한 고행은 삼각형의 욕망의 필연적인 한 결과이다. 그러므로 이러한 욕망을 다루는 모든 소설가의 경우에서도 고행을 찾아볼 수 있다. 고행은 세르반테스의 소설에 이미 나타나 있다. 돈키호테는 아마디스를 본떠서 사랑의 고행을 한다. 둘시네에게는 나무랄 점이 없는데도 그는 옷을 벗어던지고 산봉우리의 뾰족한 암벽들을 향해 돌진한다. 언제나 그렇듯이, 대단한 희극은 심오한 생각을 숨기고 있다. 프루스트의 화자 역시 질베르트와의 관계에서 욕망을 성취하기 위한 고행을 실행한다. 그는 편지를 쓰고 싶은 유혹을 억제하면서, 자신의 열정을 다스리기 위해 전심전력을 기울인다.

헤겔의 불행한 의식과 사르트르의 신이 되려는 기도(企圖)는 저세상을 향한 고집스러운 경향의 결과, 욕망의 종교적 방식이 이미 역사적으로 시대에 뒤졌는데도 그러한 방식을 버리지 못하는 무능의 결과이다. 소설의 의식은 그것이 지닌 초월을 향한 욕구가 기독교 신앙이 사라져도 남아 있기 때문에 역시 불행하다. 하지만 유사성은 여기서 그친다. 이 소설가의 눈에 현대인은 자신의 자율성을 완전히 의식하기를 거부하기 때문에 고통을 받지 않는 것으로 보인다. 그러나 현대인은 이러한 의식이 현실적이든 환상적이든 간에 그로서는 참기 힘든 것이므로 고통을 받는다. 초월을 향한 욕구는 이 세상에서 충족되고자 하므로 주인공을 갖가지 광기로 몰아간다. 무신론자인 스탕달과 프루스트는 이 점에서 헤겔 및 사르트르와 갈라져 세르반테스 및 도스토옙스키와 합류한다. 프로메테우스적 철학이 만개하기에는 기독교 신앙 내의 인본주의(humanisme)가 아직도 너무 무기력하다. 기독교인이든 아니든 간에 이 소설가는 이른바 현대의 인본주의 안에는 저 자신의 본성을 알아보지 못하는 지하의 형이상학이 있다는 사실을 이해한다.

* * *

내면적 간접화의 특성인 은폐의 요구는 성(性)의 영역에서 특히 유감스러운 결과를 초래한다. 주체가 느끼는 욕망의 대상은 중개자의 육체이다. 그러므로 중개자는 대상의 절대적 주인이다. 그는 자기 기분에 따라 대상을 허락하거나 거부할 수 있다. 만일 이 중개자 역시 자발적으로 욕망할 수 없다면, 그의 일시적인 기분의 방향을 예측하기란 어렵지 않다. 주체가 소유 욕망을 드러내면 중개자는 즉시 이 욕망을 복사한다. 그는 자기 자신의 육체를 욕망하게 된다. 바꾸어 말해서, 그는 그의 육체의 소유권을 빼앗긴다는 것이 추문으로 비치게 될 그런 가치를 육체에 부여한다. 비록 중개자가 주체의 욕망을 모방하지 않는다 하더라도, 그는 주체의 욕망에 응하지 않을 것이다. 존재론적 질환의 희생자는 자신을 지나치게 경멸하는 나머지, 자신을 욕망하는 존재를 사실상 경멸하지 못한다. 다른 모든 영역에서 그렇듯이 성의 영역에서도 이중 간접화는 자아와 타인 사이의 상호성을 완전히 배제한다.

성욕에 빠져드는 것은 언제나 사랑에 빠진 남자에게 위험한 결과를 초래한다. 이 남자는 자기가 사랑하는 여자에게 무관심을 가장할 때에만 비로소 그녀의 욕망을 자신에게로 자화(磁化)할 수 있다. 그런데 자신의 욕망을 숨기려면 사랑하는 여자의 육체를 향한 충동을 억제해야만, 다시 말해서 사랑의 욕망에서 현실적이고 구체적인 모든 것을 억제해야만 한다.

따라서 성(sexualité) 역시 욕망을 성취하기 위한 나름의 고행을 지닌다. 그러나 에로틱한 행위에 개입되는 의지에는 늘 위험이 따른다. 쥘리앵 소렐의 경우에 욕망을 성취하기 위한 고행은 자유의사의 결과이다. 이러한 상황은 중개자가 가까워짐에 따라 수정된다. 의식적인 자제력은 효력을 잃는다. 욕망에 저항하는 고통은 점점 더 심해지고 자제력은 더 이상 의지의 소관이 아니게 된다. 반대 방향으로 작용하는 두 힘 사이에서 이러지도 저러지도 못하는 주체는 매혹에 사로잡혀 있다. 그는 전략상의 배려로 처음에는 욕망에 몰입하기를 거부했지만, 이제는 자기가 그러한 몰입을 할 능력이 없음을 알게 된다. 현대판 돈 후안이 뻐기는 놀라운 자제력은 스탕달의 '성불능'으로 곧장 이어진다. 우리의 현대문학 전체가 다소 의식적으로 이 두 가지 주제의 불안한 인접성을 입증하고 있다. 앙드레 말로(André Malraux)[3]의 정복자들은 하나같이 성적 무력증에 시달리고 있다. 만일 『해는 또다시 떠오른다』(*The Sun also rises*)의 제이크(Jake)가 상이군인이 되는 대신 다른 소설들에서 우리의 감탄을 자아내던 놀라울 만큼 냉정하고 멋진 남성다운 인물들의 단순히 다른 이면을 보여주었더라면 어니스트 헤밍웨이(Ernest Hemingway)[4]의 이 작품은 더욱 진실에 가까웠을 것이다.

타산적 인간인 쥘리앵 소렐과 『아르망스』(*Armance*)의 주인공인 성불능자 옥타브 드 말리베르(Octave de Malivert)는 틀림없이 동일한 하나의 인물이다. 욕망을 억압하는 금지는 사랑받는 여자가 이러저러한 이유로 자신의 연인을 볼 수 없거나 그의 애무를 느끼지 못할 때라야 비로소 풀린다. 연인은 사랑하는 여자에게 자기가 느끼는 욕망의 굴욕적인 광경을 내보이게 될 걱정이 없어진다. 마침내 마틸드를 품에 안게 되었을 때, 쥘리앵은 그녀의 의식을 무화하고자 이렇게 말한다. "아! 몹시도 창백한 두 볼을 키스로 뒤덮어도 당신이 느끼지

---

3) 프랑스의 작가·미술평론가·정치가(1901~76). 광둥혁명을 주제로 한 『정복자들』(1928), 장제스가 공산당을 탄압하는 상하이 쿠데타를 무대로 한 『인간의 조건』(1933) 등의 소설을 썼다.

4) 미국의 소설가(1899~1961). 여기에 언급된 소설은 1926년작이다.

못했으면." 후세 소설가들의 작품에서도 이와 비슷한 특성들이 나타난다. 프루스트의 화자는 잠든 알베르틴 곁에서만 한순간 쾌락을 맛본다. 도스토옙스키의 연인들의 경우에는 끊임없이 살인의 유혹에 시달린다. 살인은 사랑하는 여자에게서 시선을 사라지게 하고, 저항할 수 없다기보다는 의식이 없어진 그녀를 넘겨준다. 계시적인 모순에 의해, 욕망하는 주체는 결국 그가 동화할 수 없는 이 정신을 파괴하기에 이른다.

이른바 현대적인 에로티즘의 많은 특징은 일단 낭만적 화장을 지우기만 하면 쉽사리 욕망의 삼각형 구조에 편입된다. 본질적으로 형이상학적이며 관조적인 에로티즘은 18세기 외설문학과 오늘날의 영화에서 성공을 거두고 있다. 에로티즘은 암시의 수단을 끊임없이 증가시키고 있으며, 순전히 상상적인 것 속으로 점차 빠져들고 있다. 에로티즘은 의지력 증진으로 규정된 연후에 결국 수음(手淫)으로 귀착된다. 이러한 궁극적인 경향은 현대의 신낭만주의 작품들에서 점점 더 공공연하게 입증되고 있다.

성은 실존 전체를 비추는 거울이다. 매혹은 어디에나 있지만 우리는 결코 그것을 보지 못한다. 매혹은 때로는 '무관심'(détachement)으로, 때로는 '참여'(engagement)로 인정받고자 한다. 중풍환자는 자신의 마비가 스스로의 선택이라고 주장한다. 우리의 현대문학이 지닌 성적 강박관념을 연구할 필요가 있을 것이다. 성적 강박관념에는 분명히 이중의 불능이 있다. 일치(communion)의 불능과 내면적 간접화의 절정단계에서 욕망하는 주체의 모든 행위를 특징짓는 고독의 불능이다. 중개자의 시선으로 마비된 주인공은 이 시선에서 벗어나고자 한다. 이후로 그의 모든 열망은 보여지지 않으면서 보는 것으로 한정된다. 바로 이것이 엿보는 자(voyeur)의 주제인데, 이미 프루스트와 도스토옙스키의 소설에서 매우 중요시되었을 뿐 아니라, 이른바 '누보 로망'이라는 현대소설에서는 그 중요성이 더욱 증대되었다.

* * *

댄디즘[5)]은 욕망을 성취하기 위한 고행이라는 중대한 문제와 관련된다. 그러므로 댄디즘이 스탕달의 관심사인 것은 당연하다. 댄디즘은 또한 보들레르의 관심사이기도 한데, 시인의 해석과 소설가의 해석은 매우 다르다. 댄디즘을 낭만주의 시인은 '귀족정치시대의 잔여물'로 보는 데 비해, 소설가는 반대로 현대의 산물로 본다. 댄디는 전적으로 흑(黑)의 세계에 속한다. 댄디가 파리에 정착할 수 있게 된 것은 쾌활한 자만심에 침울한 자만심이 승리한 덕분이다. 댄디는 형이상학적 욕망이 프랑스보다 더 진전된 영국 출신이다. 온통 검은색으로 차려입은 이 댄디는 놀라거나 감탄하거나 욕망하거나 심지어 큰 소리로 웃는 것마저도 겁내지 않던 구체제의 세련된 신사들과 닮은 점이 전혀 없다.

무관심한 냉담함을 가장하는 자가 댄디로 정의된다. 그런데 이 냉담함은 금욕주의자의 냉담함이 아니라 욕망에 불을 붙이도록 계산된 냉담함, 타인들에게 끊임없이 '나 자신으로 충분하다'고 반복하는 냉담함이다. 댄디는 그가 스스로에게서 느낀다고 주장하는 욕망을 타인들이 모방하게 만들고 싶어 한다. 마치 쇠줄밥 속으로 자석을 왔다 갔다 하게 하듯이, 그는 무관심을 표방하고 공공장소를 돌아다

5) 19세기 초엽 영국·프랑스의 상류사회에서 유행했던 정신적 귀족주의. 반(反)속물주의를 말한다. 속된 벼락부자에 비해 세련된 귀족취미를 나타내는데, 문학상으로는 낭만주의를 비롯하여 19세기 말과 20세기 초에 이러한 경향성이 나타난다. 일반적으로는 화려한 복장, 세련된 취향을 말하기도 한다.

닌다. 그는 욕망을 성취하기 위한 고행을 보편화하고 산업화한다. 이 기도(企圖)는 무엇보다도 가장 귀족적이지 않으며, 댄디의 부르주아 정신을 배반하는 것이다. 실크 해트를 쓴 이 메피스토펠레스는 욕망의 자본가가 되기를 원할 것이다.

따라서 우리는 내면적 간접화를 다룬 소설가의 작품이라면 어디서나 약간씩 다른 형태로 이 댄디를 만나게 될 것이다. 스탕달과 프루스트 그리고 심지어 도스토옙스키도 댄디들을 창조했다. 카르마지노프(Karmazinov)가 스타브로긴이 누구냐고 묻자, 베르호벤스키는 "일종의 돈 후안이지"라고 대답한다. 스타브로긴은 소설 댄디즘 가운데 가장 기괴하고 가장 악마적인 화신(化身)이다. 지고의 댄디이며 극도로 행복한 스타브로긴은 자신의 최대 불행을 위하여 모든 욕망의 피안(彼岸)에 있다. 타인들이 그를 욕망하기 때문에 그가 욕망하지 않는 것인지, 그가 더 이상 욕망하지 않기 때문에 타인들이 그를 욕망하는 것인지 알 수가 없다. 바로 여기에 스타브로긴이 더 이상 빠져나갈 수 없는 악순환이 있다. 그 자신은 중개자가 없는 까닭에, 그는 욕망과 증오의 자극(磁極)이 된다. 『악령』의 인물들은 모두가 노예들이다. 그들은 스타브로긴의 주위를 꾸준히 맴돌고 있다. 그들은 그만을 위해서 존재하며, 그에 의해서만 생각한다.

그러나 스타브로긴은, 그의 이름이 알려주듯이[6] 가장 무거운 십자가를 지고 있다. 도스토옙스키는 우리에게 무엇이 형이상학적 기도의 '성공'이 될 수 있는지를 보여주고자 한다. 스타브로긴은 젊고 미남이며 부자이고 강하고 똑똑한 데다 귀족이다. 도스토옙스키가 그의 인물에게 이처럼 다양한 혜택을 부여한 이유는, 수많은 '정통한'

---

6) 스타브로긴(Stavroguine)은 Stasvros(그리스어로 '십자가'를 뜻함)에서 유래했다.

비평가가 암시하듯이 작가가 인물에게 느끼는 은밀한 호감 때문이 아니다. 스타브로긴은 이론적인 사례를 잘 보여주고 있다. 그는 '주인과 노예의 투쟁'이 언제나 그에게 유리하게 돌아가도록 형이상학적 성공의 모든 조건을 그 자신에게 집결해야 한다. 스타브로긴은 사람들을 맞아들이기 위해 손을 내밀 필요가 없다. 전혀 손을 내밀지 않는다는 바로 그 이유로 모든 남녀가 그의 발 밑에 쓰러져 항복한다. 무관심(acedia)의 희생자인 스타브로긴은 곧 가장 끔찍한 기분의 변화를 겪게 되고 마침내는 자살하고 만다.

미쉬킨 공작은 도스토옙스키 사다리의 다른 극단에 위치하며, 이 주인공은 그의 소설세계에서, 스타브로긴이 자신의 소설세계에서 했던 것과 비슷한 역할을 정반대의 이유로 수행한다. 공작에게도 욕망이 있지만, 그의 꿈은 『백치』의 다른 인물들을 무한히 넘어선다. 그는 가장 가까운 욕망의 세계에서 가장 먼 욕망을 지닌 인간이다. 그의 주변 사람들 관점에서 보면 그는 욕망하지 않는 것과 꼭 마찬가지다. 그는 타인들의 삼각형 속에 갇히지 않는다. 선망, 질투 그리고 경쟁이 그의 주변에 무성하지만 그는 감염되지 않는다. 그는 무관심하지 않지만—무관심과는 거리가 멀다—그의 자비심과 동정심은 욕망과 결합되듯 그렇게 연관되지 않는다. 그는 절대로 다른 인물들에게 그의 허영심의 지주를 제공하지 않으므로 그들은 끊임없이 그의 주변에서 비틀거린다. 그런 식으로 이볼긴(Ivolguine) 장군의 죽음에 그는 약간의 책임이 있다. 이 불행한 자가 그 자신의 거짓말들로 꼼짝달싹 못하도록 방치했기 때문이다. 레베데프(Lebedeff) 같은 사람이었다면 자존심을 건드려서라도 장군을 저지했을 것이다. 레베데프였다면 장군의 말을 의심함으로써 분노라는 배출구를 제공했을 것이다.

미쉬킨은 자만심이나 수치심의 단초를 제공하지 않는다. 그의 숭고한 무관심은 그의 주변에서 교차되는 허영심 가득한 욕망들을 약올릴 수 있을 뿐이다. 그의 진정한 금욕은 댄디의 가짜 금욕과 동일한 결과를 초래한다. 스타브로긴처럼 미쉬킨도 소속 없는 욕망들을 자석처럼 끌어당긴다. 그는 『백치』의 인물들 모두를 매혹한다. '규범에 속하는'(normaux) 젊은이들은 그에 대한 모순된 두 판단 사이에서 망설인다. 그들은 공작이 바보인가 또는 완벽한 모사꾼, 즉 우월한 부류의 댄디인가를 자문한다.

도스토옙스키의 세계에서는 질환의 승리가 너무나 완벽하기 때문에 미쉬킨 같은 사람의 겸손 그리고 이웃 사람의 실존을 사랑으로써 변화시키려는 감탄할 만한 그의 노력은, 자만심의 잔인한 냉담함이 초래하는 결과와 마찬가지로 독성에 오염된 결과를 가져온다. 우리는 공작과 스타브로긴이 작가의 초고에서 동일한 출발점에 있었던 이유를 이해한다. 이 공통된 기원은 도스토옙스키가 악마와 선량한 신 사이에서 망설였음을 증명하지는 않는다. 그 기원에 놀라는 까닭은 우리가 낭만주의의 영향 아래 개별적인 주인공에게 지나친 중요성을 부여했기 때문이다. 소설가의 근본적인 관심은 인물들의 창조에 있는 것이 아니라 형이상학적 욕망의 폭로에 있다.

* * *

욕망하는 주체는 그가 대상을 획득하게 되어도 빈 껍질만 껴안을 뿐이다. 따라서 주인도 결국 노예와 마찬가지로 자신의 목표에서 멀리 있을 뿐이다. 주인은 욕망을 가장하고 감춤으로써 타인의 욕망을 마음대로 조종하는 데 성공한다. 그는 대상을 소유하지만, 대상은 소유당했기 때문에 모든 가치를 상실한다. 정복된 마틸드는 곧 쥘리앵의 관심을 끌지 못한다. 프루스트의 화자는 알베르틴이 절개를 지킨다고 생각하자 즉시 그녀를 버리고 싶어 한다. 리자베타 니콜라예브나(Lizaveta Nicolaevna)는 스타브로긴이 자신에게서 돌아서게 하려면 그에게 몸을 허락하기만 하면 된다. 노예는 주인이 중심부를 차지하고 있는 진부함의 왕국으로 즉시 편입된다. 주인이 또다시 욕망하기 시작하여 대상을 향해 나아갈 때마다 그는 이 감옥을 떠난다고 믿지만, 성자가 후광을 지니고 다니듯 감옥을 떠메고 다닌다. 따라서 주인은 세부사항까지 빠짐없이 분석함으로써 지고의 지식에 이르기를 바라는 실증주의 학자처럼 맥빠진 현실 탐험을 무한정 계속한다.

주인은 필연적으로 환멸과 권태에 빠진다. 그의 말을 들으면, 그가 형이상학적 욕망의 부조리를 알게 되었다고 믿을 것이다. 하지만 그가 모든 욕망을 포기한 것은 아니다. 단지 그의 기대를 저버린다는 것이 경험으로 입증된 욕망들만 포기했을 따름이다. 그는 쉽게 성취되는 욕망과 무방비로 자신을 내맡기는 사람들을 포기했다. 그뒤로는 당당한 저항의 조짐이 보이는 위협이나 약속만이 그의 마음을 끌게 된다. 드니 드 루주몽은 그의 저서 『사랑과 서양』에서 소설의 열정의 숙명성을 다음과 같이 기술하고 있다. "다시 욕망할 수 있으려면 그리고 이 욕망을 의식적이고 강렬하며 무한히 관심을 끌 정도로 고양하려면, 장애물들을 다시 만들어내야만 한다."

주인은 치유된 것이 아니라 둔감해진 것이다. 그의 견유주의(犬儒主義)는 진정한 지혜의 반대이다. 그는 자신의 권태에서 벗어나기 위해 노예상태에 계속해서 더 가까워지지 않으면 안 된다. 그는 경주트랙을 돌 때마다 더 속력을 내다가 마침내 곤두박질치게 되는 카레이서와 흡사하다.

톨스토이[7]의 나폴레옹은 극도의 자제력을 발휘하면서 노예상태

---

7) 도스토옙스키와 더불어 19세기 러시아 문학을 대표하는 작가이며 사상가

로 진행하는 예를 보여준다. 모든 부르주아가 그렇듯이 나폴레옹도 내면적 간접화의 고행 본능 덕택에 성공한 벼락출세자이다. 모든 부르주아처럼 그도 이 고행 본능을 완전히 사심 없는 도덕의 정언적 명령[8]과 혼동한다. 하지만 나폴레옹은 승리의 와중에서 자신에게 변한 것은 아무것도 없다는 사실을 발견하고 절망한다. 그는 자신에게는 여전히 인지되지 않는 신성의 반영을 타인의 시선에서 탐지하고자 한다. 그는 '신권'(神權)을 지닌 황제가 되고, 그의 의사를 도처에(urbi et orbi) 선포하고, 전 세계가 그에게 복종하기를 바란다.

주인은 그에게 저항하는 대상을 추구한다. 스타브로긴은 그러한 대상을 찾아내지 못한다. 나폴레옹은 마침내 대상을 찾아낸다. 내면적 간접화의 세계에서 스타브로긴 부류는 나폴레옹 부류보다 훨씬 드물다. 야심가를 끈질기게 따라다니는 것은 맹목적인 운명이 아니라 명예의 절정에서도 집요하게 계속되는 자만심과 수치심의 변증법이다. 이 위인의 마음속에 뚫린 허무의 구멍은 계속해서 점점 커져간다.

소설의 주인과 노예의 변증법은 톨스토이의 역사 개념을 해명해 준다. 나폴레옹이 자책하는 이유는 내면적 간접화의 세계에서 어느 누구도 댄디의 무익한 지배력과 가장 비열한 노예상태 중에서 선택을 한 것이 아니기 때문이다. 아이제이아 벌린(Isaiah Berlin)[9]은 그의 탁월한 에세이 「고슴도치와 여우」(The Hedgehog and the Fox)에

(1828~1920).

8) 칸트가 말한 도덕법칙의 형식. 가언적 명령(어떤 목적에 대한 수단을 명령하는 것으로, 그 목적을 승인하는 사람에게만 의미가 있다)과 구분되는 명령으로서, 행위의 결과나 목적과 관계없이 행위 자체에 가치가 있는 것이 정언적 명령이다.

9) 옥스퍼드 대학의 교수(1957?~67)였으며 영국 학술원장을 지낸 영국의 역사학자(1909~97). 현대의 중요한 역사학자 가운데 하나로 꼽힌다.

서, 톨스토이의 작품에는 용어의 통상적 의미에서 역사적 결정론이 없다는 사실을 밝히고 있다. 이 소설가의 비관론은 피할 수 없는 인과관계의 연쇄나, '인간 본성'에 대한 독단적 개념이나, 역사학자나 사회학자의 탐구가 바로 접할 수 있는 다른 자료에도 근거하지 않는다. 욕망의 대상이 모두 그러하듯이 역사도 '달아나는 존재'(être de fuite)이다. 역사는 그런 만큼 쉽사리 과학자의 예측과 역사를 길들였다고 믿는 행동가의 술책을 뒤집어엎는다. 내면적 간접화의 세계에서 전능을 향한 욕망은 무한한 지식을 향한 욕망처럼 욕망 자체에 실패의 싹을 내포하고 있다. 욕망은 대상을 포착한 듯 보이는 바로 그 순간에 대상을 놓치는데, 왜냐하면 대상이 가시적이 되면 장애가 될 경쟁적인 욕망들이 생겨나기 때문이다. 이 개인의 활동에 제동을 거는 것은 바로 타인들이며, 그 제동은 활동이 괄목할 만한 것일수록 효과적이다. 그런데 욕망을 전전하는 주인이 막무가내로 이끌리는 것은 전지전능이라는 지고의 장면이다. 그러므로 주인은 언제나 자신의 파괴를 향해 나아간다.

* * *

이중 간접화의 세계에서 이루어지는 눈부신 모든 성공은 무관심—진짜이든 위장된 것이든—의 결과이다. 소렐 영감이 레날 씨를 이기게 된 것도 무관심 덕분이며, 파름의 궁정에서 산세베리나(Sanseverina)가 거둔 성공과 하원에서 뢰벤 씨가 거둔 승리도 무관심으로 인해서이다. 모든 비밀은 자신의 심중을 드러내지 않으면서 무관심을 연출하는 데 있다. 『뤼시앵 뢰벤』에서 은행가가 구사하는 전략은 의회적 댄디즘이라 정의될 수 있으며 『전쟁과 평화』[10]에서 쿠투조브(Kutuzov)가 거두는 승리는 전략적 댄디즘으로 규정될 수 있을 것이다. 나폴레옹과 비교하면, 그리고 전쟁에 이기려고 지나치게 승리를 욕망하는 러시아 군대의 젊은 장교들과 비교하면 노(老)장군은 뛰어난 군인이라기보다는 고도의 자제력의 화신이다.

욕망 성취를 위한 고행의 예는 발자크의 작품에서도 역시 잘 나타나 있지만, 그 형이상학적 작용이 스탕달이나 프루스트 또는 도스토옙스키의 작품에서처럼 동일한 기하학적 정확성을 띠면서 진행되지는 않는다. 발자크의 몇몇 주인공은 소박한 용기와 주로 외부세계와 관련된 활동으로 모든 장애를 극복한다. 풍차들이 주인공들을 쓰러뜨리는 것이 아니라 주인공들이 풍차들을 쓰러뜨린다. 삼각형의 욕망의 법칙들이 언제나 발자크의 야심가들의 이력을 설명해주는 것은 아니다.

이러한 인물들은 욕망의 대상들을 공략하고 나서 현실적이고 지속적인 쾌락에 안주한다. 라스티냐크(Rastignac)[11]는 이탈리아 극단의 칸막이 좌석에서 완전한 행복감을 만끽한다. 아래층의 일단석 관객들이 그를 바라보는 시선과 그가 자기 자신을 바라보는 시선은 다르지 않다. 이 행복은 댄디나 부르주아 사업가가 꿈꾸는 행복이다. 내면적 간접화의 세계에서 모든 사람은 욕망의 자동 권양기(捲揚機)를 작동시켜서 세계의 밖이 아닌 완전히 정복된 세계, 즉 이미 소유했으며 아직도 욕망할 만한 세계 안에서의 은둔을 꿈꾼다. 라스티냐크의 운명은 형이상학적 욕망을 드러내는 것이 아니라 반영한다.

---

10) 톨스토이의 이 작품은 나폴레옹의 모스크바 침공을 배경으로 삼고 있다.

11) 발자크의 소설 『고리오 영감』(1834)에 나오는 인물. 이 소설에는 두 가지 주제가 긴밀하게 얽혀 있다. 하나는 광기에 이를 정도의 부성애(고리오 영감)이고, 또 하나는 주변의 욕망(고리오 영감의 두 딸)과 부정(보트랭)으로 라스티냐크가 차츰 빠져들게 되는 타락의 과정이다. 딸들 때문에 무일푼이 된 고리오 영감은 비참한 하숙집에서 오지도 않을 딸들을 부르며 외롭게 죽어간다. 그의 임종을 지켜보면서 라스티냐크는 마침내 인생에 대한 깨달음을 얻는다.

발자크는 부르주아 욕망의 서사시인이며 그의 작품에는 욕망이 흠뻑 스며 있다. 근대사회를 비난하는 발자크의 혹평[12]은, 예를 들어 초기의 도스 파소스(Dos Passos)[13]의 고발처럼, 동시대에 행해진 몇몇 고발이 내포한 모호함을 지니고 있다. 이러한 비난들에는 언제나 정신의 혼미함이 섞여 있다. 분노와 호의가 잘 구분되지 않는다.

발자크에게는 우리가 이 책에서 검토하고 있는 소설가들의 직관에 필적하는 직관이 많다. 그러나 삼각형의 욕망의 법칙들이 모두 나타나는 것은 아니며, 언제나 나타나는 것도 아니다. 욕망하는 주체를 가두고 있는 망은 찢어진 곳투성이여서 그 틈으로 꽤 자주 작가 자신이나 그 대리인들이 슬쩍 끼어든다. 우리가 분석의 대상으로 선택한 소설가들의 경우에는 그물코가 매우 촘촘하고 그물이 튼튼하기 때문에 욕망 자체에서 벗어나지 않는 한 아무도 욕망의 가차없는 법칙을 피할 수가 없다.

* * *

이중 간접화에서는, 우리가 이미 말한 것처럼, 지배는 두 상대방 가운데 자신의 욕망을 더 잘 숨긴 자에게 보상으로 주어진다. 프루스트의 세계에서 사교계의 전략과 사랑의 전략은 언제나 이 법칙에 일치한다. 단지 무관심만이 속물에게 살롱의 문이 열리게 할 수 있다. "사교계의 인사들은 그들과 사귀고 싶어 하는 사람들에게 너무도 익숙하기 때문에 오히려 그들을 피하는 사람을 독보적인 존재로 여

12) 발자크는 상승하는 시민계급의 에너지와 욕망을 묘사하여 최초로 프랑스 시민사회의 문장가가 되는 동시에 시민 근대화에 대한 최초의 비판자가 되었다.

13) 포르투갈 출신의 미국 소설가·극작가(1896~1970).

긴다.”

욕망을 성취하기 위한 고행은 내면적 간접화의 세계에서 보편적 요구이다. 이 법칙은 주인공들을 단일 모델로 환원하기는커녕, 예를 들어 쥘리앵 소렐과 프루스트의 화자 사이에 존재하는 몇 가지 차이점을 명확히 해준다. 마르셀은 욕망을 성취하기 위한 결핍을 끝까지 감내할 능력이 없기 때문에 노예상태를 면할 수 없다.

> 정신병리학적 세계가 구축된 불행한 방식은 무분별한 행위, 무엇보다도 피해야 할 행위가 바로 진통제와 같은 행위가 되기를 바라는데…… 고통이 너무나 극심하면 우리는 편지를 쓰거나, 누군가에게 기도를 요청하거나, 만나러 가거나, 사랑하는 여자가 없이는 지낼 수 없다고 토로하거나 하는 서투른 짓을 서둘러 하게 된다.

마르셀은 쥘리앵이 성공을 거두는 모든 유혹에 굴복한다. 『적과 흑』에는 분명 패배자가 있는데, 쥘리앵이 아닌 마틸드가 그러하다. 『잃어버린 시간을 찾아서』에도 승리자가 많지만, 마르셀이나 스완 또는 샤를뤼스가 아닌 질베르트, 알베르틴, 오데트(Odette) 그리고 모렐(Morel)이 그러하다. 스탕달의 주인공들과 프루스트의 주인공들을 기계적으로 비교해서는 결코 형이상학적 욕망의 통일성과 두 소설가 사이의 긴밀한 유사성을 드러낼 수 없다. 왜냐하면 두 작품에 등장하는 주요 주인공들은 동일한 변증법의 대조적인 순간들을 보여주기 때문이다.

욕망의 법칙들은 보편적인 것들이지만, 법칙이 적용되는 세부사항에서조차 소설작품들을 획일적으로 만들지는 않는다. 오히려 이 법칙이 근거가 되어 다양성을 이해할 수 있게 한다. 쥘리앵 소렐은 ‘주인공-주인’이고 마르셀은 ‘주인공-노예’이다. 소설의 통일성은 우리가 작중인물—신성불가침한 개인—을 완벽하게 자율적인 총체로 간주하지 않고 모든 작중인물 간의 관계의 법칙을 드러낼 때 비로소 나타난다.

『적과 흑』에서는 거의 언제나 주인의 시선이 소설세계를 응시하고 있다. 우리는 자유분방하고 냉담하며 거만한 마틸드의 의식 안으로 들어간다. 그러나 마틸드가 노예가 되면 그때부터 우리는 그녀를 쥘리앵이라는 주인의 시선으로 외부에서만 관찰하게 된다. 소설의 빛은 되도록 주인의 의식을 비추고자 한다. 이 의식이 지배력을 잃으면, 그 빛은 주인의 의식을 정복한 자에게로 넘긴다. 프루스트의 소설에서는 정반대이다. 소설의 빛을 여과시켜서 그 빛에 프루스트의 전형적인 특성을 부여하는 의식은 거의 언제나 노예의 의식이다.

지배에서 노예상태로 이행하는 것은 한편으로 스탕달과 다른 한편으로 프루스트와 도스토옙스키 사이에 존재하는 많은 대조를 명확히 해준다. 우리는 노예상태가 지배의 미래임을 알고 있다. 이론의 관점에서 진실인 이 원리는 작품의 연속성 관점에서도 마찬가지로 진실이다. 노예상태는 지배의 미래이다. 따라서 프루스트와 도스토옙스키는 스탕달의 미래이다. 두 작가의 작품은 스탕달 작품의 진실이다.

노예상태로의 진행은 소설의 구조가 지닌 하나의 기본원리이다. 진정한 소설의 모든 전개는, 그 규모가 어떤 것이든 간에, 지배에서 노예상태로의 이행으로 규정될 수 있다. 이 법칙은 총체적인 소설문학의 영역에서 확인된다. 즉 한 소설가의 모든 작품의 영역 또는 개별적인 한 작품이거나 그 소설 내부에 포함된 한 에피소드의 영역에서도 똑같이 사실로 나타난다.

먼저 모든 작품이 망라된 경우를 살펴보자. 우리는 스탕달을 그 이전의 소설가들에 비하여 지배의 소설가로 규정했다. 만일 우리가 스탕달의 작품들만 따로 검토한다면, 초기 작품들과 후기 작품들 사이의 대립 안에 존재하는 주인과 노예의 관계를 찾아낼 수 있을 것이다. 『아르망스』에는 엄밀한 의미에서의 노예상태가 어떠한 형태로도 아직은 나타나지 않는다. 불행은 낭만주의의 본질로 존재할 뿐 인물들의 자율성을 위협하지 않는다. 『적과 흑』에서는 노예상태가 나타나지만 거의 언제나 상궤를 벗어난 것이다. 노예상태의 중요성은 『뤼시앵 뢰벤』에서 뒤 페리에 박사가 나타나면서 커진다. 『파름의 수도원』에서는 소설의 스포트라이트가 인물들과 노예적 상황—모스카(Mosca)와 산세베리나의 질투, 파름 공작의 두려움, 라시(Rassi) 검사의 비열함—에 점점 더 호의적으로 오랫동안 머무른다. 마침내 『라미엘』에 이르러 스탕달은 처음으로 '주인공-노예'를 창조하는데, 그가 바로 상팽이라는 인물로서 지하의 주인공의 소시민계급에 속하는 선구자이다.

노예상태를 향한 진행은 프루스트의 소설에서도 역시 찾아볼 수 있다. 장 상퇴유는 자신의 자유를 잃는 법이 없다. 그는 속물이 아니지만 그의 주변은 속물들로 득실거린다. 『장 상퇴유』는 지배를 다룬 소설이고, 『잃어버린 시간을 찾아서』는 노예상태를 다룬 소설이다.

이제 분리된 한 편의 소설로 넘어가보자. 우리는 쥘리앵 소렐이 '주인공-주인'이라고 말했다. 그 말은 틀림없지만, 소설을 읽어나갈수록 쥘리앵은 점점 더 노예상태에 가까워진다. 위험은 마틸드의 에피소드, 즉 구원의 결말에 이르기 바로 직전 부분에서 최고조에 달한다. (이 결말이 노예상태를 향한 진행을 중단시키고 반전시킨다. 따라서 소설의 변화에 관한 연구에 이 결말을 개입시켜서는 안 된다.)

노예상태를 향한 진행은 『잃어버린 시간을 찾아서』에서도 나타나지만 출발점은 『적과 흑』에서보다 훨씬 더 낮은 곳에 위치한다. 마르셀이 첫사랑을 느끼던 시기에도 그는 여전히 상당한 고행의 의지를 보여준다. 그는 질베르트의 마음이 자기에게서 멀어졌음을 알자 그녀를 만나지 않는다. 그는 편지를 쓰려는 유혹을 당당하게 물리친다. 그에게는 사랑하는 여자를 다시 정복해보려는 의지와 위선이 충분하지 않다. 그는 쥘리앵보다 유약하지만 노예상태를 피할 만큼은 충분히 강하다. 그러나 반대로 그는 『갇힌 여인』과 『사라진 여인』(*La Fugitive*)에서 전적으로 노예상태를 감내한다. 이러한 '지옥으로의 하강'에서 가장 낮은 지점은, 스탕달의 소설에서처럼, 구원을 주는 결말 바로 직전 부분에 위치한다.

부차적 인물들이 겪는 심리적·정신적 변화 또한 노예상태를 향한 진행인데, 이 경우에는 결말로 인해 중단되지 않는다. 예를 들어 샤를뤼스는 소설의 한 끝에서 다른 끝으로 계속해서 쇠퇴하다가 전락한다.

예속을 향한 이러한 진행은 우리가 제3장의 끝에서 규명했던 전락의 진행과 구분되지 않는다. 우리는 주인과 노예의 변증법 같은 몇몇 양태를 명확히 하기 위해, 여기서 이 현상을 다른 각도에서 소개하고 있을 뿐이다. 더욱이 이 변증법은 내면적 간접화의 상위 영역에서만 나타나는 것이다. 두 경쟁자가 서로 아주 가깝게 접근하면, 이중 간접화는 이중 매혹으로 귀착된다. 욕망의 고행은 무의지적이 되고 마비를 초래한다. 두 상대방은 매우 유사한 구체적인 가능성에 직면한다. 그들은 매우 효과적으로 서로를 방해하기 때문에 그들 중 누구도 대상에 접근하지 못한다. 그들은 자기들이 완전히 말려들게 된 대립상태에 고정된 채 정면으로 대치하게 된다. 한 상대방은 다른 상대방에게 길을 가로막기 위해 거울에서 빠져나온 저 자신의 모습이라 할 수 있으리라. 부차적 도형인 지배는 사라져버렸다.

카라마조프 영감과 그의 자식들은 내면적 간접화의 이 최종단계를 잘 보여준다. 『악령』에 나오는 바르바라 페트로브나(Varvara

Petrovna)와 스테판 트로피모비치(Stépane Trofimovitch)도 서로에게 똑같이 매혹된다. 이러한 예에서 영감을 받은 앙드레 지드는 그의 소설 『위조지폐자들』(*Les Faux monnayeurs*)에서 라 페루즈(La Pérouse) 노부부를 이 같은 욕망의 도형을 구현하는 인물로 만들고자 애썼다.

*　　*　　*

우리는 이중 간접화의 이론적인 전개를 개괄했다. 겹친 두 삼각형에 어떠한 외부적 요인도 개입하지 않으면, 욕망은 증대하고 더욱 심화한다는 사실을 알게 되었다. 이중 간접화는 그 자체로 폐쇄된 도형이다. 욕망은 그 안에서 순환하면서 자체의 자양분으로 자란다. 그러므로 이중 간접화는 욕망의 진짜 '발생기', 가능한 한 가장 단순한 발생기를 구성한다. 그렇기 때문에 이론적 설명을 위해 우리가 이중 간접화를 선택한 것이다. 우리는 이중 간접화에서 시작하여 더욱 광대한 소설세계를 만들어낼 더욱 복잡하면서 역시 자율적인 도형들을 충분히 생각해볼 수 있다. 구체적인 상황들은 바로 더욱 복잡한 이런 도형들에 자주 부합한다. 자신의 노예를 중개자로 삼는 대신 주체는 제3의 개인이나 제4의 개인을 중개자로 택할 수도 있다. 생-루(Saint-Loup)는 라셸(Rachel)의 노예이며, 그녀 자신은 '폴로 경기자'의 노예이며, 폴로 경기자는 앙드레(André)의 노예이며……. 이렇게 삼각형들이 '연속된' 형태를 이룬다. 첫 번째 삼각형에서 중개자의 역할을 담당한 인물이 두 번째 삼각형에서는 노예의 역할을 하게 되고, 계속해서 그런 식으로 이어진다.

라신의 『앙드로마크』(*Andromaque*)[14]는 '연속된 삼각형들'의 좋은

14) 라신의 1667년 작품이며, 줄거리는 다음과 같다.

예이다. 오레스트(Oreste)는 에르미온(Hermione)의 노예이고, 에르미온은 피뤼스(Pyrrhus)의 노예이며, 피뤼스는 앙드로마크의 노예인데, 앙드로마크는 죽은 남편에 대한 기억에 충실하다. 인물들 모두가 자신의 중개자에게 시선을 고정한 채 자신의 노예에게는 완전히 무관심하다. 그들 모두가 성적인 자만심과 고통스러운 고립 그리고 무의식적인 냉혹함에서 서로 닮은 인물들이다. 『앙드로마크』는 궁정비극이며 간접화에서 이미 매우 현대적인 유형에 속한다.

라신의 비극은 형이상학적 욕망을 드러낸다기보다는 오히려 반영하는 편이다. 소설가라면 인물들 간의 유사성을 강조하려 할 것인 데 비해 비극작가는 이러한 유사성을 감추려고 애쓴다. 비평가들은 너무나도 비슷한 인물들은 비극적인 관점에서 볼 때 오류라는 사실을 잊지 않고 지적한다.

『클레브 공작부인』(*La Princesse de Clèves*)[15]의 소설세계는 라신의 세

트로이의 함락으로 피뤼스는 엑토르의 과부인 앙드로마크와 그의 아들 아스티아낙스를 노획물로 차지한다. 피뤼스는 아름다운 앙드로마크에게 사랑을 느끼지만 그녀는 죽은 남편의 추억에 충실하다. 피뤼스는 자신의 약혼녀인 에르미온과의 결혼을 하염없이 미룬다. 사태를 짐작한 그리스 제왕들이 오레스트를 사자(使者)로 파견한다. 오레스트는 오래전부터 에르미온을 사랑하고 있다. 앙드로마크는 아들을 살리기 위해 피뤼스와 결혼한 뒤 자살하기로 결심한다. 피뤼스에게 버림받은 에르미온은 오레스트에게 복수를 부탁하고, 오레스트는 피뤼스를 살해한다. 그러나 에르미온은 자신의 명령을 충실하게 수행한 오레스트에게 오히려 책망을 퍼붓고 자신을 칼로 찌른 뒤 피뤼스의 시체 위에 쓰러진다.

15) 라 파예트(1634~93)의 소설. 줄거리는 다음과 같다.
샤르트르 양은 진실한 사랑 없이 클레브 공작과 결혼한다. 느무르 공작이 그녀를 사랑하게 되고, 그녀도 그에게 사랑을 느낀다. 남편에 대한 의무를 다하기 위해 그녀는 남편에게 이 사실을 고백하고 자신을 보호해달라고 말한다. 클레브 공작은 이 고백을 호의로 받아들이지만, 가짜 증거에 속아서 그녀가 느무르 공작과 부정을 저지르고 있다고 믿고 고뇌 속에서 죽는다. 부인은 자유의 몸이 되지만, 남편의 죽음의 근원인 느무르와 결혼하지 않는 이유를 느

계와 매우 비슷하다. 사랑은 언제나 불행하다. 투르농 부인(Mme de Tournon)과 테민 부인(Mme de Thémines)의 암담한 이야기는 클레브 부인에게 경고가 된다. 그러나 이 여주인공은 결말에 이를 때까지 이 불운한 여자들의 운명에서 자신의 미래 이미지를 읽어낼 능력이 없다. 그녀는 느무르(Nemours) 공작의 모습으로 나타나는 사랑의 화사한 반쪽 면만 본다. 그녀의 자만심은 자신을 이 환영에 일치시키고 다른 반쪽 면은 다른 여자들에게 예정된 것이라 믿고 거부한다. 그러나 공작부인은 욕망, 즉 자만심을 벗어나지 못한다. 소설의 끝에 이르면 그녀는 사랑으로 신세를 망치는 다른 여자들과의 동일성을 깨닫게 되는 끔찍한 경험을 하게 된다. 『앙드로마크』의 어떤 인물도 이러한 경험을 하지는 않는다. 느무르가 그녀의 비밀을 폭로했다는 사실을 알았을 때 클레브 부인이 한 말을 들어보자. 공작은 그녀가 자기에게 바친 사랑을 친구들에게 자랑했던 것이다. "내 생각이 틀렸던 거야, 자신의 명성에 득이 되는 비밀을 숨길 수 있는 남자가 있다고 믿다니……. 그런데도 다른 남자들과는 아주 다르다고 믿었던 이 남자로 인해 내가 나와는 전혀 다르다고 여겼던 다른 여자들처럼 되고 말았다, 라고 클레브 부인은 쓰라린 마음으로 술회한다." 공작부인은 형이상학적 욕망의 모든 작용을 단 한 문장으로 요약하고 있다. 주체는 자신의 욕망이 미화시킨 중개자에게 애착을 느낀다. 그는 이 존재를 욕망함으로써 자신의 개별성을 획득한다고 믿지만, 실제로는 개별성을 상실한다. 왜냐하면 모두가 동일한 환상의 희생자이기 때문이다. 모든 여자는 각자의 느무르를 가지는 법이다.

『클레브 공작부인』을 위대한 소설문학과 비교해야만 하는 까닭은

무르에게 설명한다. 하지만 그것은 동시에 사랑의 고백이기도 하다. 그 후 그녀는 수도원에 들어가 느무르의 방문을 거절하고 은거하다가 얼마 안 있어 죽는다.

이 작품이 형이상학적 욕망의 어떤 양상들을 폭로하기 때문이다. 라신의 비극은 일치하지 않는 사랑의 숙명성을 바라볼 뿐이지만, 이 고전주의 여류소설가[16]는 욕망의 의미에 의문을 제기하고, 결말에서는 사랑의 불화가 빚어내는 기괴하고 고통스러운 메커니즘을 정확히 지적하고 있다. 클레브 부인은 방금 느무르 공작에게 마지막 회견을 허락했다.

> 클레브 씨는 아마도 사랑을 결혼 안에 보존할 능력이 있는 세상에 하나밖에 없는 남자였습니다. 나의 운명은 내가 그러한 행복을 누리기를 원하지 않았습니다. 아마도 또한 그의 사랑은 그가 단지 나에게서는 발견할 수 없는 것이었기 때문에만 존속했을지도 모릅니다. 하지만 나는 당신의 사랑을 보존할 동일한 방법을 가질 수 없습니다. 나는 심지어 장애물들이 당신의 사랑을 변하지 않게 해주리라 믿고 있지요…….

소설의 이 '메시지'는, 요즈음도 남성중심적이고 부르주아적인 비평들이 즐겨 반복하는 것처럼, 고인이 된 남편의 추억에 바쳐진 희생이 아니다. 결론도 코르네유[17]적 불변의 명예와 역시 아무 관련이 없다. 클레브 부인은 마침내 그녀에게 다가올 미래를 깨닫는다. 그녀는 이 끔찍한 놀음에 참여하기를 거부한다. 그녀는 궁정에서 멀리 떠남으로써 소설세계에서 그리고 형이상학적 감염에서 벗어난다.

---

16) 『클레브 공작부인』을 쓴 라 파예트.

17) 코르네유(1606~84)는 몰리에르·라신과 함께 프랑스의 3대 고전 극작가로 일컬어진다. 라신이 숙명적인 사랑을 그렸다면, 『르 시드』의 저자인 코르네유는 명예를 위해 사랑보다 의무를 선택하는 인간 내면의 갈등과 자유의지를 그렸다.

8 매저키즘과 새디즘

연속적으로 수많은 경험을 거치면서 주인은 소유 가능한 대상들은 그에게 가치가 없다는 사실을 배웠다. 그래서 그는 무자비한 중개자가 소유를 금지한 대상에게만 흥미를 느끼게 된다. 그는 극복할 수 없는 장애물을 추구하고 거의 언제나 그러한 장애물을 찾아내기에 이른다.

어떤 사람이 돌 밑에 감추어져 있다고 믿는 보물을 찾는 일에 착수한다. 그는 수없이 많은 돌을 일일이 한 개씩 들춰보지만 아무것도 발견하지 못한다. 그는 이런 부질없는 작업에 싫증이 나지만, 보물이 너무도 귀중한 것이어서 일을 포기하지 못한다. 그래서 이 사람은 들어올리기에 너무 무거운 돌을 찾기 시작한다. 그는 자기의 모든 희망을 그 돌에 걸고, 그 돌을 들어올리는 데에 남은 힘을 몽땅 소모하게 될 것이다.

매저키스트—우리가 방금 정의를 내린 바로 그 사람—는 원래 싫증을 느낀 한 주인일 따름이다. 연속되는 성공, 다시 말해서 연속되는 실망으로 자신의 실패를 바라게 되는 사람이다. 단지 그런 실패만이 그에게 진정한 신, 즉 그 자신의 일을 끄떡없이 견뎌낼 중개자를 제시해줄 수 있다. 우리는 형이상학적 욕망이 언제나 노예상태와 실패와 수치심으로 귀결된다는 사실을 알고 있다. 이러한 결말이 너무 지체되면 주체 스스로가 이상한 논리로 그러한 결말의 도래를 재촉할 것이다. 매저키스트는 자기 운명의 진행을 재촉하고 이제까지 분리되어 있던 형이상학적 과정의 단계들을 단 한순간에 몰아놓는다. '평범한' 욕망의 경우에는 모방이 장애물을 초래하지만, 이제는 장애물이 모방을 초래한다.

지배는 매저키즘으로 끝나지만 노예상태는 훨씬 더 직접적으로 매저키즘에 이른다. 내면적 간접화의 희생자는 중개자의 욕망이 설치한 기계적 장애물에서 항상 적의를 감지한다고 믿는다는 사실을 기억하자. 이 희생자는 큰소리로 화를 내면서도 내심으로는 그에게 과해진 벌을 마땅히 받아야 한다고 생각한다. 중개자의 적개심은 언제나 약간 합당해 보이는데, 왜냐하면 희생자는 자신이 복사하는 욕망의 주인보다 본래 열등하다고 느끼기 때문이다. 그러므로 장애물과 경멸은 중개자의 우월성을 확인해주는 것이므로 욕망을 배가할 따름이다. 그렇기 때문에 중개자가 소유했다고 여겨지는 긍적적인 자질에 근거해서가 아니라 그가 우리에게 맞서 설치하는 장애물에 준하여 중개자를 선택하는 데는 그저 한 걸음의 차이가 있을 뿐이다. 게다가 주체의 자기비하가 심할수록 이 한 걸음을 넘어서기는 그만큼 더 수월해진다.

'평범한' 욕망에서는 아직 주체가 아무 일도 하지 않았지만 결국 중개자를 배반했다. 그러나 이 무지한 주체는 자신의 불행과 욕망 사이의 관련성을 전혀 이해하지 못했던 것이다. 매저키스트는 불행과 형이상학적 욕망 사이의 필연적인 관련성을 알지만, 그렇다고 해서 욕망을 포기하는 일은 없다. 이전의 오해보다 더욱 현저해진 오해로 그는 이제 수치심과 실패와 노예상태에 머무르면서, 대상 없는 신념과 부조리한 행위의 필연적인 결과보다는 신성의 징후들(signes)과 형이상학적인 모든 성공의 예비상태를 보기를 선택하려 한다. 이제부터 주체는 실패 자체를 자신의 자율적인 기도의 토대로 삼는다. 그는 바로 심연 위에 신이 되려는 계획을 세우는 것이다.

드니 드 루주몽은 『사랑과 서양』에서 모든 열정은 그에 맞서 설치된 장애물로 강화되며 장애물이 없어지면 열정도 사라진다는 사실을 잘 인지하고 있다. 루주몽은 그래서 이 욕망을 장애물의 욕망으로 정의하기에 이른다. 『사랑과 서양』에서 행해진 그의 관찰은 주목할 만하지만, 이 단계에서는 설명적인 종합이 불충분해 보인다. 어떠한 종합도 두 개인 간의 생생한 관계가 아닌 하나의 대상이나 하나의 추상 개념으로 귀착되면 그것은 불완전하다. 장애물은 그것만이 곧바로 추구되는 매저키즘의 경우에서도 가장 우선적인 것이 될 수 없다. 중개자의 탐색이 이제는 매개를 거치지만, 장애물이라는 매개를 통해 추구되는 것은 바로 이 탐색인 것이다.

내면적 간접화의 하위단계에서는 주체의 자기비하가 너무 심해서 자신의 판단을 전혀 신뢰하지 않는다. 그는 추구하고 있는 지고의 선(善)으로부터 자신이 무한히 멀리 있다고 믿는다. 그는 이 선의 영향력이 자신에게까지 미치리라고 생각하지 않는다. 따라서 그는 보통 사람들과 중개자를 구분할 확신이 없다. 매저키스트가 스스로 가치를 평가할 수 있다고 판단하는 대상은 하나뿐이다. 그 대상은 자기 자신이며 그 가치는 형편없는 것이다. 매저키스트는 다른 사람들을 그 자신에 관해 그들이 보여준다고 여겨지는 통찰력의 정도에 따라 판단하게 될 것이다. 그는 자신에게 애정과 다정함을 느끼는 사람들에게서 멀어진다. 반대로 그에게 나타내는 경멸—진정이든 그렇게 보이든 간에—을 통해 그 자신처럼 저주받은 종족에 속하지 않았음을 증명하는 사람들에게 열렬히 구원을 요청할 것이다. 우리가 중개자를 선택하는 데서, 그가 우리에게 불러일으킨 존경심 때문이 아니라 우리가 그에게 불러일으키거나 또는 그렇다고 여겨지는 혐오감 때문에 중개자를 선택한다면, 우리는 매저키스트이다.

형이상학적 지옥의 관점에서 본다면 매저키스트의 논리에는 나무랄 데가 없다. 이는 과학적 귀납법의 한 전형이며, 심지어 귀납법에 의한 추론의 원형(原型)일 수 있다.

우리는 이미 제2장에서 굴욕·무기력과 수치심, 즉 장애물이 중개자의 선택을 결정짓는 매저키즘의 예들을 살펴보았다. 마르셀의 마음에 '초대받고' 싶다는 강렬한 욕망을 일으키는 것은 바로 게르망트 집안에 대한 접근 불가능성(le noli me tangere)이다. 지하생활자의 경우나 즈베르코프 일당의 경우에도 과정은 다르지 않다. 장교의 에피소드에는 용어의 가장 축어적인 의미에서의 장애물마저도 등장하는데, 무례한 장교가 지하생활자를 강제로 보도에서 밀어내기 때문이다. 내면적 간접화를 다룬 소설가들의 작품이라면 어디에서나 우리는 드니 드 루주몽이 행한 관찰의 정확성을 확인한다. "가장 심각한 장애물은……우리가 무엇보다도 선호하는 것이다. 그것이 열정을 증가시키는 데 가장 적합하다." 이 진술은 틀림없지만, 가장 심각한 장애물은 그것이 가장 신과 같은 중개자의 존재를 드러내주기 때문에만 이러한 가치를 지닌다는 사실을 덧붙여야 할 것이다. 마르셀은 알베르틴의 언어와 태도를 모방하고, 심지어는 그녀의 취미까지 따른다. 지하생활자는 우스꽝스럽게도 자신을 모욕한 자의 허풍까지도 복사하려고 애쓴다. 이졸데는, 만약 그녀가 왕과 결혼을 약속한 여자가 아니었다면, 그렇게 사랑스럽지 않았을 것이다. 사실 트리스탄이 갈망하는 것은 용어의 가장 엄밀한 의미에서 왕권이다. 중개자가 숨겨져 있는 까닭은 트리스탄 신화가 최초의 낭만적인 시(詩) 가운데 하나이기 때문이다. 천재소설가들만이 열정에 사로잡힌 자의 모방하는 삶 전체를 보여줌으로써 서구정신의 가장 깊은 층까지 조명해준다.

매저키스트는 형이상학적 욕망의 다른 희생자들보다 더욱 명석한 동시에 더욱 맹목적이다. 그가 더욱 명석한 이유는 욕망하는 모든 주체 가운데 유독 그만이, 오늘날에는 더 널리 퍼진 이 통찰력으로, 내면적 간접화와 장애물 사이의 관련을 간파하고 있기 때문이다. 그가 더욱 맹목적인 이유는 이러한 깨달음을 그것이 요구하는 결말까지 철저히 규명하는 대신에, 바꿔 말해서 굴절된 초월에서 벗어나는 대신에, 모순되게도 장애물로 달려감으로써, 그리하여 불행과 실패에 헌신함으로써 자신의 욕망을 만족시키고자 하기 때문이다.

존재론적 질환의 최종단계의 특성인 해로운 통찰력의 근원을 찾아내기란 어렵지 않다. 그것은 바로 중개자의 근접성이다. 노예상태란 언제나 욕망의 결말이지만, 이 결말이 처음에는 매우 멀리 있어서 욕망하는 주체는 그것을 인식하지 못한다. 중개자와 주체 사이의 거리가 감소하고 형이상학적 과정의 단계 변화가 가속됨에 따라 결말은 점점 뚜렷해진다. 그러므로 모든 형이상학적 욕망은 매저키즘을 지향한다. 그 이유는 중개자는 계속해서 가까워지는데, 그가 가져오는 빛만으로는 존재론적 질환을 치유할 능력이 없기 때문이다. 그 빛은 희생자를 치명적인 변화로 치닫게 하는 수단을 제공할 따름이다. 모든 형이상학적 욕망은 그 자신의 진실을 향해 그리고 욕망하는 주체가 이 진실을 깨닫게 되는 방향으로 진행된다. 매저키즘은 주체가 스스로 이 진실의 빛 속으로 들어갈 때 그리고 빛이 나타나도록 열심히 협력할 때 생기는 것이다.

매저키즘은 형이상학적 진실에 대한 심오하지만 아직은 불충분한 직관에 근거하는데, 이러한 굴절되고 왜곡된 직관은 직관 이전의 단계들에서의 무지보다 더 해로운 결과를 초래한다. 욕망하는 주체는 욕망이 그의 발 밑에 이미 파놓은 심연을 알아차리게 되면, 형이상학적 질환이 덜 심했던 단계가 그에게 마련해주지 못했던 것을 그 안에서 찾으리라는 요행을 바라면서 자발적으로 그 속에 뛰어든다.

실제로는, 엄밀한 의미에서의 매저키즘과 형이상학적 욕망의 모든 형태에서 발견되는 무의식적이고 막연한 매저키즘을 구분하기가 때로는 어렵다. 돈키호테와 산초는 심하게 두들겨맞지 않으면 마음이 편치 않다는 것은 사실이다. '이상주의적인' 독자들은 세르반테스에게 그의 주인공이 당하는 지독한 몽둥이찜질의 책임이 있다고 생각한다. 초기 낭만주의자들보다 더 '명석하고' 더 '현실주의적인' 현대의 독자들은 돈키호테를 기꺼이 매저키스트로 취급한다. 대립된 두 견해는 낭만적 오류가 빚어낸 반대로 꼭 닮은 쌍둥이 형태이다. 용어의 엄밀한 의미에서 세르반테스가 새디스트가 아닌 것과 마찬가지로 돈키호테는 매저키스트가 아니다. 돈키호테는 자신의 중개자인 아마디스 데 가울라를 모방한다. 쥘리앵 소렐의 경우는 더 모호하다. 이 청년은 친구 푸케(Fouquet) 곁에서 유복하게 살 수 있는데도 라몰 저택으로 가서 자기보다 열등한 귀족들의 멸시를 자초한다. 마틸드의 경멸감에서 유래되어 그것 없이는 존속하지 못하는 이 맹렬한 열정은 다른 한편으로 무엇을 의미하는 것일까?

간접화의 불유쾌한 결과를 체념하고 감내하는 욕망하는 주체와, 그러한 결과가 그에게 쾌락을 주기 때문이 아니라 성사(聖事)의 가치를 지니기 때문에 탐욕스럽게 추구하는 주체 사이에는 모든 종류의 미묘한 차이가 있을 수 있다. 돈키호테의 매저키즘 전(前)단계와 마르셀이나 지하생활자의 두드러진 매저키즘은 확연하게 구분되지 않는다. 특히 전자를 '정상적인' 상태로, 후자를 '병적인' 상태로 분류할 수도 없다. 건강과 질환 사이의 분리선은 항상 자의적인 것으로서, 우리 자신의 욕망에 따라 그어지는 것이다. 천재소설가는 이 분리선을 지워버릴 뿐 아니라 또 하나의 경계선을 폐지한다. 그 누구도 혐오스러운 매저키즘이 어디서 시작되는지, 위험에 대한 고상한 취향과 이른바 '정당한' 야심이 어디에서 끝나는지 말할 수 없다.

중개자와의 거리 감소는 매저키즘을 향한 진전이다. 외면적 간접화에서 내면적 간접화로의 이행은 그 자체로 매저키즘의 경향을 지닌다. 우화에 나오는 개구리들처럼 무능한 중개자에게 불만을 품은 사람들은 그들을 혹평하는 적극적인 중개자를 선택한다. 모든 노예상태는 매저키즘과 흡사하다. 왜냐하면 노예상태는 경쟁자의 욕망이 우리를 가로막고자 설치하는 장애물에 기초를 두고 있기 때문이며, 또 노예는 마치 바위에 달라붙은 연체동물처럼 장애물에 끈끈하게 붙어 있기 때문이다.

매저키즘은 형이상학적 욕망의 근거인 모순을 완벽하게 드러낸다. 열정적인 사람은 자기가 통과하지 못하는 것이 당연한 극복할 수 없는 장애물을 통해 신성을 추구한다. 바로 이러한 형이상학적 의미를 대부분의 심리학자들과 정신의학자들이 간과하고 있다. 따라서 그들의 분석은 매우 열등한 직관의 수준에 놓여 있다. 예를 들어, 그들은 주체가 그저 단순히 수치심과 모욕감 그리고 고통을 원한다고 주장한다. 아무도 그런 것들을 욕망한 적이 절대로 없다. 매저키스트를 포함한 형이상학적 욕망의 희생자들은 모두가 중개자의 신성을 탐내며, 이 신성을 차지하기 위해서 만일 필요하다면—항상 그럴 필요가 있다—수치심과 모욕감과 고통을 받아들일 것이며 심지어 찾아나설 용의까지도 있다. 이런 희생자들은 불행을 통해서만 자기들이 모방할 존재—자신들을 비참한 상태에서 벗어나게 해줄 수 있는 것처럼 보이는 가장 강력한 존재—를 찾아낼 수 있다고 믿는다. 그러나 이 불행한 의식의 소유자들이 무조건 수치심과 모욕감과 고통만을 원하는 것은 절대로 아니다. 매저키스트가 지닌 욕망의 삼각형의 본질을 이해하지 못하는 한 매저키스트를 이해할 수 없다. 직선적인 욕망을 가정하고, 주체에서 시작되는 한결같은 직선을 그어보자. 이 선은 언제나 그들이 익히 알고 있는 불쾌한 것들로 귀착된다. 그러면 그들은 욕망의 대상 자체를 파악했다고 믿는다. 매저키스트는 이 대상을 욕망하는데, 요컨대 그는 우리가 결코 욕망하지 않는 것을 욕망한다고 단언할 수 있다.

이 정의의 또 한 가지 난점은 이 정의가 일반적인 형이상학적 욕망과 엄밀한 의미에서의 매저키즘 사이의 구분을, 비록 이론적일망정 완전히 불가능하게 만든다는 것이다. 사실 욕망과 그 해로운 결과 사이의 관련성이 드러날 때마다 언제나 우리는 그것을 매저키즘으로 간주한다. 그리고 주체 자신이 이 관련성을 파악했다고 확신한다. 그러나 간접화의 상위단계에서 주체는 이 관련성을 전혀 알아차리지 못한다. 매저키즘이라는 용어가 정확한 이론적 의미를 지니기를 원한다면, 주체가 이 관련성을 깨달았을 경우에만 매저키즘에 관해 말할 수 있다.

고통—욕망의 단순한 결과이든 또는 매저키즘에서 욕망의 예비적 상태이든 간에—을 욕망의 대상 자체로 만드는 것은 특별히 폭로적인 하나의 오류이다. 동일한 종류의 다른 오류들과 마찬가지로, 이 오류는 공교로운 우연의 탓이거나 관찰에서 '과학적인' 조심성의 결여 때문이 아니다. 관찰자는 관찰 대상인 주체와 마찬가지로 그 자신에게 관련될지도 모르는 지점까지 욕망의 진실을 탐구해내려가기를 원하지 않는다. 형이상학적 욕망의 비참한 결과를 매저키스트 혼자만이 욕망할 대상 안에 국한함으로써 이 불행한 자를 예외적인 존재로 만든다. 다시 말해서 '규범적인'(normaux) 사람들인 우리 자신의 감정과는 아무런 관계가 없는 감정을 지닌 괴물로 만들어버린다. 매저키스트는 우리 모두가 욕망하는 것의 정반대를 욕망할 것으로 생각된다. 우리 자신의 욕망의 내재성으로 파악되어야 할 모순이 외부로 위치를 옮긴 것이다. 이 모순은 매저키스트와 관찰자—모순을 완전히 알게 되면 위험해질—사이에서 장벽 구실을 한다. 실제로 우리의 심리생활의 근거 자체인 모순들은 언제나 타인과 자아 사이의 '차이들'의 형태로 나타난다는 사실에 주목하기로 하자. 내면적 간접화에 따라 수립된 관계들은 자칭 '과학적인' 많은 관찰을 무효로 만든다.

우리는 해로운 결과를 지녔다고 파악되는 모든 욕망을, 혹시나 거기에서 우리 자신의 욕망의 이미지나 희화를 보게 되지나 않을까 두려워 멀리 보내버린다. 도스토옙스키는 우리가 이웃 사람을 정신병원에 감금함으로써 우리 자신의 양식(良識)을 확신한다는 사실을 정확히 지적하고 있다. 그의 욕망이 욕망함 직하지 못한 것의 본질 자체를 욕망하는 이 악성 매저키스트와 우리 사이에는 어떤 공통점이 있을 수 있을까? 물론 우리 자신이 욕망하는 것과 똑같은 것을 매저키스트도 욕망한다는 사실은 모르는 편이 낫다. 그는 자율성과 신에게나 합당한 자제력, 자부심과 타인들에 대한 존경심을 욕망하지만, 그가 만나본 모든 의사의 직관보다도 더 심오한 형이상학적 욕망의 직관에 의해, 비록 그 직관이 여전히 불완전한 것일지라도, 그는 더없이 귀중한 이 보물들을 그가 굴욕적인 노예가 되기를 자처하는 그의 주인에게서만 찾고자 한다.

* * *

우리가 지금까지 기술한 실존적 매저키즘과 비교하여, 프루스트와 도스토옙스키의 작품에서 상당한 역할을 맡고 있는 순전히 성적(性的)인 매저키즘과 새디즘도 있다.

성적 매저키스트는 가장 강렬한 형이상학적 욕망의 조건들을 자신의 관능적인 생활에서 재현하고자 애쓴다. 그는 학대받기를 원하기 때문에 학대자인 상대방을 원한다. 이 상대방과 중개자가 동일한 한 사람이라면 이상적일 것이다. 그러나 이상은 당연히 성취될 수 없는 것이다. 만약 이 이상이 실현된다면 중개자가 신성한 힘을 모두 잃게 되어, 이상은 더 이상 욕망할 만한 것이 아닐 것이기 때문이다. 따라서 매저키스트는 자신의 불가능한 이상을 모방하는 데 그치고 만다. 그는 일상생활에서 그가 중개자와 하는—한다고 생각하는—역할을 섹스 파트너와 하기를 원한다. 이 매저키스트가 요구하는 가혹행위는 정말로 신과 같은 중개자라면 아마도 그에게 가함 직한 행위들과 언제나 머릿속에서 연관되어 있다.

그러므로 순전히 성적인 매저키즘에서조차도 주체가 고통을 '욕망한다'고 말할 수는 없다. 주체가 욕망하는 것은 중개자의 존재이며, 신과의 접촉이다. 그는 자신과 중개자 사이의 관계에 관련된 분위기를 실제로 또는 상상으로 재창조함으로써만 중개자의 이미지를 되살릴 수 있다. 중개자를 떠올리게 하지 못하는 고통은 매저키스트에게 아무런 에로틱한 가치도 없다.

새디즘은 매저키즘의 '변증법'의 반(反)이다. 순교자 역할을 하는 데 지쳐버린 욕망하는 주체는 자신이 학대자가 되기를 택한다. '사도-매저키즘'에 관한 어떠한 이론도 지금까지 이러한 역전의 불가피성을 밝혀주지 못했다. 모든 난제가 욕망의 삼각형이라는 개념 안에서는 사라져버린다.

에로틱한 행위가 펼쳐지는 삶이라는 연극무대에서 매저키스트는 자신의 역할을 연기하고 자신의 욕망을 모방했다. 새디스트가 된 그는 이제 중개자의 역할을 연기한다. 희극의 이러한 변화에 놀랄 필요는 없다. 우리는 사실상 형이상학적 욕망의 모든 희생자가 중개자를 모방함으로써 중개자의 존재(l'être)를 가로채려 한다는 사실을 알고 있다. 새디스트는 이제부터 학대자의 역할이 된 본질적인 역할을 수행함으로써 신을 모방하려고 노력한다. 그래서 상대방에게는 학대받는 자의 역할을 하게 한다. 새디스트는 이미 목표에 도달했다는 환상에 스스로 빠지고 싶어 한다. 이런 희극이 차차 현실로 바뀔 것이라는 희망을 품고서 그는 중개자 자리에 앉아 중개자의 눈으로 세상을 보려고 애쓴다. 새디스트의 폭력은 신성을 획득하기 위한 또 하나의 새로운 노력이다.

새디스트는 자신의 희생자를 또 하나의 자기 자신으로 변모시키지 않고는 자기가 중개자가 되었다는 환상을 스스로 확신할 수 없다. 가혹한 행위를 복사하는 순간에마저도 고통받는 타인에게서 자신의 모습을 보지 않을 수가 없다. 이것이 바로 자주 목격되는 피해자와 가해자 간의 기묘한 '일치'이다.

흔히 새디스트는 자기가 학대받는다고 생각하기 때문에 남을 학대한다고들 말한다. 이 말은 사실이지만, 전적으로 진실은 아니다. 이번에는 자신이 남을 학대하려는 욕망을 지니려면 자신이 어떤 자에게 학대받았다는 믿음이 필요하며, 그 학대자가 가혹행위 자체로 우리보다 무한히 우월한 존재의 영역을 획득한다는 믿음이 있어야 한다. 마법의 정원의 열쇠가 학대자의 손에 있을 때에만 새디스트가 될 수 있다.

새디즘은 다시 한번 중개자의 엄청난 매력을 드러낸다. 이제 인간의 얼굴은 지옥의 신의 가면 뒤로 사라지고 만다. 새디스트의 광기가 아무리 무서운 것일지라도, 그 의미는 이전의 모든 욕망과 동일하다. 그리고 만일 새디스트가 필사적인 수단들을 동원한다면, 그것은 절망의 시간을 알리는 종이 울렸기 때문이다.

도스토옙스키와 프루스트는 새디즘의 모방적 특성을 알고 있다.

비열해지고 모욕을 당했으며 보잘것없는 학대자들에게 괴롭힘을 당했다고 생각되는 파티가 끝나고 나서 지하생활자는 그의 수중에 들어온 불쌍한 창녀를 실제로 괴롭힌다. 그는 즈베르코프 일당이 자기에게 가한 행위라고 생각되는 바를 그대로 모방한다. 즉 그는 이전의 장면들이 진행되는 동안 자신이 고통을 당하면서 보잘것없는 엑스트라들에게 부여했던 신성을 갈망한다.

『지하생활자의 수기』에 나오는 에피소드들의 배열은 무관한 것이 아니다. 먼저 파티가 나오고 창녀와의 장면은 나중에 나온다. '매저키즘-새디즘' 구조의 실존적 양상들이 성적 양상들에 선행해서 나온다. 이 소설가는 의사들과 정신의학자들이 으레 그러듯이 후자를 중시하기는커녕 개인의 근본적인 기도(企圖)를 강조한다. 성적인 매저키즘과 새디즘이 제기하는 문제들은 이러한 현상들이 실존 전체를 반영할 때에만 밝혀진다. 모든 반영은 그것이 반영하는 어떤 것보다 당연히 나중에 나타난다. 성적 매저키즘은 실존적 매저키즘을 반영하는 거울이지 그 반대가 아니다. 다시 한번 확인하는 바이지만, 유행하는 해석들은 예외없이 현상들의 진정한 의미와 단계들을 역전시키고 있다. 새디즘이 매저키즘 앞에 놓이는 것과 마찬가지로 그리고 '매저키즘-새디즘'이라고 말해야 할 때 '사도-매저키즘'이라고 말하는 것과 마찬가지로, 실존적 요소들보다 성적 요소들에 체계적으로 우선권이 주어진다. 이러한 역전은 너무도 견고해서, 그것만으로도 형이상학적인 진짜 순서가 흔히 '심리분석'이나 '정신분석'과 같은 역설(contre-vérité)로 바뀌었음을 규명할 수 있다.

성적 매저키즘과 새디즘은 2차 모방이다. 형이상학적 욕망을 지닌 주체의 존재가 이미 모방인데, 그것에 대한 모방이기 때문이다. 도스토옙스키와 마찬가지로 프루스트도 새디즘이 복사이며, 마법과 같은 목적으로 자신이 자신에게 상연하는 열정적인 희극이라는 사실을 잘 알고 있었다. 뱅퇴유(Vinteuil) 양은 '악인들'을 모방하려고 애쓴다. 아버지의 기억에 남아 있는 그녀의 신성모독은 외설스러우면서도 순진한 몸짓이다.

> 그애와 같은 새디스트는 완전한 악인도 그렇게 될 수 없는 악(惡)의 예술가이다. 그애에게 악은 외부적인 것이 아닐 뿐 아니라 아주 자연스럽게 여겨져서 자신과 구분되지 않는 듯싶었다. ……그들은 〔이런 예술가들은〕…… 자신들의 양심적이고 다정한 마음에서 벗어나 쾌락의 비인간적인 세계로 도망쳤다는 환상을 한순간 맛보기 위해서……악인들의 역할을 하려고 애쓴다.

새디스트는 악을 수행하면서까지도 끊임없이 자신을 피해자, 즉 학대받는 무고한 사람들과 동일시한다. 그는 선(善)의 화신이며 중개자는 악(惡)의 화신이다. 나와 타인들 사이의 낭만적이고 '흑백논리적' 분리가 언제나 존재하며, 그러한 분리가 '사도-매저키즘'에서는 필수적인 역할마저 한다.

마음속 깊이 스스로가 선을 행하도록 선고받았다고 믿는 매저키스트는 선을 혐오하고 학대하는 악을 숭배하는데, 악은 곧 중개자이기 때문이다. 이 진실은 특히 프루스트의 경우에 명백히 나타난다. 장 상퇴유는 고등학교에서 자신을 놀림감으로 삼는 난폭한 학생들의 우정을 얻고자 노력한다. 『잃어버린 시간을 찾아서』의 화자는 욕망의 대상을 "내 기질과는 정반대의 기질을 지닌, 나의 유약함과 극도의 고통스러운 감수성과 지성에는 너무나 결여된 거의 야만적이고도 잔혹한 생명력을 지닌 그런 자의 비현실적이고 악마적인 객체화"로 정의한다. 거의 언제나 주체 자신은 악에 대한 자신의 열정을 깨닫지 못한다. 진실은 성생활이나 존재(existance)의 엉뚱한 어떤 영역에서 단지 섬광처럼 나타난다. 다정한 생-루는 하인들과의 관계에서는 가혹하다. 명석한 의식은 완전히 선을 옹호하는 데 바쳐진다. 욕망이 이 수준으로 심화되면 흔히 극도의 '도덕적 감각'이나, 열광적인 박애주의자나, 선(善)을 수호하는 민병대에 용감하게 참여하는 형태로 표출된다.

매저키스트는 모든 '멸시당한 자와 모욕당한 자', 또 자신의 운명을 막연하게나마 상기해주는 실제이거나 상상된 모든 불행에 자신을 동일화한다. 그리고 바로 사탄에게 매저키스트는 원한을 품는다. 그는 악인들을 분쇄하기보다는 그들에게 그들의 사악함과 자신의 미덕을 증명하고자 한다. 그는 그들의 파렴치한 행위의 희생자들을 바라보도록 강요함으로써 그들에게 수치심을 느끼게 하고 싶어 한다.

욕망의 이러한 단계에서 '양심의 소리'는 중개자가 불러일으키는 증오와 완전히 혼동된다. 매저키스트는 이 증오를 한 의무로 전환해 자신과 함께 증오하지 않는 모든 것을 비난한다. 이 증오로 인해 욕망하는 주체는 끊임없이 자신의 중개자에게 시선을 고정한다. 매저키스트는 철통같은 악의 갑옷을 뚫고 들어가 신성까지 도달할 능력이 없다고 스스로 믿는 만큼 더욱 달콤한 이 악을 파괴하는 데 전심전력을 기울인다. 그래서 그는 악을 열정적으로 포기했다. 그는 지하생활자와 마찬가지로 자신에게서 발견된, 그의 도덕적 삶 전부와 모순되는 것처럼 보이는 불유쾌한 어떤 현상들에 제일 먼저 놀란다.

매저키스트는 근본적으로 비관론자이다. 그는 필경 악이 승리하리라는 것을 알고 있다. 그는 절망적으로 대의를 위해 싸우고 있다. 그런 만큼 이 투쟁은 더욱 '칭송받을 만한' 것이다.

냉소적인 모럴리스트에게는, 또한 약간 다른 의미에서 니체에게는 모든 이타주의, 즉 유약함과 무능함에의 동일화는 모두가 매저키즘에 속한다. 도스토옙스키의 경우에는 반대로 형이상학적 욕망의 다른 모든 결과처럼, 매저키즘의 이데올로기가 수직적 초월의 역전된 이미지이다. 이 끔찍한 희화가 원본에 유리한 증거를 제시한다.

매저키즘에는 기독교 윤리의 모든 가치가 들어 있지만 그 순서는 거꾸로이다. 동정심은 결코 근본원리가 아니라 결과이다. 원리는 바로 득의만면한 악인에 대한 증오이다. 선을 사랑하는 것은 단지 악을 더 증오하기 위해서이다. 피압제자를 옹호하는 것도 단지 압제자를 더 짓누르기 위해서일 뿐이다.

매저키즘적 시각은 전혀 독립적이지 않다. 그것은 동일한 요소들을 역전된 대칭구조로 조직하는 경쟁하는 또 하나의 매저키즘과 항상 대립을 이룬다. 양면 서판(書板)의 한 면에 선(善)으로 정의된 것은 다른 면에 자동적으로 악(惡)으로 정의되며, 그 반대도 마찬가지다.

『악령』에서 도스토옙스키는 현대의 모든 이데올로기에는 매저키즘이 침투되어 있음을 시사하고 있다. 불행한 샤토프는 혁명 이데올로기에서 벗어나려고 필사적으로 애쓰지만 대개의 경우 반동 이데올로기에 빠져버리고 만다. 샤토프가 악을 떨쳐버리려고 기울이는 노력에서도 악은 또다시 승리를 거둔다. 불행한 자가 긍정을 추구하지만 부정의 부정에 다다를 뿐이다. 친(親)슬라브 이데올로기는 다른 이데올로기들과 마찬가지로 현대의 신(Esprit)에서 유래한 것이다. 바로 스타브로긴이 새로운 생각들을 샤토프에게 암시했던 것이다.

샤토프라는 인물은 단순히 반동주의자인 도스토옙스키 같은 사람의 가설을 파괴한다. 스탕달에게서 혁명정신의 어떤 형태들이 그런 것처럼, 도스토옙스키에게서 친슬라브주의는 잘 극복되지 못한 낭만주의의 잔재이다. 샤토프는 자신의 이데올로기의 진화를 그리고 부정적인 사고방식에서 벗어나지 못하는 자신의 무능력을 깊이 생각하고 있는 도스토옙스키이다. 그리고 바로 이러한 성찰을 통해 도스토옙스키는 친슬라브 이데올로기를 극복한다. 『한 작가의 일기』(*Le Journal d'un écrivain*)에서는 아직도 파당 정신이 승리하지만, 『카라마조프가의 형제들』에서 도스토옙스키는 이를 분쇄한다.

친슬라브 이데올로기의 극복에서 우리는 도스토옙스키의 천재성이 발휘되는 가장 훌륭한 순간을 발견한다.

증오하지 말라, 무신론자들을, 악을 주창하는 자들을, 물질주의자들을, 심지어 그들 중 사악한 자들까지도, 특히 우리 시대에는 많은 자가 선량한 자들이므로.

* * *

『카라마조프가의 형제들』 이전의 모든 작품에서 도스토옙스키는, 그리고 프루스트는 그의 작품에서 시종일관하게, 때때로 한 가지 공통된 유혹에 굴복한다. 그들은 어떤 인물들에게 원래 다른 잔인성이나 그 환상에 대한 반응이 아닌, 잔인성인 그 자체로서의 사악함을 부여한다. 이러한 대목들은 경험의 '사도-매저키스트'적 구조를 반영할 뿐 폭로하는 것은 아니다.

소설의 천재성은 형이상학적 욕망의 폭로를 가능하게 하는 초월에 근거하지만, 모호한 어떤 구석들이 남게 되어, 어떤 강박관념들은 여전히 소설의 통찰력으로 규명되지 않는다. 초월은 내면적 투쟁의 결과이며, 소설 자체에서 언제나 이 투쟁의 흔적을 볼 수 있다. 소설의 천재성은 기복이 심한 지면에 밀물이 들어왔을 때와 흡사하다. 몇 개의 작은 섬은 그 나머지가 모두 물에 잠긴 뒤에도 남는다. 소설가에 의해 탐사된 형이상학적 욕망의 극단적인 영역에도 비판의 지대가 남는다. 프루스트의 소설에서, 동성애적 욕망의 어떤 양상들은 소설의 폭로가 오랫동안 지연될 뿐 아니라 언제나 결정적으로 이루어지는 것도 아닌 그런 지대에 속해 있다.

그런데도 소설가가 최후의 장애물을 극복하는 가장 위대한 순간—종종 마지막 순간이 되는데—에 마침내 그는 매저키스트가 자동적으로 자신과 동일시하는 선이 현실적이지 않은 것과 마찬가지로 매혹적인 악도 현실적이지 않다는 사실을 깨닫는다.

> 뱅퇴유 양은, 만일 그녀가 다른 모든 사람에게서처럼 자기 자신에게서 그들이 야기하는 고통에 대한 무관심, 다른 어떤 이름으로 부르건 간에 영원히 끔찍한 형태인 잔인성이라는 이 무관심을 식별해낼 수 있었다면, 악이 너무도 희귀하고 놀라우며 어리둥절하게 만드는 어떤 상태여서 아주 느긋하게 빠져들어볼 만한 것이라고는 아마도 생각하지 않았을 것이다.

만약 우리가 이 문장 뒤로 무한히 뻗어 있는 정신적 여정을 생각한다면 이 문장은 더욱 훌륭해 보일 것이다. '사도-매저키스트'의 악몽은 돈키호테의 꿈이나 부르주아의 맥빠진 환상만큼이나 조잡한 거짓이다. 사실상 언제나 동일한 거짓이다. 숭배하는 박해자는 신도 아니고 악마도 아니다. 그는 단지 우리와 비슷한 사람으로서, 자신의 고통과 굴욕감이 우리보다 더욱 강렬하기 때문에 그것을 숨기느라 더욱 애쓰고 있을 뿐이다. 알베르틴은 하찮은 여자임이 밝혀진다. 즈베르코프는 흔해빠진 바보에 불과하다. 만일 간접화의 결과가 별로 두려운 것이 아니라면, 우리는 돈키호테의 오류에 그러했던 것처럼 '사도-매저키스트'의 오류에도 웃음을 터뜨릴 것이다.

세르반테스의 눈에는 돈키호테가 자신의 의무를 소홀히 하는 사람으로 비친다. 하지만 그는 광기로 인해 기독교 문명사회의 가치에 아직은 철저하게 대립하고 있지 않다. 환상은 매우 괄목할 만하지만 결과는 보잘것없다. 돈키호테가 가장 미치지 않은 소설 주인공이라고 전혀 모순 없이 말할 수 있다. 거짓은 더욱 파렴치해지고 그 결과는 중개자가 접근할수록 더욱 심각해진다. 만일 우리가 아직도 이 사실을 믿지 않는다면, 그것은 우리가 하찮은 것, 시시한 것 그리고 심지어 치사한 것과 불쾌한 것에 유리한 편견을 지니고 있기 때문인데, 적어도 우리가 그런 것들을 진실의 척도로 삼고 있다는 의미에서 그러하다. 비합리적이지만 의미있는 선호—그 자체가 계속 심화되는 간접화에 속한다—로 우리는 지하생활자를 초기 낭만주의의 '아름다운 것과 숭고한 것'보다 더 '현실적'이고 더 '진실된' 것이라고 선언한다. 드니 드 루주몽은 이 놀라운 편견을 『사랑과 서양』에서 이렇게 비난하고 있다. "가장 저속한 것이 우리에게 가장 진실된 것으로 여겨진다. 이것이 바로 우리 시대의 미신이다." 현실주의자가 된다는 것은 사실 가능성의 저울을 매번 가장 나쁜 쪽으로 기울게 하는 것일 따름이다. 그런데 현실주의자는 이상주의자보다 더 중대한 오류를 범하고 있다. '수정궁'이 지옥의 환상으로 변해감에 따라 증대하는 것은 진실이 아니라 거짓이다.

천재소설가는 형이상학적 욕망에 의해 야기된 대립들을 넘어선다. 그는 우리에게 그 대립들이 지니는 환상적인 성격을 보여주고자 한다. 그는 분파적으로 나뉜 선과 악의 경쟁적 희화를 극복한다. 그는 내면적 간접화의 영역에서 대립하는 두 상대방의 동일성을 단언한다. 그러나 도덕적 상대주의에 빠지지는 않는다. 악은 존재한다. 지하생활자가 젊은 매춘부에게 가하는 고통은 상상된 것이 아니다. 뱅퇴유의 고통 역시 너무나 현실적인 것이다. 악은 존재하며, 그것은 형이상학적 욕망 그 자체이다. 그것은 굴절된 초월이다. 굴절된 초월은 합친다고 주장하는 것을 분리하고 분리한다고 주장하는 것을 합치면서 인간의 운명을 거꾸로 된 방향으로 짜나간다. 악이란 많은 사람이 그들의 상호 파괴를 위해 전적으로 매달리는 증오의 부정적 계약이다.

9 프루스트의 세계

콩브레는 닫힌 세계이다. 어린애는 그 안에서 부모와 집안 우상들의 보호 아래, 마치 중세의 마을이 교구의 비호 아래 그러했던 것처럼 아늑한 행복감에 잠겨 살아간다. 콩브레라는 통일성은 지리적인 것이기에 앞서 정신적인 것이다. 콩브레는 가족 구성원 모두에게 공통된 전망(vision)이다. 어떤 질서가 현실에 부여되면 그것은 더 이상 현실과 구분되지 않는다. 콩브레의 첫 번째 상징은 마법의 램프인데, 램프의 갖가지 형상은 그것들이 투사된 물건들의 형태와 결합하여 방의 사면 벽과 전등갓과 문의 손잡이들에 비쳤다가 일률적으로 우리에게 반사된다.

콩브레는 폐쇄적인 문화인데, 독일사람들이라면 용어의 민족학적 의미에서 세상(Welt)이라 말할 테지만, 작가는 우리에게 '폐쇄된 작은 세계'(petit monde clos)라 부르고 있다. 바로 이러한 인식의 차원에서 콩브레와 외부세계 사이에는 심연이 가로놓여 있다. 콩브레의 인식과 '야만인들'(barebares)의 인식 사이에는 특수한 차이가 존재하며, 그것을 밝히는 일이 소설가의 주된 임무이다. 입구의 문에 달린 작은 종 두 개는 이러한 차이에 대한 예증이라기보다는 첫 번째 상징에 속하는 한 예를 제시한다. "집안사람은 누구나 들어오면서 그 연결장치를 벗겨 '소리를 내지 않기'로 되어 있는 작은 종"과 "낯선 사람일 경우에는 딸랑딸랑 두 번 수줍게 울리는 달걀모양의 금빛 울림을 가진 작은 종"은 전혀 공통점이 없는 두 세계를 환기시킨다.

언제나 매우 피상적인 어떤 층위에서는 콩브레가 아직도 이러한 인식들 간의 차이를 분간할 능력이 남아 있다. 콩브레는 두 가지 방울소리의 차이를 알아차린다. 콩브레는 그곳의 토요일이 하나의 색깔, 하나의 특별한 색조를 지니고 있다는 사실 또한 모르지 않는다. 그날따라 점심식사가 한 시간 앞당겨졌다.

> 평소와 다른 토요일이 돌아오기라도 하면 그것은 집안 내의, 지역의, 거의 시민 차원의 사소한 사건들 가운데 하나여서 평온하던 생활과 폐쇄된 사회 내에는 일종의 거국적인 유대감이 형성되고, 사람들의 대화와 농담과 그리고 제멋대로 부풀린 이야기의 인기 있는 주제가 된다. 그것은, 만일 우리 가운데 서사적인 사고를 가진 자가 있었다면, 그에게 전설적인 연작(連作)을 써낼 완벽하게 준비된 핵심을 제공했을 것이다.

콩브레 사람들은 외부인들(étrangers)과 대립하는 일이 생기면 서로 연대감과 우의를 느낀다. 하녀인 프랑수아즈가 특별히 이러한 일치감을 좋아한다. 식구들이 특별한 토요일을 잊었기 때문이 아니라 외부인들이 그런 사실을 모른다는 점을 잊었기 때문에 생기는 사소한 오해만큼 그녀를 즐겁게 하는 것은 없다. 미리 알려주지 않았으므로 시간이 바뀐 것에 깜짝 놀라는 '야만인'은 약간 우스워 보인다. 그는 콩브레의 진실에 입문하지 못한 것이다.

우리와 타인들 간의 차이가 완전히 사라지지 않아 알아볼 수 있는 이러한 중간지대에서 '애국적인' 의례(儀禮)들이 생겨난다. 오해는 여전히 반쯤 의도적이다. 좀더 심각한 수준에서는 오해는 전혀 의도적이 아니며, 화자인 소설가만이 동일한 대상에 대한 상충되는 인식들 사이에 가로놓인 심연을 뛰어넘을 수 있다. 예를 들어, 콩브레는 그들에게 익숙한 가족처럼 친숙한 부르주아 스완을 알지만 사교계의 사람들이 알고 있는 세련된 귀족인 스완의 다른 모습은 알지 못한다.[1)]

틀림없이 나의 할머니들은 자신들이 구성하고 있는 스완 안에 다른 방면이 있으리라고는 짐작하지 못한 탓에 그의 사교계 생활의 허다한 특징들을 빠뜨리고 있었는데, 다른 사람들 같으면 그와 대면하게 되었을 때 그의 얼굴에 퍼져 있는 우아함이 마치 자연스러운 경계인 양 그의 매부리코에서 멈추고 있는 것을 보고는 그것이 사교계 생활에서 비롯된 것임을 알았을 것이다. 그러나 할머니들은 그의 위엄을 손상시키는 방심한 듯한 널따란 얼굴 속에, 그를 과소평가하는 그 눈 속에, 함께 보냈던 한가로운 시간들의 아련하고 정다웠던 흔적—반쯤은 기억하고 반쯤은 잊어버린—을 쌓아갈 수 있었다.

소설가는 본래 인간이 전혀 보지도 만지지도 느끼지도 못하는 것, 즉 모순되는 만큼 절대적인 두 가지 명백한 인식을 우리가 보고 만

1) 스완은 유대인 출신의 주식중개인(거부)이라는 비천한 신분이지만, 파리의 최고급 사교계에서 최고 인기를 누리는 인사이며 미술 애호가이다. 마르셀이 한때 사랑했던 질베르트의 아버지이기도 하다. 주인공 마르셀의 모든 애정행각은 바로 스완의 사랑을 그대로 반복할 정도로 여러 면에서 마르셀의 정신적 아버지 역할을 하고 있다.

지고 느낄 수 있게 한다. 콩브레와 외부세계 사이에는 단 한 가지 소통만이 가능해 보인다. 오해가 전부인데, 그 결과는 비극적이라기보다는 희극적이다. 우리는 이 희극적인 오해의 또 다른 예를 셀린(Céline)과 플로라(Flora) 두 할머니가 스완이 보낸 선물에 대해 그에게 표시하는 미미한 감사의 말에서 찾아볼 수 있다. 암시가 너무 막연하고 간접적이어서 아무도 알아차리지 못한다. 그렇지만 나이든 두 여자는 자기들의 말을 알아듣지 못하리라고는 전혀 의심하지 않는다.

의사소통의 불능은 어디에 기인하는 것일까? '두 모습을 지닌 스완'의 경우에 모든 오해는 지적인 이유, 단순한 정보의 부족 때문인 것으로 여겨진다. 소설가의 몇몇 표현이 이 가정을 확인해주는 것처럼 보인다. 가족들의 무지로 콩브레의 스완이 생겨난다. 화자는 허물없는 스완의 모습에서 자신이 청년기에 범했던 유쾌한 착각들 가운데 하나를 발견한다.

착각은 일반적으로 우발적이다. 그것은 잘못 생각하는 사람의 관심을 그리로 기울이게 하면, 또 그에게 착각을 교정할 방법을 알려주면 즉시 사라진다. 그러나 스완의 경우에는 가족들, 특히 대고모의 착각에 대한 견해가 수정되지 않은 상태에서 그러한 기미들이 늘어나고 사방에서 진실이 밝혀지게 된다. 스완이 귀족들과 빈번하게 교류한다는 사실이 알려진다. 『르피가로』지가 '샤를 스완의 소장품'인 그림들에 관해 언급한다. 대고모의 생각은 요지부동이다. 마침내 스완이 빌파리시스 부인(Mme de Villeparisis)의 친구임이 밝혀지지만, 이 소식은 대고모의 생각에서 스완을 격상하기는커녕 빌파리시스 부인을 격하하는 효과를 가져올 뿐이다. "뭐라고? 그 여자가 스완을 안다고? 자네가 마크-마옹(Mac-Mahon) 원수의 친척이라고 주장하는 사람이 말이지!라고 대고모가 할머니에게 말한다." 진실은 성가

신 한 마리 파리 같아서, 끊임없이 대고모의 콧잔등에 내려앉지만 손등 하나면 그것을 쫓아버리기에 충분하다.

따라서 프루스트의 착각은 지적인 이유로 국한되지 않는다. 문맥에서 유리된 이 용어로, 특히 이러저러한 철학자가 한정할 이 용어의 의미로 프루스트를 판단하지 않도록 유의해야 한다. 단어들을 넘어서 소설의 실질을 보아야 한다. 스완에 관한 진실이 콩브레에 침투하지 못하는 까닭은 이 가족의 사회적 믿음과 이 가족이 부여하는 부르주아의 위계질서에 대한 의미가 상반되기 때문이다. 프루스트는 우리의 신념이 지배적인 세계에는 사실들이 침투하지 못한다고 말한다. 그들이 이러한 신념을 만들어낸 당사자가 아니므로 그것을 파괴할 수 있는 것도 그들이 아니다. 개인적인 세계의 건전함과 공명정대함이 문제될 때 그들의 눈과 귀는 닫혀버린다. 어머니는 아버지를 바라보되 그리 뚫어지게 바라보지는 않는데, '그의 우월감의 비밀'을 알고 싶지 않아서이다. 셀린과 플로라 두 할머니는 아무것도 알려고 하지 않는 고도의 귀한 능력을 소유하고 있다. 이들은 사람들이 자기들 면전에서 자기들의 관심사가 아닌 것에 관해 말하면 더 이상 듣지 않는다.

> 이 두 할머니의 청각을……당장 청각기관의 작용을 정지시키고 그 기능의 완전한 위축을 개시하는 것이었다. 만일 그때 할아버지가 두 처제들의 주의를 끌 필요를 느끼면, 할아버지는 정신병 전문의가 어떤 방심증 환자들에게 사용하는 물리적인 경고방법에 도움을 청하지 않으면 안 되었다. 즉 여러 번 되풀이하여 칼날로 유리컵을 두드리면서 동시에 목소리와 시선으로 갑작스러운 질문을 내뱉는 방법 말이다.

이러한 방어 메커니즘은 분명히 간접화에 속한다. 콩브레의 중개자처럼 중개자가 멀리 있을 때, 그들은 사르트르의 '자기기만'보다는 막스 셸러가 『원한의 인간』에서 말하는 '기질성 기만'(mensonge organique)에 더 부합한다. "체험의 변조는 단순한 거짓말에서 그렇듯이 의식적으로 행해지는 것은 아니지만, 가치의 표상과 감정이 생성되는 순간부터 모든 의식적인 체험에 우선하여 행해진다. '기질성 기만'은 사람이 자신의 '이익'이나 또는 본능적인 관심의 그러한 다른 경향에 유리한 것만을 알고자 할 때마다 작동하며, 그 대상은 기억에서조차 그렇게 변조되어버린다. 그래서 착각하는 사람은 거짓말을 할 필요를 느끼지 않는다."

자신의 건강을 해칠 수 있는 것은 흡수하기를 거부하는 건강한 신체기관이 그러하듯, 콩브레는 위험한 진실을 배격한다. 콩브레는 눈을 자극하는 먼지를 배척하는 하나의 눈이다. 따라서 콩브레에서는 모두가 각기 자신의 검열관이다. 그러나 전혀 애쓸 필요가 없는 이 자체검열은 콩브레의 평화와 콩브레의 일원이 되는 행복과 혼동된다. 게다가 이것은, 원래 본질적으로 레오니(Léonie) 대고모를 돌보는 주변 사람들의 지극한 보살핌과 일체를 이룬다. 모두가 대고모의 평온을 깨뜨릴 우려가 있는 것이라면 무엇이든 대고모한테서 멀리 떼어놓으려고 애쓴다. 마르셀은 산책 도중에 '모르는 어떤 사람'을 만났다고 경솔하게 말했다가 꾸중을 듣는다.

어린아이의 눈에는 레오니 대고모의 방이 정신적 중심, 가족들이 사는 집의 진정한 지성소로 비친다. 비시(Vichy)[2] 물병과 약 그리고 종교서들이 놓여 있는 머리맡 탁자는 콩브레의 대여사제가 프랑수아즈의 도움을 받아 제식을 집행하는 제단이다.

---

2) 비시 광천수를 말한다.

대고모는 활동하지 않는 것처럼 보이지만, 바로 그녀가 이질적인 정보를 변모시킨다. 즉 그것을 '콩브레의 이야기 주제'로 바꿔서, 소화가 잘되고 영양가가 높고 맛있는 음식물로 만들어버린다. 그녀는 지나가는 사람과 낯선 개를 동일시하며, 모르는 사람을 아는 사람으로 만든다. 그녀 덕분에 모든 지식과 모든 진실이 콩브레의 것이 된다. "고대화가들의 그림에 나오는 작은 마을과 마찬가지로 완벽하게 원형(圓形)을 이루는 윤곽이 여기저기 드러나는 중세 성벽지대의 잔해"인 콩브레는 하나의 완전한 구형(球形)를 이루고 있으며, 침대에 누워 움직이지 않는 레오니 대고모가 이 구형의 중심이다. 대고모는 가족의 활동에 참여하지 않지만 그러한 활동에 의미를 부여한다. 그녀의 매일매일의 생활이 이 구체를 순조롭게 돌아가게 한다. 마을의 집들이 교회 둘레로 모이듯 가족들은 대고모 주변으로 몰려든다.

* * *

콩브레의 기질적 구조와 사교계 살롱의 구조 사이에는 놀랄 만한 유사성이 있다. 그것은 순환적인 동일한 사고방식, 의례적인 언행체계로 확인된 내면의 동일한 응집력이다. 베르뒤랭 살롱은 단순한 모임장소가 아니라 보고 느끼고 판단하는 하나의 방식이다. 살롱 역시 하나의 '폐쇄된 문화'이다. 그러므로 살롱도 정신적 통일성을 위협하는 것은 무엇이나 배척하게 될 것이다. 살롱은 콩브레의 기능과 유사한 '제거기능'을 가지고 있다.

콩브레와 베르뒤랭 살롱 간의 유사성은, 두 경우 모두에서 '외부사람'이 불행한 스완인 만큼 더욱 이해하기가 쉽다. 오데트를 향한 사랑 때문에 스완은 베르뒤랭 집안에 끌린다. 스완의 사회적 계급의 격하와 범세계성 그리고 귀족들과의 교분은 콩브레에서보다는 베르뒤랭 집안에서 더욱 전복적으로 보인다. '제거기능'은 몹시 거칠게 수행된다. 스완으로 생겨난 막연한 거북함에 대한 대고모의 반응은 비교적 해롭지 않은 빈정거림으로 그쳤다. 좋은 이웃관계는 훼손되지 않았다. 스완은 여전히 환영받는 사람(persona grata)으로 남아 있다. 베르뒤랭 살롱에서는 상황이 다르게 진전된다. '여주인'은 스완을 동화될 수 없는 인물로 깨닫자 증오로 입을 비죽거리는 대신 미소를 짓는다. 불가항력적인 파문이 선고되고, 살롱의 문이 난폭하게 닫혀버린다. 스완은 외부의 어둠 속에 내던져진다.

살롱의 정신적 통일성에는 콩브레에서 찾아볼 수 없는 긴장되고 경직된 어떤 것이 있다. 이러한 차이는 통일성을 표현하는 종교적 이미지의 영역에서 특히 두드러진다. 콩브레를 묘사하는 이미지는 일반적으로 원시종교, 구약성서 그리고 중세 기독교에서 차용된 것들이다. 분위기는 젊은이들의 사회에서나 볼 수 있는 것으로서, 문학이 꽃을 피우고, 신앙심은 돈독하고 순진하며, 외부인을 언제나 야만인으로 간주하되 결코 증오하지는 않는다.

베르뒤랭 살롱의 이미저리는 아주 판이하다. 종교재판과 '마녀사냥'의 주제가 지배적이다. 살롱의 통일성이 끊임없이 위협받는 듯이 여겨진다. 여주인은 항상 임전태세를 갖추고 '이교도들'의 공격을 물리칠 준비가 되어 있다. 즉 그녀는 교회 분리가 일어나기도 전에 무마하고, 친구들 주변에서 끊임없이 보초를 서며, 그녀의 영향권 밖에서 발견되는 분리를 비방한다. 그녀는 절대충성을 요구한다. '작은 패거리'(petit clan)의 정통성을 해치는 분파정신이나 이단적 생각을 일소해버린다.

무슨 이유로 이 거룩한 베르뒤랭 살롱과 거룩한 콩브레 간의 차이가 생기는 것일까? 콩브레의 신들은 어디에 있는가? 우리가 위에서 보았듯이, 마르셀의 신들은 그의 부모와 위대한 작가인 베르고트이다. 그들은 '멀리 있는' 신들이어서 그들과의 형이상학적 경쟁은 불가능하다. 우리가 화자 주변을 살펴본다면, 우리는 어디에서나 외면적 간접화를 찾아볼 수 있다. 프랑수아즈의 신들은 부모와 특히 레오니 대고모이다. 어머니의 신은 아버지이다. 어머니는 아버지를 우리와 구분짓는 존경과 숭배의 벽을 통과하지 않으려고 그를 너무 뚫어지게 바라보지 않는다. 아버지의 신은 올림푸스의 신인 우호적인 노르푸아 씨이다. 이 신들은 언제나 만날 수 있고 언제나 신도들의 부름에 응답할 준비가 되어 있으며 언제나 합리적인 요구를 들어줄 태세가 되어 있지만, 좁힐 수 없는 정신적인 거리, 형이상학적 모든 경쟁을 금지하는 거리로 인간들과는 분리되어 있다. 『장 상퇴유』에 나오는 콩브레의 밑그림을 이루는 몇 페이지 중 하나에서 집단적인 외면적 간접화의 진정한 알레고리를 찾아볼 수 있다. 중산층 유년기의 거의 봉건적인 세계에서 중개자의 상징은 한 마리 백조이다. 닫히고 보호된 이 세계의 지배적인 느낌은 기쁨이다.

> 기쁨을 누리면서……눈부신 온몸에 빛과 기쁨을 가득 싣고 유유히 강물 위를 떠다니는 백조는……주변의 기쁨을 전혀 방해하지 않으면서 기쁨을 느끼는 자신의 행복한 모습을 드러내지만, 그의 여유롭고 고요한 움직임 자체에는 아무런 변화도 없다. 마치 귀부인이 기쁨에 잠긴 자신의 하인들을 기쁘게 바라보고 미소를 지으며 그들 곁을 지나가지만, 그들의 즐거움을 깔보지도 방해하지도 않으면서 그저 자기가 지나가는 주변에 온화한 호감과 위엄 있는 매력만 발산하는 것과도 같다. (인용자 강조)

그런데 베르뒤랭 살롱의 신들은 어디에 있는가? 답변은 어려워 보이지 않는다. 우선 부차적인 신들이 있는데, 그들은 이 살롱을 드나드는 화가들과 음악가들 그리고 시인들이다. 이들은 지고의 신(神)인 이 예술(ART)을 어느 정도 일시적으로 체현하고 있는데, 신성의 가장 사소한 발현만으로도 베르뒤랭 부인을 황홀감으로 떨게 하기에 충분하다. 공식적인 숭배가 주목받지 못할 염려는 없다. '문외한들'과 '따분한 사람들'(les ennuyeux)을 파문하는 것은 그러한 명목에서이다. 신성모독은 콩브레에서보다 훨씬 더 혹독하게 벌해진다. 아무것도 아닌 일이 추문을 일으킨다. 그래서 콩브레에서보다 베르뒤랭 집안에서 신앙심이 더 강하다는 결론을 내리고 싶어진다.

따라서 두 개의 '닫힌 세계' 사이의 차이, 즉 살롱의 더욱 엄격한 폐쇄성은 외면적 간접화의 강화 때문이라고 설명할 수 있을 것 같다. 어쨌든 외관상으로 제시된 결론은 그러하다. 그러나 외관이란 허위일 수 있으므로 소설가는 이 결론을 거부한다. 베르뒤랭 집안에서 실제적인 아무런 힘도 지니지 못한 외면적 간접화의 신들 뒤에는 내면적 간접화의 진짜 신들, 사랑의 신이 아닌 증오의 신들이 숨어 있다. 스완의 추방은 공식적인 신들의 이름으로 행해지지만, 실제로는 거기에 무자비한 중개자, 즉 베르뒤랭 부인에게 문을 닫아버렸으며 느닷없이 어느 날 스완이 그 세계에 속해 있음이 밝혀진 거만한 게르망트 집안에 대한 보복조치가 있음을 알아야 한다. 이 여주인의 진짜 신들이 군림하는 곳은 게르망트 살롱이다. 하지만 그녀는 공공연하게든 은밀하게든 간에 자신의 신들이 요구하는 숭배를 바치느니 차라리 자살하고 말 것이다. 그런 이유에서 그녀는 열광적이면서도 허위인 열정으로 예술이라는 가짜 종교의식을 거행한다.

콩브레에서 베르뒤랭 살롱에 이르기까지 '폐쇄된 작은 세계'의 구조는 변하지 않았다. 구조의 가장 두드러진 특성들이 강화되고 강조되었을 뿐 아니라, 말하자면 그 외관이 어느 때보다도 더욱 눈에 띄게 되었다. 미라가 된 얼굴이 생전의 얼굴을 희화하고 그 윤곽을 두

드러지게 하는 것과 마찬가지로, 살롱은 콩브레의 유기적 통일성을 희화한다. 좀더 자세히 살펴보면, 구조의 구성요소들은 양쪽 모두에서 동일하지만 등급이 다르다. 콩브레에서는 야만인들에 대한 부정이 언제나 신들에 대한 긍정에 종속된다. 베르뒤랭 집안에서는 정반대이다. 결합의 의식은 위장된 분리의 의식이다. 그들은 자신들과 마찬가지로 의식을 거행하는 이들과 정신적 유대감을 느끼기 위해서가 아니라, 의식을 거행하지 않는 사람들과 구분되기 위해서 치르던 의식을 더 이상 거행하지 않는다. 전능한 중개자에 대한 증오가 신도들에 대한 사랑보다 우세하다. 살롱의 존재에서 증오의 표명이 차지하는 지나치게 큰 자리는 형이상학적 진실의 유일하지만 뚜렷한 징후이다. 진실이란 증오의 대상인 외부인들이 진정한 신들이라는 사실이다.

외관상으로는 거의 동일해 보이지만 사실은 간접화의 아주 다른 두 가지 유형이 숨겨져 있다. 이제 우리가 살피고 있는 외면적 간접화에서 내면적 간접화로의 이행은 더 이상 개인의 차원이 아닌 폐쇄된 작은 세계의 차원에서 이루어진다. 콩브레의 어린아이의 사랑은 어른들의 증오심에 찬 경쟁심, 속물들과 연인들 사이의 형이상학적 적대심으로 대체된다.

집단의 내면적 간접화는 개인적 간접화의 특성을 고스란히 복사하고 있다. '자기들끼리'(entre soi) 있다는 행복감은 자신이 된다(être soi)는 행복감만큼이나 비현실적이다. 밖으로 드러나는 베르뒤랭 살롱의 공격적 통일성은 단순한 외관에 불과하다. 살롱은 스스로에 대한 경멸감만 지니고 있다. 이 경멸감은 불행한 사니에트(Saniette)를 피해자로 삼은 박해의 형태로 드러난다. 이 인물은 베르뒤랭 살롱의 순수한 영혼이라 할 수 있는 신도 중의 신도이다. 그는 살롱이 스스로 표방하는 대로라면 마땅히 그가 해야 할 역할, 즉 콩브레에서 레오니 대고모의 역할과 약간 비슷한 역할을 수행한다. 그렇지만 칭송받고 존경받는 대신 사니에트는 욕만 잔뜩 얻어먹는다. 그는 베르뒤랭 집안의 놀림감이다. 살롱은 사니에트라는 인물을 통해 스스로를 경멸하고 있다는 사실을 알지 못한다.

콩브레와 살롱생활 사이의 거리는 '진짜' 신들과 '가짜' 신들 사이의 경계를 구분짓는 거리가 아니다. 독실한 신자와 냉엄한 진실을 숨기는 데 유익한 거짓을 구분짓는 거리 역시 아니다. 마르틴 하이데거(Martin Heidegger)[3]처럼 신들이 서로 '멀리 떨어져' 있다고도 말하지 말자. 신들은 그 어느 때보다도 더 가까이 있다. 여기서 신낭만주의적 사고와 소설의 천재성 간의 불일치는 아주 명약관화하다. 신낭만주의 사상가들은 부르주아 세계에서 공식적인 가치에 바치는 숭배와 퇴물이 되어버린 우상들에게 바치는 숭배가 지닌 겉치레를 요란하게 비난한다. 자신들의 통찰력에 우쭐한 사상가들은 이러한 초기의 관찰 이상을 절대 넘어서지 못한다. 그들은 성스러움의 원천이 무조건 고갈되었다고 믿는다. 그들은 부르주아의 위선이 숨기고 있는 것이 무엇인지 전혀 의심하지 않는다. 오직 소설가만이 공식적 숭배의 기만적인 가면을 들추고 그 밑에 숨겨진 내면적 간접화의 신들을 찾아낸다. 철학자들과 달리 프루스트와 도스토옙스키는 우리가 사는 세계에 성스러움이 부재하는 것이 아니라, 왜곡되고 타락한 어떤 성스러움이 삶의 원천을 점차 오염시키고 있다고 규정한다.

콩브레에서 멀어질수록 사랑이라는 긍정적 통일성은 증오라는 부정적 통일성, 이중성과 다중성을 숨기고 있는 가짜 통일성 쪽으로 발전한다.

그렇기 때문에 콩브레는 단지 하나로 충분하지만 경쟁적인 살롱

---

3) 독일의 철학자(1889~1976).

들은 여러 개가 필요하다. 우선 베르뒤랭 살롱과 게르망트 살롱이 있다. 살롱들은 상호 간의 기능들로서 존재한다. 이중 간접화를 분리하는 동시에 결합하는 집단들의 상호관계에서 개인들 간의 관계를 지배하는 변증법과 비슷한 주인과 노예의 변증법을 발견할 수 있다. 베르뒤랭 살롱과 게르망트 살롱은 사교계의 지배권을 놓고 암투를 벌인다. 게르망트 공작부인은 소설이 진행되는 동안 대부분 지배권을 장악한다. 거만하고 냉담하고 빈정거리며 얼굴의 윤곽이 맹금을 닮은 공작부인이 행사하는 지배가 매우 절대적이어서 그녀는 거의 모든 살롱의 중개자 같은 존재로 나타난다. 그러나 이 지배는 모든 지배가 늘 그렇듯이 공허하고 추상적임이 밝혀진다. 게르망트 부인이 자신의 살롱을 그곳에 들어오고 싶어 하는 사람들의 시선으로 볼 수 없음은 당연하다. 만일 부르주아인 베르뒤랭 부인이 공식적으로는 예술 애호가이지만 내심으로는 오로지 귀족계급만을 꿈꾸고 있다면, 귀족인 게르망트 부인은 문학적 · 예술적 명성만을 꿈꾸고 있다.

베르뒤랭 부인은 게르망트 살롱과의 대립적인 싸움에서 오랫동안 열세에 놓여 있었다. 하지만 그녀는 굴복하기를 거부하고 자신의 욕망을 완강히 숨긴다. '영웅적인' 거짓말은 다른 데서와 마찬가지로 여기에서도 마침내 결실을 맺기에 이른다. 내면적 간접화의 작용이 요구하는 대로 베르뒤랭 부인은 게르망트 공작의 저택에 입성하게 된다. 공작부인으로 말하자면, 이 여주인은 지나치게 무감각해져서 자신의 권력을 남용하고 명성을 낭비하다가 결국 사교계에서 자신의 지위를 잃는다. 소설의 법칙은 이러한 이중의 반전을 요구한다.

* * *

콩브레는 언제나 가부장 체제로 묘사되는데, 그 체제는 독자적으로 기능하기 때문에 강압적인지 자유로운지 알 수가 없다. 반대로 베르뒤랭 살롱은 강력한 독재이다. 여주인은 우민정치와 잔혹성을 교묘하게 섞어서 다스리는 독재국가의 원수이다. 콩브레가 불러일으키는 충성심을 떠올릴 때 프루스트는 **애국심**에 관해 말하고, 베르뒤랭 살롱에 관심을 보일 때 그는 **국수주의**에 관해 말한다. 애국심과 국수주의 간의 차이는 콩브레와 살롱들 간에 존재하는 미묘한 근본적인 차이를 매우 잘 나타낸다. 애국심은 외면적 간접화에 속하고 국수주의는 내면적 간접화에 속한다. 애국심은 이미 자신에 대한 사랑이기는 하지만 아직은 영웅과 성인들에 대한 진심어린 숭배이다. 숭배의 열성도는 다른 나라들과의 경쟁심에 달려 있지 않다. 반대로 국수주의는 그러한 경쟁심의 결과이다. 국수주의는 증오, 즉 **타인**에 대한 은밀한 숭배에 근거한 부정적인 감정이다.

제1차 세계대전에 대한 프루스트의 지적은, 극도의 신중함에도 마음속의 혐오감을 드러내고 있다. 청회색[4]의 국수주의는 속물근성의 간접화와 비슷한 간접화에 속한다. 국수주의자는 그 자신이 전쟁과 강력한 힘과 규율만을 꿈꾸기 때문에 군사력이 강하고 호전적이며 잘 훈련받은 독일을 증오한다. 보복을 모색하는 민족주의자는 바레스(Barrès)[5]의 영향으로 정신을 함양하고 '대지와 사자(死者)들'을 예찬하지만, 정작 그에게 대지와 죽은 자들은 중요하지 않다. 그는 스스로가 깊이 뿌리를 내리고 있다고 믿지만 실상은 추상적인 관념의 한복판에서 부유하고 있다.

---

4) 제1차 세계대전에서 제2차 세계대전 전까지 프랑스 육군의 군복색.

5) 프랑스의 소설가(1862~1923). 대지와 피에 대한 우정을 바탕으로 한 열렬한 국가주의자인 바레스는 그의 소설로 세기말부터 세기초에 이르는 시대의 젊은이들에게 많은 영향을 미쳤다. 1898년에 시작된 드레퓌스 사건 때에는 반(反)드레퓌스 논객으로 활약하기도 했다.

『잃어버린 시간을 찾아서』의 끝부분에서 전쟁이 일어난다. 베르뒤랭 살롱은 사교계 극단주의의 사령부가 된다. 신도들 전원이 여주인의 호전성을 모방한다. 브리쇼(Brichot)는 파리의 큰 신문에 호전적인 시평(時評)을 게재한다. 모두가, 심지어는 바이올린 주자 모렐까지도 '자신의 의무를 다하기'를 원한다. 사교계의 국수주의는 시민과 나라의 국수주의에서 그 표현을 보충할 수 있다. 그러므로 국수주의의 이미지는 단순한 외관 이상이다. 소우주로서의 살롱과 대우주로서의 전쟁 중인 나라 사이에는 한 단계의 차이밖에는 없다. 욕망은 동일하다. 우리를 끊임없이 소우주에서 대우주로 넘어가게 만드는 은유들이 우리의 관심을 구조의 동일성으로 이끌어간다.

독일에 대한 프랑스의 관계는 게르망트 살롱에 대한 베르뒤랭 살롱의 관계와 같다. 그런데 '따분한 자들'의 불구대천의 원수였던 베르뒤랭 부인은 마침내 게르망트 공작과 결혼하여 모든 것을 가지고 적진으로 들어간다. 사교계의 국수주의와 나라의 국수주의 간의 빈틈없는 대응관계는, 소우주에서 일어난 사건의 반전—'배반'이라고 말해도 과언이 아닌—에 대응하는 것을 대우주의 영역에서 찾아보게 만든다. 만약 이 소설이 우리에게 이러한 대응물을 제공하지 않는다면, 그것은 단지 소설이 너무 빨리 끝난 탓에 불과하다. 프루스트가 그의 은유를 보충하게 만들 수도 있었을 사건이 일어나려면 제2차 세계대전이 일어날 때까지 20년 이상을 필요로 한다. 1940년에 어떤 관념적인 국수주의는 의기양양한 독일의 신조를 신봉한다. 그것은 아직 자신의 경계 내에 틀어박혀 있던 대물림한 적에게 머뭇거리며 타협안을 제시할 가능성이 있어 보이는 자들에게 한 세기의 4분의 3 동안 노발대발 화를 내고 난 연후이다. 마찬가지로 베르뒤랭 부인도 자신의 '작은 패거리'를 공포에 떨게 만들고 '따분한 자들'에 대해 조금이라도 마음 약한 기색이 보이는 '신도들'을 파문하는 일을 게르망트 공작과 결혼하는 날까지 계속하다가, '신도들'에게는 살롱의 문을 닫아버리고 포부르 생-제르맹의 최악의 속물들에게는 문을 활짝 열어 맞아들인다.

당연히 상당수 비평가가 베르뒤랭 부인의 세속적인 표변(volte-face)에서 '자유'의 증거를 찾아낸다. 만약 그들이 자칭 자유라는 것을 내세워 사정에 정통한 사상가들에게 마르셀 프루스트를 '복권시키는'데 이용하지 않는다면, 또한 이 소설가가 받고 있는 '심리주의'라는 끔찍한 의혹을 씻어버리는 데 이용하지 않는다면 그나마 매우 다행이리라. 그들은 이렇게 말한다. "보세요, 베르뒤랭 부인은 기본 원칙을 팽개쳐버릴 능력이 있습니다. 따라서 이 인물은 실존적 소설에 등장할 완벽한 자격이 있으며, 또 프루스트 역시 자유를 다룬 한 소설가입니다."

이 비평가들의 오류는 명백히 장 프레보가 레날 씨의 정치적 담화를 솔직한 행위로 받아들였을 때의 오류를 반복하고 있다. 만일 베르뒤랭 부인과 그녀의 열광적인 '협력자들' 역시 '자발적'이라면, 그것은 그들이 완강한 국가주의자가 되기 직전이기 때문이다. 사실은 어느 누구도 자발적이지 않다. 그것이 두 경우 모두에서 작용하는 이중 간접화의 법칙이다. 박해하는 신에 대한 괄목할 만한 보복은 상황이 허락한다면 언제나 '융합'의 시도로 대체된다. 그렇게 해서 지하생활자는 자기를 모욕한 장교에게 복수할 계획을 중단하고 열정으로 가득한 열광적인 편지를 쓴다. 이러한 외관상의 모든 '전향'은 새로운 아무것도 가져다주지 않는다. 여기서 이전의 상황과 진정한 단절을 이루었다고 해서 절대권력을 주장할 수 있는 자유는 없다. 개종한 자가 중개자조차 바꾸지 않았다. 우리가 변화의 환상을 품게 되는 이유는 '선망과 질투 그리고 무력한 증오'라는 결과만을 가져오는 간접화를 알아보지 못했기 때문이며, 이런 결과로 인한 쓰라림이 우리에게 신의 존재를 가려버렸기 때문이다.

* * *

두 가지 국수주의의 구조상의 동일성은 샤를뤼스 남작의 제명에서 다시 한번 밝혀진다. 이 일은 그로써 연상되는 스완의 재난보다 더욱 난폭한 것이다. 샤를뤼스는 모렐로 인해, 스완은 오데트로 인해 베르뒤랭 집안에 마음이 끌린다. 스완은 게르망트 공작부인의 친구이며, 샤를뤼스는 그녀의 시동생이다. 그러므로 샤를뤼스 남작은 각별히 '따분하고' 전복적인 사람이다. 살롱의 '제거기능'은 그에게 유난히 거칠게 작용하게 될 것이다. 형이상학적 욕망이 야기하는 대립과 모순들이 『스완의 사랑』에서보다 더욱더 명백해지고 더 고통스러워졌는데, 왜냐하면 중개자가 훨씬 가까워졌기 때문이다.

전쟁이 시작되었다. 판결의 집행에 수반되는 판결 이유서(理由書)는 그 시대 분위기의 색조를 띠고 있다. '따분한 자'라는 관례적인 죄과에 '독일 스파이'라는 죄과가 추가된다. '국수주의'의 미시적·거시적 양상들은 거의 구분되지 않을뿐더러 베르뒤랭 부인이 곧 그것들을 혼동하게 될 것이다. 그녀는 샤를뤼스가 2년 동안 자신의 살롱에서 "끊임없이 염탐했다"라고 모든 방문객에게 단언한다.

이 문장은 형이상학적 욕망과 증오가 실제 대상에게 가하는 체계적인 왜곡을 기막히게 잘 드러내고 있다. 왜곡이 인식의 주관성에 통일성을 부여한다. 우리는 이 문장이 여주인 자신을 잘 묘사하기 때문에 그녀의 대상인 샤를뤼스 남작을 묘사할 수 없으리라는 생각을 즉시 하게 된다. 확고부동한 '차이'에서 개인의 본질을 찾아야 한다면, 이 문장은 샤를뤼스 남작의 본질을 왜곡하지 않고서는 베르뒤랭 부인의 본질을 드러낼 수 없다. 이 문장은 서로 모순되는 두 가지 본질을 포함하지 못한다.

그럼에도 이 문장은 기적을 이루어낸다. 샤를뤼스가 그녀의 살롱에서 2년 동안 끊임없이 염탐했다고 단언함으로써 베르뒤랭 부인은 그녀 자신을 그려내면서 남작 또한 묘사하고 있다. 샤를뤼스는 절대로 스파이가 아니다. 여주인은 터무니없이 과장하고 있지만 자기가 무슨 일을 하고 있는지를, 즉 화살이 샤를뤼스의 가장 취약한 부분에 가서 꽂힌다는 사실을 알고 있다. 샤를뤼스는 지독한 패배주의자이다. 그로서는 '허위선전'을 말없이 무시해버리는 것으로 만족할 수가 없다. 그는 전복적인 말들을 공공연하게 퍼붓는다. 베르뒤랭 부인은 샤를뤼스의 친독일성향(germanisme)[6]에 숨이 막힐 지경이다.

프루스트는 샤를뤼스[7]의 패배주의를 길게 분석한다. 그는 여러 가지 설명을 하지만 그중에서 가장 중요한 것은 동성애이다. 샤를뤼스는 파리에 우글거리는 미남 군인들에게 가망 없는 욕망을 느낀다. 접근할 수 없는 군인들이 그에게는 '매력적인 형리(刑吏)'이다.

그들은 자동적으로 악과 결합된다. 세계를 적들의 두 진영으로 분리하는 전쟁이 매저키스트의 본능적인 이중성을 북돋운다. 악에 결합된 신조(cause)가 사악한 박해자의 것이므로, 독일은 불가피하게 박해받는 선과 결합된다. 독일인들의 용모가 그에게 불러일으키는 전적인 혐오감 때문에 더욱 쉽사리 샤를뤼스는 자신의 신조와 적국의 신조를 혼동한다. 그는 더 이상 그들의 추한 용모와 자신의 용모

---

6) germanisme(독일어 어법이나 표현)은 지라르의 착오로 보인다. 프루스트 전집(플레아드판)에서는 germanophilie(독일 숭배, 독일 애호)로 나와 있다.

7) 샤를뤼스는 게르망트 공작의 친동생, 생-루의 삼촌, 스완의 친구이다. 한때는 화자인 마르셀을 유혹하기까지 했던 골수 동성연애자로, 성격의 괴팍함을 넘어 정신병 기질을 지니고 있다. 매우 탐미적이며 대단한 교양을 지닌 인물이기도 하다.

를 구분하지 못하고, 그들의 군사적 패배와 자신의 사랑의 패배를 구분하지 못한다. 샤를뤼스는 제압당한 독일을 변호함으로써 자기 자신을 변호한다고 믿는다.

이러한 감정은 본질적으로 부정적이다. 샤를뤼스가 독일에 대해 느끼는 사랑은 연합국들에 대한 그의 증오보다 강렬하지 못하다. 국수주의를 향해 끓어오르는 그의 관심은 중개자에 대해 가지는 주체의 관심이다. 샤를뤼스의 세계관(Weltanschauung)은 우리가 앞 장(章)에서 묘사한 매저키스트 도식의 완벽한 예를 보여준다.

샤를뤼스의 삶의 통일성은 남작의 성생활과 패배주의적 견해 사이의 중간지대인 사교계 생활을 탐구해보면 더욱 명백해진다.

샤를뤼스는 게르망트 집안의 사람이다. 그는 자기 형수인 게르망트 공작부인의 살롱에서 우상숭배의 대상이다. 그는 기회가 있을 때마다 특히 평민인 친구들 앞에서 자기 출신계층의 우월성을 주장하지만, 포부르 생-제르맹은 부르주아 속물들에게 행사하는 매력만큼 그에게는 매력적이지 못하다. 본래 형이상학적 욕망은 접근 가능한 대상을 목표로 삼지 않는다. 따라서 남작의 욕망이 이끌리는 쪽은 귀족들이 모이는 포부르가 아니라 천한 '하층계급'이다. 꽤나 저속한 인물인 모렐[8]을 향한 열정은 이 '하향적' 속물근성으로 설명될 수 있다. 샤를뤼스로 인해 후광을 입은 이 음악가의 저질의 명성이 베르뒤랭 살롱 전체에 파급된다. 상류계급의 인사는 자신이 누리는 은밀한 쾌락의 흔해빠진 배경인 더욱 야한 빛깔의 부르주아 색조를 거의 알아보지 못한다.

국수주의적이고 부도덕하며 부르주아인 베르뒤랭 살롱은 마찬가

8) 베르뒤랭 살롱의 고정 멤버인 바이올리니스트. 샤를뤼스의 동성애 상대자이다.

지로 국수주의적이고 부도덕하며 부르주아인 프랑스라는 좀더 넓은 사악한 장소 한가운데에 있는 사악한 한 장소이다. 베르뒤랭 살롱은 매력적인 모렐을 보호하고 있고, 전쟁 중인 프랑스는 멋진 장교들로 만원이다. 남작은 국수주의적 프랑스가 '자기 집'처럼 느껴지지 않는 것과 마찬가지로 베르뒤랭 살롱이 '자기 집'처럼 느껴지지 않는다. 그런데 그는 프랑스에서 살고 있으며, 그의 욕망은 그를 베르뒤랭 살롱으로 이끌어간다. 귀족적이며 따분하게 도덕자연하는 게르망트 살롱은, 남작의 사교계 체제에서, 사랑하지만 멀리 떨어져 있는 독일이 그의 정치체제에서 수행하는 역할과 비슷한 역할을 수행한다. 사랑과 사교계 생활 그리고 전쟁은 완전히 하나이거나 또는 오히려 모순에 빠져 완전히 둘인 이 삶에 존재하는 세 개의 원이다. 모든 원이 서로 대응하면서 남작의 강박적인 논리를 입증한다.

따라서 베르뒤랭 부인의 '국수주의적' 강박관념에는 샤를뤼스의 '반(反)국수주의적' 강박관념이 대립한다. 이 두 강박관념은 거기에 사로잡힌 사람들을 양식(良識)이 원하듯이 분리하지 못한다. 강박관념이 그들을 무한히 넓은 두 세계에 따로 가두는 것이 아니라 증오심의 일치를 위해 그들을 접근시킨다.

이 두 존재는 동일한 요소들을 결합하지만 그 조직방식은 반대이다. 베르뒤랭 부인은 자신의 살롱에 충실하다고 스스로 주장하지만, 그녀의 마음은 게르망트 집안에 가 있다. 샤를뤼스는 게르망트 살롱에 충실하다고 스스로 주장하지만 그의 마음은 베르뒤랭 집안에 가 있다. 베르뒤랭 부인은 '작은 패거리'를 예찬하고 '따분한 자들'을 경멸한다. 샤를뤼스는 게르망트 살롱을 예찬하고 '행실이 나쁜 사람들'을 경멸한다. 한 세계에서 다른 세계로 넘어가려면 기호들만 뒤바꾸면 된다. 두 인물 간의 불화는 훌륭한 부정적 일치이다.

이 대칭적 균형 덕분에 베르뒤랭 부인은 단 한 문장으로 우스꽝스럽지만 인상적인 형태로 자신과 남작의 진실을 동시에 표현할 수 있다. 샤를뤼스를 스파이라고 비난하는 것이, 베르뒤랭 부인으로서는 게르망트 집안의 경멸에 은밀하게 항의하는 것이다. '작은 패거리의 조직에 관한 상세한 보고'가, 독일 참모부가 보기에 어떤 이득을 가져다줄 수 있을지 상식적으로 이해되지 않는다. 따라서 상식적인 판단으로는 베르뒤랭 부인의 광기로 보이지만, 부인의 광기를 면밀히 훑어볼수록 그와 유사한 샤를뤼스의 광기를 보지 못할 위험이 커진다. 베르뒤랭 부인은 건전한 이성(理性)에서 벗어날수록 남작과 가까워진다. 한 사람의 광기는, 상식적으로 사교계 생활과 전쟁 사이에 있으리라고 생각되는 장벽을 전혀 개의치 않고, 다른 사람의 광기로 날아간다. 베르뒤랭 부인의 국수주의가 게르망트 살롱을 향해 있다면, 샤를뤼스의 패배주의는 베르뒤랭 살롱을 향해 있다. 따라서 각자는 예리한 동시에 불완전하게 알고 있는 타인을 이해하기 위해 자신의 광기에 따르기만 하면 된다. 타인에 대한 인식이 예리한 까닭은 양식을 마비시키는 대상에 대한 물신(物神)숭배를 열정이 물리치기 때문이며, 그러나 동시에 불완전한 이유는 열정이 욕망의 삼각형을 인식하지 못하기 때문이다. 열정은 타인의 자만심과 그의 표면상의 자제력 뒤에 감춰진 비참함을 알아보지 못한다.

프루스트는 두 개인 사이의 증오가 만들어내는 복잡한 관계를 단 네 단어[9]로 암시한다. 베르뒤랭 부인의 문장은 인식인 동시에 맹목(盲目)이며, 섬세한 진실인 동시에 조잡한 거짓이다. 이 문장은 단어의 조합과 갖가지 함축성에서 말라르메(Mallarmé)[10]의 시구(詩句)만큼이나 훌륭하지만, 이 소설가가 꾸며낸 것은 전혀 아니다. 그의 천

9) '끊임없이 염탐했다'(n'a pas cessé d'espionner)를 가리킨다.
10) 프랑스의 상징주의 시인(1842~98).

재성이 우리 시대의 심리학과 철학의 체계가 거의 전혀 알지 못하는 상호주관적인 진실에서 직접 끌어낸 것이다.

이 문장은 살롱의 영역과 내면적 간접화의 영역에서의 관계가 외면적 간접화의 단계에서 수립되거나 또는 수립될 수 없는 관계와는 매우 다르다는 사실을 보여준다. 우리가 이미 알고 있듯이 콩브레는 오해의 왕국이다. 실제로 자율성을 유지하기 때문에 필연적으로 외부세계와의 관계는 피상적이다. 어떤 이야깃거리도 지속적인 관계를 맺지 못한다. 콩브레의 단편적인 사건들은 돈키호테의 모험들처럼 각각 독립적이다. 연속되는 순서도 거의 아무래도 무관한 것인데, 왜냐하면 각각의 사건이 의미있는 하나의 전체를 구성하며 그 본질은 오해이기 때문이다.

내면적 간접화의 영역에서는 개인들 간에 그리고 살롱들 간에 서로 더욱 격렬하게 충돌하기 때문에 의사소통은 더욱 불가능해 보인다. 또 차이들이 심화될수록 서로에게 더욱 폐쇄적이 되는 작은 세계들 간의 관계는 일절 불가능해질 것이다. 바로 이 점이 모든 낭만적 작가들이 우리에게 납득시키고자 하는 사실이다. 낭만주의는 우리가 가장 격렬하게 타인과 대립하는 어떤 것 안에서 불가피하게 우리 것인 무엇을 찾고 있다. 낭만주의는 개인 안에서 두 부분, 타인들과의 일치가 가능한 피상적인 부분과 일치가 불가능한 좀더 근원적인 부분을 구분한다. 그러나 이러한 구분은 거짓임을 이 소설가는 우리에게 보여준다. 존재론적 질환이 악화되면, 개인은 맞물린 톱니바퀴를 더 이상 물지 못하는 망가진 톱니바퀴가 아니게 된다. 베르뒤랭 부인의 국수주의와 샤를뤼스의 반(反)국수주의는 하나는 움푹한 톱니바퀴이고 다른 하나는 도드라진 톱니바퀴여서 완벽하게 서로 맞물린다. 낭만적 작가가 과시하는 차이들이란 톱니바퀴의 톱니들이다. 바로 이런 톱니들만이 기계를 움직이게 하고, 바로 이런 톱니들이 지금까지는 존재하지 않았던 소설세계를 만들어낸다.

콩브레는 실제로 자율적이지만 살롱들은 그렇지 못하다. 살롱들은 더욱 신랄하게 자율성을 요구하는 만큼 더욱 비자율적이다. 내면적 간접화의 영역에서 집단은 개인이나 마찬가지로 더 이상 절대적인 준거의 중심이 될 수 없다. 살롱들은 경쟁하는 살롱들과의 대립관계로서만, 그리고 각각의 살롱이 하나의 요소로 편입되는 총체성 안에서만 이해될 수 있다.

외면적 간접화의 영역에서는 '폐쇄된 작은 세계들'이 있을 뿐이다. 관계는 너무나 느슨해서 엄밀한 의미의 소설세계는 아직 존재하지 않으며, 17세기 이전의 '유럽의 합주(concert)'가 있을 뿐이다. 이 '합주'는 국가 차원의 경쟁의 결과이다. 국가들은 서로에게 사로잡혀 있다. 그들 간의 관계는 날로 더욱 긴밀해지지만 흔히 부정적인 형태를 지닌다. 개인의 매혹이 개인주의를 야기하는 것과 마찬가지로 집단의 매혹은 '집단적 개인주의'를 만들어내며, 그것은 국가주의, 국수주의 그리고 자족정신(自足精神, esprit d'Autarkie)이라 지칭된다.

개인주의의 신화와 집단주의의 신화들이 동류인 이유는 동일자의 동일자에 대한 대립을 항상 은폐하기 때문이다. 자신이고자 하는 의지와 마찬가지로 자신들끼리이고 싶어 하는 의지는 타인이 되고자 하는 욕망을 숨기고 있다.

'폐쇄된 작은 세계들'은 서로에게 아무런 영향을 미치지 못하는 중성자들이다. 살롱들은 핵입자들처럼 서로 끌어당기는 동시에 밀치는 양성자와 음성자이다. 더 이상 단자들(monades)[11]은 없지만 폐쇄

11) 플라톤이 처음으로 사용했으나 라이프니츠의 형이상학설로 더욱 유명해진 용어이다.
라이프니츠에게서 모나드는 '단순하고 부분이 없는, 복합체를 형성하는 실체'를 말한다. 외부적 관점에서 모나드는 시작도 끝도 없으며 변화하지도 않

된 거대한 세계를 형성하는 모의(模擬)단자들이 있다. 콩브레의 통일성과 마찬가지로 빈틈없는 이 세계의 통일성은 정반대의 원리에 근거한다. 콩브레에서 가장 강한 원리는 사랑이지만, 살롱들의 세계를 태어나게 하는 것은 증오이다.

『소돔과 고모라』의 지옥에서 증오의 승리는 압도적이다. 노예들은 주인들 주위를 맴돌고 있으며, 주인들 자신도 노예들이다. 개인들과 집단들은 불가분의 관계인 동시에 고립되어 있다. 위성은 혹성의 둘레를 돌고 혹성은 항성의 둘레를 돈다. 우주계와 같은 소설세계의 이미지는 프루스트의 소설에서 자주 반복되며, 또 이 이미지는 궤도를 계산하고 법칙을 끌어내는 천문학자로서 소설가의 이미지를 함께 지니고 다닌다.

바로 내면적 간접화의 이러한 법칙들이 소설세계에 일관성을 부여한다. 이 법칙들을 알아야만 비아체슬라브 이바노프(Vyacheslav Ivanov)[12]가 자신의 저작에서 도스토옙스키에게 제기했던 다음과 같은 질문에 답할 수 있다. "어떻게 분리가 결합의 원리가 될 수 있으며, 어떻게 증오가 증오하는 사람 자신들을 함께 묶어놓을 수 있단 말인가?"

* * *

콩브레에서 살롱들의 세계로의 이동은 감지할 수 있는 중간단계

는다. 라이프니츠는 "모나드에는 문도 창문도 없다"라고 표현하고 있다. 내부적 관점에서 모나드는 그 자체의 속성이 아니라 우주 전체를 포함하며, 자신의 관점에서 이 우주를 표현한다. 모나드의 완전성 정도는 조금씩 다르다. 최고의 모나드는 신(神)이다.

12) 러시아의 시인(모스크바 1866~로마 1949).

없이 계속된다. 마치 매저키스트가 선을 악에 대비시키듯이 외면적 간접화를 내면적 간접화에 대비시켜서는 안 된다. 만일 우리가 콩브레를 좀더 가까이에서 관찰한다면 사교계 살롱들의 모든 결함을 발생상태에서 알아볼 수 있을 것이다.

스완에 대한 대고모의 빈정거림은 베르뒤랭 부인과 게르망트 부인이 휘두르는 징벌의 초벌소묘에 지나지 않는 훨씬 가벼운 것이다. 스완에 대한 악의 없는 대고모의 하찮은 박해는 사니에트에 대한 베르뒤랭 집안의 잔인성과 자기의 절친한 친구인 스완에 대한 게르망트 부인의 잔인한 냉담함을 예시하고 있다. 마르셀의 어머니는 부르주아답게 스완 부인을 받아들이기를 거부한다. 화자 자신도 프랑수아즈라는 인물 안의 성스러움을 모독하는데, 그는 그녀가 '기만에서 깨어나게' 하려고 노력한다. 그는 레오니 대고모의 고지식한 신앙심을 파괴하는 데 열중한다. 레오니 대고모는 자신의 신비스러운 위엄을 기화로 삼아 프랑수아즈와 욀라리(Eulalie) 사이에 무익한 경쟁심을 조장하고 스스로 잔인한 폭군으로 변한다.

부정적인 요소가 콩브레에도 이미 존재한다. 그 덕분에 폐쇄된 작은 세계는 자신 속에 갇히며, 위험한 진실의 제거가 보장된다. 바로 이 부정적인 요소가 점점 커져서 마침내는 사교계 살롱들에서 모든 것을 휩쓸어버리게 된다. 또한 이 부정적인 요소는, 늘 그렇듯이, 자만심에 뿌리를 내리고 있다. 자만심 때문에 대고모는 스완의 사회적 지위를 인정하지 않으며, 자만심 때문에 마르셀의 어머니는 스완 부인을 받아들이지 않는다. 이 자만심은 이제 막 생겨나는 자만심이기는 하지만, 그 본질은 소설의 처음부터 끝까지 변하지 않는다. 파괴작업은 이제 겨우 시작이지만 결정적인 선택은 이미 이루어졌다. 『소돔과 고모라』는 콩브레에 이미 잠재한다. 한 세계에서 다른 세계로 넘어가기 위해서는 비탈길이 이끄는 대로, 꾸준히 가속이 붙으면서 우리를 신비의 중심에서 계속 멀어지게 하는 움직임에 몸을 맡기기만 하면 된다. 이 움직임은 늘 침대에 누워서 지내는 레오니 대고모에게는 거의 느껴지지 않지만, 콩브레의 신들을 뚫어져라 쳐다보면서 온갖 마귀 쫓기 의식에 압도당할 준비가 되어 있는 어린아이에게는 매우 빠른 것이다.

한 번도 다다른 적이 없으면서 끊임없이 멀어지기만 하는 중심이란 어떤 것인가? 프루스트는 곧바로 대답하지 않지만, 그의 작품의 상징적 의미들이 그를 대신해서, 때로는 그의 의도에 반(反)해서 말을 한다. 콩브레의 중심은 '도시 전체를 요약하고 도시를 대표하여 이 도시에 관해서 그리고 도시를 위해서 먼 곳에 말을 하는' 교회이다. 교회의 중심부에는 생-틸레르의 종루가 있는데, 그것이 마을에서 지니는 의미는 집안에서 레오니 대고모의 방과 같은 것이다. 이 종루는 '마을의 갖가지 일, 시시각각, 온갖 견해에 그 모습을 부여하고 관(冠)을 씌우고 축성'을 내린다. 콩브레의 신들은 모두가 이 종루 밑에 모여 있다.

> 우리가 되돌아와야 하는 곳은 변함없이 이 종루이며, 신의 몸이 인간의 무리들 속에 숨어 있다 한들 내가 인간들과 혼동할 리 만무한 그 신이 뜻밖에 나타나 내 앞에 치켜세운 신의 손가락과도 같은 첨탑 하나로 온 마을의 집들을 총괄하면서 온갖 것 위에 군림하고 있는 것도 이 종루이다.

종루는 어디에서나 보이지만 교회는 언제나 텅 비어 있다. 외면적 간접화에 속하는 지상의 인간 신들은 이미 우상들이 되었다. 그들은 종루의 수직에 참여하지 않는다. 하지만 그들은 아주 가까이 있어서 콩브레와 교회를 한눈에 볼 수 있다. 중개자가 욕망하는 주체와 가까워짐에 따라 초월은 이 수직에서 점점 멀어진다. 활동을 수행하는 것은 굴절된 초월이다. 『꽃핀 소녀들의 그늘에서』 『게르망트 쪽』 『소돔과 고모라』 『갇힌 여인』과 『사라진 여인』이라고 제목이 붙은 일련의 동심원들에서, 이 굴절된 초월은 화자와 그의 소설세계를 더욱더 종루에서 멀리 이끌어갈 것이다. 신비주의적 중심에서 멀어질수록 마음의 동요는 더욱 고통스럽고 격렬하고 무의미해질 것이며, 이러한 움직임을 반전시키게 될 『되찾은 시간』이 올 때까지 계속될 것이다. 이것이 생-틸레르의 까마귀들이 그들의 저녁나절의 추적에서 예시하고 있는 바로 도주와 회귀라는 이중의 움직임이다.

> 탑에 난 두 창문으로, (종루가) 일정한 간격으로 까마귀들을 풀어 날려보내자 새들은 한동안 울부짖으며 공중에서 맴을 돈다. 마치 여태까지 보고도 못 본 척 까마귀들이 깡총거리며 뛰놀게 내버려두던 오래된 자갈밭이 갑자기 살기에 부적절한 곳이 되어버려 극심한 불안의 요소들을 발산하면서 까마귀들을 후려쳐 쫓아버리기라도 한 듯이. 그런 다음, 보랏빛 벨로드 같은 저녁하늘에 사방으로 줄을 긋고 나서, 까마귀들은 돌연 조용해지더니 다시 돌아와, 불길한 곳이었다가 다시 호의적인 장소가 된 탑 속으로 빨려들어갔다.

* * *

프루스트의 작품은 사회학적 가치가 있는가? 이 점에서, 『잃어버린 시간을 찾아서』는 『인간희극』(*La Comédie humaine*)[13]이나 『루공-

---

13) 1842년부터 1848년에 걸쳐 전17권으로 발간된 발자크의 저서. 이 저서는 초기 습작, 극작, 잡문, 풍류골계담을 제외한 모든 소설을 일종의 전집으로 정리한 것이다.

마카르 총서』(*Rougon-Macquart*)[14]보다 열등하다고 비평가들은 흔히 되풀이 말하곤 한다. 프루스트는 유서 깊은 귀족계급에만 관심이 있으며, 따라서 그의 작품은 '규모와 객관성'을 결여하고 있다고 말한다. 이러한 불리한 평가 뒤에는 소설예술에 대한 사실주의적이고 실증주의적인 해묵은 개념이 도사리고 있음을 알 수 있다. 즉 천재적인 소설가는 인간과 사물에 대한 시시콜콜한 목록을 작성하여 우리에게 경제적·사회적 현실에 대해 가능한 한 완벽한 파노라마를 보여주어야 한다는 것이다.

이 개념을 진지하게 받아들여야 한다면, 프루스트는 사람들이 말하는 것보다 훨씬 더 보잘것없는 소설가가 되리라. 비평가들은 '그의 조사(enquête)가 포부르 생-제르맹에 국한'되었음을 비난하지만 그것 또한 그를 칭찬하는 셈이 된다. 프루스트는 체계적인 어떠한 연구에도 열중한 적이 없으며, 그들이 그를 위해 남겨둔 좁은 영역에서마저도 그러하다. 그는 우리에게 그저 막연히 게르망트 집안 사람들은 매우 부유한데 다른 사람들은 몰락했다고 말한다. 성실한 소설가가 우리를 산더미 같은 서류·유언장·재산목록·회계장부·집행영장·유가증권과 채권들 속으로 밀어넣는 곳에서 프루스트는 차 한 잔에 대한 다소간의 잡담을 되는대로 늘어놓는다. 게다가 그런 이야기도 결코 그 자체를 위해서가 아니라 늘상 다른 것에 관해 말하기 위해서이다. 거기에 앙케트라는 거창한 명칭이 걸맞은 것이라곤 아무것도 없다. 프루스트는, 단정적인 어조로든 잡다한 물품들의 열거로든 간에, 자기가 '자료를 철저히 조사했다'는 암시조차 하려 하지 않는다.

---

14) 발자크의 『인간희극』에 맞서는 에밀 졸라의 대작(1871년부터 1893년에 걸쳐 발간된 전20권)이다. '제2제정하의 한 가족의 자연적·사회적 역사'라는 부제가 붙어 있다.

사회학자의 관심을 끄는 어떠한 질문에도 마르셀 프루스트는 관심이 없어 보인다. 그래서 우리는 이 소설가가 사회문제에 관심이 없다고 결론을 내린다. 이 무관심은, 그것이 비난받든 칭찬받든 간에 언제나 부정적인 행위, 특별한 미학을 위해 삭제한 형태, 고전비극에서 천한 단어들의 추방과도 같은 어떤 것, 이런 것들로 남아 있다.

우리는 소설예술에 대한 이러한 제한적인 개념을 거부할 만큼 충분히 잘 알고 있다. 소설가의 진실은 총체적이다. 그것은 개인과 집단의 삶의 모든 양상을 포괄한다. 비록 소설이 어떤 양상을 소홀히 다룬다 하더라도 소설은 틀림없이 하나의 전망을 가리킨다. 사회학자들이 프루스트의 소설에서 자신들의 방식을 환기시키는 것을 전혀 찾아내지 못하는 이유는 소설의 사회학과 사회학자들의 사회학 사이의 대립이 근본적인 것이기 때문이다. 이 대립은 해결과 방법에서뿐만 아니라 풀어야 할 문제에 대한 자료에서도 마찬가지다.

사회학자가 보기에 포부르 생-제르맹은 틀림없이 사회적 풍경의 미세하지만 실재하는 지역이다. 경계가 너무나 분명해서 아무도 경계에 관해서는 전혀 질문을 제기하지 않는다. 그렇지만 이 경계는 프루스트의 작품을 읽어나갈수록 모호해진다. 화자가 마침내 게르망트 집안에 들어가게 되었을 때 그는 무척이나 실망한다. 그는 그곳 사람들도 다른 집안의 사람들이나 마찬가지로 생각하고 말한다는 사실을 확인한다. 포부르의 본질이 사라지는 것처럼 보인다. 게르망트 살롱은 자신의 개체성을 상실하고 이미 유명해진 사교계의 불분명한 회색빛에 합류한다.

포부르를 전통에 따라 규정할 수는 없다. 게르망트 공작처럼 중요하고 통속적인 인물은 전통을 이해하지 못하기 때문이다. 포부르를 세습에 따라 규정할 수도 없다. 르루아(Leroi) 부인 같은 부르주아가 빌파리시스 부인보다 사교계에서 더 탁월한 지위를 누리고 있기 때문이다. 비록 그곳에 재물이 넘쳐나고 영향력 있는 사람들이 수없이 몰려든다 할지라도, 19세기 말엽 이후로 포부르는 정치력이나 재정력의 진정한 중심을 이루지 못한다. 포부르를 특별한 사고방식에 의해서도 역시 구분지을 수 없다. 그곳 사람들은 정치에서는 보수주의자, 예술에서는 복고주의자, 문학에서는 편협한 사람들이다. 게르망트 살롱을 20세기 초엽의 무위도식하는 부유한 여타 살롱들과 차별화할 수 있는 것이라고는 아무것도 없다.

포부르 생-제르맹에 관심을 기울이는 사회학자라면 『잃어버린 시간을 찾아서』에 눈을 돌리지 말아야 한다. 이 소설은 무익할 뿐 아니라 위험할 수 있다. 사회학자가 연구의 대상을 포착했다고 믿는 순간 대상은 손가락 사이로 빠져나가버린다. 포부르는 계급도 집단도 환경(milieu)도 아니다. 사회학자들 간에 통용되는 어떠한 범주도 포부르에 적용될 수 없다. 포부르는 어떤 핵입자들과 유사해서, 과학자의 기구를 들이대면 사라져버린다. 이 대상은 따로 분리할 수 없다. 100년 전부터 포부르는 더 이상 존재하지 않는다. 그럼에도 포부르는 가장 강렬한 욕망을 불러일으키기 때문에 존재하고 있다. 포부르는 어디에서 시작하여 어디에서 끝나는가? 우리는 알지 못한다. 그러나 속물은 알고 있다. 그가 주저하는 법은 없다. 마치 속물에게는 육감이 있어서 한 살롱의 사교계적 가치를 정확히 측정하는 것처럼 여겨진다.

포부르는 속물에게는 존재하지만 비속물(non-snob)에게는 존재하지 않는다. 만일 비속물이 문제를 깨끗이 해결하기 위해서 속물의 증언을 전적으로 신임하지 않는다면 비속물에게는 포부르가 존재하지 않는다고 말하는 편이 낫다.

프루스트가 너무 협소한 환경 속에 틀어박혔다고 비난을 받지만, 이 협소함을 그보다 더 잘 알았으며 더 잘 드러내 보였던 사람은 아무도 없다. 프루스트는 우리에게 '큰 세계'의 무가치함을 지적·인간적인 관점에서뿐만 아니라 사회적 관점에서도 말하고 있다. "사교계의 사람들은 그들의 이름이 지닌 사회적 중요성에 대한 환상을 품고 있다." 프루스트는 포부르 생-제르맹의 '탈신화화'를 민주적인 그의 비판자들보다 훨씬 더 멀리까지 진척시킨다. 그들은 사실상 마법을 지닌 대상이 객관적으로 존재한다고 믿는다. 프루스트는 우리에게 그런 대상은 존재하지 않는다고 끊임없이 반복한다. "세상은 허무의 왕국이다." 그의 단언을 글자 그대로 받아들여야 한다. 이 소설가는 포부르의 객관적인 허무와 속물의 시선에 비친 경이로운 현실 사이의 대조를 끊임없이 강조한다.

이 소설가는 대상의 보잘것없는 실상에도 변형된 대상에도 관심을 두지 않고, 변형의 과정에 관심을 기울인다. 위대한 소설가란 언제나 그러하다. 세르반테스는 이발사의 대야에도 맘브리노의 투구에도 흥미가 없다. 세르반테스를 열광시키는 것은 돈키호테가 단순한 이발사의 대야를 맘브리노의 투구로 혼동한다는 사실이다. 마르셀 프루스트를 열광시키는 것은 속물이 포부르 생-제르맹을 누구나 들어가기를 꿈꾸는 멋진 왕국으로 생각한다는 사실이다.

사회학자와 자연주의 소설가는 단 한 가지 진실만을 원한다. 이 진실을 그들은 인식하는 모든 주체에게 강요한다. 그들이 대상이라고 부르는 것은 욕망과 무욕(無慾)의 상반된 인식들 간의 무의미한 타협일 뿐이다. 이 대상에 대한 신빙성은 모든 모순을 약화시키는 대상의 중간입장에서 유래한다. 모순들의 뾰족한 부분들을 이 천재소설가는 무디게 하는 대신 가능한 한 예리하게 벼린다. 그는 욕망으로 생긴 변모를 강조한다. 자연주의자는 이러한 변모를 인식하지 못하는데, 그 자신의 욕망을 비판할 능력이 없기 때문이다. 삼각형의 욕망을 폭로하는 소설가는 현재 속물이 아니지만 과거에 속물이었음이 틀림없다. 그는 분명히 과거에 욕망했으나 이제는 욕망을 느끼지 않는다.

포부르는 속물에게는 마법의 투구이지만 비속물에게는 이발사의 대야이다. 우리는 날마다 재물 · 행복 · 권력 · 석유 등등의 '구체적인' 욕망이 이 세계를 이끌어간다고 반복해서 듣는다. 이 소설가는 겉보기에 대수롭지 않은 질문을 하나 던진다. "속물근성이란 무엇인가?"

속물근성에 대한 질문을 스스로 제기함으로써 이 소설가는 나름의 방식으로 사회적 기계장치를 작동시키는 숨겨진 태엽에 대해 자문한다. 그런데 학자들은 어깨만 으쓱할 뿐이다. 이 질문이 그들에게는 너무 시시한 것이다. 그들에게 답변을 강요한다면 그들은 도망가버린다. 그들은 이 소설가가 불순한 이유로 속물근성에 관심을 기울인다고 주장할 것이다. 소설가 자신도 한 속물이다. 오히려 그가 속물이었다고 말하는 편이 옳다. 어쨌든 질문은 그대로 남아 있다. 속물근성이란 무엇인가?

속물은 구체적인 어떠한 이득도 추구하지 않는다. 속물의 쾌락과 특히 고통은 순전히 형이상학적이다. 현실주의자도 이상주의자도 마르크스주의자도 이 소설가의 질문에 답변하지 못한다. 속물근성은 과학의 톱니바퀴에 들어가 기계를 고장내는 작은 알갱이이다.

속물은 허무를 원한다. 사람들 간의 구체적인 차이들이 사라지거나 뒷전으로 밀려나면 사회의 어떠한 분야에서도 추상적인 경쟁관계가 나타나지만, 사람들은 오랫동안 그것을 예전의 갈등과 혼동하여 그 형태에 결합시킨다. 속물의 추상적인 불안과 계급의 억압을 혼동해서는 안 된다. 속물근성은 일반적으로 사람들이 믿고 있듯이 옛날 계급사회의 산물이 아니라, 현재에 그리고 더욱 민주적인 미래에 속한 것이다. 마르셀 프루스트가 살던 시대의 포부르 생-제르맹은 사회의 모든 계층을 다소 빠르게 변모시키던 진보의 최선두에 있다.

이 소설가가 속물에게 시선을 돌리는 까닭은 속물의 욕망이 보통사람들의 욕망보다 '더 많은 허무'를 내포하기 때문이다. 속물근성은 이러한 욕망의 풍자화이다. 모든 풍자가 다 그렇듯이 속물근성도 특성을 강조하고 있어서, 우리가 원본에서는 결코 볼 수 없을 것을 보도록 만든다.

그러므로 포부르 생-제르맹이라는 가짜 대상은 소설의 폭로에서 특권적인 역할을 수행한다. 이 역할은 현대물리학에서 라듐의 역할에 비유될 수 있다. 라듐이 자연에서 차지하는 자리는 포부르 생-제르맹이 프랑스 사회에서 차지하는 자리만큼이나 제한된 것이다. 그러나 매우 희귀한 이 원소가 예전 물리학의 어떤 원리들을 거짓말로 만들어버리고 점점 과학의 모든 전망을 송두리째 뒤집는다. 속물근성도 마찬가지로 고전사회학의 어떤 원리들을 거짓말로 만든다. 속물근성은 과학적 사유가 전혀 의심조차 하지 않았던 행동의 동기들을 폭로한다.

프루스트의 경우에 소설의 천재성은 초월된 속물근성이다. 그의 속물근성이 이 소설가를 추상적인 한 사회의 가장 추상적인 장소로, 가장 파렴치하게 무가치한 가짜 대상으로, 다시 말해서 소설의 폭로가 가장 유리한 장소로 인도한다. 돌이켜보면 속물근성은 이 천재의 초기 행보와 혼동된다. 그는 자신의 행보에 대한 확실한 판단과 억누를 수 없는 충동을 지닌다. 이 속물은 엄청난 희망으로 흥분했으며, 엄청난 실망으로 괴로워했음이 틀림없다. 그래서 욕망의 대상과 무욕(non-désir)의 대상 사이의 간격이 그의 관심을 끌게 되고, 그의 관심은 새로운 욕망이 생길 때마다 매번 그를 가로막는 장애물을 극복한다.

속물근성에 대한 풍자의 효력은 소설가에게 공헌한 다음 틀림없이 독자에게도 도움을 주었을 것이다. 독서행위는 소설이라는 형태를 가진 정신적인 체험을 다시 체험하는 일이다. 자신의 진실을 획득하고 나자 이 소설가는, 라듐이라는 '특별한' 원소에서 추출한 진실들을 '평범한' 원소들에 확대적용하는 물리학자처럼, 포부르 생-제르맹에서 다시 사회적 삶이 좀더 활발한 지역으로 내려갈 수 있게 된다. 부르주아 계층과 심지어 서민계층의 대부분의 단체들(cercles)에서 마르셀 프루스트는 욕망의 삼각형 구조, 적대자들의 무익한 대립, 숨은 신에 대한 증오, 추방 그리고 내면적 간접화의 불모화하는 금기들을 다시 만난다.

소설의 진실의 점진적인 확산은 속물근성이라는 용어를 가장 다양한 종류의 직업과 각양각색의 계층에까지 확장한다. 『잃어버린 시간을 찾아서』에는 교사들의 속물근성, 의사들의 속물근성, 사법관들의 속물근성 그리고 심지어 가정부들의 속물근성까지 등장한다. 속물근성이라는 단어의 프루스트적 용법들은 '관념적인' 한 사회학을 규정짓는데, 이 사회학은 보편적으로 적용되지만 사회에서 가장 부유하고 가장 나태한 계층에 그 원리가 특히 강하게 효력을 발휘하는 그런 것이다.

그러므로 프루스트가 사회현실에 무관심하다는 것은 당찮은 말이다. 그는 어떤 의미에서 오직 사회현실에 대해서만 우리에게 말하고 있다. 왜냐하면 삼각형의 욕망의 소설가에게는 내면의 삶이 이미 사회적이기 때문이며, 사회적 삶이란 항상 개인의 욕망의 반영이기 때문이다. 그런데 프루스트는 콩트(Comte)[15]의 낡은 실증주의에 근본적으로 맞서고 있다. 그는 또한 마르크스주의에도 반대한다. 마르크스주의의 소외(aliénation)는 형이상학적 욕망과 비슷하다. 그러나 소

15) 프랑스의 철학자, 사회학 창시자(1798~1857). 사회적·역사적 제반 문제는 추상적 사변에 의해서가 아니라 과학적·실증적 방법에 의해 설명되어야 한다고 주장했다.

외는 외면적 간접화와 내면적 간접화의 상위단계에만 해당된다. 부르주아 사회에 대한 마르크스주의 분석은 다른 분석들보다 더 심도 있지만, 새로운 환상으로 기초부터 잘못된 것이다. 마르크스주의자는 부르주아 사회를 제거함으로써 모든 소외를 제거할 수 있으리라 상상한다. 그는 형이상학적 욕망의 가장 강렬한 형태들, 즉 프루스트와 도스토옙스키가 묘사한 형태들을 고려하지 않는다. 마르크스주의자는 대상에 속고 있다. 그의 유물론은 부르주아의 이상주의를 넘어선 상대적인 진전에 불과하다.

'욕구'(besoins)가 충족되고 또 구체적인 차이가 사람들 간의 관계를 지배하지 않게 되자, 프루스트의 작품은 예전 형태들을 잇따르는 새로운 소외의 형태들을 묘사한다. 우리가 이미 알다시피 속물근성은 동일한 수입을 지닌 개인들, 동일한 사회계급에 속하는 개인들 그리고 동일한 전통에 속하는 개인들 사이에 추상적인 칸막이들을 세운다. 미국 사회학의 어떤 직관은 프루스트의 관점의 풍요로움을 파악하는 데 도움이 된다. 소스타인 베블런(Thorstein Veblen)[16]이 전개한 '현시소비'(顯示消費, conspicuous consumption)[17]의 개념은 이미 세모꼴이다. 이 개념이 유물론의 이론에 치명타를 가한다. 소비된 대상의 가치는 오직 타인의 시선에 달려 있다. 타인의 욕망만이 욕망을 발생시킨다. 좀더 최근에는 데이비드 리스먼(David Riesman)[18]과 밴스 패커드(Vance Packard)[19] 같은 사람들이, 마르셀 프루스트가 묘

16) 미국의 경제학자(1857~1929).
17) 남들에게 과시하기 위한 소비를 말한다.
18) 미국의 사회학자(1909~?)
19) 미국의 저널리스트, 서구사회 분석가(1914~96). 저서 『지하의 설득』(*La Persuasion clandestine*, 1958)에서 상업적 조작기술의 영향이 증대하고 있음을 경고했다.

사한 계층들과 마찬가지로 욕구에서 해방되어 더욱 일률적이 된 미국의 거대한 중산계급 역시 추상적인 여러 칸으로 나뉘고 있음을 밝히고 있다. 중산계급은 서로 완벽하게 같으면서 대립하는 통일성들(unités) 사이에 금기와 추방을 증가시킨다. 하찮은 차별이 끔찍해 보이고 중차대한 결과를 초래한다. 타인이 변함없이 개인의 삶을 지배하지만 이 타인은 마르크스주의의 소외에서처럼 계급이라는 압제자가 아니라, 같은 층의 이웃, 학급의 친구, 직업상의 경쟁자가 된다. 타인은 나에게 가까워질수록 언제나 더욱 매혹적이다.

마르크스주의자들은 여기서 문제는 사회의 부르주아 구조와 관련된 '잔류하는' 현상이라고 말할 것이다. 만일 소비에트 사회에 나타난 유사한 현상에 주목하지 않는다면, 이 추론은 더욱 설득력이 있을 것이다. 부르주아 사회학자들이 이러한 현상에 직면하여 "소비에트 연방에서는 계급이 폐지된다"라고 단언할 때, 그들은 혼란을 야기할 뿐이다. 계급은 폐지되지 않는다. 예전의 소외가 사라지는 곳에 새로운 소외가 나타난다.

사회학자들의 가장 과감한 직관에서조차도, 그들은 절대로 대상의 횡포에서 완전히 벗어나지 못한다. 그들 모두가 소설의 반성(réflexion)에 미치지 못한다. 그들은 해묵은 계급의 차이, 외부에서 강요된 차이를 형이상학적 욕망이 유발한 내면적 차이와 혼동하는 경향이 있다. 한 소외에서 다른 소외로의 이행이 오랜 기간의 과도기를 거치는 동안 이중 간접화가 전혀 외관을 건드리지 않으면서 은밀히 진행되는 만큼 혼동은 더 쉽게 이루어진다. 사회학자들이 형이상학적 욕망의 법칙에까지 이르지 못하는 이유는 그들이 물질적 가치 자체도 결국 이중 간접화에 휩쓸린다는 사실을 이해하지 못하기 때문이다.

속물은 구체적인 아무것도 욕망하지 않는다. 소설가는 이 사실을 알아차리고 개인적·집단적 삶의 모든 단계에서 속물근성과 대칭을 이루는 헛된 대립관계를 찾아낸다. 그는 우리에게 개인의, 직업의, 한 국가의, 심지어 국가들 상호 간의 삶에서도 추상 개념이 승리한다는 사실을 보여준다. 그는 세계대전이 20세기에 일어난 국가들 간의 마지막 충돌이 아니라 최초의 추상적인 대충돌이었음을 밝히고 있다. 요컨대, 마르셀 프루스트는 형이상학적 욕망의 역사를 스탕달이 포기한 지점에서 다시 시작한다. 그는 이중 간접화가 국경을 뛰어넘어 우리가 오늘날 발견하게 될 세계적 규모의 차원을 획득하고 있음을 보여준다.

군사작전 용어를 빌려서 사교계의 적대관계를 묘사한 연후에, 프루스트는 사교계의 적대관계를 표현하는 용어로 군사작전을 묘사한다. 조금 전의 이미지는 대상이 되고 대상은 이미지가 된다. 현대시(詩)에서처럼 이미지의 두 용어는 호환(互換)이 가능하다. 미시세계에서 거시세계에 이르기까지 하나의 동일한 욕망이 승리를 거둔다. 구조는 동일하고 단지 구실만 바뀐다. 프루스트의 은유들은 우리의 시선을 대상에서 떼어내 중개자에게로 고정한다. 즉 우리의 시선이 직선의 욕망에서 삼각형의 욕망으로 향하게 만든다.

샤를뤼스와 베르뒤랭 부인은 사교계의 생활과 세계대전을 혼동했다. 소설가는 이 광기를 광기 자체가 이미 '양식'을 넘어섰던 것처럼 넘어선다. 그는 더 이상 두 영역을 혼동하지 않으면서 그 둘을 체계적으로 서로 동일시한다. 따라서 이 소설가는 전문가의 눈에 피상적으로 비칠 우려가 있다. 그들은 그가 대사건들을 '하찮은 동기'로 설명한다고 비난할 것이다. 역사를 진지하게 다루기를 바라는 역사가들은 루이 14세의 어떤 전쟁들을 궁정신하들 간의 경쟁관계로 해석한 생-시몽을 용서하지 않는다. 그들은 루이 14세 치하에서 군주의 총애와 관련하여 '하찮은' 것이란 아무것도 없다는 사실을 망각하고 있다.

무조건적인 하찮음과 재난을 일으키는 하찮음 사이에는 감지할 수 없는 미미한 거리가 있을 뿐이다. 생-시몽이 그것을 모르지 않으며, 소설가 역시 그렇다. 더욱이 크건 작건 간에 '동기들'은 없고 형이상학적 욕망의 끝없이 활동 중인 허무만이 있다. 세계대전은 살롱들 간의 전쟁처럼 형이상학적 욕망의 결과이다. 이 점을 납득하려면 두 진영을 살펴보는 것으로 충분하다. 양 진영 모두에서 동일한 분노, 동일한 연극적 제스처를 볼 수 있다. 담화들도 모두가 서로 비슷하다. 듣는 사람의 의향에 따라 담화를 경탄스럽거나 불쾌한 것으로 만들려면 고유명사를 섞기만 하면 된다. 독일인들과 프랑스인들은 맹목적으로 서로를 모방한다. 샤를뤼스는 텍스트들을 비교해보고 매우 씁쓸한 희극의 효과를 맛본다.

몇 해 전만 해도 우리는 전 세계의 속물근성을 보고 웃을 수 있었다. 사교계의 강박관념에 사로잡힌 소설가가 우리에게는 현대의 공포와 불안에서 까마득히 멀리 있는 듯이 보인다. 그러나 최근의 역사의 진전에 비추어 프루스트를 다시 읽어볼 필요가 있다. 도처에서 대칭을 이룬 집단들이 서로 대립한다. 곡(Gog)과 마곡(Magog)[20]은 열정적으로 서로 모방하고 증오한다. 이데올로기는 은밀히 합의된 강렬한 대립들을 위한 한낱 구실에 지나지 않는다. 국가주의의 인터내셔널[21]과 인터내셔널의 국가주의는 복잡하게 뒤얽힌 혼란 속에서 서로 섞이고 교차한다.

영국의 소설가 조지 오웰(George Orwell)[22]은 그의 작품 『1984년』

---

20) 사탄에 미혹되어 하늘나라에 대항하는 두 나라(요한의 묵시록 20:8).

21) 국제노동자동맹(International Workingmen's Association).

22) 영국의 소설가이며 비평가(1903~50). 소련의 스탈린 체제를 희화한 『동물농장』(1945)과 언어·사고를 포함한 인간의 모든 생활이 전체주의의 지배를 받

에서 이러한 역사구조의 어떤 양상들을 직접적으로 예시한다. 오웰은 전체주의 구조는 항상 이중적임을 잘 알고 있다. 하지만 그는 개인의 욕망과 집단의 구조 사이의 관계를 밝히고 있지 않다. 그의 저작들을 읽으면서 흔히 우리는 '체계'가 외부로부터 무고한 대중에게 강요된다는 인상을 받는다. 드니 드 루주몽은 『사랑과 서양』에서 이 점을 더욱 밀고 나간다. 애초에 열정의 광신적 숭배자들을 태어나게 한 개인의 자만심이 집단의 권력의지와 전체주의 구조의 근원임을 밝혀내면서 그는 소설의 통찰력에 더욱 접근한다. "대적한 권력의지들—이미 전체주의 국가가 여러 개 있다—은 실제로 열정적으로 충돌할 수 있을 뿐이다. 각각의 권력의지는 서로에게 장애물이 된다. 열광하는 전체주의의 현실적이고 암묵적이고 불가피한 목적은 그러므로 전쟁이며, 그것은 죽음을 의미한다."

우리는 프루스트가 현대 사회생활의 가장 중요한 양상들을 소홀히 했으며, 겨우 예전 시대의 생생한 잔재, 곧 사라질 유물만 묘사했다는 말을 듣는다. 어떤 의미에서 그 말은 옳다. 프루스트의 작은 세계는 우리에게서 빠르게 멀어져간다. 그렇지만 우리가 살기 시작한 거대한 세계도 매일 조금씩 더 그 세계를 닮아간다. 배경이 다르고 규모가 다르지만 구조는 동일하다.

양면성을 지닌 이 역사의 진전은, 사반세기 동안에, 상대적으로 모호하고 어려운 한 작품을 투명한 작품으로 만든다. 비평가들은 이 걸작 소설의 명료성이 커지는 데 주목했고 거기에서 명료성이 발산하는 광휘의 한 결실을 본다. 그것은 소설 자체가 독자들을 훈련해서 차츰 이 소설을 밝혀줄 빛을 퍼뜨리는 것이다. 낙관적인 이 관점

는 미래소설인 『1984년』(1949)은 현대사회의 전체주의적인 경향을 풍자한 중요한 작품으로 평가된다.

은 예술가를 새로운 가치를 만들어내는 대장장이, 하늘의 불을 가로채어 감사를 표하는 인간들에게 전하는 새로운 프로메테우스로 만드는 낭만적인 개념에 관련된다. 이 이론을 소설에 적용할 수 없음은 분명하다. 이러한 소설은 새로운 가치를 가져다주지 않는다. 간신히 예전 소설들의 가치를 되찾을 뿐이다.

『잃어버린 시간을 찾아서』는 이제 모호해 보이지 않지만 그렇다고 더 잘 이해되었다고 확신할 수도 없다. 위대한 소설작품들의 정신적 영향력은 매우 미약하며, 또한 이러한 영향력은, 우리가 아는 바이지만, 작가가 예견했던 방향으로는 거의 절대로 작용하지 않는다. 독자는 자신이 이미 세계에 부여했던 의미를 작품에 투영한다. 이러한 투영은 시간이 지남에 따라 점점 쉬워지는데, 왜냐하면 작품이 사회를 '앞질러' 존재하고 사회가 점차 작품을 따라잡기 때문이다. 이러한 추월의 비밀은 전혀 이상할 것이 없다. 이 소설가는 원래 가장 강렬한 욕망의 존재이다. 그의 욕망이 그를 가장 추상적인 지역과 가장 무가치한 대상으로 인도한다. 따라서 그의 욕망은 거의 자동적으로 그를 사회기구의 정상으로 이끌어간다. 바로 그곳이, 우리가 이미 플로베르에게서 그 점을 주목했듯이, 존재론적 질환이 언제나 가장 극심한 곳이다. 소설가가 지적하는 증상들이 이 사회의 하위계층으로 차츰차츰 퍼질 것이다. 작품에 묘사된 형이상학적 상황에 많은 독자가 익숙해질 것이며, 소설에 나타나는 대립들은 일상생활에서 정확히 복사될 것이다.

사회 지도층의 욕망을 폭로하는 소설가는 거의 언제나 예언자와도 같다. 그는 점진적으로 보편화할 상호주관적인 구조들을 묘사한다. 프루스트에게 진실인 것은 다른 소설가들에게도 똑같이 진실이다. 위대한 소설작품은 거의 모두가 귀족사회의 매력에 굴복한다. 스탕달의 모든 소설에서 우리는 시골에서 수도로, 중산계급의 삶에서 세련된 삶으로 이행하는 이중의 움직임을 찾아볼 수 있다. 돈키호테의 모험들은 이 주인공을 차츰 귀족사회로 이끌어간다. 『악령』에 나오는 모든 이의 중개자인 스타브로긴은 귀족이다. 『백치』 『악령』 『미성년』 그리고 『카라마조프가의 형제들』은 '귀족의' 소설이다. 도스토옙스키는 자신의 작품에서 러시아 귀족계급이 맡고 있는 역할을 여러 차례 설명한 바 있다. 귀족계급의 쇠퇴와 정신적 타락은 농민의 생활을 제외한 러시아의 생활상을 비추는 확대경 노릇을 한다. 언어의 차이와 윤리적 관점의 차이를 고려한다면, 바로 그 점이 정확히 세르반테스와 스탕달과 프루스트의 소설에서 귀족계급이 수행하는 역할이다.

위대한 작품들은 상류사회의 무익한 추상적 관념 속에서 끝을 맺는다. 왜냐하면 모든 사회가 조금씩 이러한 동일한 추상 관념을 지향하기 때문이다. 폴 발레리와 장-폴 사르트르처럼 다양한 정신의 소유자들은 프루스트가 경박한 화제를 다루고 있다고 비난한다. 이 소설가는 프랑스를 알지 못하며, 프랑스를 포부르 생-제르맹과 혼동한다고 어느 비평가나 거듭 말한다. 비평가들이 옳다고 해야겠지만, 이 범상치 않은 혼동에서 프루스트 창작의 주요 비밀들 가운데 하나를 알아보아야 한다. 사회 지도층을 묘사한 작가는, 그가 형이상학적 욕망을 그저 반영하고 있는가 또는 그것을 폭로하는 데 성공했는가에 따라 가장 피상적일 수도 가장 심오할 수도 있다.

단지 형편없는 작가와 천재작가만이 감히 이렇게 쓴다. "후작부인은 다섯 시에 외출했다."[23] 이러한 모욕적인 진부함 또는 지고의 대담성 앞에서 평범한 재능은 뒤로 물러선다.

---

23) 폴 발레리가 한 말이라면서 앙드레 브르통이 초현실주의 선언(1차)에 인용한 문장이다. 소설의 첫 부분을 어떻게 시작할 것인가 하는 문제이다.

10 프루스트와 도스토옙스키의 소설기법상 문제

콩브레는 하나의 대상이 아니라 모든 대상 위로 퍼지는 빛이다. 이 빛은 '안에서'나 마찬가지로 '밖에서'도 보이지 않는다. 소설가도 우리가 그 속에서 대상들을 보게 하지는 못한다. 그가 그렇게 할 수 있다 하더라도, 우리는 콩브레를 보지 못하고 그 일부가 되어버릴 것이다. 따라서 소설가는 콩브레의 인식과 '야만인들'의 인식 사이에 존재하는 일련의 암시적 대비만으로 작업을 진행할 수밖에 없다.

프루스트는 하나의 대상이 콩브레와 외부세계에 동일한 것이 전혀 아니라는 사실을 우리에게 보여준다. 이 소설가는 대상들을 분석하고 '미세한 입자들로 재단하기' 위해서 '현미경으로' 관찰하지 않고, 반대로 대상에 대한 우리의 맹목적 숭배가 객관적인 자료들로 분해한 주관적인 인식들을 재합성한다. '감각을 미세한 입자들로 재단하는' 프루스트는 어떤 현대 비평가들의 상상 속에서만 존재한다. 이러한 비평가들의 오류는 원자물리학자와 감각론자의 관점, 즉 평범한 지각을 객관적 입자들로 재단하게 만드는 관점이 이미 이 소설의 처음 몇 페이지들에서 반박되었던 만큼 더욱 놀라운 것이다.

'우리가 아는 사람을 본다'는 단순한 행위마저도 일부는 지적인 행위이다. 우리는 우리가 바라보는 사람의 외모를 그 사람에 대해 우리가 품고 있는 온갖 개념으로 채우는데, 우리가 마음속으로 상상하는 전체 모습도 그 대부분이 분명히 이러한 개념들로 이루어진다. 이러한 개념들이 마침내는 이 사람의 두 뺨을 완전히 부풀리고, 콧날을 또렷하게 그려내고, 목소리가 마치 투명한 피막(皮膜)이라도 되는 듯이 그 울림에 들어가 미묘한 차이를 섞기 때문에, 실제로 우리가 이 사람의 얼굴을 보고 그 목소리를 들을 때마다 우리는 단지 이 개념들을 다시 보고 듣는 것이다.

오늘날 비평가들이 마르셀 프루스트를 공격하는 것은 단어들 때문이다. 그들은 프루스트의 텍스트에서 최근에는 쓰이지 않는 한 용어가 있으면 거기에 주목하여 작품 전체가 구식이라고 단언한다. 그러나 천재소설가의 가톨릭주의는 우선적으로 알기 쉬운 말을 찾게 만든다. 가톨릭주의는 철학의 풍조가 프랑스어의 가장 다양한 부분에 차례로 압력을 가하는 금지들을 아랑곳하지 않는다. 어떤 독자들은 『잃어버린 시간을 찾아서』를 읽다가 습관(habitude), 감각(sensation), 생각(idée) 또는 감정(sentiments) 같은 대수롭지 않은 단어들을 만나면 괴로운 표정으로 얼굴을 찡그린다.[1] 만약 그들이 자신의 철학적 겉멋을 잠시 잊어버리고 오직 소설의 실질만을 찾아내는 데 열중한다면, 그들은 현상학적 · 실존적 심리학의 가장 풍요한 직관들이 이미 프루스트의 작품에 있다는 사실을 확인하게 될 것이다. 따라서 우리는 프루스트가 그의 시대에서 매우 앞서 있다고 주장할 수 있을 것이

1) 프루스트가 굳이 현학적인 말을 쓰지 않고 되도록이면 쉬운 말을 사용한 것이 못마땅하기 때문인 것으로 보인다.

다. 그렇지만 우리는 예전 사람들이 완전히 놓쳐버린 인간의 진실들을 우리 시대가 발견했다고 말하는 어리석음을 범하지는 않을 것이다. 프루스트의 '현상학'은 위대한 소설가 모두에게 공통된 몇몇 직관을 명확히 밝히고 전개했을 뿐이다. 그런데 예전 소설가들의 경우에는 이러한 직관들이 변증법적 전개의 대상이 되지 못했다. 직관들은 언제나 오해로 귀착되는 본질을 지닌 소설의 상황 속에서 구체적으로 표현된다. 보드빌의 우연적 오해와 달리 소설의 오해는 본질적인 것이다. 두 가지 오해를 대조함으로써 프루스트는 두 가지 인식의 특성을 드러낸다. 그는 개인의 세계이든 집단의 세계이든 간에 양립할 수 없는 두 세계, 인식의 단호한 두 제국주의—예전 소설가들이 그 둘을 가르는 심연을 전혀 의식조차 못한—를 규정한다.

돈키호테와 이발사 사이의 오해는 이미 이러한 인식들에 내재한 질적 차이를 드러내고 있다. 돈키호테가 마술투구로 보는 것을 이발사는 그저 단순한 이발대야로 본다. 우리가 방금 인용했던 텍스트에서 프루스트는 불가피하게 오해를 일으키는 인식의 구조를 묘사한다. 그는 본질적인 오해에 대한 이론적 기초를 닦는다. 우리가 앞 장(章)에서 본 바대로, 그는 이 이론을 수많은 구체적인 예증으로 뒷받침한다. 콩브레의 오해들은 『돈키호테』의 오해들과 근본적으로 다르지 않다. 세르반테스는 조악한 익살극의 효과를 얻기 위해 대조를 단순화하고 과장한다. 프루스트의 효과는 섬세하지만 소설의 폭로 자료는 별로 변하지 않았다. 『스완네 집 쪽으로』에는 오류들의 코미디 한 편이 나오는데 그 원리는 돈키호테의 모험들의 원리와 동일하다. 스완과 함께 보낸 저녁나절에 대화 차원에서 생겨나는 연속된 오해들은 돈키호테와 산초가 여인숙에서 보낸 환상적인 밤에 행동 차원에서 생겨나는 오해들과 유사한 것들이다.

삼각형의 욕망의 포로들의 주관성, 즉 자만심은 필연적으로 오해를 하게 되어 있다. 주관성은 '타인의 입장'에서 생각할 능력이 없다. 이 소설가가 이러한 무능력을 폭로할 수 있는 이유는 이미 그것을 극복했기 때문이다. 그는 인식의 제국주의를 이겨냈다. 오해는 두 인물을 오해에 빠지게 함으로써 그들을 갈라놓는 심연을 드러낸다. 소설가가 오해를 구성할 수 있는 것도 단지 그가 심연을 보았고 양쪽 기슭에 한 발씩을 딛고 있기 때문이다.

오해의 두 피해자는 정(正)과 반(反)이고 소설가의 관점이 합(合)이다. 이 세 순간은 소설가의 정신발달에서 연속되는 단계를 표현하고 있다. 세르반테스는 만약 동일한 대상이 그에게 연속적으로 마술 투구였다가 단순한 이발대야로 보이지 않았다면 『돈키호테』를 쓸 수 없었을 것이다. 이 소설가는 욕망을 이겨낸 사람이고, 그 기억을 떠올려 비교하는 사람이다. 다음 문장은 『스완네 집 쪽으로』 앞부분에서 화자가 비교의 과정에 대해 내린 정의이다.

> 내가 나중에야 정확히 알게 된 스완에게서, 기억을 더듬어, 최초의 스완 쪽으로 옮겨갈 때는 한 인물과 헤어져 그와는 다른 사람에게로 가는 느낌이 들었다. 이 최초의 스완—나는 이 사람 안에서 내 소년시절의 귀여운 오류들을 알아본다. 게다가 이 최초의 스완은 나중에 가서 알게 된 또 하나의 스완보다는 그 시절에 내가 알던 다른 사람들과 더 비슷한데, 마치 우리의 삶이라는 것이 같은 시대의 온갖 초상화가 한 가족인 듯이 걸려 있는 미술관과도 같은 것처럼 그러했다.

프루스트의 화자는 모든 소설가와 마찬가지로 자기 삶의 상상의 박물관에서 자유롭게 이 전시실에서 저 전시실로 돌아다닌다. '소설가-화자'는 자기의 모든 오류를 깨달은, 즉 욕망들을 이겨내고 소설적 영감으로 가득 찬 마르셀이나 마찬가지다. 천재적인 세르반테스 역시 욕망을 이겨낸 돈키호테, 이발대야가 전에는 맘브리노의 투구로 보였다는 사실을 기억하면서 이발대야를 이발대야로 볼 수 있는 돈키호테이다. 통찰력 있는 돈키호테는 작품에서 섬광처럼 잠깐 존재할 뿐인데, 결말에서 죽어가는 돈키호테이다. 『되찾은 시간』에서 프루스트의 화자 역시 죽는데, 그 또한 죽음으로 치유된다. 하지만 그는 소설가로 부활한다. 그는 자기가 쓴 소설을 육체로 한 인간으로서 다시 나타난다.

소설가는 형이상학적 욕망이 치유된 한 주인공이다. 소설의 힘은 프루스트 이전에는 비가시적으로 작용하고 프루스트의 소설에서는 가시적으로 작용한다. 소설가는 변모된 주인공이다. 그는 『되찾은 시간』의 초월이 요구하는 만큼 초기의 주인공과 딴판이며, 소설의 폭로의 욕구가 필요로 하는 만큼 그와 유사하다. 창조자가 자신의 작품 속에 자리를 잡고 우리에게 차근차근 설명한다. 그는 마음대로 개입하지만, 비평가들이 자주 단언하듯 '여담'을 되풀이하기 위해서가 아니라 소설의 묘사를 놀랄 만큼 풍요롭게 하기 위해서, 묘사의 단계를 높여 말하자면 암시적으로 하기 위해서이다. 이를테면 프루스트는 의미심장한 오해들을 제시하는 데 그치지 않고 그에 관한 이론을 만들어낸다는 사실을 우리는 이미 본 바 있다. 어떤 비평가들이 프루스트의 작품에서 삭제하고 싶어 하는 주석들은 모든 위대한 소설작품의 훌륭한 서론을 구성한다.

『잃어버린 시간을 찾아서』는 한 편의 소설인 동시에 이 소설에 관한 주석이다. 이 작품 안에서 소설의 주제는 반성(反省)을 대상으로 삼으며, 이 반성은 예전 소설들로 이루어진 흘러넘치던 좁은 개울을 거대한 강으로 바꾼다. 비평가들은 이러한 변모에 놀랐으며, 바로 이 변모야말로 그들이 프루스트는 "감각을 미세한 입자들로 재단한다"

라고 주장하면서 어설프게 해설하려 애쓰던 그것이다. 이 오류의 책임은 다시 사실주의의 편견에 돌아간다. 모든 소설을 현실의 사진처럼 생각하는 사실주의자들은 프루스트의 소설에서 예전의 음화(陰畵)들만을 확대한 사진, 극도로 하찮은 세부사항들까지도 식별 가능한 단순한 확대만을 본다. 그러나 『잃어버린 시간을 찾아서』가 소설예술에 가져온 새로운 점을 규정하기 위해서는, 사실주의자나 자연주의자의 복사로부터 시작할 것이 아니라 세르반테스와 스탕달로부터 출발할 필요가 있다. 만일 프루스트가 뛰어난 자연주의자라면 그의 작품에서 인식이 지니는 가치는 절대적일 것이다. 그는 바로 형이상학적 욕망이 그 희생자들에게 언제나 실제와는 다른 해석을 야기한다는 사실을 알지 못했을 것이며, 그의 본질적인 오해들을 구축할 수 없었을 것이다. 그의 작품에는 에밀 졸라나 알랭 로브-그리예(Alain Robbe-Grillet)[2]의 작품에서와 마찬가지로 소설의 유머가 결여되었을 것이다.

* * *

'소설가-화자'의 존재는 예전 걸작들에는 흔적조차 없는 어떤 반성을 그의 작품에 편입할 수 있게 만든다. 그의 존재가 이번에는 프루스트의 소설에서 폭로된 형이상학적 욕망의 유형에 밀접하게 종속된 다른 요구들에도 역시 응답한다.

콩브레 다음에는 파리가 나온다. 시골의 낡은 집이 샹젤리제와 베

2) 프랑스의 작가(1922~2008). 누보 로망 계열에 속하는 그는 사물을 묘사하는 데에서 인간본위의 의인적 또는 주관적 형용사를 자제하고, 대상에 대한 기하학적 묘사(빛의 방향, 형태, 크기, 거리 등)를 무미건조하다 할 만큼 객관적으로 기술하고자 한다.

르뒤랭 살롱으로 대체된다. 중개자가 가까워지고 욕망이 변모한다. 이제부터는 그 구조가 너무나 복잡해서 소설가가 독자의 손을 잡고 이 미로 속을 안내해야 한다. 예전의 소설기법들은 모두 쓸모없어졌는데, 진실이 어디에서도 즉각 나타나지 않기 때문이다. 작중인물들의 의식도 밖으로 드러난 외관과 마찬가지로 기만적이다.

예를 들어 베르뒤랭 부인은 게르망트 살롱에 억제할 수 없는 혐오감을 느낀다고 주장한다. 또한 그녀의 행위에서도 의식에서도 이 주장에 모순되는 것은 전혀 찾아볼 수 없다. 여주인은 게르망트 집안에 받아들여지기를 열렬히 욕망한다는 사실을 남들에게 그리고 자신에게 고백하느니 차라리 천 번이라도 죽음을 택할 것이다. 이제 우리는 욕망을 실현하기 위한 고행이 의지적이지 않은 단계에 이르렀다. 쥘리앵 소렐의 명석한 위선에 장-폴 사르트르가 '자기기만'이라 명명한 거의 본능적인 이러한 위선이 뒤이어 나타난다.

따라서 인물들의 의식 속으로 불법침입하는 것으로는 충분하지 못하다. 예전 소설가들의 모든 기법은 지하에 숨겨진 이중성 앞에서 무력하다. 쥘리앵 소렐은 자신의 욕망을 마틸드에게 감추지만 자신에게는 감추지 않는다. 그러므로 스탕달은 우리에게 주인공들의 욕망을 폭로하기 위해 그들의 속마음을 폭로하기만 하면 되었다. 차후로 이런 수단은 불충분하다. 객관적 서술로는 더 이상 현실을 꼭 집어 표현할 수 없는데, 비록 그것이 내면성과 외면성 사이의 경계를 제거하더라도, 소설가가 의식에서 의식으로 자유롭게 돌아다닐 수 있을지라도 그러하다.

현시기는 징후를 잃어버린 거대한 사막이어서 우리에게 아무것도 제공하지 못한다. 베르뒤랭 부인의 증오가 은밀한 숭배를 감추고 있음을 이해하려면 미래로 시선을 돌려 '작은 패거리'의 가혹한 여주인과 미래의 게르망트 공작부인을 비교해볼 필요가 있다. 예전의 가혹한 여주인이 절대로 참을 수 없다고 생각하던 '따분한 자들' 모두에게 공작부인은 경탄을 금치 못한다. 사교계 경력의 이러한 단계들을 비교해야만 그 진정한 의미를 파악할 수 있다. 관찰은 오랜 기간에 걸쳐 행해져야 한다.

베르뒤랭 부인에게 진실인 것은 다른 인물들에게도, 특히 화자 자신에게도 역시 진실이다. 마르셀이 질베르트를 처음으로 보았을 때 그는 그녀에게 불쾌한 표정으로 얼굴을 찡그린다. 오직 시간만이 우리에게 이 이상한 행위가 지니는 숭배의 의미를 정말로 드러내줄 수 있다. 어린아이 자신도 자기 행위의 동기가 무엇인지를 늘 이해하지는 못한다. 모호해진 의식 속에서 진실을 찾으려 해서는 안 된다.

소설의 폭로의 문제는 '사실주의' 소설가의 전지(全知)에 새로운 차원, 즉 시간의 차원을 덧붙여야 해결될 수 있다. '공간적'인 편재(ubiquité)로는 더 이상 충분하지 않으므로 시간적인 편재를 결합할 필요가 있다. 그리고 이러한 차원을 첨가하려면 비인칭 문체에서 인칭 문체로 넘어가야 한다. '소설가-화자'가 작품의 한가운데 있기를 요구하는 것이 프루스트의 형이상학적 욕망의 특별한 양태이다.

스탕달과 플로베르는 미래나 과거가 필요했던 적이 한 번도 없었다. 왜냐하면 그들의 인물들이 아직은 자아가 이분되거나 연속되는 여러 개로 세분되지 않았기 때문이다. 오메는 오메로 있으며 부르니지앵은 부르니지앵 그대로이다. 두 꼭두각시가 결정적으로 서로에게 앙갚음하게 하려면 그들을 함께 있도록 하는 것으로 충분하다. 이제 그들은 바보같이 영원히 서로에게 등을 돌린다. 그들은 소설가가 현장에서 포착한 그 자세로 영원히 고정된다. 동일한 장면이 거의 변함없이 소설의 처음부터 끝까지 반복된다.

플로베르는 소설의 폭로의 직접적 도구로 시간의 차원을 필요로 하지 않는다. 반대로 프루스트는 그의 인물들이 불안정한 동시에 맹목적이기 때문에 시간의 차원이 없으면 안 된다. 그들의 표변을 기록한 목록만이 그들의 욕망에 대한 진실을 드러낼 수 있게 해준다. 그리고 화자만이 이 목록을 작성할 수 있다.

베르뒤랭 부인이 포부르 생-제르맹에 입성하자 '따분한 자들'은 '재미있는 자들'로 바뀌고 신도들이 지겨운 자들로 선언된다. 앞선 시기에 지녔던 그녀의 견해들은 모두 폐기되고 정반대의 견해들로 대체된다. 갑작스러운 전향은 예외가 아니라 프루스트 인물들의 규칙이다. 코타르(Cottard)는 어느 날 느닷없이 신랄한 말장난을 포기하고 위대한 과학자의 '냉철한 태도'를 취한다. 알베르틴은 교양 있는 친구들과 교제하기 시작하면서 어휘와 태도를 바꾼다. 다소 유사한 혁명들이 화자의 삶에도 흩어져 있다. 질베르트가 사라지자 다른 여신이 그녀를 대신한다. 세상 전체가 새로운 우상과 관련하여 재편성된다. 또 하나의 새로운 자아가 예전 자아의 자리를 차지한다.

이러한 자아들의 지속기간이 꽤 길고 이행이 점진적이어서 주체 자신이 가장 먼저 착각할 정도이다. 그는 자신이 영원히 원리에 충실하고 바위처럼 안정되어 있다고 스스로 믿고 있다. 자기 자신의 표변은 기막히게 잘 돌아가는 방어기제 덕분에 자신에게 보이지 않는다. 그렇기 때문에 베르뒤랭 부인은 자기가 불행한 신도들을 배반했다는 사실을 결코 알지 못할 것이다. 또한 제1차 세계대전 당시 '철저한 항전주의자'로 변한 예전의 반(反)드레퓌스파들도 자신들이 파렴치하게 자가당착에 빠졌다는 사실을 절대로 알지 못할 것이다. 그들은 점잖을 빼면서, 어제까지만 해도 장점으로만 보이던 '야만적인 게르만인들'의 결함들, 즉 군인정신, 전통에 대한 광신, '나약한 문화'에 대한 멸시를 비난한다. 최근까지만 해도 그들은 드레퓌스를 지지하는 배반자들이 프랑스의 남성적인 기상을 사라지게 한다고 비난했다. 만일 이러한 견해의 혁신에 대해 당사자들의 주의를 환기한다면 그들은 "그건 같은 게 아니오"라고 근엄하게 대답할 것이다.

사실 그것은 절대로 같은 것일 수 없다. 주인공 마르셀은 다른 인물들보다 약간 더 통찰력이 있다. 그는 현재의 자아의 죽음을 예견하고 두려워하지만 결국 이 자아를 완전히 잊어버린다. 그는 곧 그러한 자아가 존재했는지조차 믿을 수 없어 한다.

전지전능하며 편재하는 소설가만이 인물들 스스로는 알아차리지 못하는 모순을 드러내기 위하여 지속의 조각들을 모아서 붙일 수 있다. 중개자들의 증가와 중개의 특별한 양태가 본질적으로 역사적인 기법을 요구한다.

프루스트의 폭로가 이루어지는 초기에 인물은 확고부동하다는 인상과 자기 자신에게 전념하려는 '신조를 고수'한다는 인상을 준다. 초기단계는 순전히 외관의 시기이다. 뒤이어 통일성은 다양성으로, 연속성은 간헐성으로, 충성심은 배신행위로 대체되는 두 번째 시기가 잇따른다. 진짜 신들의 그림자가 공식적인 숭배만이 알아볼 수 있는 종이에 그려진 신들의 뒤편으로 윤곽을 드러낸다.

그러나 이 두 번째 시기도 세 번째 시기로 연계된다. 어떤 의미에서는 다양성과 간헐성의 인상도 애초에 출발했던 통일성과 항구성의 인상과 마찬가지로 착각이다. 베르뒤랭 부인이 포부르 생-제르맹에 입성하자 모든 것이 변한 듯이 보이지만 실제로 변한 것은 하나도 없다. 여주인의 생각은 자신의 속물근성에 종속되어 있었으며 지금도 여전히 그러하다. 바람이 불면 바람개비가 돌지만 바람개비가 변형되지는 않는다. 만일 더 이상 돌지 않는다면 변형되었을 것이다. 프루스트의 인물들은 욕망의 바람이 부는 대로 돌아간다. 이러한 회전을 진실된 전향으로 받아들여서는 안 된다. 그들의 전향은 단지 동일한 간접화의 자료가 변했거나 기껏해야 중개자가 바뀐 결과에 불과하다.

다양성과 간헐성 너머로 항구적인 새로운 형태가 드러난다. 모든 사람이 단 한 가지 방식으로 여자를 욕망하거나 사랑이나 성공, 다시 말해서 신성을 추구한다. 이 항구성은 부르주아 의식이 자랑스럽게 여기는 존재(l'être)에서의 항구성이 아니라 무(le néant)에서의 항구성이다. 욕망은 사실상 결코 자신의 진정한 대상에 이르지 못하고, 망각과 쇠퇴와 죽음으로 인도할 뿐이다.

예전 소설가들의 작품에서는 중간단계 없이 바로 주관적 환상에서 객관적 진실로, 존재의 거짓 항구성에서 허무의 실제 항구성으로 이행했다. 『잃어버린 시간을 찾아서』의 대부분을 차지하고 있는 프루스트의 폭로는 중간단계인 다양성과 간헐성, 이질성과 혼돈의 시기를 포함한다. 이 단계가 보충된 덕분에 존재론적 질환의 심화과정이 드러난다. 현대야말로 전형적인 이 시기이다. 동일한 이름의 문학유파가 이 시기에 갖다붙인 독점적 중요성을 고려하여, 이 시기를 실존주의의 시기라고 불러도 좋을 것이다.

우리가 방금 묘사한 형이상학적 욕망의 단계가 『잃어버린 시간을 찾아서』에서 핵심적인 지위를 차지하고 있는 까닭에 프루스트의 소설기법을 결정한다. 그러나 존재론적 질환은 작품이 진행됨에 따라 점점 심화된다. 앞서 콩브레에서 나타났던 이 핵심단계에 뒤이어, 이 소설의 마지막 몇 권에서는 더욱 악화된 단계가 나타난다. 따라서 존재론적 질환의 결과도 너무 급진적이어서 소설의 폭로의 조건이 갑자기 다시 바뀐다.

샤를뤼스 남작과 베르뒤랭 부인을 비교하면 프루스트의 욕망의 마지막 두 단계 사이의 차이가 명백히 드러난다.

베르뒤랭 부인은 자신의 중개자에게 우회적으로조차 전혀 접근하지 않는다. 무절제한 편지도 쓰지 않는다. 그녀가 '따분한 자들'의 진영으로 완전히 옮겨갔을 때 사람들은 그녀가 항복했다고밖에는 말할 수 없었으리라. 그러나 반대로 무기를 내려놓고 무조건 항복한 쪽은 적이었다.

베르뒤랭 부인은 자신의 '품격'에 집착하는 반면 샤를뤼스는 내던져버린다. 그는 언제나 숭배하는 박해자의 발 밑에 있다. 어떠한 비열한 행동도 서슴지 않는다. 신중함의 결여, 욕망을 은폐하지 못하는 무력함으로 샤를뤼스는 대귀족의 화려한 외관으로 위장한 종신노예이며 가엾은 희생자이다.

중개자의 인력(引力)이 너무 강해서 이제부터 남작은 외관으로조차도 집안의 신들에게, '조국'인 게르망트 집안에, 타인에게 그가 부여하고 싶어 하는 스스로의 이미지에 충실할 수가 없다. 샤를뤼스의 중개자는 베르뒤랭 부인의 중개자보다 더 가까이 있다. 바로 그 점이 자기 진영에 있다고 믿는 것을 되찾지 못하는 남작의 무력함을 설명해준다. 즉 그런 연유로 그는 '적'—국수주의적 프랑스 또는 베르뒤랭 살롱—의 진영으로 종신추방을 당한 것이다.

콩브레의 뿌리박힘과 비교하여, 샤를뤼스는 베르뒤랭 살롱의 국수주의보다 훨씬 더 총제적인 뿌리뽑힘의 단계인 프루스트의 형이상학적 욕망의 3단계를 구현한다. 2단계가 1단계의 극복인 것처럼, 3단계는 2단계의 극복이다. 그의 사회적 지위는 안정성의 요인이 되기는커녕 무산자 계급화가 저지를 수 있는 바와 같이 남작을 소외시킨다. 프루스트가 샤를뤼스에게서 먼저 한 지식인을 본 것은 옳다. 왜냐하면 지식인을 규정짓는 것이 뿌리뽑힘인 까닭이다.

형이상학적 욕망으로 고통받는 많은 지식인처럼 샤를뤼스는 자신이 하향극복한 간접화의 유형들에 대한 대단한 통찰력의 증거를 제시한다. 예를 들어 그는 '자기기만'만이 베르뒤랭 부류의 부르주아들에게 죽은 신들에 대한 숭배를 계속하게 만든다는 사실을 매우 잘 알고 있다. 이제는 더 이상 그를 속일 수 없는 계략이 하찮은 사람들에게는 여전히 효력을 발휘하는 것을 보면서 그의 노여움은 배가된다. 그렇지만 극도로 명석한 그의 지성도, 형이상학적 질환에 걸린 사람들에게 그들보다 덜 취약한 사람들이 행사하는 매혹으로부터 그를 보호하지는 못한다. 이제부터는 희생자가 매혹의 가소로운 비밀을 꿰뚫어볼 수 있는 만큼 매혹은 더욱 끔찍한 것이 된다. 그것은 이미 지하생활자가 즈베르코프 앞에서 지녔던 헛된 통찰력이며, 많은 지성인이 부르주아들 앞에서 느끼는 무력한 분노이다.

샤를뤼스는 숭배하는 박해자의 무가치를 자신에게 납득시키기 위해서인 만큼 더욱 웅변적으로 부르짖는다. 그는 자신의 지성을 중개자와 자신의 욕망에 대한 무기로 삼는다는 점에서 매우 '지성적'이다. 그는 위협적인 통찰력의 힘으로 이 오만의 두께와 엄청난 무기력(無氣力)을 뚫어보고자 한다. 중개자가 누리고 있다고 여겨지는 눈부신 지배력이 한낱 지나친 환상에 지나지 않음을 항상 다시 한번 입증해야만 한다. 우선 자신이 더욱 잘 '착각에서 벗어나기' 위하여 샤를뤼스는 주변 사람들을 '착각에서 벗어나게' 하는 데 시간을 바친다. 그는 전적으로 실재하지만 무슨 말로도 변화시킬 수 없는 '편견'을 타파하기를 늘 바라고 있다.

그러므로 샤를뤼스는 베르뒤랭 부인이 그를 아는 것보다 베르뒤랭 부인을 더 잘 알고 있다. 그가 우리에게 보여주는 여주인의 초상화와 부르주아 국수주의에 대한 그의 비평은 놀라울 정도로 진실과 생생함을 담고 있다. 타인에게 매료된 인식은 자신에 대한 인식에 근거하기 때문에 예리하다. 그것은 진정한 예지에 대한 자만심 가득한 희화이다. 하향극복은 상향극복의 이미지를 지양(止揚)한다. 굴절된 초월과 수직적 초월 사이의 유사성은 결코 서로를 부인하지 않는다.

샤를뤼스 같은 사람은 부르주아의 진실과 위선이 감추고 있는 욕망을 폭로함으로써 역시 자신의 욕망도 폭로하게 된다는 사실을 짐작하지 못한다. 늘 그렇지만, 통찰력은 자신에 대한 무지의 배가라는 대가를 치른다. 심리의 원이 지금은 너무나 작은 까닭에 샤를뤼스가 공공연히 자기 자신을 비난하지 않고서는 타인을 비난할 수 없다.

베르뒤랭 단계에서 감춰졌던 모순이 이제는 백일하에 드러났다. 샤를뤼스는 체면마저도 유지하기를 포기한다. 그는 중개자의 발 밑에 엎드린 채 중개자에게 시선을 고정한다. 어떤 제스처도, 어떤 말도, 어떤 표정도 진실을 표명하지 않는다……. 침묵에 갇혔던 이 부르주아의 언제나 찡그린 입에서 터져나오는 말들의 홍수는 때로는 진실이고 더 자주 거짓이지만, 그러나 언제나 극도로 폭로적이다.

샤를뤼스는 통찰력의 빛을 발하며 이 빛을 주변에 퍼뜨린다. 틀림없이 어둠이 섞여 있을 이 빛은 연기를 내며 올라가는 등잔불의 매연색 조명이지만 우리를 충분히 밝혀준다. 그러므로 소설의 폭로에 화자가 더 이상 필수적인 존재가 아니다. 샤를뤼스가 무대의 전면을 차지하면 마르셀은 슬며시 배후로 물러선다. 『꽃핀 소녀들의 그늘에서』에서는 남작이 처음으로 등장하면서부터 프루스트의 통상적인 기법이 순수한 묘사기법, 객관적인 행동주의 기법으로 대체된다. 샤를뤼스는 화자가 말을 끊지 않고 장광설을 늘어놓도록 내버려두는 유일한 인물이다. 남작의 긴 독백들은 『잃어버린 시간을 찾아서』에 나오는 유일한 것들이다. 이 독백들은 자족적이다. 베르뒤랭 부인이나 르그랑댕 또는 블로크의 어떤 말들은 막대한 양의 주석이 필요할 것이다. 샤를뤼스의 경우에는 슬며시 초점 맞추기, 살짝 미소 짓기, 단순한 눈짓만으로 충분하다.

우리는 프루스트의 소설에서 형이상학적 욕망의 주요 세 단계를 콩브레 단계, 베르뒤랭 단계와 샤를뤼스 단계로 구분한 바 있다. 물론 이 세 단계는 화자의 체험과 관련된다. 세 단계는 『되찾은 시간』을 제외하고 이 마지막 작품에 이를 때까지 화자의 정신발달을 규정한다. 할머니와 어머니만 제외하고 이 소설의 인물들 모두가 이 본질적 변화에 참여한다. 그들 모두가 최초의 욕망의 협화음들이다. 그들 가운데 몇몇은 작품이 형이상학적 단계를 넘어서면 뒷전으로 밀려나서 고정된다. 어떤 인물들은 그들의 특징인 욕망과 함께 죽거나 사라진다. 또 어떤 인물들은 화자 자신과 동시에 변화한다. 마지막으로 어떤 인물들은 존재론적 질환의 가장 온건한 단계에서는 보이지 않던 그들 개성의 한 양상을, 때가 되면 드러내 보인다. 바로 생-루와 게르망트 공작 그리고 『소돔과 고모라』에서 동성애를 드러내는 많은 인물의 경우가 그러하다. 단테(Dante)의 작품에서 저주받은 자들과 선택받은 자들이 언제나 그들과 같은 죄를 지었거나 같은 덕을 베푼 자들로 둘러싸이는 것과 마찬가지로, 화자는 자신의 욕망과 가장 비슷한 욕망을 지닌 사람들하고만 교제한다.

따라서 마지막 몇 권에 나오는 프루스트의 욕망의 세 번째 단계는 샤를뤼스의 전유물이 아니다. 알베르틴을 향한 화자의 열정은 모렐을 향한 샤를뤼스의 열정과 무척이나 비슷하다. 두 열정 사이에는 마르셀의 사랑과 베르뒤랭 유형의 부르주아 인물들의 사랑 사이에 나타나는 것과 동일한 유사관계가 있다. 질베르트의 시기에 사실상 화자는 자신의 애정생활에서 베르뒤랭 부인의 사교계 전략을 떠올리게 하는 은폐수단을 사용한다. 여주인이 게르망트 집안과 멀어지듯이, 마르셀은 질베르트에게서 멀어진다. 이 '기본원칙들'은 어떤 효력을 간직하고 있어서 체면은 유지된다. 부르주아 질서가 명맥을 유지한다. 알베르틴의 시기에는 의지력이 완전히 분해된다. 화자는 샤를뤼스와 마찬가지로 중개자와 직면한 자신의 인물을 편들 능력이 없다. 그의 행위는 끊임없이 그의 말을 부인하며, 빤히 들여다보이는 만큼 더욱 과장된 거짓말은 모든 효력을 상실한다. 단 한순간도 마르셀은 알베르틴을 속이지 못한다. 샤를뤼스가 모렐의 노예가 되듯이,

그는 그녀의 노예가 된다.

만일 화자가 샤를뤼스 남작과 같은 방향으로 변화한다면, 우리가 남작과 관련해 살펴본 기법상의 관찰을 화자에게도 역시 적용할 수 있다. 그렇지만 알베르틴을 향한 화자의 욕망은 예전의 모든 욕망처럼 『되찾은 시간』의 관점에서, 다시 말해 사건이 발생한 이후에 획득된 진실의 관점에서 묘사된다. 만일 우리의 분석이 정확하다면, 소설가는 이 세 번째 단계에서 언행에 관한 외부묘사로 만족할 수도 있었을 것이다. 그다음부터는 명백해진 모순에서 진실이 솟아날 것이다. 하지만 프루스트는 자신의 기법을 수정하지 않았다. 이는 사실이며, 마르셀 프루스트처럼 미학적 연속성과 통일성에 신경쓰는 작가의 눈에 비친 그러한 수정이 가져올 단점을 고려해본다면 쉽사리 설명되는 사실이다. 사실에는 변함이 없으며, 만일 프루스트 자신이 텍스트의 형식에서 정당성을 확인해주지 않는다면 방금 우리가 언급한 견해는 매우 모호하고 심지어 무모하게조차 여겨질 것이다. 프루스트는 자신에게 제공된 가능성을 포착하지는 못했지만, 알베르틴을 속이려는 헛된 노력에 관한 이야기를 중단시키는 소설기법에 대하여 기이한 사색에 잠겨 그러한 가능성을 검토했다.

> ……내가 하는 말들은 따라서 전혀 내 감정을 반영하지 않았다. 만일 독자가 이 말에 별로 그런 느낌을 받지 않는다면, 그것은 화자로서 내가 나의 느낌을 표현하는 동시에 그런 말들을 되풀이하기 때문일 것이다. 그러나 만일 내가 독자에게 내 느낌들을 감춘다면, 그래서 독자가 내 말과 행동만 알게 된다면, 그는 너무 자주 이상한 역전들이 일어난다는 인상을 받게 되어 아마도 나를 미쳤다고 생각할지도 모른다. 더구나 그렇다고 해도 그런 태도는 실제로 내가 취한 태도보다 훨씬 더 거짓된 것도 아닌데, 왜냐하면 내가 하

는 말 속에 나타나는 이미지들과 완전히 모순되게 행동하도록 만드는 이미지들이 그 당시에는 매우 모호한 것들이었기 때문이다. 나는 그저 어렴풋하게만 내 행동을 지배하는 성격을 감지하고 있었다. 오늘날 나는 그 주관적인 진실을 명백히 깨닫고 있다.

『갇힌 여인』의 가장 불안으로 가득 찬 페이지들에서, 즉 형이상학적 욕망이 가장 진전된 소설의 부분에서 소설가의 머리에 떠오른 노골적인 폭로가 가져올 이득에 주목해보자. 더 온건한 욕망이 지배하는 영역에서 이미 '이상한 역전들'이 발견되지만 그 리듬은 훨씬 느리다. 모순의 양 끝은 서로 매우 멀리 떨어져 있다. 만일 소설가가 외관만 시차적으로 소개하는 데 그친다면 우리는 나아가면서 잊어버릴 것이고—인물들 자신들처럼—또 폭로적인 모순들을 알아보지 못할 것이다. 형이상학적 욕망을 밝히려면, 변화의 이러한 단계에서 소설가가 개인적으로 개입할 필요가 있다. 그는 정리(定理)를 증명하는 교수로 변모한다.

반대로 마지막 몇 권에서는 존재론적 질환이 너무나 악화되어, 반복하는 바이지만, 주인공의 삶에서 안정성이 사라진다. 더 이상 항구성과 동질성의 착각을 일으키는 외관마저도 없다. 실존적 시기, 이질적이고 간헐적인 시기가 이제부터는 외관에 뒤섞인다. 바로 그때 그리고 그때만은 '소설가-화자'의 제거를 상상조차 할 수 없게 된다. 모순되는 언행에 관한 단순히 연대기적 소개에 기초한 소설기법을 생각해볼 수 있다.

'감정을 숨기고 말만 드러내기'라는 방식은 프루스트가 아니라 도스토옙스키의 방식으로서, 그의 작품에 가장 광범위하게 사용되었다. 『잃어버린 시간을 찾아서』의 저자가 위의 인용문에서 훌륭하게 규정한 것이 바로 도스토옙스키의 기법이다. 그런데도 도스토옙스키의 이름은 언급되지 않았다. 마르셀 프루스트가 이 텍스트를 쓰는 동안 그의 머릿속에는 이 러시아 소설가에 대한 생각이 스쳐지나가지도 않았던 듯하다. 이러한 실책이 프루스트의 성찰의 가치를 떨어뜨리기는커녕 오히려 우리에게 이 문장에서 말하는 도스토옙스키적 울림을 문학의 무의식적 차용의 탓으로 돌리지 못하게 함으로써 그 가치를 올린다. 마르셀 프루스트가 자기 작품의 요구사항을 심사숙고하던 중에, 자기의 영역과 자기 '계승자'의 영역 사이의 경계에 다다르는 바로 그 순간에, 도스토옙스키의 기법으로 나아가게 되었다는 것은 참으로 훌륭하다. 일치는 우연일 수 없다. 그것은 우리가 언제나 단언했던 소설가의 천재성이 일치함을 확인해준다. 기법에 관한 연구는 위대한 두 소설가 사이에 차이를 만드는 것이 아니라, 소설의 무한히 다양한 가능성에 적응하는 동일한 천재성을 드러내게 될 것이다.

* * *

'감정을 숨기고 말만 드러내기'라는 방식은 더 이상 단순하게 생각할 수 없다. 마르셀 프루스트가 말한 '이상한 역전들'이 『잃어버린 시간을 찾아서』의 끝에서보다 더 신속하게 이루어질 때, 그리고 인물들을 움직이게 하는 이미지들이 너무 모호하고 뒤섞여 있어서 어떠한 분석도 그 본질을 왜곡하게 될 때, 그 방식만이 적합한 유일한 것으로 인정된다. 바로 이러한 경우가 도스토옙스키가 대부분의 작품에서 처한 상황이다.

도스토옙스키의 기본방식은 소설의 다양한 인물 사이에 있을 수 있는 모든 관계를 빠짐없이 대조하는 것이다. 작품은 일련의 장면들로 나뉘며, 이 장면들 사이에 중간단계를 설치하는 데 작가는 별로 개의치 않는다. 각 장면에서 인물들은 우리에게 그들의 내면에 지닌 만화경의 하나 또는 여러 면을 드러내 보인다. 어떠한 장면도 한 인물의 총체적인 진실을 보여주지는 못한다. 독자는, 소설가가 전적으로 그에게 일임한 대조와 비교를 끝낼 때 비로소 이 진실과 만날 수 있다.

기억해야 하는 것은 독자의 몫이다. 프루스트의 작품에서처럼 소설가는 더 이상 독자를 위해 기억해주지 않는다. 소설의 전개를 카드 게임에 비유할 수 있다. 프루스트의 경우에 게임은 천천히 진행된다. 소설가는 끊임없이 노름꾼들을 중단시키고 앞서 딴 패들을 상기시키거나 다음 패들을 앞질러 훈수한다. 도스토옙스키의 경우에는 반대로 각자의 패가 재빨리 공개되고 소설가는 전혀 개입하지 않으면서 노름의 진행을 처음부터 끝까지 방관한다. 독자는 기억 속에 이 모두를 저장할 능력이 있어야만 할 것이다.

프루스트 작품의 복잡성은 문장의 층위에, 도스토옙스키 작품의 경우에는 소설의 층위 전체에 자리 잡고 있다. 『잃어버린 시간을 찾아서』는 어디를 펼쳐 읽기 시작해도 언제나 이해할 수 있다. 그러나 도스토옙스키의 작품은 한 줄도 빠짐없이 처음부터 마지막 페이지까지 읽어야만 한다. 벨차니노프가 '영원한 남편'에게 기울였던 주의력, 제대로 이해했는지 확신하지 못하면서 사소한 증거라도 놓칠까 걱정하는 목격자의 주의력을 소설에 기울일 필요가 있다.

두 소설가 중에서 이해받지 못할 가장 심각한 우려가 있는 쪽은 물론 도스토옙스키이다. 이러한 걱정에 사로잡힌 작가는 폭로적인 제스처를 강요하고 대비를 강조하고 모순을 증가시킨다. 이러한 대비책은 적어도 즉시 '러시아 기질'과 '동양의 신비경향'에 관해 말할 서양 독자의 머릿속에서는 소설가에게 불리하게 작용한다. 프루스트는 우리가 앞서 인용했던 『갇힌 여인』의 단락에서 이러한 위험을 매우 잘 예견했다. 만일 그가 독자에게 언행을 다 드러내면서 감정을 숨긴다면 독자들이 그를 거의 미쳤다고 생각할 것이라고 그는 말하고 있다. 바로 이 광기가 도스토옙스키를 처음 읽는 서양 독자들이 그의 인물들에 대해 가지는 인상이다. 오늘날, 아마도 더욱 심각한 대조를 통하여 우리는 '이상한 역전'에 열중한다. 그리고 우리는 다른 소설가들의 인물들보다 더 자유분방한 인물들의 창조자를 도스토옙스키에게서 발견하고 예찬한다. 우리는 도스토옙스키를 작중인물들을 법칙의 미로 속에 가두는 '심리'소설가들과 대조한다.

이 대조는 잘못되었는데, 왜냐하면 도스토옙스키의 소설에서 법칙들이 사라지지 않았기 때문이다. 바로 이 법칙들이 은밀히 혼돈을 다스리고 있으며, 이 법칙들이 항구성과 연속성의 마지막 외관마저 파괴하는 존재론적 질환의 심화이다. 실제이든 착각이든 간에, 모든 소설가의 출발점인 확고부동하던 시기는 이제 제거되었다. 남은 시기라고는 프루스트의 폭로가 이루어지는 두 번째와 세 번째 시기뿐이다. 스탕달과 플로베르의 폭로와 마찬가지로 도스토옙스키의 폭로도 두 시기로 제한된다. 그런데 첫 번째 시기가 동일하지 않다. 항구성의 시기가 아니라 간헐성과 혼돈의 시기이다. 이것은 프루스트의 두 번째 시기에 해당한다. 우리는 중간단계를 거치지 않고 '실존적' 시기에서 영원한 허무로 넘어간다.

현대의 신낭만주의 유파들은 이 실존적 시기를 기꺼이 절대적인 시기로 만든다. 간접화한 개인의 자가당착이 아직은 어느 정도 감춰져 있는 한 그 모순 안에서 그들은 심층에 있는 '진짜' 삶의 원천인 알 수 없는 어떤 '무의식'의 은밀한 발현을 본다. 이와 동일한 모순은 공공연히 표명되자마자 어떤 '자유'의 최상의 표현으로 간주된다. 이 자유란 그것 역시 '부정적인 태도'이며, 실제로는 이중 간접화의 불모적인 대립들과 혼동되는 그런 것이다. 초기의 아르튀르 랭보

(Arthur Rimbaud)[3)]의 가르침에 충실한 우리의 동시대인들은 그들의 정신의 혼란을 '성스러운' 것이라고 말한다.

신낭만주의는 언제나 소설가들을 그들의 작품에서 '실존적' 시기가 차지하는 중요성에 의거하여 판단한다. 그 중요성은 물론 예전 소설가들보다는 프루스트의 작품에서 상당히 크며, 도스토옙스키의 작품에서는 한층 더 그러하다. 프루스트의 작품에는 사실상 실존적 시기가 있지만 은폐된 채 간접적으로 나타난다. 도스토옙스키의 작품에서는 대부분의 인물들이 형이상학적 욕망의 절정기에 도달해서 실존적 시기는 직접적이다. 우리가 만일 소설의 삶에 대한 결말과 도덕적·형이상학적 교훈을 가져다주는 세 번째 시기를 체계적으로 소홀히 한다면, 우리는 프루스트에게서 이른바 '실존적' 문학의 다소 소심한 선구자의 모습을, 도스토옙스키에게서 진정한 창설자의 모습을 볼 수 있다. 이것이 오늘날 신낭만주의 비평가들이 하는 일이다. 그들이 완전히 만족스럽게 여기는 프루스트의 유일한 인물들은 물론 도스토옙스키의 단계에 가까운 이들, 특히 샤를뤼스이다. 도스토옙스키로 말하자면, 아무도 그와 필적할 수 없는 이유는 그의 천재성 때문이 아니라 인물들이 처한 증대된 비참함 때문이다. 어제까지만 해도 그를 의심스럽게 하던 것이 그의 명성을 높인다. 요컨대 오류의 본성은 변하지 않았다. 지하의 인물들의 '실존주의'가 소설가 자신이 아니라 형이상학적 질환의 진전인 중개자의 접근과 증식에 달려 있음을 꿰뚫어본 사람이 전에는 아무도 없었다.

소설의 상황과 소설가의 개인적 기여는 구분되지 않는다. 실존적 시기는, 한 작품에서 그것이 차지하는 중요성이 어떤 것이든 진정으

3) 프랑스의 시인(1854~91). 초기의 랭보는 시를 사회와 도덕의 혁명과 혼동했다는 평을 받고 있다.

로 소설의 폭로의 끝이 아니라고 거듭 말해야 한다. 절대적인 끝이기는커녕 소설가는 거기에서 또 하나의 새로운 환상과 특별히 해로운 환상만을 본다. 그는 지하의 인물의 혼돈스러운 삶에서 부르주아의 위선처럼 흉측하며 그보다 더 즉각적으로 파괴적인 거짓을 고발한다. 신낭만주의자는 위선에 맞선 자신의 반항을 자랑스러워하지만, 예전의 부르주아가 '원리에 충실함'에 걸었던 희망에 비견할 만한 희망을 자신의 '무의식'의 불가사의나 말로 표현될 수 없는 '자유'에 걸고 있다. 서구의 개인은 자율성과 흡족한 지배력을 쟁취하기를 포기하지 않았다. 즉 자만심을 포기하지 않았다. 천재소설가는 그러한 믿음을 공유하는 대신 믿음의 공허함을 드러내고자 필사적인 노력을 기울인다. 동시대의 신낭만주의자가 스스로 '해방되었다'고 믿는 이유는 부르주아 코미디의 실패를 명백히 꿰뚫어보았기 때문이다. 하지만 그는 부르주아의 실패보다 더 갑작스럽고 더 처참한 실패가 자신을 기다리고 있다는 것을 예측하지 못한다. 늘 그렇듯이, 이러한 맹목성은 '통찰력'과 더불어 증대한다. 형이상학적 욕망의 희생자들은 점점 더 빨라지는 소용돌이에 휘말려 있으며 그 원들은 점점 더 좁아진다. 바로 이 소용돌이 효과를 도스토옙스키는 그의 모든 작품에서, 그리고 특히 『악령』에서 탐구하고 있다.

* * *

소설기법의 변주들은 본질적으로 형이상학적 욕망에 달려 있다. 이 변주들은 기능적이다. 그 방식은 환상이 언제나 다르기 때문에 늘 다르지만, 목적은 형이상학적 욕망의 폭로라는 동일한 것이다. 우리는 프루스트가 자기 작품의 도스토옙스키적인 영역에서 도스토옙스키적 해결책을 지향하고 있음을 보았다. 이제 우리는 도스토옙스키가 자기 작품의 가장 '지하의' 영역이 아닌 곳에서 프루스트적 해결책을 지향함을 알게 될 것이다.

『악령』의 인물들은 부모 세대와 자녀 세대라는 상이한 두 세대에 속한다. 자녀 세대는 엄밀한 의미에서 '악령에 사로잡힌 자들'의 세대이다. 부모 세대는 지사와 그의 아내로, '위대한 작가'인 카르마지노프로, 바르바라 페트로브나와 특히 잊을 수 없는 스테판 트로피모비치로 대표된다. 부모들은 중개자에게서 그들의 자녀들보다 더 멀리 떨어져 있으며, 우리가 도스토옙스키의 작품에서 기꺼이 '프루스트적 측면'이라 부를 수 있는 것을 위치시켜야 하는 곳은 바로 이 부모들의 세계이다. 최소한 '부모들'이 존재의 영속성에 대해 프루스트의 부르주아들과 마찬가지로 헛된 확신을 품고 있다는 의미에서, 이 프랑스 소설가를 참조하는 것은 정당하다. 영웅적인 침묵을 지킨 22년 동안 바르바라 페트로브나는 스테판 트로피모비치를 향한 사랑이 담긴 증오를 키워간다. 스테판 자신도 '무언의 항의'로 일관된 삶을 살아간다. 그의 머릿속에서 그는 '러시아 자유주의'의 '영원한 진실들'과 일체를 이룬다. 상트페테르부르크의 만화경 같은 정치생활에 직면하여 대부분의 시간을 폴 드 코크(Paul de Kock)[4]의 책을 읽거나 카드 게임을 하면서 보낼지라도, 스테판 트로피모비치는 스스로 '비난의 화신'임을 자처한다. 이것은 물론 코미디에 지나지 않지만, 그러나 베르뒤랭 부인의 신자들과 예술과 조국에 대한 헌신처럼 전적으로 진지한 코미디이다. 스테판 트로피모비치와 바르바라 페트로브나의 경우, 프루스트의 부르주아들의 경우와 마찬가지로 존재는 이미 극도로 분열되고 무익한 자만심에 의해 해체되었으나

4) 프랑스의 작가(1793~1871). 희곡·희가극·보드빌·단편소설 등을 썼지만, 특히 대중 연재소설에 속하는 이야기로 성공을 거둔 작가이다.

형이상학적 질환은 여전히 감춰져 있다. '원리에 충실함'이라는 확고한 원리가 분해작업을 숨기고 있다. 진실이 백일하에 드러나려면 심각한 위기가 닥쳐야만 한다.

부모 세대는 아직도 외관을 유지하고 있다. 따라서 부모 세대는 도스토옙스키를 소설의 폭로라는 문제들에 직면하게 만든다. 이 문제들은 마르셀 프루스트가 그의 작품의 중심영역에서 마주치는 문제들에 비견할 만한 것들이다. 이러한 문제들을 해결하기 위하여 이 러시아 소설가가 프루스트의 해결책과 같은 종류의 해법을 취한다 해서 놀랄 필요는 없다. 도스토옙스키는 한 화자 속으로 들어간다. 이 화자는 프루스트의 화자처럼 과거를 거슬러 올라가서 형이상학적 욕망의 결과인 모순을 드러내기 위해 서로 매우 동떨어진 일들을 비교한다. 도스토옙스키가 서술적 · 설명적 · 역사적인 기법을 지향하는 이유는 이 지점에서 그가 서술 · 설명 · 역사를 필요로 하기 때문이다. 자녀들이 무대에 등장하면 중개자는 더욱 접근하고 표변의 리듬은 빨라져서 도스토옙스키는 다시 직접 진술방식으로 돌아간다. 그는 순전히 실용적인 역할을 하던 자신의 화자를 잊어버린다. 그는 독자와 소설세계 사이의 공식적인 매개자가 사라짐으로써 생겨날 '사실임 직함'에 대한 문제조차도 개의치 않는 것처럼 보인다.

'부모들'과 그리고 특히 그 세대의 가장 완벽한 대표자 격인 스테판 트로피모비치를 도스토옙스키는 의식이라는 증인 없이는 다룰 수가 없다. '부모들'의 끈질긴 주장을 철회시키고 형이상학적 욕망을 드러내려면 의식의 증언이 필요하다. 장-폴 사르트르의 뒤를 이어 당대의 많은 비평가가 소설 내부에 있는 소설가의 존재나 전지(全知)한 화자의 존재를 작중인물들의 '자유'를 가로막는 '장애물'로 간주한다. 이러한 비평가들은 도스토옙스키를 작중인물의 해방자로서, 즉 지하의 인물의 창조자로서 찬양한다. 만일 이 비평가들이 자기들의 원리에 충실하다면, 그들은 이 러시아 소설가가 스테판 트로피모비치를 창조했음을 비난해야 할 것이다. 그러나 이 인물이 너무나 진실에 경도해서 '자유'라는 관점에서 볼 때 그들에게는 틀림없이 결함 있는 자로 여겨질 것이다. 왜냐하면 그는 소설의 행위 외부에 있는 화자의 끊임없는 관찰과 분석의 대상이기 때문이다. 스테판 트로피모비치에 관련된 일체의 것에서 도스토옙스키의 기법은 프루스트의 기법과 상당히 비슷하다.

도스토옙스키의 화자는 프루스트의 화자와 다르다는 반박이 제기될 수 있다. 그가 우리에게 소설기법에 관한 소설가의 견해를 제시한 적이 없다는 것은 사실이다. 그는 프루스트의 화자가 소설가일 수 있다는 의미에서의 그런 소설가인 것은 아니다. 도스토옙스키의 화자는 프루스트의 화자의 기능들 중에서 단 한 가지인 '심리적' 기능만을 지니고 있다. 그는 어떤 인물들의 충동을 분석하는 데 우리를 도와준다. 그가 프루스트의 화자보다 더 순진하다고 말할 수 있을 것이다. 그는 인물들 각자에 대해 소설가 자신이 아는 만큼 결코 알지 못한다. 그가 우리 눈앞에 제시하는 행적들에서 얻을 수 있는 모든 함축된 의미를 그는 결코 끌어내지 못한다. 틀림없이 그러하다. 그러나 이러한 차이는 매우 피상적이다. 차이가 분석된 인물의 형이상학적 위상을 수정하지 못하며, 특히 그에게 '자유'—만일 허구의 인물과 관련하여 자유에 대해 말할 수 있다면—를 돌려줄 수도 없다. 왜냐하면 도스토옙스키의 화자에 의해 모인 행적은 독자가 이 인물에 대해 전폭적이고 완전한 인식에 도달하기 위해 언제나 필요한 것들이기 때문이다. 따라서 독자는 화자의 다소 초보적인 해석을 뛰어넘어 좀더 심오한 진실인 형이상학적 진실로 나아가야만 한다. 화자의 무경험과 상대적인 근시안이 문체와 직접적인 폭로기법의 통일성을 보장해준다. 도스토옙스키가 만들어내는 수수께끼 같은 분위기는 언제나 유지된다.

이 수수께끼 같은 분위기는 더욱이 오늘날 부여하는 중요성을 지니고 있지 않다. 그러한 분위기는 '자유재량의 여지'나 인물에게 남겨진 불가지(不可知)에서 생겨난 것은 분명 아니다. 자유는 틀림없이 여기 있지만, 그렇다고 실존주의 비평가들이 생각하는 형태로는 아니다. 자유는 진실된 전향의 형태로만, 예를 들어 스테판 트로피모비치가 소설의 결말에서 겪게 되는 전향의 형태로만 명확히 드러난다. 알 수 없는 것은 한 인물의 유죄성과 무죄성의 정도일 뿐 다른 어떤 것도 아니다. 도스토옙스키가 독자의 상상력에 자유로운 여지를 남겼다고 믿는 것, 그의 작품 속에 자유로운 지대, 즉 우리가 마음대로 채울 수 있는 일종의 공백이 있다고 믿는 것, 그것은 그의 천재성의 의미를 심각하게 오해하는 일이다. 이 소설가는 무엇보다도 진실의 폭로를 추구한다. 그의 작품에서 침묵의 지대는 기본적인 명백함의 지대이다. 그것은 소설 자체가 독자에게 암시하는 까닭에 구태여 표현할 필요가 없는 기본원리의 지대이다.

* * *

소설의 영역들은 서로 '접합되어' 있다. 각 영역은 전체 구조에서 다소간 광범위한 한 부분을 차지한다. 그것은 중개자와 욕망하는 주체 사이에 존재하는 극단적인 두 거리로 정의된다. 따라서 개별 작품들의 부분들로 구성된 전체 소설의 지속이 존재한다. 『잃어버린 시간을 찾아서』의 끝에 도스토옙스키 직전의 인물들과 욕망들이 위치하는 것은 전혀 우연이 아니다. 『악령』이라는 제목이 붙은 도스토옙스키의 전집(全集)의 처음에 '프루스트적' 인물들과 욕망들을 배치한 것도 우연이 아니다. 소설 주인공의 모험이 나아가는 방향은 언제나 동일하다. 모험은 소설영역의 높은 지역에서 낮은 지역으로 움직인다. 주인공의 행로는 지옥으로의 하강에서 거의 언제나 빛으로의 귀환, 시간을 초월한 형이상학적 전향으로 끝을 맺는다. 소설의 지속은 양 끝에 걸쳐 있지만, 언제나 이전 소설이 끝난 지점에서 지옥으로의 하강이 시작된다. 주인공이 수백 명 있지만 소설문학의 처음부터 끝까지 모험을 펼치는 주인공은 하나뿐이다.

도스토옙스키는 예전 소설가들보다 더 분명하게 이 추락의 움직임을 꿰뚫어본다. 그는 『악령』에서 우리에게 이 움직임을 이해시키고자 애쓴다. 한 세대에서 다른 세대로 이행하면서 지하의 역동성이 표면화한다. 연속되는 환상과 심지어 모순조차 서로 무관한 듯 보이지만, 그것들이 전개되면서 요지부동한 하나의 이야기를 형성한다. 중개자의 접근이 소설을 지속시키고 그것에 의미를 부여한다.

각 세대는 존재론적 질환의 한 단계를 구현한다. 부모의 진실은 오랫동안 감춰져 있지만, 그 진실은 자식들의 열에 들뜬 동요, 무질서와 방탕함에서 믿을 수 없을 만큼 강하게 표출된다. 부모들은 괴물 같은 자식들을 두었음에 놀란다. 그들은 자식들이 그들과는 정반대라고 생각한다. 그들은 나무와 열매의 관계를 알아차리지 못한다. 반대로 자식들은 부모들의 분노에서 연극 같은 언동을 명백히 알아본다. '원칙에 충실함'은 그들에게 감동을 주지 못한다. 그들은 부르주아의 품위가 '자기기만'에 지나지 않는다는 사실을 아주 잘 알고 있다. 프루스트의 작품에서보다 도스토옙스키의 작품에서 더욱 하향극복이 상향극복을 희화하고 있다. 그것은 몽매함에 섞인 지혜의 요소들을 내포한다. 그러나 지하의 통찰력의 결과는 위를 향해서가 아니라 아래를 향해서 가기 때문에 언제나 해롭다. 존재론적 질환을 앓는 사람은 자기보다 병세가 가벼운 환자들 앞에서 언제나 병이 악화되며, 그가 자신의 중개자를 선택하는 것도 늘 그들 중에서이다. 그는 항상 자신의 우상을 자신과 같은 수준으로 끌어내리려 한다.

우리는 열매를 보고 그 나무를 알게 된다. 도스토옙스키는 세대들 간의 관계와 부모의 책임을 매우 강조한다. 스테판 트로피모비치는 악령에 들린 모든 자의 아버지이다. 그는 표트르 베르호벤스키의 아버지이며, 샤토프와 다리아 파블로브나(Daria Pavlovna)와 리자베타 니콜라예브나 그리고 특히 스타브로긴의 정신적 아버지로서, 나중에는 그들 모두에게 스승 역할을 한다. 페드카(Fedka)가 그의 농노였으므로 그는 살인자 페드카의 아버지이다. 스테판 트로피모비치는 혈연상의 아들인 표트르와 사회적 교분상의 아들인 페트카를 버린다. 그의 너그러운 수사학과 낭만적인 미학도 스테판이 자신의 구체적인 모든 책임을 저버리지 못하게 막지 못한다. 낭만적인 자유주의는 파괴적인 허무주의의 아버지이다.

『악령』에서는 모든 일이 스테판 트로피모비치에서 시작되어 스타브로긴에게서 끝난다. 자식들은 스테판의 진실이지만 스타브로긴은 자식들의 진실, 모든 인물의 진실이다. 부모 세대는 우리가 앞서 정의를 내린 바대로 프루스트의 폭로의 첫 번째 시기를 구현한다. 자식 세대는 두 번째 시기를 구현한다. 스타브로긴 혼자만이 세 번째 시기를 구현한다. 부르주아들의 '원칙에 충실함' 이면에는 악령들의 맹렬한 선동이 있으며, 이 맹렬한 선동 뒤에는 부동성과 허무(le néant), 스타브로긴의 무관심(l'acedia)이 있다.

현대의 환상 이면에, 사건들과 이념들의 소용돌이 이면에, 내면적 간접화의 끊임없이 빨라지는 진전의 끝에는 허무가 있다. 영혼은 교착(膠着)상태에 빠져버렸다. 스타브로긴은 바로 이 교착상태, 절대적인 자만심의 완전한 허무를 구현한다.

『악령』의 모든 인물과 예전 소설들의 모든 주인공 그리고 형이상학적 욕망의 모든 희생자가 스타브로긴에게로 마음이 쏠려 있다. 이 괴물이 3세대에 속하지 않는 이유는 그가 구현하는 정신이 신의 성령처럼 시간을 초월했기 때문이다. 즉 혼란, 타락 그리고 허무의 정신이다.

『악령』이라는 도스토옙스키의 작품은 형이상학적 질환에 관한 서사시로까지 승격된다. 소설의 인물들은 거의 우의적인 의미를 획득한다. 스테판 트로피모비치는 아버지이고, 스타브로긴은 아들이며, 얼빠진 음모자인 표트르 베르호벤스키는 악마적 삼위일체의 가소로운 악령이나 마찬가지다.

11 도스토옙스키의 묵시록

'실존주의'의 영향은 '자유'라는 단어를 유행시켰다. 소설가는 자신의 인물들의 자유를 '존중해야'만 천재에 도달할 수 있다는 말을 우리는 매일 듣는다. 불행히도 우리는 이러한 존중이 어떤 것인지에 관해서는 전혀 들은 바가 없다. 자유의 개념은 그것이 소설에 적용될 때 당연히 모호해진다. 만일 소설가가 자유롭다면 어떻게 그의 인물들이 자유로울 수 있을지 알 수가 없다. 자유란 피조물과 창조주 사이에서조차도 공유될 수 없다. 바로 그것이 기본적인 정론(定論)이며, 이 정론에 힘입어 장-폴 사르트르 씨는 창조주 신의 불가능성을 증명할 수 있다고 장담한다. 신에게 불가능한 것이 소설가에게 가능할 수 없다. 소설가가 자유롭고 그 인물들이 그렇지 못하거나, 인물들이 자유롭고 소설가는 신과 마찬가지로 존재하지 않거나이다.

이 논리적인 모순은 현대의 허구(fiction)에 대한 이론가들을 난처하게 만들지 않는 것처럼 보인다. 그들의 '자유'는 이 용어의 철학적 용법과 일상적 용법 사이의 극단적인 혼돈의 결과이다. 대부분의 비평가들에게 자유는 자발성과 동의어이다. 소설가는 '심리학'에 개의치 않아야 한다. 다시 말해서 그는 전혀 예측할 수 없는 행동을 하는 인물들을 창조해야 한다. 이상한 일이지만, 도스토옙스키에게 자발적인 인물의 아버지 자격이 부여된다. 『지하생활자의 수기』는 특별히 찬사로 가득한 논평의 대상이다. 자칫하면 이 작품이 새로운 학파의 지침서가 될지도 모른다.

비평가들은 되도록 『지하생활자의 수기』 전반부에 대해 상술하고, 정말로 소설적인 유일한 부분인 후반부에 대해서는 지하의 인물의 자유—자발성으로 이해하시라—를 제외하고는 거의 관심을 기울이지 않는다. 이 굉장한 독립성은 우리에게 물론 '놀라움의 효과'를 일으키며, 거기에서 우리는 가장 명백한 미학적인 쾌락을 추구할 마음이 생기게 된다.

비평가들은 무례한 장교도, 즈베르코프도 보지 못하는 것처럼 보인다. 중개자는 무조건 삭제된다. 프루스트의 욕망의 법칙들과 유사하지만 훨씬 더 엄격한 지하의 욕망의 법칙은 간과된다. 그들은 지하의 인물의 지독한 경련에 경탄하며, 경련의 '비이성적인' 특성에 기뻐한다. 그들은 자유로운 경련에 탄복하며, 가까스로 그들의 독자에게 경련의 위생적인 사용법을 권장하지 않을 뿐이다.

지하생활자는 만일 우리가 그를 이해하는 수단을 제거하는 즉시 틀림없이 우리를 놀라게 할 것이다. 형이상학적 욕망을 제거하면 기계적 자동성은 자발성이 되고 예속은 자유가 될 것이다. 우리는 더 이상 인물들의 강박관념도, 그가 거부당했다고 느낄 때부터 그를 사로잡는 강렬한 열정도 알지 못할 것이다. 기괴한 경련도 사라질 것이나, 그 대신 사회와 '인간조건'에 대한 '훌륭한 반란'이 일어날 것이다.

이렇게 우리에게 감탄을 일으키는 지하생활자는 도스토옙스키가 창조한 인물과는 아무런 관계가 없지만, 반대로 그는 현대의 허구가 지칠 줄 모르고 재생산하는 주인공의 전형과 무척이나 비슷하다.

『구토』(*La Nausée*)[1]의 로캉탱도, 『이방인』(*L'Etranger*)[2]의 뫼르소도, 사뮈엘 베케트(Samuel Beckett)[3]의 부랑자들도 형이상학적으로 욕망하지 않는다. 이러한 인물들은 매우 다양한 불행에 시달리지만, 그들에게는 가장 두려운 불행인 형이상학적 욕망이 없다. 우리 시대의 주인공들은 그 누구를 모방하지 않는다. 그들 모두가 완벽하게 자율적이어서, 발레리의 테스트(le Teste)[4]가 한 다음 말을 반복해서 합창할 수 있을 것이다. "우리가 어떤 사람처럼 보일지는 모르지만, 우리 모두는 완전히 우리 자신일 뿐이다."

최근의 허구와 도스토옙스키의 소설 사이의 많은 외면적 유사성을 지적할 수 있다. 양쪽 모두 타인들에 대한 동일한 증오, 급진적인 동일한 혼란, 모든 부르주아적 가치의 붕괴에서 생겨난 동일한 '동질다형'이 존재한다. 그러나 더욱 본질적인 것은 차이들이다. 우리 시대의 주인공들은 언제나 자신의 귀중한 자유를 고스란히 유지하고 있는데, 지하생활자는 자신의 자유를 중개자에게 양도한다. 우리는 자유로운 자발성과 지하의 예속을 혼동하고 있다. 어떻게 우리가 이다지도 지독한 오류를 범할 수 있는 것일까?

그것은 두 가지 이유 가운데 한 가지에 의해서이다. 하나는 우리가 형이상학적 욕망에 전혀 물들지 않았거나, 다른 하나는 이 욕망이 너무나 완벽하게 우리를 사로잡고 있어서 전혀 그것을 보지 못하거나

---

1) 사르트르의 1938년 소설작품.

2) 알베르 카뮈의 1942년 소설작품.

3) 아일랜드의 극작가·소설가(1906~89). 그의 작중인물들은 「고도를 기다리며」에서처럼 거의가 정체성이 모호한 부랑자들이다.

4) 프랑스의 시인 발레리가 창조한 인물. 1896~1929년에 걸쳐 발표한 10여 편의 글(「테스트 씨와의 저녁나절」「테스트 씨」 등등)에 등장한다. 테스트는 라틴어 testis에서 나온 말로, 증인이라는 의미가 있다. 발레리는 이 인물을 통해 자신의 지적·문학적 편력을 조망한다.

이다. 첫 번째 가정이 별로 그럴듯해 보이지 않는 이유는—우리가 매일 반복해서 듣는 바이지만—이 러시아 소설가가 우리 시대의 진실을 매우 정확하게 표현하고 있기 때문이다. 따라서 우리는 두 번째 가정을 받아들이지 않을 수 없다. 도스토옙스키는 우리가 우리 스스로에게도 감추고 있는 형이상학적 욕망을 드러내기 때문에 우리에 대해 현대 작가들보다 더 잘 말해준다. 우리는 도스토옙스키의 소설을 읽을 때조차도 자신에게 중개자의 존재를 숨기는 데 성공한다. 우리는 이 러시아 작가의 예술의 본성을 이해하지 못하면서 그에게 감탄한다.

만일 도스토옙스키가 옳다면 우리의 주인공들이 틀린 것이다. 그들이 틀린 이유는 자율성에 대한 우리의 환상을 부추기기 때문이다. 우리의 주인공들은 현대인들이 절망적으로 매달리고 있는 프로메테우스의 꿈을 연장시키도록 꾸며진 낭만적인 새로운 거짓이다. 도스토옙스키는 우리 시대의 소설과 비평이 반영하는 데 그친 욕망을 폭로한다. 현대소설은 일상생활 속의 중개자를 우리에게 감춘다. 현대비평은 중개자의 존재를 드러내려는 의도로 쓰인 작품 속의 중개자를 우리에게 감춘다. 이 비평은 도스토옙스키를 원용함으로써 모르는 사이에 실존주의자들의 양 우리 안에 탐욕스러운 늑대 한 마리를 끌어들이고 있다.

도스토옙스키와 현대소설 사이의 표면적인 유사성 이면에는 완강한 대립이 존재한다. 우리는 도스토옙스키가 소설 속 인물들의 심리적 통일성을 거부한다는 사실을 늘 기억하며, 바로 이 점이 그가 우리 시대의 소설가들과 일치하고 있음을 입증하는 것이라 믿는다. 그러나 우리 시대의 소설가들은 형이상학적 통일성을 더욱 확고히 하기 위해서만 심리적 통일성을 고발한다. 심리적 통일성을 통해 부르주아가 노렸던 것은 이미 형이상학적 통일성이었다. 항구성과 안정성에 대한 부르주아의 환상은 사라졌으나 그 목적은 변하지 않았다. 그 목적이야말로 그들이 불안과 혼돈의 와중에서 자유라는 이름으로 끈질기게 추구하는 것이다.

도스토옙스키는 심리적 통일성과 형이상학적 통일성 모두를 거부한다. 그는 형이상학적 환상을 더욱 완전히 일소하기 위한 목적으로만 심리적 환상을 거부한다. 자율성의 의지가 예속을 초래하지만 지하생활자는 그러한 사실을 알지도 못하며 알고자 하지도 않는다. 우리 역시 알지 못하거나 알고 싶어 하지 않는다. 따라서 우리가 지하생활자와 비슷한 것은 사실이지만 비평가들이 주장하는 그런 이유에서는 아니다.

피조물과 창조주 사이에 존재하는 전형적으로 낭만적인 동일화가 없었다면, 『지하생활자의 수기』에 대한 비평가들의 오류는 가능하지 않았을 것이다. 그들은 도스토옙스키가 주인공인 지하생활자와 모든 견해를 공유한다고 믿는다. 그들이 이 소설의 전반부를 강조하는 이유는 전반부가 과학만능주의와 현대의 합리주의를 엄청나게 공격하기 때문이다. 도스토옙스키는 확실히 19세기 말의 보잘것없는 유토피아적 환상들에 대한 주인공의 혐오감을 공유하고 있다. 그러나 이 부분적인 일치를 전반적인 일치와 혼동해서는 안 된다. 소설가를 그의 인물과 혼동해서는 안 되며, 특히 그 인물이 소설가 자신에게서 나온 경우에는 더욱 그러하다. 지하생활자 도스토옙스키는 천재 도스토옙스키가 아니라 초기 작품들에 나오는 낭만적 도스토옙스키이다. 지하생활자 도스토옙스키는 결코 지하생활에 관해 말하는 법이 없이, '아름다운 것과 숭고한 것'에 관해, 빅토르 위고(Victor Hugo)의 작품에 나타난 비극적이거나 숭고한 역경에 관해 말한다. 우리에게 지하생활을 묘사하는 도스토옙스키는 지하에서 나오는 중이다. 그는 곧 『카라마조프가의 형제들』의 평화와 평온을 향하여 걸작에서 걸작으로 힘겨운 상승을 하게 될 것이다.

지하생활은 합리주의적인, 낭만적인 또는 '실존주의적인' 추상 개념 이면에 숨겨진 진실이다. 지하생활은 이미 존재하던 질환의 악화이며, 제거했다고 믿었던 형이상학이라는 악성 종양의 증식이다. 지하생활은 차가운 합리주의적 메커니즘에 대한 개인의 보복이 아니다. 우리는 마치 그것이 우리를 구원해주기라도 하듯 거기에 빠져들어서는 안 된다.

지하생활의 주인공은 나름의 방식으로 개인의 진정한 사명이 무엇인가를 증언한다. 어떤 의미에서, 만일 그가 병들지 않았다면 그렇게 거침없이 증언하지 못했을 것이다. 형이상학적 욕망이 심해질수록 증언도 더욱 집요해진다. 지하생활은 형이상학적 진실의 역전된 이미지이다. 이 이미지는 심연으로 파고들수록 점점 더 선명해진다.

주의 깊게 읽으면 소설가와 인물을 혼동하지 않는다. 도스토옙스키는 서정적인 고백록이 아니라 틀림없이 씁쓸한 풍자물, 놀라운 익살물을 쓰고 있다.

나는 외톨이인데 저들은 모두가 한통속이다……라는 것이 지하생활의 좌우명이다. 주인공은 단일 존재로서의 자만심과 고통을 표현하고자 하고, 자신이 바야흐로 절대적인 독자성에 이르려 한다고 생각하지만 보편적으로 적용되는 원리로 귀착될 뿐이며, 거의 대수공식과도 같은 익명성에 다다를 뿐이다. 아무것도 아닌 것(le Rien)을 집어삼키는 탐욕스러운 입, 끊임없이 반복되는 시지프의 노력은 현대 개인주의의 역사를 잘 요약하고 있다. 상징주의·초현실주의·실존주의는 연속해서 지하생활의 공식(formule)에 내용을 부여하려고 노력했다. 그러나 이러한 시도들은 실패한 만큼만 성공한다. **나는 외톨이인데 저들은 모두가 한통속이다**라는 합창을 다수가 반복하게 하려면 이러한 시도들은 실패해야만 한다. 낭만적인 작품은 일치를 위해서가 아니라 보편적인 분리를 목적으로 마련된 상징들과 이미지들의 집합을 순환시킨다. 시대의 다른 사회적 세력들처럼 우리의 문학도 그것이 획일성과 싸우고 있다고 믿고 있을 때조차도 사실은 획일성을 지향하는데, 균등화의 길은 부정적인 길(via negativa)이기 때문이다. '개성화하는' 물품을 대량생산하는 미국의 기업을 생각해볼 수 있다. 모든 젊은이가 다른 사람들 모두와 차별화된 동일한 한 영웅에게 자신을 동일화함으로써 별로 힘들이지 않고 자신이 지닌 익명의 불안을 '개성화한다.'

지하생활자는 자신이 타인들과 완전히 구분된다고 믿을 때에만 그들과 비슷해진다. 나는 외톨이인데 저들은 모두가 한통속이다. 이 문장에서 대명사들의 상호교환 가능성은 명백해서, 우리는 갑자기 개별성에서 집단성으로 환원된다. 소시민의 개인주의에는 전혀 아무런 내용도 없다. 시지프의 이미지는 틀린 것이다. 우리들 각자는 자신의 다나오스[5]의 통이어서 아무리 채우려 애써도 허사일 뿐이다. 실존주의자들은 이 부질없는 놀이를 포기했다고 우리에게 단언한다. 하지만 그들은 이 통을 포기한 것이 아니다. 그들은 이 통이 비어 있다는 데 감탄한다.

* * *

도스토옙스키는 절대로 자신의 인물을 방해하지 않으므로 그가 자신과 인물을 혼동한다는 말을 듣는다. 물론 그렇지만, 지하생활자는 자신의 공식에 속고 있는 반면 도스토옙스키는 그렇지 않다. 이 주인

---

5) 그리스 신화에 나오는 아르고스의 왕 다나오스의 딸 50명을 말한다. 그녀들은 남편들을 죽인 죄로 지옥에서 밑 없는 통에 물을 부어야 하는 벌을 받는다.

공은 소수당의 개인주의를 극복하지 못하는 까닭에 웃을 수가 없다. 우리 현대인들도 그와 마찬가지로 침울하다. 그렇기 때문에 그들은 도스토옙스키의 비범한 유머를 믿지 않는다. 그들은 도스토옙스키가 그의 주인공을 비웃고 있다는 사실을 알지 못한다. 나는 외톨이인데 저들은 모두가 한통속이다. 도스토옙스키의 아이러니는 멋진 공식들에서 솟아나와, '개인주의'의 주장들을 무화하고, 차이에 직면한 의식에는 엄청나 보이는 '차이들'을 해체한다. 우리는 우리 스스로를 비웃지 못하기 때문에 도스토옙스키를 따라 웃을 수가 없다. 오늘날 많은 사람이 『지하생활자의 수기』에 찬사를 보내지만, 이 작품이 한 세기 전에 쓰인 그들 자신에 대한 뛰어난 풍자화임을 알지 못한다.

제1차 세계대전 이후로, 특히 제2차 세계대전 이후부터는 부르주아적 가치의 붕괴가 가속화했다. 서방지역은 도스토옙스키의 걸작들의 배경이었던 지역과 매일매일 더 비슷해진다. 『지하생활자의 수기』가 작품의 신랄함과, 이 러시아 작가가 예전에 비난받던 냉혹함을 회복하게 하려면 대체로 약간 지역을 바꿔놓는 것으로 충분하다. 지하생활자를 네바(Neva)[6] 강변에서 센 강변으로 옮겨보라. 관리로서 그의 존재를 작가라는 직업으로 대체하면, 이 천재적인 텍스트의 한 줄 한 줄마다 또는 텍스트의 거의 전체에서 우리 시대의 지적인 신화들에 대한 가차없는 패러디가 나타나는 것을 알게 될 것이다.

우리는 물론 지하생활자가 무례한 장교에게 보낼 편지를 쓰려고 했다는 사실을 기억한다. 이 편지는 중개자에게 보내는 위장된 호소이다. 주인공은 그의 신에게 구원을 청하는 신자처럼 '숭배하는 박해자'에게 구원을 청하면서도, 자신이 그를 혐오하여 등을 돌린다고 우리나 자신에게 설득하려 한다. 타인에게 호소하는 것보다 지하생

---

6) 러시아의 강(江).

활자의 자만심에 더 굴욕적인 것은 없다. 그렇기 때문에 이 편지는 모욕적인 말만 담고 있다.

호소임을 부정하는 호소의 변증법은 현대문학에서도 찾아볼 수 있다. 글을 쓴다는 것, 특히 한 작품을 출간한다는 것은 대중에게 호소하는 일이며, 일방적인 행위를 통해 자아와 타인들 사이의 무관심한 관계를 무너뜨리는 일이다. 그러한 행위를 먼저 취하는 것보다 지하생활자의 자만심에 더 굴욕적인 것은 없다. 예전 귀족들은 문인이라는 직업에는 그들의 자부심이 용납하기 힘든 천하고 비속한 어떤 것이 있음을 이미 감지하고 있었다. 라 파예트(La Fayette)[7] 부인은 자신의 작품을 스그레(Segrais)라는 이름으로 출판하게 했으며, 라 로슈푸코(La Rochefoucauld)[8] 공작은 작품을 한 시종이 훔쳐가도록 했던 것 같다. 귀족작가들은 영광을 얻기 위해 아무런 노력도 기울이지 않았지만 예술가로서 다소 부르주아적인 영광이 그들에게 주어졌다.

혁명이 일어나면서 문학적 명예라는 점이 사라지기는커녕 부르주아 시대에는 더욱 뚜렷해진다. 폴 발레리부터는 마지못해 겨우 유명한 작가가 된다. 테스트 씨의 창조자는 20년 동안이나 멸시한 연후에야 일반의 간청에 못 이겨 타인들에게 자신의 천재성을 적선한다.

현대의 프롤레타리아화한 작가는 유력한 친구도 시종도 마음대로 이용할 수 없다. 그는 스스로 해결할 수밖에 없다. 따라서 그의 작품의 내용은 형식의 의미를 부정하는 데 전력을 기울인다. 지하생활자의 편지 단계에 있는 것이다. 작가는 반(反)시 · 반(反)소설 · 반(反)희

7) 프랑스의 작가(1634~93). 그의 대표작 『클레브 공작부인』은 근대소설의 효시라고 일컬어진다.

8) 프랑스 고전주의 시대를 대표하는 모럴리스트 작가(1613~80). 인간의 행위란 결국 이기심과 위선에서 비롯된다는 견해를 담은 잠언이 500여 개 실려 있는 『잠언집』(1665)으로 유명하다.

곡의 형태로 대중에게 반(反)호소를 한다. 작가는 독자의 호평에 개의치 않는다는 사실을 독자에게 입증하기 위하여 글을 쓴다. 작가는 그가 타인에게 보내는 비범하고 숭고한 새로운 경멸을 맛보게 하려고 전력투구한다.

일찍이 그렇게도 많은 글이 쓰인 적이 없었지만 그것은 언제나 의사소통이란 가능하지도 심지어 바람직하지도 않음을 증명하기 위해서일 뿐이었다. 우리를 짓누르는 '침묵'의 미학이 지하생활자의 변증법에 속하는 것임은 매우 명백하다. 낭만적 작가는 그가 사회로부터 받은 것보다 사회에 더 많은 것을 주었다고 사회를 설득하려고 오랫동안 노력했다. 19세기 말 이후로 대중과의 관계에서 상호성이라는 개념은, 그것이 비록 부정확할지라도, 참을 수 없는 것이 되었다. 작가는 여전히 그의 작품을 출판하지만, 이 죄를 덮기 위해서 작품이 읽히지 않도록 총력을 기울인다. 오랫동안 그는 자신에게만 말하고 있다고 주장했고, 오늘날에는 아무 말도 하지 않기 위해서 말한다고 주장한다.

그의 말은 진실이 아니다. 작가는 과거에 그랬던 것처럼 우리를 유혹하기 위해서 말하고 있다. 그는 우리의 눈에서 자신의 재능이 불러일으킨 감탄의 기미를 끊임없이 살피고 있다. 그가 미움을 받고자 전심전력하는 중이라고 말할 수도 있으리라. 물론 그렇지만, 그것은 그가 이제는 터놓고 우리 비위를 맞출 수 없기 때문이다. 그에게는 우선 자신이 우리에게 아첨하려 하지 않는다는 자기확신이 필요하다. 그래서 그는 도스토옙스키의 열정적인 인물들이 하듯이 부정적으로 우리 비위를 맞추게 될 것이다.

작가가 만일 그렇게 함으로써 '계급의 억압'과 '자본주의로 인한 소외'에 항거한다고 믿는다면 그는 착각하는 것이다. 침묵의 미학은 마지막 낭만적 신화 가운데 하나이다. 뮈세(Musset)의 펠리컨[9]과 보들레르(Baudelaire)의 앨버트로스[10]는 우리의 웃음을 자아내지만, 우화의 그러한 불사조들은 재 속에서 끊임없이 부활한다. 우리는 '백색의 글쓰기'(l'écriture blanche)에서 그리고 그 '글쓰기의 영도'(degré zéro)[11]에서 더욱 추상적이고 더욱 덧없으며 초라해지는 낭만적 귀족새들의 변형들을 알아보게 되는 데 10년도 걸리지 않을 것이다.

여기서 우리는 『지하생활자의 수기』에 나오는 또 하나의 장면인 즈베르코프의 송별회 장면을 떠올리게 되는데, 지하생활자가 마침내 이 파티에 참석하여 매우 이상하게 행동한다.

> 나는 경멸의 미소를 지으며 소파 맞은편의 벽을 따라 테이블과 페치카 사이를 이리저리 왔다 갔다 하고 있었다. 나는 그들이 없어도 상관없다는 것을 보여주려고 무척이나 애썼고, 그렇지만, 일부러 뒤꿈치에 힘을 주어 바닥을 탕탕 울리면서 걸었다. 그러나 허사였다. 그들은 내게 조금도 주의를 돌리지 않았다. 나는 그렇게 저녁 여덟 시부터 열한 시까지, 테이블에서 페치카로 페치카에서 테이

9) 뮈세(1810~57)는 프랑스의 낭만주의 시인·극작가·소설가이다. 「5월의 밤」(La nuit de mai)라는 그의 시에서 펠리컨은 고귀한 죽음과 부성애(父性愛)의 상징으로 나온다. 아비 펠리컨은 새끼한테 물어다줄 먹이가 없을 때 새끼들이 자신의 내장을 파먹게 하고, 자신은 피를 흘리며 고통 속에서 죽는다.

10) 보들레르는 프랑스의 상징주의 시인, 비평가(1821~67)이다. 당대의 몰이해 속에서 스스로를 속세에 '처형된' '유배된' 저주받은 시인으로 여긴 그는, 그의 시집 『악의 꽃』에 수록된 「앨버트로스」라는 시에서 뱃사람들이 장난 삼아 붙잡아 희롱하는 거대한 바다새 앨버트로스에 자신을 비유했다.

11) 프랑스의 비평가·기호학자인 롤랑 바르트(Roland Barthes, 1915~80)의 1953년도 작품 제목이기도 하다. 이 책에서 바르트는 글쓰기 형식의 역사를 통해 문학의 참여문제를 다루고자 했다. 바르트는 언어의 권력성, 지배견해의 폭력, 상투적인 것을 문제시하여 언어에서 역사(이데올로기)를 지워 자연이 된 순진한 언어로 글쓰기를 지향했다. '글쓰기의 영도'나 '백색의 글쓰기'는 중성적인 글쓰기를 뜻한다.

블로 참을성 있게 그들의 눈앞에서 왔다 갔다를 계속했다.

현대의 많은 작품이 이 끝없는 왕복운동과 비슷하다. 만약 정말로 '우리는 그들이 없어도 상관없다'면 우리는 구두 뒤꿈치로 바닥을 울리면서 걸어다니지 않고 우리 방으로 돌아갈 것이다. 우리는 이방인들이 아니라 차라리 장-폴 사르트르가 말하는 사생아들[12]이다. 우리는 스스로 자유롭다고 주장하지만 진실을 말하고 있지 않다. 우리는 하찮은 신들의 최면에 걸려 있으며, 이 신들이 하찮다는 사실을 알게 되면 고통이 배가된다. 지하생활자처럼 우리 모두는 반대되는 힘들 사이의 균형에 따라 고정된 궤도 내에서 고통스럽게 이 신들의 주위를 맴돌고 있다.

이미 알세스트가 그러한데, 그는 셀리멘(Célimène)이 그녀와 친한 후작들과 험담을 나누며 앉아 있는 의자 뒤에서 타는 듯한 눈길로 팔짱을 낀 채 서 있다. 알세스트가 그 자리를 떠나지 못하는 한 그는 웃음거리이다. 낭만주의자 루소는 알세스트의 입장을 옹호한다. 그는 몰리에르가 인간혐오자를 우리의 웃음거리로 만들었다고 비난한다. 만일 도스토옙스키의 희극적인 의도를 알아차린다면, 우리 시대의 낭만주의자들도 그를 그런 식으로 비난할 것이다. 그들도 진지함에서는 마찬가지이지만 시각은 더욱 좁아졌다. 몰리에르와 더불어 웃으려면, 도스토옙스키와 더불어 웃으려면, 낭만적 매혹을 극복해야 한다. 욕망, 단지 욕망만이 알세스트를 셀리멘의 의자 뒤에 붙잡아두고 있다는 것을 이해해야 한다. 지하생활자를 송별회장에 붙잡아두는 것도 욕망이다. 낭만주의자들의 입에 복수의 말들과 신과 인간을

---

12) 사르트르의 '사생아 테마'에 관해서는 Francis Jeanson, *Sartre par lui-même*, Paris, Seuil, 1965 참조.

향한 저주를 담게 만드는 것도 욕망이다. 인간혐오자와 바람둥이 여자, 지하생활자와 그가 숭배하는 박해자, 이들은 형이상학적인 동일한 욕망의 두 얼굴이다. 진정한 천재는 기만적인 대립을 극복하고 우리가 양쪽 모두에 대해 웃음을 터뜨리게 한다.

형이상학적 욕망은 그 희생자들을 욕망의 대상에 대한 진정한 무관심과 밀접한 접촉 사이의 매우 정확한 매개지점인 매혹의 모호한 장소로 이끌어간다. 이것은 프란츠 카프카가 탐색하는 낯선 지역이다. '고독과 공동체 사이의 경계지역'(Das Grenzland zwischen Einsamkeit und Gemeinschaft), 고독과 일치 사이의 경계이며, 양쪽에서 동일한 거리에 있으면서 양쪽이 모두 배제된 지역이다. 자기가 매혹되었음을 우리에게 그리고 스스로에게도 숨기고 싶어 하는 매혹된 존재는, 그가 자랑스럽게 즐기는 자유와 자율성에 어울릴 수 있는 유일한 방식인 이 두 가지 존재방식 가운데 하나에 의거해 살아가는 척 가장해야만 한다. 진정한 자유의 두 극단이 매혹된 자가 있는 곳에서 동일한 거리에 있으므로, 그로서는 둘 가운데 어느 하나를 선택해야 할 이유가 없어진다. 그는 그가 접근하려는 것과 멀어지려는 것에서도 동일하게 가깝거나 멀리 있다. 따라서 그는 동일하게 신빙성이 있거나 없이, 이 극(極)과 마찬가지로 저 극을 요구할 수 있다. 따라서 우리는 매혹이 동일한 빈도로 '참여'(engagement)로 위장하거나 '비참여'(dégagement)로 위장하여 스스로를 숨기리라고 예측할 수 있다. 이것이 근대와 현대의 낭만주의 역사에 의해 입증된 정확한 내용이다. 고독에 관한 신화들—숭고하고, 경멸적이며, 냉소적이고 심지어 '신비주의적인'—이 정반대의 신화들인 동시에 역사적 삶의 사회적이며 집단적인 형태를 기탄없이 저버리는 기만적인 신화들과 정기적으로 번갈아 교대된다. 우리는 또한 매혹된 자가 형이상학적 질환의 절정단계에 도달하면 애초에 주어진 역할로 만족하기가 완전히 불가능하여 수시로 코미디를 바꿔나가리라고 예측할 수 있다. 지하생활자는 이 단계에 속한다. 그렇기 때문에 낭만적인 어떠한 태도도 짤막한 고백으로 우리에게 반향을 불러일으키지 못한다.

우리는 이미 '고독'과 '비참여'에 빠져 있는 지하생활자를 보았다. 이제 그의 '참여'를 따라가보자. 즈베르코프와 그의 친구들이 테이블에서 일어났다. 그들은 여자들이 있는 수상쩍은 곳에서 파티를 끝내고자 한다. 이제 그의 경멸적인 왕복보행은 아무런 주의도 끌지 못한다. 지하의 주인공은 결국 물러나서, 자기 방으로 돌아와 이전에 하던 몽상의 실마리를 이어나갈 것인가? 그는 다시 '코모 호수에서' 춤을 추고 '교황을 브라질로 추방하는' 상상으로 돌아갈 것인가? 또다시 '아름다운 것과 숭고한 것'에 열중할 것인가? 전혀 그렇지 않다. 그는 서둘러 그의 중개자를 뒤쫓는다.

중개자가 움직이지 않는 한 '차분한 주시'를 가장하기란 어려운 일이 아니지만, 우상이 도망치기 시작하면 무관심의 가면은 땅에 떨어진다. 진실의 두려운 빛 속으로 들어간 것처럼 여겨진다. 이 빛으로부터 지하생활자는 자신을 완전히 보호할 수 없지만, 강렬한 빛만은 가릴 줄 안다. 우리는 그가 강박관념에 이끌려 바보 같은 즈베르코프를 좇아 바삐 돌아다니는 것을 보지만, 그 자신은 그런 식으로 스스로를 바라볼 수 없을 것이다. 그는 예술을 위한 예술의 무익한 공상을 쫓아버린다. 그는 공상보다는 진실된 것과의 탄탄한 접촉을 바란다고 선언한다. 요컨대 그는 참여의 원리를 스스로 만들어낸다. 그는 항상 자신에게 어떠한 선택의 대상도 아닌 것을 선택된 것처럼 제시해야 한다. 지하생활자는 새로운 '진실'의 높이에서 이전의 '아름다운 것과 숭고한 것'을 경멸스럽게 내려다본다. 그는 조금 전까지만 해도 자신의 눈에 자신을 정당화해주는 것처럼 비치던 낭만적인 공상을 비웃는다.

마침내 올 것이 왔다, 마침내 현실과의 충돌이, 라고 중얼거리며 나는 전력을 다하여 층계를 뛰어내려갔다. 이것은 더 이상 브라질로 떠나는 교황의 문제가 아니고, 코모 호반의 무도회 문제도 아니다……. 이 순간 이 모든 것을 비웃다니 너는 가련한 놈이구나.

마지막 평가는 특별히 신랄하다. 지하생활자는 자신의 '실수'에 대해 너무 가혹하게 자신을 나무란다. 도스토옙스키는 우리가 살아가도록 도와주는 모든 변명에 대해 가차없는 동시에 이로운 빛을 비추지 않고서는 주인공의 마음을 드러내지 못할 것이다. 지하실에는 꽤 많은 '실존주의'가 있다. 부지사 집안의 무도회에서 관리들의 부인들에게 키스하는 초기의 스타브로긴에게는 초현실주의가 있다. 소설가는 공포를 신성시하는 이들도, 방탕을 신성시하는 이들도, 생-쥐스트(Saint-Just)[13]의 사도들도, 사드(Sade)[14] 후작의 제자들도 잊지 않고 있다.

도스토옙스키의 소설에서 신들을 부정하느라 언제나 바쁜 자만심의 속임수들이 허구의 인물들로 체현되어 나타난다. 오늘날 우리는 철학이론과 미학이론의 형태에서 그러한 속임수들을 찾아볼 수 있다. 이러한 이론들은 단지 욕망을 반영하는 데 그치며, 이론의 형태는 욕망을 그 반영의 한가운데에 숨긴다. 도스토옙스키가 그것을 폭

---

13) 프랑스의 평민 출신 정치가(1767~94). 저서 『혁명정신과 프랑스 헌법정신』(1791)으로 프랑스혁명의 이론가로 간주되기도 한다. 특히 전제적인 혁명권력의 강화에 공헌했다.

14) 프랑스의 작가·사상가(1740~1814). 귀족가문에서 태어났으나 여자거지를 감금 고문한 사건(1768), 창녀들을 모아 추행한 사건(1772), 독살미수, 동성애 등으로 입옥(入獄)과 탈옥을 되풀이하다가 정신병원에서 생을 마감한 수인작가로, 에로티즘 문학의 대가이다. '새디즘'이라는 용어는 사드 후작의 이름에서 연유했다.

로한다.

『지하생활자의 수기』를 쓰면서 도스토옙스키는 처음으로 소설의 폭로를 구상한다. 그는 이기주의자의 분노와 정당화를 탈피한다. 그는 지하생활의 문학적 결실을 포기하고, 『백야』의 '아름다운 것과 숭고한 것', 『가난한 사람들』의 사회적 참상 묘사주의를 단념한다. 그는 매혹의 확고부동한 거리를 참여라든가 비참여라고 명명하기를 중지한다. 또한 그가 벗어나는 중인 모든 거짓을 묘사한다. 인간의 구원과 소설가의 구원은 같은 것이다.

도스토옙스키의 작품이 주는 메시지를 근본적으로 오해할 때에만 우리는 그를 우리 자신의 거짓에 합할 수 있으며, 『돈키호테』나 『적과 흑』을 자신의 전유물로 사용하는 낭만적 비평의 역설을 되풀이하게 된다. 이 모든 오해 간의 유사성은 우리에게 놀라운 일이 아니다. 동일한 필요에 따라 매번 소설적 작품과 낭만적 작품 간의 동일한 혼동이 야기된다. 형이상학적 욕망 자체가 모든 소설가의 작품에 대한 잘못된 해석을 제시한다. 다시 한번 우리는 존재론적 질환이 어느 정도로 장애물들을 방편으로, 적을 자기편으로 변모시키는지 확인한다.

* * *

도스토옙스키의 작품에 대한 올바른 해석은 작품의 마지막 단계에서 형이상학적 욕망의 폭로를 발견하는 것이다. 이 일을 성공적으로 수행하려면 무엇보다도 욕망에 수반되는 환상에서 벗어나야 한다. 우리의 세계는 바로 이 환상에 깊이 물들어 있다. 우리들 사이에서 '도스토옙스키적' 욕망이 승리를 거두고 있으며, 이 러시아 소설가의 인기 자체가 그러한 사실에 대한 역설적인 증거이다. 도스토옙스키가 제기하는 문제는 따라서 특별히 복잡하다. 도스토옙스키의 진실이 다른 소설가들의 진실보다 더 대단하지도 더 하찮지도 않다. 도스토옙스키가 고발하는 환상은 반대로 세르반테스, 스탕달, 플로베르 그리고 심지어 마르셀 프루스트가 고발한 환상들보다 오늘날 비교할 수 없을 정도로 더욱 맹위를 떨치고 있다. 항상 그렇듯이, 이러한 환상은 문학에서 가장 적절하게 표현된다. 소설가의 진실을 폭로한다는 것은 따라서 우리 자신의 문학의 거짓을 폭로하는 일이며, 그 역도 마찬가지다. 우리는 이러한 사실을 이미 증명했지만, 다시 한번 증명하고자 한다.

우리가 더 이상 낭만주의의 명성에 감명받지 않게 되면서부터, 현대의 신낭만주의는 예전의 낭만주의들보다 더 추상적이고 더 공상적으로 여겨진다. 예전의 낭만주의들은 예외없이 모두가 욕망의 힘을 강화했다. 지드의 『배덕자』와 『지상의 양식』(*Les Nourritures terrestres*)에 이르기까지 주인공은 가장 강렬한 욕망을 지닌 존재이다. 이 강렬한 욕망이 자발적인 유일한 욕망이다. 그것은 모방되었기 때문에 언제나 더 약하기 마련인 타인들의 욕망과 상반된다. 낭만주의자는 욕망의 발생과정에서 모방이 수행하는 역할을 더 이상 감출 수 없지만 그가 생각하기에 이 역할은 본래의 욕망의 약화와 관련된다. 욕망의 복사는 매우 조잡한 전사(轉寫)로 이해된다. 즉 복사된 욕망은 언제나 원래의 욕망보다 더 흐릿하다고 생각된다. 달리 말하면, 이러한 욕망은 결코 우리 자신의 욕망은 아니라는 뜻이다. 사실 우리에게 가장 강렬해 보이는 욕망은 우리의 욕망이다. 낭만주의자는 자신의 욕망이 가장 강렬한 것이라고 스스로에게 주장해야 자신의 욕망의 진실성을 보전할 수 있다고 믿는다.

현대의 낭만주의는 거꾸로 된 원리에서 출발한다. 강렬하게 욕망하는 쪽은 타인들이고, 주인공, 즉 자아는 약하게 욕망하거나 전혀 욕망하지 않는다. 로캉탱은 부빌의 부르주아들보다 적게 욕망하고, 그것도 더 약하게 욕망한다. 그는 아니(Annie)보다도 덜 욕망한다. 그는 '모험'이란 존재하지 않는다는 것, 즉 이국적인 욕망, 형이상학적 욕망이란 예외없이 실망으로 끝난다는 사실을 알고 있는 『구토』의 유일한 인물이다. 뫼르소도 마찬가지로 단지 '타고난' 자발적인 욕망, 즉 제한되고 유한하며 미래가 없는 욕망만을 지닌다. 그 역시 여행의 특성을 지닌 형태로 제시된 모험인 파리행을 거절한다. 그는 먼 곳은 형이상학적 욕망에 의해 미화된다는 사실을 확실하게 알고 있다.

초기 낭만주의자는 타인들보다 더욱 강렬하게 욕망함으로써 자신의 자발성, 즉 신성을 증명하고자 했다. 후기 낭만주의자는 완전히 그 반대의 방법으로 같은 것을 증명하고자 했다. 이러한 반전은 중개자의 접근과 형이상학적 진실의 지속적인 발전으로 필연적이 되었다. 오늘날에는 아무도 자발적인 욕망을 믿지 않는다. 가장 고지식한 사람조차도 초기 낭만주의의 열광적인 열정 이면에 어른거리는 중개자의 그림자를 알아본다. 마침내 우리는 나탈리 사로트(Nathalie Sarraute) 여사가 스탕달을 인용하면서 명명한 '의혹의 시대'[15]로 들어선 것이다.

이제 욕망의 격렬함은 더 이상 자발성의 척도가 아니다. 우리 시대의 통찰력은 가장 자연스럽게 여겨지는 욕망에서 성스러움의 존재[16]를 알아볼 줄 안다. 현대의 반성은 우리 각자의 욕망에서 '신화들'과

15) 프랑스의 누보 로망 계열 작가 나탈리 사로트(1902~99)의 1956년 작품 제목이기도 하다. 사로트는 이 에세이에서 전통소설의 규약을 거부하고, 도스토옙스키의 작품에서처럼 우리가 우리 자신에게서 알아내는 것보다도 더 모호한 상태에 작중인물들을 남겨두고자 했다.

16) 중개자를 말한다.

'신화학'(mythologie)을 찾아낸다. 18세기는 종교를 탈신화화하고, 19세기는 역사와 문헌학을 탈신화화하고, 우리 시대는 일상생활을 탈신화화한다. 어떠한 욕망도 신화들의 잔해 위에 가장 위대한 신화인 자신의 초탈의 신화를 구축하는 일에 끈기 있게 매달리는 기만성을 폭로하는 자의 시야를 벗어나지 못한다. 단지 그만이 전혀 욕망하는 일이 없는 것처럼 보인다. 요컨대 중요한 것은 우리가 완전무결하게 자율적임을 타인들에게 그리고 특히 자신에게 설득하는 일이다.

그리하여 우리는 다시 한번 통찰력과 맹목성이 일치협력하여 증가하는 것을 확인한다. 이제부터는 진실이 너무나 명백하므로, 진실을 벗어나기 위해서라도 진실을 고려하지 않으면 안 된다. 이 끔찍한 진실은 주체를 끊임없이 더욱 당찮은 거짓말을 하게 만든다. 초기 낭만주의자들은 그들의 욕망을 위장했지만 그 존재를 부인하지는 않았다. 욕망을 성취하기 위한 고행은 단지 공원이나 살롱 그리고 침실에서만 여전히 맹위를 떨쳤다. 그런데 지금은 의식의 깊은 곳이나 내면의 독백에서도 승리를 거두고 있다.

최대한의 욕망을 지닌 주인공에 뒤이어 최소한의 욕망을 지닌 주인공이 나타난다. 그러나 자아와 타인을 가르는 이원론적 분리는 사라지지 않았으며, 바로 이러한 분리가 낭만적 주인공의 변모들을 은밀하게 지배하고 있다. 선(善)과 악(惡)이 대립하듯이, 예외는 언제나 규범과 대립한다. 뫼르소는 죄인들의 바다에서 죄없는 유일한 사람이다. 그는 채터턴이 죽게 되는 것처럼 타인들의 희생자로 죽는다. 그는 그에 앞선 모든 낭만적 인물처럼 자신의 판사들에 대한 판사이다. 주인공은 언제나 그의 창조주가 나머지 인간들에게 퍼붓는 저주에서 벗어나 있다. 시의적절하게 낭만주의에서 손을 떼는 자가 항상 있게 마련이며, 그는 반드시 '자아-독자'이기 이전에 '자아-저자'이다.

해방감을 주는 놀라운 작품인 『전락』(*La Chute*)에서 알베르 카뮈가 투명한 알레고리로 위장하여 폭로하는 것이 바로 신낭만주의의 진실이다. 작가는 자신의 초기 낭만주의, 즉 『이방인』과 『페스트』(*La peste*)의 낭만주의를 극복하면서 참여문학과 비참여문학 안에서 꼭 닮은 한 쌍의 정당화의 시도를 비난한다. 도스토옙스키의 『지하생활자의 수기』처럼 이 작품은 전혀 화해에 이르지 못한 상태이다. 그러나 『지하생활자의 수기』처럼 이 작품도 이미 낭만주의를 극복했다. 알베르 카뮈는 틀림없이 새로운 경력이 그의 앞에 펼쳐지는 순간에 죽었다.

최대한의 욕망을 지닌 주인공에게 자신을 동일시했던 낭만적 독자들이 오늘날에는 최소한의 욕망을 지닌 주인공에게 자신을 동일시한다. 그들은 자율성을 향한 열정을 모델로 제공하는 주인공들에게 늘 고분고분하게 자신을 동일시한다. 돈키호테는 그와 동일한 열정에 이끌려 자신을 아마디스 데 가울라와 동일시한다. 현대소설에 자양을 공급하는 신화는 형이상학적 욕망의 새로운 단계에 해당한다. 우리는 예전의 낭만주의를 공공연하게 거부한다는 이유로 우리 자신을 반(反)낭만주의자라고 믿는다. 불쌍한 돈키호테의 광기를 치료해주려고 애쓰지만 그들 역시 더욱 악화된 광기의 희생자들인 그의 친구들과 우리는 꼭 닮았다.

* * *

욕망하는 주체가 자신의 욕망에서 모방의 역할을 알아차리게 되자마자, 그는 욕망이든 자만심이든 둘 중 하나를 포기해야 한다. 현대의 통찰력은 고행의 문제를 바꿔서 확대했다. 이제는 대상을 더 잘 소유하기 위해 대상을 일시적으로 포기하는 문제가 아니라, 욕망 자체를 포기하는 문제가 되었다. 욕망은 우리를 노예로 만들기 때문에 선택은 자만심과 욕망 사이의 선택이다.

고대의 현인이나 기독교의 성인에게서 볼 수 있었던 것처럼 무욕(無慾)이 다시금 특권이 되었다. 그러나 욕망하는 주체는 절대적 포기라는 생각 앞에서 겁에 질려 뒤로 물러선다. 그는 빠져나갈 구멍을 찾는다. 그는 짐짓 자신이 본능과 형이상학적 열정의 혼란에서 힘들게 얻어진 것이 아닌 무욕을 지닌 사람인 양 행세하고 싶어 한다. 미국 소설가들이 창조한 몽유병에 걸린 주인공이 이 문제의 '해답'이다. 주인공의 무욕은 사악한 힘에 대한 정신의 승리라든가, 위대한 종교나 숭고한 휴머니즘에 의해 권장되는 고행과는 아무런 관계가 없다. 그것은 차라리 감각의 마비, 생기발랄한 호기심의 전부 또는 부분적인 소멸을 떠올린다. 뫼르소의 경우에는 이러한 '특권적' 상태가 개인의 순수본질과 합쳐진다. 로캉탱의 경우에 그것은, 이유도 모르는 채 주인공에게 구토의 형태로 내려지는 갑작스러운 은총이다. 다른 많은 작품에서는 형이상학적 구조가 그리 명백하지 않다. 그러한 구조를 표현하면서 동시에 감춰버리는 허구(fiction)에서 그것을 드러내야만 한다. 알코올, 마약, 극심한 육체적 고통, 성적 학대, 이러한 것들은 욕망을 파괴하거나 약화한다. 그렇게 되면 주인공은 낭만주의의 마지막 포즈인 명석한 마취상태에 도달한다. 이러한 무욕은 물론 금욕과 절제와는 아무런 관계도 없다. 그러나 주인공은 타인들이 욕망으로 성취한 모든 것을, 순전히 기분 내키는 대로 거의 알지도 못하면서, 무관심하게 성취한다고 주장한다. 몽유병에 걸린 이 주인공에게서는 '자기기만'이 넘쳐난다. 그는 자만심과 욕망 사이의 갈등을 한 번도 명확하게 표명하지 않으면서 해결하고자 한다. 아마도 이 문제를 솔직하게 제기하려면 더욱 극단적인 자만심이 필요할지도 모른다. 「테스트 씨와의 저녁나절」(La Soirée avec M. Teste)을 쓸 당시의 폴 발레리는 이러한 자만심을 지닌 사람이었다. 발레리즘은 타인에 의해 타인을 위해 욕망하는 허영심 많은 사람을 자신의 허무를 위해서만 욕망하는 자만심 강한 사람에게 대립시킨다. 이 이름에 합당한 유일한 개인주의자인 자만심 강한 자는 욕망에서 더 이상 허무를 피하지 않고, 정신의 철저한 고행의 막바지에서 이 허무를 숭배의 대상 자체로 만들어버린다. 목표는 여전히 신의 자율성이지만 노력의 방향은 역전되었다. 자신의 내부에 지닌 허무 위에 전(全)존재를 세우는 일은 무력함을 전능함으로 바꾸는 것이며, 내면의 로빈슨의 무인도를 무한한 크기로 확장하는 것이다.

"내가 거기에서 보는 것 모두를 제거해주시오"라고 테스트 씨는 그의 항해일지에서 절규한다. 내면의 결핍이 극한에 이르면 자만심은 자신을 순수자아(Moi pur)의 원초적 빛으로 비추어 파악하기에 이른다. 허영심에서 자만심으로의 이행은 비교 가능한 것에서 비교 불가능한 것으로의, 분리에서 통합으로의, 매저키즘적 불안에서 '오만한 경멸'로의 이행이다.

니체의 명상은 테스트 씨의 기도(企圖)와 동일하게 개인주의의 차원에 위치한다. 초인성은 수직적 초월과 굴절된 초월의 이중 포기에 기초를 두게 될 것이다. 차라투스트라(Zarathoustra)[17]는 종교적 고행과 유사하지만 역방향의 정화(淨化)적 고행을 끝내고 자신의 존재의 성소(聖所)로 들어가고자 애쓴다. 이 유사성은 문체와 성서적 이

17) 니체(1844~1900)가 알프스 산중에서 깨달은 영원회귀 사상을 기반으로 한 초인(超人)의 이상을 그린 철학적 서사시 『차라투스트라는 이렇게 말했다』(1883~91)의 주인공. 니체는 근대유럽의 정신적 위기가 일체의 의미와 가치의 근원인 기독교적 신의 죽음에서 기인하는 것으로 보고, 여기에서 발생한 사상적 공백상태를 새로운 가치 창조(예를 들어 신 대신 초인, 불멸의 영혼 대신 영원회귀)에 따라 전환시켜 사상적 충실을 기하고자 했다.

미지들에 의해 끊임없이 강조된다. 『차라투스트라는 이렇게 말했다』는 기독교 시대에 종지부를 찍는 새로운 복음서이다.

여기에서 자만심은 인간의 선천적인 성향이 아니라 가장 고귀하고 가장 엄격한 소명(vocation)이다. 자만심은 언제나 대신덕(對神德)의 후광에 싸여서만 나타난다. 테스트 부인의 고해신부는 덕들의 행렬에서 오직 자비를 제외한 기독교의 모든 덕을 알아본다. 이 사상가가 이번에는 우리에게 가장 고상하고 가장 강한 정신들을 유혹하기에 적합한 준성인(準聖人)의 이상형을 제안한다.

도스토옙스키는 니체와 발레리가 20세기의 인간들에게 속삭이는 이 지고의 유혹을 어떤 눈으로 볼 것인가? 차라투스트라와 테스트 씨에게 지하생활자의 무질서는 당치도 않아 보인다. 이 주인공들은 러시아 소설가와 그 이후의 소설문학 전체가 프로메테우스적 야망에 대해 선고한 유죄판결에서 자유로울 수 없을 것인가? 궁극적인 이 질문에 답하려면 다시 한번 『악령』들을 심문할 필요가 있다. 이 고갈되지 않는 작품 안에서 니체와 도스토옙스키 사이의 실제 대화가 전개된다. 기술자인 키릴로프는 자만심 때문에 자살을 결심하면서, 이 결정적인 순간에 그때까지 끝없이 피해왔던 결정적인 한판 노름에 말려든다.

키릴로프의 사상은 니체의 사상과 마찬가지로 그리스도와 기독교의 운명에 대한 고찰에서 출발한다. 그리스도는 신을 본받도록 인간들을 내몰았다. 그리스도는 그들에게 영원성을 언뜻 보게 했다. 인간들은 무력한 노력으로 다시 인간성으로 떨어졌으며, 굴절된 초월의 끔찍한 세계를 초래했다. 만약 부활이 없었다면, 만약 이 지고의 존재인 예수가 자연법칙의 지배를 받았더라면, 기독교는 해로운 것이다. 우리는 그리스도의 광기를 단념해야 하며 무한성을 포기해야 한다. 후기 기독교 세계를 파괴해야 한다. 인간은 자신의 빛만이 유일한 빛임을 자신에게 증명함으로써 이 세상에 확고히 자리 잡아야 한다. 그러나 단지 입으로만 신을 부정한다면 신을 쫓아버릴 수 없다. 인간들은 복음서의 법칙, 그들의 나약함이 증오의 법칙으로 변화시킨 초인적인 사랑의 법칙을 잊을 수가 없다. 죄악과 수치심으로 더럽혀진 악마들이 추는 지옥의 원무(圓舞)를 보면서 키릴로프는 신의 해악을 깨닫는다.

불멸성을 향한 갈망은 기독교인의 욕망을 변형시킨다. 과학도 휴머니즘도 이 갈증을 해소하지 못한다. 철학적 무신론도 사회적 유토피아도 각자 자신의 이웃에게서 허울뿐인 신성을 훔쳐내려는 광기 어린 추구를 멈추게 하지 못한다.

기독교를 폐기하려면 욕망의 흐름을 역전시켜서, 욕망의 방향을 타인에게서 자아 쪽으로 바꿔야만 한다. 사람들은 자신의 내부가 아닌 다른 곳에서 신을 추구하느라 그들의 에너지를 낭비하고 있다. 차라투스트라처럼, 테스트 씨처럼, 키릴로프도 자신의 허무를 숭배하고자 한다. 그는 우리들 각자가 더욱 비참하고 더욱 굴욕적이라고 생각하는 것을 숭배하고자 마음속 깊이 원한다.

그러나 키릴로프의 경우에는 그 기도(企圖)가 그저 생각만으로 그치지 않는다. 키릴로프는 놀라운 책을 쓰려는 마음은 없고, 결정적인 행위로 자신의 생각을 구현하고자 한다. 자신의 허무를 욕망한다는 것은 자신의 인간성의 가장 취약한 지점에 있고자 욕망하는 것이며, 불멸의 존재이기를 욕망하는 것이며, 자신의 죽음을 욕망하는 것이다.

키릴로프는 자살을 함으로써 극도로 악령에 사로잡힌 상태에서 자신을 포착하기를 희망한다. 그는 왜 죽음에서 이러한 정복을 원하는가? 어떤 이들은 죽음이란 단지 생각일 뿐이며, 항상 우리의 개인적인 체험 외부에 존재하기 때문에 틀림없이 우리 마음을 혼란시키지 않는다고 말한다.

키릴로프는 이에 동의한다. 영원성은 당연히 우리 내부에 존재한다. 생각이야 그렇지만, 그러한 생각을 표명하기에는 불충분하며 그것을 증명할 필요가 있다. 그 생각을 2천 년 동안이나 기독교에 부패된 사람에게 증명해야만 한다. 철학적 요설은 그 누구도, 심지어 철학자들조차도 죽음을 두려워하지 않게 만들지는 못한다.

이상한 일이지만, 키릴로프 이전에는 자살은 죽음에 대한 두려움 때문에 행해졌다. 사람들은 무한성을 포기했기 때문이 아니라, 욕망의 실패로 그가 선고받았다고 믿는 유한성에 대한 공포 때문에 자살한다. 키릴로프는 죽음의 상태에 있겠다는, 죽음 안에서 자기 자신이 되겠다는 욕망만을 지니고 자살한다.

미래의 인류가 허무 위에 그의 삶 전체를 세우도록 하려면 자신의 허무를 원하는 최초의 한 사람이 있어야 한다. 키릴로프는 자신을 위해서와 마찬가지로 다른 사람들을 위해서 죽는다. 자신의 죽음, 오직 그것만을 원함으로써 그는 신과 결투하게 되며 그 결투가 결정적인 것이기를 바란다. 그는 전능한 신에게 신의 가장 훌륭한 무기인 죽음의 공포가 위력을 잃었다는 사실을 보여주기를 원한다.

만일 이 주인공이 그가 의도했던 바대로 죽는 데 성공한다면, 그는 이 엄청난 게임에서 승자가 된다. 그는 신—신이 존재하든 존재하지 않든 간에—이 인간들에게 행사해온 1천 년 이상의 지배를 포기하도록 강요한다. 키릴로프는 단번에 공포를 무화한다는 희망을 품고 죽는다. 그는 신앙이라는 피상적인 수준에서가 아니라 욕망의 본질적인 수준에서 인간이 불멸성을 포기하게 하려는 목적으로 죽는다.

그러나 키릴로프는 실패한다. 그의 죽음은 그가 계획했던 대로 평온의 절정에서가 아니라, 악령에 들린 사람들 중에서 가장 야비한 자, 그들의 메피스토펠레스인 베르호벤스키가 바라보는 가운데 이루 말할 수 없이 끔찍하게 진행된다. 키릴로프가 탐내던 신성은 죽음이 다가옴과 동시에 가까워진다. 그러나 신성은 가까워질수록 실현 불가능해진다. 신이 되기 위해서 자살할 수는 있지만, 자살을 포기하지 않고서는 신이 될 수 없다. 죽음에 직면하자 추구하던 전능함은 극단적인 무력함과 동일시되어버린다. 그리고 키릴로프는 자기 옆에서 찌푸린 얼굴의 악마, 베르호벤스키를 발견한다.

키릴로프는 자만심의 절정에서 수치심의 구렁텅이로 떨어진다. 그가 마침내 자살했다 하더라도, 그것은 다른 사람들과 마찬가지로 자신에 대한 경멸감과 유한성에 대한 증오심에서이다. 그의 자살은 평범한 자살인 것이다. 지하생활자의 의식의 양극인 자만심과 수치심 사이의 왕복운동은 키릴로프에게 늘 존재하지만, 그러나 왕복운동은 특별한 진폭을 가진 편도의 움직임으로 축소된다. 따라서 키릴로프는 형이상학적 욕망의 지고한 희생자이다. 그런데 누구를 모방하여 이 기술자는 아찔한 높이와 깊이를 지닌 욕망을 품게 된 것일까?

키릴로프는 그리스도에게 사로잡혀 있다. 그의 방에는 성화상(聖畵像)이 있고, 그 앞에 불 켜진 촛불들이 놓여 있다. 베르호벤스키의 명석한 안목으로는, 키릴로프가 '어떤 교황보다도 더 신심이 깊은 자'이다. 중개자라는 용어의 소설적 의미에서 볼 때, 키릴로프는 기독교적 의미에서가 아니라 프로메테우스적 의미에서 그리스도를 중개자로 삼고 있다. 키릴로프가 자만심에 가득 차서 모방하는 중개자가 그리스도이다. 기독교에 종지부를 찍기 위해서는 그리스도의 죽음과 유사한 역방향의 죽음을 필요로 한다. 키릴로프는 그리스도의 대속(代贖)을 모방한다. 자만심 강한 모든 이처럼 그가 갈망하는 것은 한 타인의 신성이기 때문에, 그는 그리스도의 악마적인 경쟁자가 된다. 이 지고의 욕망에서 수직적 초월과 굴절된 초월 사이의 유사성은 어느 때보다 명백하다. 자만심 가득한 중개의 사탄적 의미가 완전히 드러난다.

키릴로프는 현대정신의 화신인 스타브로긴을 통해 그리스도를 모방한다. 키릴로프를 잠식하는 사상은 스타브로긴에게서 온 것이다. 따라서 사상은 사악하지만 키릴로프라는 인간은 선하고 순수하다. 만일 키릴로프에게 숭고함이 전혀 없다면, 그는 형이상학적 반항의 지고의 차원을 체현할 수 없을 것이다. 그는 도스토옙스키가 고통을 겪었던 사상의 수준에 도달해 있다.

몇몇 비평가의 견해로는 키릴로프의 성품은 명백한 의미, 말하자면 도스토옙스키의 소설에 대해 공인된 의미와는 상반된다고 한다. 그들이 탐구하는 '더욱 심오한' 진실은 도스토옙스키가 때로는 '억압하는' 데 성공하지만 결정적인 이 에피소드에서는 노출되는 그러한 진실이다. 그들의 논리에 따르면, 작가가 자신의 인물이 내세우는 명분에 은밀한 공감을 느끼기 때문에 결국 그를 '호감 가는' 인물로 만들었다는 것이다.

키릴로프의 자살은 하나의 증명이며, 증명의 영향력은 이 주인공의 덕목들에 달려 있다. 스타브로긴이 미남이고 부자여야 하는 것과 마찬가지로 키릴로프는 선해야만 한다. 기독교에 관한 키릴로프의 논증이 그를 배반하는 것에 대한 사정도 마찬가지여야 한다. 만일 이 주인공이 평화롭게 죽을 수 없다면, 만일 죄와 대속의 법칙들이 이 자만심의 성자를 위해 일시 중지되지 않는다면, 이 법칙들은 어느 누구를 위해서도 중지되지 않을 것이다. 십자가의 그늘에서 인간의 삶과 죽음은 계속될 것이다.

도스토옙스키는 19세기 말 이후로 계속되는 모든 개인의 신격화의 선지자이다. 이 작품의 연대기적 선행성은 낭만적 해석에 유리하게 작용한다. 예지력이 너무나 뛰어나서 필시 작가와의 공모로 판단된다. 도스토옙스키는 프로메테우스적인 사상가들의 훌륭하지만 불가피하게 소심한 선구자로 보인다. 도스토옙스키의 소설은 아직 정통적인 초창기를 채 벗어나지 못한 현대적 영웅의 구체적인 모습을 최초로 보여준다고 여겨진다. 비평가들은 도스토옙스키의 소설에서 사실상 반항의 수준을 넘어서는 모든 것은 봉건주의와 종교라는 안개 탓으로 돌려버린다. 그렇게 해서 그들은 천재소설가의 최고 영역을 자신에게 닫아버린다. 그들은 역사의 도움으로 가장 명명백백한 사실들을 부정하는 데 차츰 익숙해지고, 도스토옙스키를 '현대성'의 기치 아래로 불러들인다.

우리는 우리 시대의 전도된 순응주의가 추문으로 만드는 데 성공한 기본적인 진실들을 소리 높여 주장해야 한다. 도스토옙스키는 프로메테우스적인 야심을 변호하는 것이 아니라, 엄하게 단죄하고 그 실패를 예언한다. 그가 보기에는 니체의 초인성이 한낱 지하생활자의 꿈에 불과한 것이다. 그것은 이미 라스콜리니코프(Raskolnikov)의 꿈이고, 베르실로프와 이반 카라마조프의 꿈이다. 테스트 씨로 말하자면, 도스토옙스키의 관점으로 볼 때 그는 지성적인 댄디에 지나지 않는다. 그는 우리가 그의 정신을 욕망하도록 자신은 욕망을 삼간다. 욕망 성취를 위한 고행은, 발레리의 경우 순수성찰의 영역을 침범한다. 비교하는 허영심과 비교할 수 없는 자만심 사이의 구분은 새로운 비교이며, 따라서 새로운 허영심이다.

* * *

존재론적 질환은 중개자와 욕망하는 주체가 가까워질수록 끊임없이 더욱 악화된다. 그 당연한 귀결은 죽음이다. 자만심의 분산하는 힘은 무한정 계속되지 못하고 분리로 귀착되고 파편화하여 결국 자만심의 주체를 완전히 해체하기에 이른다. 자신을 통합하려는 욕망이 오히려 분산시켜서 결국 우리를 완전한 분열에 이르게 한다. 내면적 간접화로 초래된 모순들이 마침내 개인을 파괴한다. 매저키즘에 뒤이어 형이상학적 욕망의 마지막 단계인 자기파괴의 단계가 잇따른다. 도스토옙스키의 모든 인물에게서 나타나는 육체적인 자기파괴는 필연적으로 악과 관련된다. 키릴로프의 자살, 스비드리가일로프(Svidrigailov)와 스타브로긴과 스메르디아코프(Smerdiakov)의 자살들이 그러하다. 정신적인 자기파괴는 마지막 순간에 온갖 형태의 매혹이 그 임종을 구성한다. 존재론적 질환으로부터의 불가피한 출구는 자만심이 자유롭게 선택한 이상, 직접적이든 간접적이든 언제나 자살의 형태를 취한다.

중개자가 더욱 가까워질수록 형이상학적 욕망과 연관된 현상은 더욱 집단적인 성격을 띤다. 이 성격은 욕망의 최종단계에서 어느 때보다도 명백해진다. 따라서 도스토옙스키의 소설에서 개인의 자살과 함께 집단의 자살이나 유사(類似)자살을 발견할 수 있다.

프루스트의 경우에 내면적 간접화의 세계는 아직 그대로 남아 있다. 『되찾은 시간』에서조차도 밤과 광란의 도시 파리는 전쟁의 위협에서 여전히 멀리 떨어져 있다. 도스토옙스키의 경우에는 반대로 그의 걸작들에 나타나는 대단히 혼란스러운 장면들이 증오로 인해 정말로 해체되는 세계를 보여준다. 끌어당기고 밀어내는 힘들 사이의 균형은 깨졌고, 사회의 원자(原子)들은 더 이상 서로의 주변을 맴돌지 않는다.

죽음에 대한 의지의 집단적 양상은 『악령』들에 특히 상술되어 있다. 작은 도시 전체가 점점 더 격렬해지는 혼란으로 흔들리다가 마침내 아찔한 허무로 빠져든다. 줄리 미하일로브나(Julie Michaïlovna)의 황당무계한 파티, 방화, 살인과 그 공동체를 휩쓰는 잇따른 추문들 사이에는 형이상학적 관련이 있다. 그것은 단지 하나의 재난인바, 만일 악령에 감염되지 않았다면, 사회의 상류층과 중류층에서 악령과 은밀히 공모하지 않았다면, 하찮은 베르호벤스키의 뒤죽박죽인 행위로는 결코 초래할 수 없었을 재난이다. "우리는 파괴를 선언할 것이다. 왜 이 생각은 이다지도 매혹적일까?"라고 베르호벤스키는 부르짖는다.

악령에 들린 자들의 맹렬한 기세는 그 이전의 소설들에서도 예시되었다. 도스토옙스키의 소설에 나타나는 집단적인 대단한 장면들의 대부분은 혼돈의 환영으로 끝난다. 『죄와 벌』에서 그것은 마르멜라도프(Marmeladov)를 추모하는 장례식의 놀라운 향연이다. 『백치』에서는 레베데프의 별장에서 일어나는 큰 소동들, 즉 나스타샤 필리포브나가 들어오자 대중음악회가 중단되고 미쉬킨 공작의 뺨을 때리는 장면들 따위가 그것이다. 도스토옙스키는 언제나 똑같은 광경에 사로잡혀 있지만, 그의 천재성이 절정에 달했을 때조차도 이 소설가는 이러한 광경에 대한 혐오감을 표현할 수 없는 것처럼 보인다. 그의 상상력이 부족해서가 아니라, 문학이라는 장르가 이러한 작업을 감당하지 못하는 탓이다. 도스토옙스키는 신빙성의 한계를 넘어서지 못한다. 방금 우리가 언급했던 장면들은 병든 라스콜리니코프를 줄곧 괴롭히는 악몽에 비해 대단치 않은 것들이다. 이러한 장면들은 주인공이 지옥으로 하강한 가장 낮은 지점에서, 해방감을 느끼게 하는 결말 바로 직전에 찾아온다. 도스토옙스키의 세계가 항상 빠질 위험에 처해 있는 심연을 엿보려면, 이러한 공포의 환상과 다른 소설들에 나오는 큰 소동들을 비교해볼 필요가 있다.

> 그는 아시아 중심부에서 유럽에 이르기까지 전 세계를 덮친 전례없이 끔찍한 재앙으로 온통 황폐화된 것을 보는 것처럼 여겨졌다.

극소수를 제외한 모든 사람이 죽어가고 있음이 틀림없었다. 여태껏 알려지지 않았던 종류의 미세한 선모충이 인체 안에 침투해 들어왔다. 그런데 이 미립자들은 지성과 의지가 부여된 정령(精靈)들이다. 정령에 감염된 개개인은 즉시 균형을 잃고 미쳐버린다. 그렇지만, 이상한 일은, 전에는 사람들이 그렇게도 현명하고 진실을 알고 있다고 스스로 확신에 가득 찼던 적이 한 번도 없었다. 전에는 결코 그들의 판단, 과학이론들, 도덕적 원리 등에 관한 확실성에 대해 이처럼 자신감에 넘쳤던 적이 없었다. 모두가 불안감에 시달리고 있었으며, 서로를 이해할 수 없는 상태에 있었다. 하지만 각자는 자신만이 유일하게 진실을 알고 있다고 믿었으며, 이웃 사람들을 생각하며 가슴 아파했다. 각자는, 다른 사람들의 이런 모습을 보면서, 가슴을 치고 손을 비틀며 눈물을 흘렸다……. 그들은 선과 악에 대해 취해야 할 제재에 관해 서로 찬동할 수 없었으며, 누구에게 유죄판결을 내리고 누구를 용서할 것인지 알지 못했다. 그들은 일종의 어처구니없는 분개심으로 서로를 살해했다.

이 질환은 전염성이 있지만 그럼에도 인간들을 고립시킨다. 이 병은 그들을 서로 반목하게 만든다. 각자 자신만이 진실을 알고 있다고 생각하면서 이웃 사람들을 근심한다. 각자 자신의 법칙에 근거하여 유죄와 무죄의 판결을 내린다. 어떤 증상도 우리에게 낯설지 않다. 이것이 바로 라스콜리니코프가 묘사하고 있는 존재론적 질환이며, 그 절정에 이르러 파괴의 난장판을 야기하는 존재론적 질환이다. 세균의학과 과학기술의 안도감을 주는 전문용어가 묵시록으로 귀착된다.

* * *

형이상학적 욕망의 진실은 죽음이다. 그것이 이 욕망이 기초하고 있는 모순의 필연적인 귀결이다. 소설작품들은 죽음의 전조(前兆)들로 가득하다. 그러나 이러한 전조들은 예언이 실현되지 않는 한 언제나 모호한 상태로 있다. 죽음이 나타나자마자 예언은 지나온 길을 밝혀준다. 그것은 간접화한 구조에 대한 우리의 해석을 풍부하게 한다. 즉 형이상학적 욕망의 수많은 양상을 의미로 충만하게 만든다.

간접화의 원인이 되는 경험을 하면서 주체는 자신의 삶과 정신이 극도로 나약하다는 사실을 깨닫는다. 그가 타인에게 있다고 믿는 신성으로 도망침으로써 벗어나고 싶은 것이 바로 나약함이다. 주체는 자신의 삶과 정신에 수치심을 느낀다. 신이 아니라는 사실에 절망한 그는 자신의 삶을 위협하는 모든 것에서, 자신의 정신을 거부하는 모든 것에서 신성을 찾는다. 따라서 그는 언제나 그의 존재의 가장 훌륭하고 가장 고귀한 부분을 손상시키고 결국에는 파괴시키는 방향으로 나아간다.

이러한 방향성은 이미 스탕달의 작품에서도 알아볼 수 있다. 쥘리앵의 지성과 감수성은 흑(黑)의 세계에서는 불리한 점이다. 이미 아는 바이지만, 내면적 간접화의 게임은 자기가 느끼는 것을 감추는 문제로 귀결된다. 이 게임에 가장 능란한 개인은 언제나 가장 덜 느끼는 자일 것이다. 따라서 그는 진정으로 '열정적인' 주인공은 결코 될 수 없을 것이다. 주인과 노예의 투쟁은 결국 무감각으로 귀착될 냉정함과 앵글로색슨인의 침착함을 요구한다. 지배력을 획득하게 해줄 모든 것은 요컨대 '이탈리아인의 기질', 즉 가장 강렬한 강도를 지닌 삶과 양립할 수 없다.

매저키즘에서 출발하여 형이상학적 욕망이 삶과 정신의 완전한 파괴로 진행한다는 사실은 완전히 명백해진다. 장애물에 대한 집요한 추적은 접근 가능한 대상들과 호의적인 중개자들의 점진적인 제거를 확실히 실행한다. 자기에게 음식을 가져다주는 늙은 하녀를 거부하는 청년 돌고루키를 기억해보라. 매저키스트는 그에게 '잘해주려는' 사람들에게서 그가 자신에게서 느끼는 그런 혐오감을 느낀다. 반대로 그는 자신의 굴욕적인 나약함을 경멸하는 듯이 여겨지는 동시에 초인적인 본질을 드러내는 사람들에게 열렬히 구원을 요청한다. 물론 매저키스트는 대체로 허울뿐인 경멸과 마주칠 뿐이지만, 그것이 그의 침울한 영혼이 요구한 전부이다. 우리가 아는 바이지만, 경멸의 외관 이면에는 경쟁적인 욕망의 기계적인 장애물이 있을 수 있다. 그러나 다른 어떤 것도 역시 있을 수 있다. 우리에게 가장 육중하고 가장 무기력하며, 따라서 가장 요지부동인 장애물을 설치하는 것은 경쟁자의 욕망이 아니다. 그것은 오히려 욕망의 전적인 부재, 무조건적인 무력감, 감정과 지성의 결핍이다. 우리의 접근에 응하기에 정신적으로 너무 둔한 자는 모든 이들과의 관계에서 자율성을 누리며, 그것은 형이상학적 욕망의 희생자에게 필시 신성하게 보일 것이다. 매저키스트에게는 이런 사람의 무가치 자체가 자신의 중개자에게 요구하는 유일한 덕목을 부여해준다.

스완은 사교계의 여자들 또는 예술과 문학의 가공적인 인물들에 대해 감탄을 느끼게 하는 것과는 완전히 반대되는 자질에 의해 성적으로 이끌린다. 그는 그의 사회적 지위와 교양 그리고 세련된 기품을 존중할 능력이 없는 저속한 사람들에게 관심이 끌린다. 그는 자신의 매우 현실적인 우월성에 무감각한 사람들에게 매혹된다. 그리하여 그는 애정생활에서도 평범함에 열중한다.

화자의 취향도 다르지 않다. 알베르틴의 건강과 풍만함이 그의 욕망을 타오르게 하지만, 그렇다고 해서 라블레적인 어떠한 관능성을 상상해서는 안 된다. 언제나 그렇듯이, 이중 간접화에서 외면적 물질주의는 역전된 정신주의를 감추고 있다. 마르셀은 자신이 '고통스러울 정도로 과도한 감수성과 지성의 가장 반대인 것'처럼 보이는 것에 언제나 매혹된다고 말한다. 알베르틴이 명확하게 이 법칙을 예증하고 있다. 그녀의 동물적인 수동성, 상류사회의 위계질서에 대한 부르주아로서의 무지, 교육의 결핍, 마르셀의 가치를 공유할 수 없는 무력함이 그녀를 접근 불가능하고 난공불락인 채로 상대방의 욕망만을 일으키는 잔인한 존재로 만든다. 이에 관하여 알랭(Alain)[18]의 의미심장한 금언을 상기할 필요가 있다. "사랑에 빠진 남자는 영혼을 원한다. 그것이 바람둥이 여자의 어리석음이 교활함으로 보이는 이유이다……."

속물근성 역시 어리석음 앞에 무릎을 꿇는다. 이러한 욕망의 구조는 샤를뤼스 남작에게서 희화로까지 과장되어 나타난다. 그러나 프루스트의 욕망의 방향성을 파악하기 위해서 남작이 찾아 헤매는 '부랑자들'과 '하찮은 불량배들'을 끌어들일 필요는 없다. 『꽃핀 소녀들의 그늘에서』에 나오는 '작은 무리'(petite bande)에 관한 첫 번째 묘사를 다시 읽어보는 것으로 충분하다.

> 아마도 이 소녀들은(그녀들의 태도는 대담하고 경박하며 몰인정한 성격을 드러내기에 충분했다) 우스꽝스럽거나 추한 모든 것에 지극히 민감하며, 지적이거나 정신적인 부류의 매력에 이끌리지 못한다. 따라서 자연히 같은 또래의 친구들 사이에서 소심함·어색함·서투름 등으로 드러나는 사색적이거나 감수성이 강한 성향을 지닌

18) 프랑스의 철학자·평론가(1868~1951). 주요 저서로는 『행복론』(1925)·『교육론』(1932)·『인간론』(1947) 등이 있다.

친구들 모두에게 반감을 느끼며, 그런 친구들을 멀리했다.

중개자는 단지 그가 '지적이거나 정신적인 부류의 매력에 이끌리지 못한다'고 여겨지기 때문에만 중개자이다. 이 소녀들은 그녀들이 지녔다고 추정되는 천박함으로 매력을 지닌다. 작은 무리를 이룬 소녀들은 '사색적이거나 감수성이 강한 성향'을 나타내는 모든 것에 틀림없이 '거부감'을 느끼는 것처럼 보인다. 화자는 매우 확실하게 자신이 그 대상임을 느낀다. 그는 이 사춘기의 소녀들과 어떠한 관계도 절대 가질 수 없으리라고 생각한다. 이것이 자신의 욕망을 결정하는 데 필요한 모든 것이다. 첫눈에 반한 마르셀은 알베르틴이 무관심하고 당돌하다고 가정한다. 보들레르는 '어리석음'이란 근대적 '아름다움'의 필수적인 장식이라고 이미 단언했다. 좀더 발전시켜보자. 성적 욕망을 일으키는 것의 본질 자체를 정신적이고 도덕적인 결핍에서, 그리고 욕망이 없었다면 욕망의 대상과의 빈번한 교류를 참을 수 없게 만들었을 온갖 악덕에서 찾아야 한다.

프루스트가 '예외적인' 인간이라고 말해서는 안 된다. 자기 주인공들의 욕망을 폭로하면서, 소설가는 언제나 그렇듯이 그의 시대나 다음 시대의 감수성을 드러낸다. 매저키즘은 현대세계 전체에 침투되어 있다. 프루스트의 에로티즘은 오늘날 일반대중의 에로티즘이 되었다. 그 점을 확인하려면 가장 덜 '선정적'인 화보잡지를 힐끗 보는 것만으로도 충분하다.

매저키스트는 어리석음이라는 창 없는 벽을 끈질기게 공격한다. 그는 바로 이 벽에 부딪혀 결국 부서지고 말 것이다. 드니 드 루주몽이 『사랑과 서양』의 결말에서 이 사실을 확인해준다. "그렇기 때문에, 원하는 장애물에 부여된 편애는 죽음을 향한 진전이다." 이 진전의 여러 단계를 문학 이미지의 차원에서 추적해볼 수 있다. 현대 작가들 모두에게 공통된 굴절된 초월의 이미저리는, 그 풍부함에도 불구하고 기독교 신비주의자들의 저술에 나타나는 수직적 초월의 이미저리와 마찬가지로 엄밀하다. 우리는 무궁무진한 이 주제를 그저 피상적으로 다룰 수 있을 뿐이다. 우선 가장 비인간적인 모습에서 연상된 동물부터 시작하여 기본적인 부패로, 순수 유기체로 이행되는 이미지 그룹이 있다. 예를 들어 앙드레 말로의 소설 『왕도의 길』(*La Voie royale*)에 나오는 정글 장면들에서 해충들의 역할을 연구할 필요가 있을 것이다.

스비드리가일로프와 히폴리트(Hippolith) · 스타브로긴 같은 사람의 꿈속에는 거미들과 파충류들이 자주 나타난다. 도스토옙스키와 같은 작가는 자신의 주인공들을 지배하는 매혹의 사악한 본질을 꿰뚫어본다. 반대로 현대 작가들은 매혹에 굴복하고 마는데, 그들이 신낭만주의에 더욱 물들어 있을수록 더욱 흐뭇한 마음으로 빠져버린다. 『지하생활자의 수기』에서 중개자는 매우 상징적인 이름을 지니고 있다. 즈베르코프는 '동물' '짐승'을 뜻한다. 프루스트의 욕망들도 모두가 짐승의 기호를 표지로 지닌다. 게르망트 부인의 매력들은 '맹금'(猛禽)의 매력들이다. 『꽃핀 소녀들의 그늘에서』에서 소설가는 소녀들의 연속되는 동작들을 '어린 물고기떼', 즉 동물의 생활 중 가장 집단적인 무리에 비유한다. 소녀들 무리의 왔다 갔다 하는 움직임이 나중에는 마르셀에게 '갈매기떼의 기하학적인, 격식에 사로잡힌, 파악할 수 없는 움직임'을 떠올리게 한다. 이해할 수 없는 이런 세계는 또한 중개자의 세계이다. 타인은 접근하기 어려울수록 더욱 매혹적이다. 그리고 그가 정신적이지 않을수록, 본능의 자율성에 가까울수록 그만큼 접근하기 어려워진다. 자기신격화라는 황당무계한 기도(企圖)는 동물적인 삶을 넘어서서 자동적이고 기계적인 것으로 귀착된다. 무엇으로도 충족될 수 없는 욕망으로 각 개인은 끊임없이 더욱 방황하고 더욱 균형을 잃어가다가 마침내는 신의 본질을 자신의 삶을 근본적으로 부정하는 것, 즉 무생물의 상태에서 찾으려 한다.

부정(Non)에 대한 지칠 줄 모르는 추구는 주인공을 가장 메마른 사막, '부조리의 금속 왕국'(royaume métalique de l'absurde)으로 이끌어간다. 그곳에서 오늘날 신낭만주의 예술에서 가장 중요한 것이 헤매고 있다. 모리스 블랑쇼(Maurice Blanchot)[19]는 소설적—우리의 용어로는 낭만적인—허구(fiction)가 카프카 이후로 끝없는 순환운동을 묘사하고 있다고 올바르게 지적한다. 그 추구는 영원히 끝나지 않을 것처럼 보인다. 주인공은 더 이상 살아 있지 않지만 아직 죽은 것도 아니다. 게다가 주인공은 그의 탐색이 죽음을 향하고 있음을 알고 있지만, 그렇다고 형이상학적 욕망에서 물러나지도 않는다. 지고의 통찰력은 가장 철저한 맹목성이기도 하다. 예전의 모든 오해보다 더욱 미묘하고 더욱 심하게 잘못된 오해로 주인공은 죽음이 삶의 의미라고 결정한다. 그때부터 중개자는 항상 옆에 있지만 항상 부인되던 죽음의 이미지와 동일시된다. 바로 이 이미지가 주인공을 매혹한다. 죽음은 마지막 '회피 그 자체'(être de fuite)이며 최후의 신기루로 여겨진다.

"그들은 죽음을 찾아 헤매지만 죽음이 그들을 피할 것이다"라고 묵시록의 천사가 예고한다. "이 세상에서 끝나는 것은 아무것도 없

19) 프랑스의 작가·비평가(1907~?). 그의 관심은 인간이 죽음에 가까워질 때 죽음 주변에 떠오르는 일상적 시간이 소실된 기괴한 공간과 언어로써 절대에 가까워질 때 작가가 몰입하는 공간이 동일한 구조를 가지는 것에 기울어 있다. 평론집 『문학의 공간』(1955), 『미래의 책』(1959)에서는 말라르메·카프카 등을 예로 들어 절대에 도전하는 문학사고가 다다르게 되는 운명을 분석했다.

다"라고 스타브로긴이 메아리처럼 응답한다. 그러나 스타브로긴은 틀렸다. "여기에는 하나의 종말이 있을 것이다"라고 대답한 다샤(Dacha)의 말이 옳다.

광물성 세계가 이 종말의 세계인데, 그것은 모든 움직임과 흔들림이 사라지다가 마침내 완전하고 결정적이 되는 죽음의 세계이다. 끔찍한 매혹은 납의 밀도, 화강암의 완강한 부동성으로 끝난다. 바로 이것이 삶과 정신에 대하여 끊임없이 더욱 강력해지는 부정인 굴절된 초월이 귀착되는 결말이다. 자신에 대한 긍정은 자기부정으로 끝난다. '자기-신격화'의 의지는 '자기-파괴'의 의지로 점점 구체화된다. 드니 드 루주몽은 이 진실을 명확히 간파하여 『사랑과 서양』에서 훌륭하게 표명하고 있다. "우리에게 삶을 찬미하도록 하는 동일한 움직임이 우리를 그 부정으로 뛰어들게 만든다."

헤겔 이후로 현대세계는 바로 이 부정을 대담하고 공공연하게 삶에 대한 최고의 긍정으로 제시한다. 부정의 찬양은 내면적 간접화의 최종단계들의 특성을 드러내는 맹목적 통찰력에 속한다. 이 부정은 우리가 살고 있는 현대의 현실 전체에 얽혀 있음을 쉽사리 알 수 있는데, 이중 간접화 영역에서의 인간관계 반영에 지나지 않는다. 넘쳐나는 이 '무화'(無化)를 정신의 진정한 실질로 볼 것이 아니라 치명적인 발전의 유해한 부산물로 보아야 한다. 대자(Pour-soi)[20]가 늘

20) '자기(自己)에 대해서'라는 의미를 지닌 대자(對自)는 즉자(卽自)에 대립된다. 변증법적 운동의 한 계기라는 의미로 헤겔이 처음 사용했으나, 사르트르의 존재론에서는 의식의 존재론적 구조를 나타내는 용어로 사용한다. 즉 의식은 언제나 무엇에 대한 의식이며, 이 무엇과 의식 사이에는 넘을 수 없는 분열이 생긴다. '무엇'이 존재라면 의식은 존재가 아니며 존재에 대해 영원히 타(他)일 수밖에 없다. 따라서 의식은 '자기에 대해서' 무엇인가가 존재한다는 방식으로 존재할 수밖에 없다. 이러한 의식의 구조를 존재론적으로 '대자', 원래 존재로 생각될 수 있는 것이 '즉자'이다.

부정하는 둔중하고 말이 없는 즉자(En-soi)는 사실상 매저키스트가 열심히 찾아 헤매다가 거기에 끈덕지게 눌러붙는 장애물이다. 그렇게도 많은 현대 철학자가 자유와 삶과 동일시하는 **부정**(Non)이란 사실 예속과 죽음의 전조이다.

* * *

앞에서[21] 우리는 형이상학적 욕망의 구조를 낙하하는 물체와 비교했는데, 낙하속도가 증가함에 따라 물체의 형태가 변한다. 이제 우리는 이 낙하의 결말을 알고 있다. 도스토옙스키는 운명적인 이 결말에 다른 소설가들보다 더 가깝다. 따라서 그는 소설가인 **동시**에 형이상학자가 아니라, 형이상학적인 소설가이다. 도스토옙스키는 욕망을 고조하는 치명적인 역동성에 대해 예리한 인식을 지니고 있다. 그의 작품은 그가 침울한 상상력을 가졌다는 이유로 해체와 죽음으로 향하는 것이 아니라, 그의 작품이 해체와 죽음으로 향해 있다는 이유로 그의 상상력이 침울해 보인다.

욕망의 형이상학적 진실을 이해한다는 것은 곧 파국적인 결말을 예견하는 일이다. 묵시록이란 발전을 의미한다. 도스토옙스키의 묵시록은 발전된 것의 파괴로 끝나는 발전이다. 형이상학적 구조는, 전체로 검토하든 부분만 떼어서 검토하든 간에 언제나 하나의 묵시록으로 규정될 수 있다. 그러므로 예전의 모든 소설도 역시 묵시록들이다. 예전 소설들의 결말인 제한된 파국은 도스토옙스키의 무시무시한 파국을 예시하고 있다. 우리는 물론 도스토옙스키에게 미친, 그리고 묵시록 구조의 몇몇 세부사항을 제공하는 다양한 영향력들에 유

21) 제3장 욕망의 변모 참조.

의할 수 있다. 이 러시아 소설가의 해석은 언제나 국가와 종교의 전통이라는 틀 속에 갇혀 있다. 하지만 그럼에도 소설의 상황이 작가로 하여금 결국 본질적인 것을 쓰게 만든다.

예전 소설가들은 대체로 암묵적으로만 형이상학적이다. 그들의 심리학, 사회학 그리고 이미지리는 도스토옙스키의 형이상학으로 연장될 때에만 그 완전한 의미를 지닌다. 도스토옙스키의 관찰 수준에서는 더 이상 소설과 형이상학 사이에 아무런 차이가 없다. 그러므로 우리가 연결했던 모든 실마리, 우리가 팠던 모든 고랑은 도스토옙스키의 묵시록을 향해 수렴된다. 소설문학은 모두 동일한 물결에 휩쓸리고, 주인공들은 모두 허무와 죽음을 향한 동일한 부름에 복종한다. 굴절된 초월은 현기증을 일으키는 하강, 어둠 속으로의 맹목적인 잠수이다. 그것은 스타브로긴의 기괴함으로, 악령에 들린 자들 모두의 지독한 자만심으로 끝난다.

소설가는 게라사의 악마 에피소드[22]에서 소설의 전망(vision)의 성서(聖書)적 표현을 발견한다. 한 사람이 무덤들 사이에서 혼자 살고 있다. 그 사람 속에 자리 잡은 악마를 그리스도가 몰아낸다. 악령에게는 이름이 있다. 그것은 군대(Légion)라고 불리며, 하나인 동시에 수가 많다. 그것은 돼지떼 속에 들어가게 해달라고 빈다. 그 허락이 내려지자마자 이 동물들이 바다로 뛰어들어 마지막 한 마리까지 모두 빠져 죽는다.

22) 「마태오의 복음서」 9: 28~35, 「마르코의 복음서」 5: 1~20, 「루가의 복음서」 8: 26~39, '마귀와 돼지떼' 에피소드.

12 결말

욕망의 진실은 죽음이지만 죽음은 소설작품의 진실이 아니다. 악마들은 광란하는 미친 사람들처럼 바다에 뛰어들어 모두 죽는다. 그러나 환자는 치유되었다. 스테판 트로피모비치는 그가 죽는 순간에 이 기적을 떠올린다. "병자는 치유될 것이며 예수의 발 아래 앉게 되리라.……그리하여 모든 이가 그를 놀라운 눈으로 바라보리라……."

이 텍스트는 러시아뿐만 아니라 죽어가는 그 자신에게도 적용된다. 스테판 트로피모비치는 죽는 순간에 치유되는, 죽음이 치유해주는 병자이다. 스테판은 도시를 뒤덮고 있는 추문과 살인 그리고 죄의 물결에 휩쓸린다. 그의 도주는 일반적인 광기에 근거하지만 실행되자마자 그 의미가 바뀐다. 그의 도주는 어머니인 대지와 한낮의 빛으로 회귀하는 것이다. 이 늙은이는 방랑생활을 마감하게 된 여인숙의 초라한 침대에서 복음서 행상여인이 읽어주는 「루가의 복음서」를 듣는다. 죽어가는 그는 게라사의 마귀들 이야기에서 진실을 간파한다. 극도의 무질서에서 초자연적인 질서가 태어난다.

스테판에게 죽음이 임박할수록 그는 거짓에서 멀어진다. "나는 평생 거짓말만 해왔다. 내가 진실을 말했을 때조차도 그러했다. 나는 결코 진실을 위해서가 아니라 오로지 나 자신만을 위해서 말했다. 나는 전에도 그것을 알고 있었지만 단지 지금에서야 그것을 깨닫는다." 스테판은 자신이 예전에 가졌던 생각들과 판이하게 모순되는 말을 하고 있다.

묵시록에 희망적 측면이 없다면 그것은 완전하지 못할 것이다. 『악령』의 결말에는 상반되는 두 가지 죽음이 나온다. 하나는 정신의 소멸인 죽음이고, 또 하나는 정신인 죽음이다. 스타브로긴의 죽음은 단지 죽음에 불과할 뿐이며, 스테판 트로피모비치의 죽음은 삶이다. 이러한 이중의 결말은 도스토옙스키의 작품에서 유례없는 경우가 아니다. 그것은 『카라마조프가의 형제들』에서도 나타나는데, 이반 카라마조프의 광기와 드미트리(Dmitri)의 속죄로의 개심이 대조를 이룬다. 『죄와 벌』에서는 스비드리가일로프의 자살과 라스콜리니코프의 개심이 대조된다. 스테판의 임종을 지키는 복음서 행상여인의 역할은 별로 거론되지 않지만 소냐(Sonia)와 비슷한 역할을 하고 있다. 그녀는 죄인과 성서 사이의 중개자이다.

라스콜리니코프와 드미트리 카라마조프는 육체적으로 죽는 것은 아니지만, 그럼에도 다시 생명을 얻는다. 도스토옙스키의 결말은 모두가 시작이다. 새로운 삶이 시작된다. 사람들 사이에서 또는 영원 속에서…….

그러나 이 분석을 더 진전시키지 않는 편이 좋을 듯하다. 많은 비평가가 도스토옙스키의 종교적 결말에서 멈추기를 거부한다. 그들은 결말들이 작위적이고, 조급하며, 소설작품의 겉치레로 사용되었다고 판단한다. 일단 소설적 영감이 고갈되자 이 소설가는 자신의 작품을 종교적 정통성으로 치장하기 위해 그러한 결론들을 썼으리라는 것이다.

그러므로 도스토옙스키는 그대로 두고, 다른 소설들의 결말을 살펴보자. 『돈키호테』의 예를 들면, 주인공의 임종은 스테판 트로피모비치의 임종과 무척이나 비슷하다. 기사도를 향한 그의 열정은 진짜로 악마들림으로 제시되는데, 죽어가는 주인공이 다행히도 늦게나마 거기에서 해방된다. 회복된 그의 통찰력은, 스테판 트로피모비치에게서 보듯이 돈키호테에게 이전의 삶을 거부할 수 있게 해준다.

> 지금 내 판단력은 자유롭고 명확하며, 고약한 기사담들의 한심하고 지속적인 탐독으로 내게 생겨난 무지라는 두꺼운 어둠에 가려져 있지 않네. 나는 기사담들의 괴상한 언동들과 속임수를 깨달았네. 내게 유일한 아쉬움이 있다면, 그것은 나의 깨달음이 너무 늦게 찾아왔기 때문에, 내 영혼에 빛이 될 다른 책들을 읽음으로써 나의 실수를 만회할 시간적 여유가 없다는 점일세.

스페인어 desengano[1]는 도스토옙스키의 전향과 그 의미가 같다. 그런데 또다시 분별 있는 많은 사람이 죽음에서 전향의 문제로 시간을 끌지 말라고 우리에게 충고한다. 『돈키호테』의 결말은 도스토옙스키의 결말과 마찬가지로 거의 평가받지 못하며, 기이하게도 정확히 동일한 오류로 비난받는다. 비평가들은 이 결말이 작위적이고 상투적이며, 소설작품에 군더더기로 덧붙여졌다고 말한다. 무슨 이유로 소설의 가장 위대한 두 천재가 똑같이 각기 자신의 걸작의 마지막 페이지들을 엉망으로 만드는 게 낫다고 판단한 것일까? 우리가 보았다시피, 도스토옙스키는 내면적 검열의 피해자로 여겨진다. 세르반테스는 반대로 외부의 검열에 굴복한 듯하다. 종교재판은 기사담에 적대적이다. 『돈키호테』가 기사담이라고 비평가들은 확신하고 있다.

---

1) '깨달음'이라는 의미이다.

그래서 세르반테스는 교회의 의혹을 잠재우기 위해 '순응주의적인' 결말을 쓰지 않을 수 없었다.

그러므로 이제 필요상 세르반테스를 떠나 세 번째 소설가한테로 옮겨가보자. 스탕달은 슬라브 문화 애호자가 아니며, 적어도 『적과 흑』을 쓸 무렵에는 종교재판소를 두려워할 이유가 없었다. 그런데도 이 소설의 결말은 역시 세 번째로 죽음에서의 전향이다. 쥘리앵 역시 그가 예전에 지녔던 생각과 명백히 모순되는 말들을 한다. 그는 자신의 권력을 향한 의지를 철회하고, 그를 매혹하던 세계로부터 초연해진다. 마틸드를 향한 열정은 사라진다. 그는 레날 부인에게로 달려가며 자신을 방어하기를 단념한다.

이 모든 유사성은 주목할 만한 것이다. 그런데 우리는 다시 한번 죽음에서의 전향에 중요성을 부여하지 말라는 지시를 받는다. 작가 본인이 자신의 서정성을 부끄럽게 여기는 듯싶고, 자신의 텍스트를 비방하는 데 비평가들과 합세한다. 그는 우리에게 쥘리앵의 성찰을 진지하게 받아들일 필요가 없다고 말하는데, 그 이유인즉 "운동부족으로 그의 건강이 나빠지기 시작했으며, 그에게 젊은 독일 학생의 격앙된 나약한 성격을 지니게 했다"라는 것이다.

스탕달이 좋은 대로 말하게 내버려두자. 더 이상 우리를 속일 수는 없다. 만일 우리가 소설의 결말이 지닌 통일성을 보지 못한다 하더라도, 낭만적 비평가들의 한결같은 적의만으로도 우리의 눈이 열리기에 충분할 것이다.

무가치하고 작위적인 것은 결말이 아니라 비평가들의 가정이다. 도스토옙스키 안에 들어 있는 자신의 소설에 대한 검열관을 보려면 도스토옙스키의 말에 개의치 말아야 한다. 세르반테스가 자신의 생각을 왜곡할 수 있다고 믿으려면 세르반테스의 말에 귀를 기울이지 말아야 한다. 자기검열이라는 가정이 토론의 가치가 없는 이유는 텍스트의 아름다움만으로도 그것을 부인하기에 충분하기 때문이다. 돈키호테가 죽어가면서 그의 주변에 모인 친구들과 친척들에게 하는 엄숙한 간청은 독자인 우리에게도 똑같이 말해진 것이다. "지금 내가 처한 임종의 순간에 나는 내 영혼을 속일 수 없네……."

낭만적 비평가들의 적의를 이해하기란 매우 쉽다. 모든 주인공이 결말에서 그들이 예전에 지녔던 생각과 명백히 모순되는 말들을 하는데, 이 생각은 항상 낭만적 비평가들의 생각과 같은 것이다. 돈키호테는 그의 기사들을 버리고, 쥘리앵은 그의 반항을 그리고 라스콜리니코프는 그의 초인을 단념한다. 주인공은 그의 자만심이 불어넣은 환상을 번번이 부인한다. 낭만적 해석이 칭찬하는 것은 언제나 이 환상이다. 비평가들은 그들이 틀렸다는 것을 인정하고 싶어 하지 않는다. 그러므로 그들은 이 결말이 그것으로 마무리된 작품에 비해 가치가 없다고 주장할 수밖에 없다.

소설의 위대한 결말들 사이의 유사성은 그 중요성을 과소평가하는 모든 해석을 필연적으로(ipso facto) 무산시켜버린다. 단 하나의 현상이 있을 뿐이므로, 그것을 하나의 동일한 원리에 따라 이해해야 한다.

소설 결말들의 통일성은 형이상학적 욕망의 포기에 있다. 죽어가는 주인공은 그의 중개자를 부정한다. "나는 아마디스 데 가울라와 그런 부류의 무수히 많은 사람의 적이네……. 오늘에야, 신의 자비로, 나 자신을 희생한 대가로 현명해진 나는 그들이 몹시도 싫네."

중개자를 부인한다는 것은 신성을 포기하는 일이며, 자만심을 포기하는 일이다. 주인공의 육체적인 쇠퇴는 자만심의 패배를 표현하는 동시에 감춘다. 『적과 흑』에 나오는 이중의 의미를 가진 한 문장이 죽음과 해방, 기요틴과 중개자와의 파국 사이의 관계를 완벽하게 표현한다. "타인들이 내게 무슨 상관이 있단 말인가, 타인들과의 관계는 곧 불시에 완전히 끊어져버릴 텐데!"라고 쥘리앵 소렐이 외친다.

신성을 포기함으로써 주인공은 예속도 포기한다. 삶의 모든 면에서 전도가 일어나고, 형이상학적 욕망의 모든 결과가 그 반대의 결과로 바뀐다. 거짓말은 진실로, 고뇌는 추억으로, 동요는 안정으로, 증오는 사랑으로, 모욕은 겸손으로, 타인을 모방한 욕망은 자신에게서 우러난 욕망으로, 굴절된 초월은 수직적 초월로 대체된다.

이번에는 가짜가 아닌 진짜 전향이다. 주인공은 패배 속에서 승리를 거둔다. 그가 승리하는 이유는 어찌할 도리가 없기 때문이다. 처음으로 그는 자신의 절망과 허무를 직시해야만 한다. 하지만 그가 두려워했던 이 시선, 자만심의 죽음인 이 시선은 구원의 시선이다. 소설의 모든 결말은 동양의 동화를 떠올리게 하는데, 그 이야기의 주인공은 손가락 끝으로 간신히 절벽 끝에 매달려 있다. 기진맥진한 주인공은 마침내 심연 속으로 떨어지고 만다. 그는 바닥에 부딪혀 박살이 날 것이라고 예상하지만 공기가 그를 떠받친다. 중력이 사라진 것이다.

* * *

소설의 결말은 모두가 전향이다. 이것은 아무도 의심할 수 없는 사실이다. 그런데 여기서 더 나아갈 수 있을까? 이러한 전향들이 모두 같은 의미를 지닌다고 주장할 수 있을까? 결말들은 애초부터 기본적인 두 범주로 구분될 수 있는 것으로 보인다. 다른 사람들과 합류하는 고독한 주인공을 보여주는 결말과 고독을 쟁취하는 '군집성' 주인공을 보여주는 결말이라는 두 범주이다. 도스토옙스키의 소설들은 첫 번째 범주에 속하고, 스탕달의 소설들은 두 번째 범주에 속한다. 라스콜리니코프는 고독을 거부하고 타인들을 포용하는 반면, 쥘리앵 소렐은 타인들을 거부하고 고독을 선택한다.

이 대립은 극복할 수 없는 것처럼 보인다. 하지만 그렇지 않다. 만일 전향이 우리가 찾아낸 의미를 지닌다면, 또한 그것이 삼각형의 욕망에 종지부를 찍는다면, 그 결과는 절대고독이라는 용어로도 또 세계로의 회귀라는 용어로도 표현될 수 없다. 형이상학적 욕망은 타인과의 어떤 관계 그리고 자신과의 어떤 관계를 맺게 만든다. 진정한 전향은 타인과 그리고 자기 자신과의 새로운 관계를 발생시킨다. 고독과 군집성, 참여와 비참여 사이의 기계적인 대립을 제시하는 것은 낭만적 사고이다.

스탕달과 도스토옙스키의 결말을 좀더 자세히 관찰하면 언제나 진정한 전향의 두 가지 양상이 나타나지만, 그 두 가지가 똑같이 전개되지 않는다는 사실을 확인할 수 있다. 스탕달은 주관적인 면을 더 강조하는 반면, 도스토옙스키는 상호주관적인 면을 더 강조한다. 소홀히 다루어진 면도 전혀 사라진 것이 아니다. 쥘리앵은 고독을 획득하지만 고립을 이겨낸다. 그가 레날 부인과 누렸던 행복은 타인들과 맺은 관계에서 일어난 근본적인 변화의 훌륭한 표현이다. 재판이 시작될 무렵 주인공이 사람들에게 둘러싸였을 때, 그는 자기가 타인들에 대한 예전의 증오심을 더 이상 느끼지 않음을 깨닫고 놀란다. 그는 타인들이 과연 자기가 생각했던 것처럼 나쁜 사람들일까 의아해한다. 더 이상 그들을 매혹하거나 지배할 욕망이 사라진 쥘리앵은 더 이상 그들을 증오하지도 않는다.

반대로 라스콜리니코프는 결말에서 고립을 이겨내지만 그도 역시 고독을 쟁취한다. 그는 복음서를 읽게 되고, 오래전부터 맛보지 못하던 평화를 느낀다. 고독과 인간교류는 상호 관련해서만 존재한다. 그 둘을 분리하면 낭만적 추상화에 빠질 위험이 있다.

소설의 결말들 간의 차이는 본질적인 것이 아니다. 대립보다는 강조의 이동이 더 중요하다. 형이상학적 질환이 치유되는 다양한 양상 간에 부재하는 균형은 소설가가 자신의 낭만주의에서 완전히 자유롭지 못하다는 사실을 드러낸다. 그는 도식들에 사로잡혀서 도식들이 정당화의 구실을 한다는 사실을 알지 못한다. 도스토옙스키의 결말에 사회참상 묘사주의가 전혀 없지는 않다. 스탕달의 결말에서는 들레클뤼즈(Delécluze)[2] 살롱에서 기세가 등등하던 부르주아 낭만주의의 몇 가지 흔적을 찾아볼 수 있다. 이러한 차이점들을 강조하면 소설 결말들의 통일성을 놓쳐버리기 쉽다. 다름 아닌 바로 그것이 비평가들이 바라는 것인데, 통일성이란 그들의 언어로 진부함이며 진부함은 최악의 저주인 까닭이다. 만약 비평가들이 이 결말을 완전히 거부하지 않을 경우, 그들은 이 결말이 독창적임을, 즉 소설의 다른 결말들과 모순된다는 사실을 입증하려 애쓴다. 그들은 언제나 소설가를 자신들의 낭만적 기원으로 환원시킨다. 그들은 작품에 봉사한다고 믿는다. 교양 있는 대중의 취향인 낭만적 취향의 수준에서 본다면, 그들은 틀림없이 작품에 봉사하고 있다. 좀더 파고들어가본다면 그들은 작품에 해를 끼치고 있다. 그들이 작품 내부의 소설적 진실과 모순되는 것을 칭찬하기 때문이다.

낭만적 비평은 언제나 본질적인 것을 거부한다. 즉 형이상학적 욕망을 초월하여 죽음 너머로 빛을 내뿜는 소설의 진실로 향해 가기를 거부한다. 주인공은 진실에 도달하면서 죽는다. 그리고 자신을 창조한 작가에게 자신의 선견지명을 유산으로 남긴다. 소설의 주인공이라는 칭호는 비극적인 결말에서 형이상학적 욕망을 이겨내고, 그리하여 소설을 쓸 수 있게 된 인물에게 부여되어야 한다. 주인공과 그

---

2) 들레클뤼즈(1809~71)는 프랑스 7월왕정하에서 정치생활을 개시했던 급진적 저널리스트, 파리 코뮌 지도자였다. 원문의 Delécluze는 Delescluze의 착오이다.

의 창조자는 소설이 진행되는 동안 내내 분리되어 있다가 결말에서 서로 합쳐진다. 죽어가면서 주인공은 잃어버린 자신의 삶을 돌이켜본다. 그는 그 삶을 시련과 병마와 추방이 클레브 부인에게 지니게 해준, 그리하여 이 여류소설가[3]의 관점과 동일해진 '더욱 폭넓고 객관적인 시선'으로 바라본다. 이러한 '더욱 폭넓고 객관적인 시선'은 마르셀 프루스트가 『되찾은 시간』에서 말하고 있는 '망원경'(télescope)과 크게 다르지 않으며, 스탕달의 주인공이 감옥 안에서 도달하는 탁월한 태도와도 다르지 않다. 멀어짐과 상승의 모든 이미지들은 더욱 초연해진 새로운 견해, 즉 창조자 자신의 견해를 표명한다. 이 상승하는 움직임을 자만심과 혼동해서는 안 된다. 소설가의 미학적 승리는 욕망을 단념한 주인공의 기쁨과 동일한 것이다.

그러므로 결말이란 항상 기억이다. 그것은 인식 자체였을 때보다도 더욱 진실해진 기억의 뜻하지 않은 출현이다. 안나 카레니나의 것과 같은 '주마등 같은 조망'이다. '과거의 부활'이다. 이 표현은 마르셀 프루스트의 것이지만, 이 소설가는 『되찾은 시간』에 대해서가 아니라, 우리가 곧 짐작할 수 있듯이 『적과 흑』에 대해 말하면서 사용한 것이다. 영감이란 항상 기억이며 기억은 결말에서 솟아나온다. 소설의 결말은 모두가 시작이다.

소설의 결말은 모두가 **되찾은** 시간이다.

마르셀 프루스트는 허구라는 다소 투명한 베일로 자신에게까지 가려져 있던 하나의 의미를 결말에서 드러냈을 뿐이다. 『잃어버린 시간을 찾아서』의 화자는 소설을 통해 소설로 나아간다. 하지만 그것은 예전 소설의 모든 주인공 역시 하던 방식이다. 스테판 트로피모비치는 『악령』의 의미를 요약하는 복음서의 에피소드를 향해 나아

3) 『클레브 공작부인』을 쓴 라 파예트.

간다. 클레브 부인은 '더욱 폭넓고 객관적인 시선', 즉 소설의 전망을 향해 나아간다. 돈키호테, 쥘리앵 소렐과 라스콜리니코프는 『되찾은 시간』에서의 마르셀 프루스트와 동일한 정신적 체험을 겪는다. 프루스트의 미학은 상당수의 비결이나 가르침에 있지 않다. 그것은 형이상학적 욕망에서의 해방과 동일한 그런 것이다. 우리는 소설의 결말에 관해 이미 언급한 모든 특성을 『되찾은 시간』에서 찾아볼 수 있지만, 그것들이 이번에는 창작의 요구사항으로서 제시된다. 소설의 영감은 중개자와의 결별에서 솟아나온다. 현재 부재하는 욕망이 과거의 욕망을 되살린다.

프루스트는 『되찾은 시간』에서 자존심(l'amour-propre)이 소설 창작의 장애물임을 강조한다. 프루스트의 자존심은 모방을 초래하고 우리를 우리 자신에게서 분리된 채 살게 만든다. 이 자존심은 라 로슈푸코가 말하는 기계적인 힘이 아니라, 모순되는 두 방향으로의 충동으로서 언제나 결국 개인을 분열시키고 만다. 자존심을 극복한다는 것은 자신에게서 멀어져 다른 사람들에게 접근하는 것이지만, 다른 의미에서는 자신에게 다가가고 다른 사람들에게서 멀어지는 것이다. 자존심은 자기 자신을 선택한다고 믿으면서 타인에게와 마찬가지로 자신에게도 마음을 닫아버린다. 우리가 자존심과의 싸움에서 승리하면 우리는 자아의 심층으로 내려갈 수 있을 뿐 아니라, 동일한 움직임에 따라 타인에 대한 인식도 깊어진다. 어떤 깊이에 이르면 타인의 비밀과 우리 자신의 비밀 사이에 아무런 차이도 없어진다. 소설가가 이 자아, 즉 각자가 뽐내며 드러내는 자아보다 훨씬 진실된 자아에 이르게 되면 모든 것이 그에게 밝혀진다. 바로 이러한 자아가 중개자 앞에 무릎을 꿇고 그를 모방하는 삶을 살고 있다.

이 심층의 자아는 보편적인 한 자아인데, 그 이유는 모든 사람이 모방의 삶을 살고 있으며 중개자 앞에서 무릎 꿇은 채 살고 있기 때문이다. 형이상학적 자만심의 변증법만이 프루스트의 특수성과 보편성의 이중의 주장을 이해하고 받아들일 수 있게 한다. 자아와 타인들 사이의 기계적인 대립을 상정하는 낭만적 문맥에서는 이러한 주장이 터무니없는 것이다.

이러한 부조리한 논리에 틀림없이 충격을 받았을 마르셀 프루스트는 때때로 자신의 이중의 주장을 포기하고 당대의 낭만주의의 상투성으로 다시 떨어진다. 『되찾은 시간』에서 드물게 나타나는 몇몇 대목에서 그는 예술작품이 우리의 '차이'를 파악하고 우리의 '독창성'을 누릴 수 있도록 해야 한다고 주장한다.

이러한 일시적인 과오는 프루스트의 이론적인 어휘력이 불충분한 탓이다. 그러나 논리적 일관성에 대한 염려는 영감에 의해 재빨리 사라진다. 프루스트는 그의 젊은 시절을 묘사함으로써 그가 다른 사람들의 젊은 시절 역시 묘사하게 된다는 사실을 알고 있었다. 그는 진정한 예술가는 더 이상 그 자신과 타인들 사이에서 선택하지 말아야 한다는 것도 잘 알고 있었다. 천재적인 소설예술은 포기에서 태어나므로 이중의 주장 모두를 획득한다.

그러나 이 포기는 고통스럽다. 소설가는 자기의 중개자가 자기와 비슷한 사람임을 깨닫고 나서야 비로소 소설을 쓸 수 있다. 예를 들어 마르셀은 자신이 사랑하는 여인이 괴물 같은 여신이며 자신은 그 영원한 희생자라고 생각하기를 포기해야만 한다. 그는 자신이 사랑하는 여인의 거짓말이 그 자신의 거짓말과 비슷하다는 점을 인정해야만 한다.

'자존심'에 대한 이러한 승리, 매혹과 증오의 이러한 포기는 소설 창작의 극히 중요한 순간이다. 그러므로 천재적인 모든 소설가에게는 이런 순간이 있다. 소설가는 자기 주인공의 목소리를 통해서 매혹적인 타인과 자신의 유사성을 깨닫는다. 라 파예트 부인은 사랑으로 파멸하는 다른 여자들과 자신의 유사성을 알아차린다. 위선자들의 적이었던 스탕달은 『적과 흑』의 결말에서 자신을 위선자로 취급한다. 도스토옙스키는 『죄와 벌』의 결말에서 자신을 때로는 초인으로 때로는 열등인간으로 자처하기를 단념한다. 소설가는 그가 중개자에게 있다고 비난하던 죄의 장본인이 자신임을 인정한다. 오이디푸스가 타인들에게 내린 저주가 그 자신의 머리 위로 떨어진다.

그것이 "보바리 부인, 그것은 나다!"라는 플로베르의 유명한 외침이 표현하고 있는 저주이다. 보바리 부인은 애초에는 플로베르가 복수하기로 맹세했던 경멸할 만한 타인으로 구상되었다. 쥘리앵 소렐이 스탕달의 적이고 라스콜리니코프가 도스토옙스키의 적이듯이, 보바리 부인도 처음에는 플로베르의 적이다. 그러나 소설의 주인공은 줄곧 타인으로 머무른 채로, 창작이 진행되는 동안 점차 소설가와 합류한다. 플로베르가 "보바리 부인, 그것은 나다!"라고 외칠 때, 그가 말하고자 하는 바는 이제부터 보바리 부인이 이중의 아첨꾼들—낭만적 작가들은 자기들 주변에 아첨꾼들이 모여드는 것을 좋아한다—가운데 하나라는 의미가 아니다. 그는 소설이 이룬 기적으로 자아와 타인이 하나가 된다는 의미로 말하고 있다.

위대한 소설의 창작은 언제나 매혹을 극복한 결과이다. 주인공은 그가 혐오하는 경쟁자에게서 자신을 본다. 즉 그는 증오에 의해 제시되는 '차이들'을 포기한다. 그리고 자신의 차이를 희생한 대가로 심리적 원이 존재함을 깨닫는다. 자신을 향한 소설가의 시선이 그의 중개자에게 기울이는 병적인 관심과 합류한다. 모순에서 자유로워진 정신의 모든 위력이 창조의 충동이라는 동일한 한 지점으로 집약된다. 돈키호테, 엠마 보바리 또는 샤를뤼스 같은 사람은, 만일 자만심(l'orgueil)이 거의 언제나 분리시키는 존재의 두 절반을 통합한 결과가 아니라면, 그렇게 위대하지 못할 것이다.

욕망에 대한 이러한 승리는 무한히 고통스럽다. 프루스트는 우리에게 우리 각자가 자신의 외면만 파악하는 데 그치는 끈질기게 계속되는 열정적인 대화를 포기해야 한다고 말한다. 우리는 '우리에게 가장 소중한 환상을 폐기'해야만 한다. 소설가의 예술은 하나의 현상학적인 판단중지(époch)[4]이다. 그런데 현대 철학자들은 유일하게 진정한 판단중지에 관해서는 전혀 언급하지 않는다. 판단중지야말로 항상 욕망에 대한 승리, 프로메테우스적 자만심에 대한 승리이다.

* * *

마르셀 프루스트의 위대한 창작기간 조금 전에 쓰인 몇몇 텍스트는 『되찾은 시간』과 고전적인 결말 사이의 일치를 생생하게 규명해준다. 이 텍스트들 중에서 가장 중요한 것은 1907년 『르피가로』지에 「어느 모친 살해범의 자식된 심정」이라는 제목으로 발표한 소논문일 것이다. 이 소논문은 프루스트의 가족과 그리 가깝지 않게 알고 지내던 한 가족의 드라마에 관한 것이다.

앙리 반 블라렌베르그(Henri Van Blarenberghe)는 모친을 살해한 뒤 자살했다. 프루스트는 이 이중의 비극을 간략하게 기술하고 있는데, 분명 사건에 관해 특별한 정보를 지닌 것 같지는 않다. 결말에 이르러 전망이 넓어지면서 어조는 좀더 개인적이 된다. 앙리 반 블라렌베르그 사건은 일반적인 모자(母子)관계의 상징이 된다. 자식들의 악

4) 그리스의 회의론자의 용어로서 '판단의 보류'를 의미한다. 어떠한 것에 대해서도 확실한 판단을 내릴 수 없으므로 판단을 보류하지 않으면 안 된다는 태도를 가리킨다. 후설의 현상학에서는 현실에 관련된 모든 집착과 과학적 판단을 유보하여 괄호 안에 넣는 것을 말한다. 판단중지는 성찰하는 주체가 스스로를 순수자아 또는 선험적 자아로 포착할 수 있게 해준다.

덕과 배은으로 부모는 빨리 늙는다. 이것은 이미 『장 상퇴유』의 결말의 주제이기도 하다. 마르셀 프루스트는 그의 소논문에서, 기력이 쇠한 어머니의 노망이 아들에게 얼마나 끔찍하게 보였을까를 묘사하고 난 뒤에 다음과 같이 말하고 있다.

……가장 환상에 사로잡힌 사람들에게도 뒤늦게 찾아올 수 있는 통찰력의 순간에, 왜냐하면 돈키호테조차도 그런 순간을 가졌었으므로, 아마도 알아차리게 될 자, 그자는 아마도 자신의 어머니를 칼로 찔러 죽인 후 그의 삶의 공포에 굴복하여 허겁지겁 총을 집어들고 즉시 죽어버리는 앙리 반 블라렌베르그 같은 자일 것이다.

모친 살해자는 그의 죄를 속죄하면서 통찰력을 회복하고, 통찰력을 회복하면서 죄를 속죄한다. 과거에 대한 끔찍한 이해는 진실에 대한 이해이다. 그것은 '환상에 사로잡힌' 삶에 근본적으로 대립한다. 이 몇 줄의 글에 나타난 '오이디푸스적' 분위기는 꽤 주목할 만하다. 이것은 1907년에 쓰인 글이다. 프루스트는 그때 막 어머니를 여의고 회한에 시달리고 있었다. 스탕달 · 플로베르 · 톨스토이 · 도스토옙스키 같은 사람이 인간으로서 그리고 작가로서 자신의 체험을 평범한 사회면 기삿거리 안에서 표현하게 되는 과정을 우리는 이 짤막한 단락에서 엿볼 수 있다.

모친 살해자는 그의 '뒤늦은 통찰력의 순간'에 예전 소설들의 주인공들과 같아진다. 프루스트 자신이 이 임종을 돈키호테의 임종과 비교하고 있는데 어떻게 우리가 이를 의심할 수 있겠는가? '모친 살해범의 자식된 심정'이라는 제목은 고전적 결말과 『되찾은 시간』 사이에 결여된 연결고리를 제공한다. 이 시도가 곧장 실행되지는 않는다. 프루스트는 소설 전환의 고전적 방식을 포기할 것이다. 그의 주인공은 자살하지 않고 소설가가 될 것이다. 하지만 그럼에도 영감은 역시 죽음에서 솟아나올 것이며, 그것은 마르셀 프루스트가 1907년에 체험하고 있는 죽음으로서 죽음에 대한 두려움이 그 당시에 쓰인 모든 텍스트에 반영되어 있다.

잊힌 몇 줄의 글에 우리가 지나친 중요성을 부여하는 것이 아닐까? 아마도 이 글은 문학적 가치가 없는 텍스트이며, 일반신문을 위해 급히 쓰였던 것이고, 그 결말이 멜로드라마의 상투성에 빠져 있다고 말할 것이다. 아마도 그렇다. 그러나 마르셀 프루스트 자신의 증언에 비한다면 이러한 의견은 중요하지 않다. 소논문과 함께 동봉해 칼메트(Calmette)에게 보낸 편지에서 프루스트는 자신의 텍스트를 편집하고 삭제할 모든 자유를 『르피가로』지에 일임하되, 마지막 문장들은 제외시켜 그것만은 원고대로 발표되기를 요구했다.

돈키호테의 뒤늦은 통찰력에 관한 언급은 『생트-뵈브에 대한 반론』(*Contre Sainte-Beuve*)의 부록으로 출간된 단평에 다시 나타나는데, 이번에는 순수하게 문학적 문맥에서인 만큼 더욱 귀중하다. 바로 이 단평에 실린 스탕달, 플로베르, 톨스토이, 조지 엘리엇 그리고 도스토옙스키에 대한 많은 지적은 천재적 소설의 통일성에 대한 프루스트의 인식을 알아차리게 한다. 프루스트는 도스토옙스키와 플로베르의 작품들 모두에 '죄와 벌'이라는 제목을 붙일 수 있으리라고 쓰고 있다. 그는 발자크에 관한 장(章)에서 모든 걸작의 통일성의 원리를 다음과 같이 분명히 밝히고 있다. "모든 작가는 어떤 점들에서 서로 합쳐져서 때로는 다르게 때로는 모순되게 나타나는 한 명의 천재와도 같다."

프루스트가 『잃어버린 시간을 찾아서』와 소설의 고전적 결말의 관련을 파악하고 있었음은 의심할 여지가 없다. 그는 천재적 소설의 통일성이라는 야심찬 주제에 합당한 단 한 권의 책을 쓸 수도 있었으리라. 우리는 지금 어떤 의미에서 그의 직관을 발전시키고 있을 따름이다.

그러한 상황에서 이 소설가가 소설 창작에 대한 성찰로 지평을 넓혀가는 그 자신의 결말인 『되찾은 시간』에서 소설의 통일성이라는 주제를 전혀 다루지 않았다는 것은 놀라운 일이다. 이 침묵은 소설가가 수많은 문학작품을 참고하고 있으므로 더욱 놀라운 일이다. 그는 감동적인 기억의 문제에 관한 선구자들인 장-자크 루소(Jean-Jacques Rousseau), 샤토브리앙(Chateaubriand)[5] 그리고 제라르 드 네르발에게서 자신의 모습을 발견한다. 하지만 그는 개별적인 어떤 소설가도 언급하지 않는다. 『생트-뵈브에 대한 반론』에서 보여준 직관은 다시 다뤄지지도 발전되지도 않았다. 무슨 일이 있었던 것일까?

매우 강렬하고 고독한 정신적 체험을 겪은 모든 이와 마찬가지로, 마르셀 프루스트의 경우에도 괴상하게 보이는 데 대한 두려움은 보편적으로 용인된 진실을 반복함으로써 우스꽝스럽게 보이는 데 대한 두려움으로만 대체할 수 있다. 모순되는 두 가지 위험을 모두 피하려는 욕망으로 마르셀 프루스트가 결국 타협안을 채택하게 되었다고 생각된다. 문학의 왕도를 저버린다는 비난을 받지나 않을까 하는 두려움과, 다른 한편 위대한 소설작품을 표절한다는 비난을 받을 두려움 때문에, 프루스트는 몇몇 문학의 선배를 골라내면서도 용의주도하게 소설가만은 제외한다.

마르셀 프루스트는 우리가 알고 있듯이 오로지 그의 작품만을 위해서 살았다. 레옹-피에르 캥(Léon-Pierre Quint)은 프루스트가 문학적 전략의 기법에서 어떤 능력을 발휘할 수 있었는지를 밝혀주었

5) 근대적 우수를 창조하여 19세기 초 프랑스 문학의 흐름을 낭만주의로 이끈 낭만주의의 선구적 작가(1768~1848).

다.[6] 이 마지막 우상숭배가 『되찾은 시간』이라는 걸작을 손상시키지 는 않지만, 그 영향력을 다소 감소시킨다. 『잃어버린 시간을 찾아서』의 저자는 걸작 소설들 간의 구조의 유사성을 별로 알리려 하지 않는다. 그는 자신의 비평가들에게 너무 풍부한 실마리를 제공하게 되지나 않을까 염려한다. 그는 당시에 독창성에 부여된 중요성을 알고 있으므로, 그의 문학적 영광의 일부분이 훼손될 것을 두려워한다. 그는 자기 소설의 폭로의 가장 '독창적인' 요소들과 특히 감동적인 기억을 전면에 내세워 부각하고 교묘하게 강조한다. 그 점에 관해 『되찾은 시간』 이전 텍스트들을 다소 주의 깊게 연구하면, 이 감동적인 기억이 마지막 텍스트에서 부여받았던 결정적인 중심 역할을 하지 못했음이 밝혀진다.*

마르셀 프루스트의 침묵에 '문학적 전략' 이외의 무슨 다른 설명이 있을 수 있겠는가? 『생트-뵈브에 대한 반론』을 쓸 당시에 그 특징들을 모두 지적했던 프루스트가 소설기법에 대한 성찰에서는 스탕달의 결말에 대해 함구하고 있는 이유를 어떻게 설명할 것인가? 이러한 특징들은 『되찾은 시간』에서 다시 찾아볼 수 있다. "감수성에 편향된 취향, 과거의 재생, 야심으로부터의 초연함과 줄거리에 대한 무관심." 프루스트만이 유일하게 쥘리앵의 임종시에 행해진 기억의 역할을 알아차렸으며, 그가 『되찾은 시간』을 쓰려고 준비하고 있는 순간에 이 역할을 깨달았다는 사실에 어떻게 놀라지 않을 수 있겠

6) Léon-Pierre Quint, *Proust et la stratégique littéraire*, Corréa, 1954 참조.

* 감동적인 기억에 주어진 중심적인 위치에서 소설가의 '죄'나 원체험의 폭로를 보기는 힘들 것이다. 이 위치는 우리가 제2권에서 드러내볼 예정인 소설의 경제성이라는 이유로 정당화된다. 우리는 단지 프루스트가 소설의 폭로의 우선적인 요구와 '문학적 전략'의 실제적 요구를 매우 교묘하게 결합하고 있다는 점을 지적하고자 할 뿐이다.

는가?

프루스트는 또한 바로 그 동일한 순간에 그리고 바로 그 결말에서 나이를 먹어 매우 쇠약해진 셸랑(Chélan) 신부가 쥘리앵을 방문하는 것에 관심을 기울였다. "위대한 지성의 약화와 위대한 심성의 약화는 육체의 쇠약과 연관된다. 고결한 인간의 노쇠, 즉 정신적 비관주의." 쥘리앵의 명석한 의식상태에서의 죽음은 육체의 느리게 진행되는 끔찍한 해체가 소설가에게 제공한 배경에서 뚜렷하게 부각된다.

여기에 또다시 마르셀 프루스트의 관심이 쏠린다. 『되찾은 시간』 전체가 상반되는 두 가지 죽음 사이의 유사한 대조를 토대로 구축된다. 주인공은 명철한 의식상태로 죽어서 작품 속에서 부활하지만, 그 주변의 다른 사람들은 부활의 희망 없이 계속해서 죽어간다. 화자의 정신적으로 풍요한 죽음은 게르망트 집안의 야회(夜會) 광경과 사교계 인사들의 끔찍하고 헛된 노쇠와 대조를 이룬다. 이러한 대조는 「어느 모친 살해범의 자식된 심정」에 이미 나타난 바 있으나, 이후로 그것은 관례에 따라 소설의 의미를 획득하며 도스토옙스키의 묵시록에 합류한다. 사실 우리는 『적과 흑』 그리고 『되찾은 시간』에서 소설 묵시록의 분리될 수 없는 모순된 양면을 인정해야만 한다. 그것이 바로 도스토옙스키의 작품이 우리에게 우선적으로 폭로했던 것이다. 진실된 소설의 모든 결말에서 정신인 죽음은 정신의 죽음과 결정적으로 대조된다.

우리는 상상력만으로 여기까지 오게 된 것인가? 그러한 의구심을 떨쳐버리기 위해서 우리는 소설의 결말의 통일성에 유리한 최종적인 증언으로 발자크의 증언을 원용(援用)하고자 한다. 우리는 이 소설가를 우리 그룹에 포함시키지 않았지만, 그러나 그의 창작경험은 우리가 연구하는 창작경험과 어떤 점들에서 상당히 흡사하다. 이러한 유사성의 증거로는 『사촌 퐁스』(*Cousin Pons*)의 결말에서 빌려온

다음 대목으로 충분하다. 발자크는 주인공의 임종을 묘사해나가면서, 소설 묵시록의 양면을 다음과 같이 규정하고 있다.

> 고대와 현대의 조각가들은, 무덤 양쪽에, 점화된 횃불을 들고 있는 요정들을 자주 배치했다. 이 불빛은 죽어가는 사람들에게 죽음의 길을 밝혀주면서 그들이 저지른 죄와 오류들의 명부를 비춰준다. 여기에서 조각은 위대한 생각을 표현하는 것으로 인간의 위업을 나타낸다. 임종의 순간은 그 자체의 지혜를 지닌다. 때때로 매우 어린 나이의 단순한 소녀들이 백 살 노인의 분별력을 지니고, 예언자가 되며, 자기 가족을 판단하고, 어떠한 겉치레에도 속지 않는 것을 볼 수 있다. 이것이 죽음의 시(詩)이다. 그런데 주목을 요하는 이상한 점도 있다. 인간이 죽는 방식에는 서로 다른 두 가지가 있다는 것이다. 이 예언의 시, 통찰의 재능은 이전에 주어진 것이든 이후에 주어진 것이든 간에, 죽음이 단지 육체에만 타격을 입힐 수 있는 사람들, 육체적 생명의 기관이 파괴되어 죽어가는 사람들에게서만 발견된다. 예를 들면 루이 14세처럼 부패로 비난받는 사람들, 폐병 환자들, 퐁스처럼 열병이나 모르소프(Mortsauf) 부인처럼 위장병으로 죽는 환자들이 숭고한 통찰력을 누리면서 놀랍고 찬탄할 만한 죽음을 달성한다. 반면에 이른바 지적인 병으로 죽는 이들, 그들의 병이 뇌 속에, 육체에 생각의 연료를 공급하는 매개역할을 하는 신경계통에 있는 이들, 이런 사람들은 완전히 죽는다. 그들의 정신과 육체는 동시에 죽는다. 육체 없이 영혼만인 사람들은 성서에 나오는 혼령(spectres)이 되지만, 그 반대의 경우인 사람들은 시체일 뿐이다. 숫총각이며 금욕적이지 않은 카토, 거의 죄를 짓지 않은 정의로운 이 사람[7]이 지사부인의 심정을 형성하고 있던 괴로움을 뒤늦게 이해하게 된다. 그는 세상을 떠나게 될 순간에 세상을 간파했

다. 그래서, 몇 시간 전부터, 그는 마치 모든 것이 풍자나 조롱거리의 구실이 되는 기쁨에 넘친 예술가처럼 즐겁게 자신의 죽음을 불가피한 것으로 받아들인다. 그를 삶에 결합하던 마지막 끈이며 찬탄의 사슬, 이 정통한 전문가를 걸작 예술품과 연결하던 강한 매듭이 그날 아침에 끊어져버렸다. 예술품을 시보(Cibot) 여인에게 도둑맞은 것을 알게 되자 그는 예술의 화려한 겉치레와 허영에 기독교인으로서 결별을 고한다…… .

저급한 비평가들은 늘 이른바 실재하는 세계에서 출발하여 소설 창작을 이 세계의 규범에 종속시킨다. 발자크는 반대로 한다. 루이 14세를 퐁스와 모르소프 부인과 나란히 놓는다. 다른 곳에서 골상학, 마르티니즘(martinisme),[8] 최면술 이런 것들의 베일을 쓰듯이, 발자크는 유사(類似)생리학의 베일을 쓰고 끊임없이 자신의 소설 창작경험을 말한다. 그는 여기서 소설 결말의 본질적인 특성을 몇 개의 문장으로 요약한다. 죽음의 두 얼굴, 고통의 역할, 열정으로부터의 초탈, 기독교적 상징주의 그리고 기억인 동시에 예언인 이 숭고한 통찰력, 그것은 주인공의 영혼과 마찬가지로 다른 인물들의 영혼에도 똑같이 빛을 던져준다.

세르반테스 · 스탕달 · 도스토옙스키의 경우와 마찬가지로 발자크

---

7) 주인공 퐁스를 가리킨다.

8) 프랑스의 철학자 루이-클로드 드 생-마르탱(Louis-Claude de Saint-Martin, 1743~1803)의 학설이다. 철학과 신비주의의 경계에 있는 생-마르탱은 특히 『오류들과 진실에 대하여』(*Des erreurs et de la Vérité*, 1775)라는 저서로 명성을 누렸다. 그의 사고는 이성적이 아닌 직관적인 것이어서 이해하기가 어려운 까닭에 '미지의(inconnu) 철학자'라는 별명으로 불리기도 한다. 그는 시간의 영향을 받는 모든 존재는 어떤 지성적인 원리〔une cause intelligente, 그러나 신(神)은 아니다〕의 지배를 받는다고 말한다.

의 경우에도 비극적인 사건은 미학의 출현으로 해석된다. 그렇기 때문에 발자크는 죽어가는 사람의 마음상태를 '기쁨에 넘친 예술가'의 마음상태에 비유한다. 『사촌 퐁스』의 결말은 하나의 『되찾은 시간』이다.

텍스트들을 서로 비교함으로써 소설의 결말들의 통일성을 증명하기는 쉽다. 그러나 적어도 이론상으로는 이 마지막 증명은 필수적이 아니다. 우리의 분석은 뛰어난 모든 결말이 한목소리로 부르짖는 메시지로 우리를 가차없이 몰아왔다. 주인공은 자만심으로 인한 가짜 신성을 포기함으로써 예속에서 자유로워지고 마침내 불행에 대한 진실을 파악한다. 이 포기는 창조자의 포기와 같은 것이다. 형이상학적 욕망에 대한 승리가 낭만적 작가를 진정한 소설가로 만든다.

우리는 이 진실을 예측했을 뿐이지만 소설의 마지막 페이지에서 마침내 우리는 진실에 도달했고, 그것을 만져보고, 소유한다. 우리가 기다렸던 것은 소설가 본인의 허락뿐이었으며 이제 허락이 주어졌다. "나는 아마디스 데 가울라 그리고 그와 같은 부류의 무수한 사람을 혐오한다……." 소설가들 자신이 주인공들의 목소리를 빌려 이 작품이 진행되는 내내 우리가 주장하던 것을 마침내 확인해준다. 그것은 자만심이 품고 있던 병이며, 소설세계는 악령에 들린 사람들의 세계이다. 결말은 소설인 바퀴가 돌고 있는 부동축이다. 이 축에 의존하여 겉모습의 만화경이 펼쳐진다. 소설의 결말은 우리가 행하는 유사한 탐구의 결말이기도 하다.

진실은 소설작품 어디에나 살아 있지만 특히 결말에서 생생하게 나타난다. 결말은 이러한 진실의 사원이다. 진실이 현존하는 거처인 결말은 오류가 스쳐지나가는 장소이다. 만약 오류가 소설의 결말들의 통일성을 부인하지 못하면, 그것을 무용지물로 만들고자 애쓴다. 통일성을 진부함이라고 부름으로써 무익함의 타격을 입히고자 한다.

우리는 이 진부함을 부정하지 말고 큰소리로 주장할 필요가 있다. 소설의 통일성이 소설이라는 형태 안에서는 간접적이지만 결말에서는 직접적인 것이 된다. 소설의 결말들이 필시 진부할 수밖에 없는 이유는 그것들 모두가 정말로 동일한 것을 반복하기 때문이다.

소설의 결말들의 진부함은 지엽적인 것이 아니며, 예전에는 '독창적'이었다가 처음에는 망각 덕분에 그리고는 '재발견'과 '재평가' 덕분에 다시 진부해질 수 있는 것에 대한 상대적인 것이 아니다. 그것은 서구문명의 본질에 속하는 절대적인 진부함이다. 소설의 대단원은 개인과 세계, 인간과 성스러움 사이의 화해이다. 열정들의 복잡한 세계는 해체되어 단순함으로 돌아간다. 소설의 전향은 그리스인들의 해결(analusis)과 기독교인들의 거듭남(seconde naissance)을 상기시킨다. 소설가는 이 최후의 순간에 서구문학의 모든 정상에 도달한다. 즉 그는 인간이 접근하기 가장 어려운 부분을 선택하고 있는 종교적인 위대한 윤리와 탁월한 인본주의에 도달한다.

화해의 주제는 자격 없는 자들의 입으로 끊임없이 지겹도록 되풀이된 탓에, 분개와 추문에 처한 시대에는 이 주제가 결코 구체적인 내용을 지닐 수 없었으며 또 지니지 못한다는 사실이 쉽사리 납득된다. 우리는 이 주제가 소설의 의식에서 가장 피상적인 영역으로부터 퍼져나온다고 확신한다. 화해를 좀더 올바른 전망에 위치시키려면, 화해를 작가에게 오랫동안 거부되었던 가능성의 정복으로 간주해야 한다. 결말은 결말 불가능성의 극복으로 간주해야 한다. 이 과업을 수행하는 데서 모리스 블랑쇼의 비평작품이 우리에게 도움을 줄 수 있다. 모리스 블랑쇼는 프란츠 카프카를 결말지을 수 없는 문학의 전형적인 대표로서 제시한다. 카프카의 주인공은 마치 모세처럼 결코 약속된 땅을 보지 못할 것이다. 모리스 블랑쇼는, 결말의 불가능성이란 작품 속에서 죽어 죽음 속에서 자신을 자유롭게 하는 데 대한 불가능성이라고 말한다.

현대 이야기의 미결성, 가장 우수한 작가들의 경우에 일시적인 유행이 아니라 역사적이고 형이상학적인 특별한 상황을 반영하는 미결성에 소설작품의 완결성이 대립한다.

불가능한 결말은 화해를 넘어선 저편이 아니라 화해의 이편에 존재하는 '문학의 공간'이다. 이 공간이 우리가 살고 있는 고뇌의 시대에만 접근할 수 있다는 사실이 불안하게 여겨지겠지만, 소설구조의 변화를 기억하고 있는 사람에게는 놀라운 일이 아니다. 이 사실은 도스토옙스키에게도 놀라운 일이 아닐 것이다. 왜냐하면 그는 이미 우리에게 결말에 이르지 못하는 인물들을 보여주었으며, 『지하생활자의 수기』를 쓰던 당시에 그는 모리스 블랑쇼의 '문학의 공간'[9]을 통과하고 있었기 때문이다. 이 단편소설[10]은 카프카의 많은 이야기와 카프카 이후의 이야기들처럼 결말이 없다.

> 이 역설 애호가의 수기는 아직 끝나지 않았다. 그는 참지 못하고 계속해서 써내려갔기 때문이다. 하지만 우리는 여기서 끝내는 것이 좋다고 여겨진다.

---

9) 블랑쇼의 비평적 에세이의 제목이기도 하다.
블랑쇼에게 문학(글쓰기)이란 표현 불가능한 절대세계에 대한 도전이며 죽음의 체험이다. 글쓰는 자는 삶 속에서 끊임없이 자신의 죽음과 만나는 자, 이성을 가진 살아 있는 '나'가 도저히 다다를 수 없는 죽음의 공간에 무한히 다가가는 자이다. 따라서 일상의 공간이 아닌 문학의 공간이란 존재의 공간도 공허도 아닌 공간, 순수한 충일의 공간도 부재의 공간도 아니면서 세계가 사라진 뒤에 나타나는 아직도 남아 있는 것으로서의 바깥의 공간이며, 이 공간에 머무름이 허용되지 않는 그러한 공간이다.

10) 『지하생활자의 수기』를 가리킨다.

『지하생활자의 수기』는 낭만주의와 소설, 선행된 진실되지 않은 화해와 뒤이은 진정한 화해, 그 사이에서 다리 역할을 하는 작품이다. 위대한 소설가들은 모리스 블랑쇼가 규정한 문학의 공간을 통과하지만 거기에 머무르지는 않는다. 그들은 이 공간을 넘어서서 자유를 주는 죽음의 무한을 향해 비약한다.

소설의 위대한 결말들은 진부하지만 상투적이지는 않다. 결말에 나타난 수사학적 노련함의 부족, 서투름조차도 진정한 아름다움을 이루며, 이류 문학 안에 우글거리는 거짓 화해들과는 명백히 구분된다. 죽음의 순간에 나타나는 전향은 안이함으로의 몰입으로서가 아니라 소설이 베푸는 자비의 거의 기적적인 하강처럼 나타나야 한다.

정말로 위대한 소설작품들은 모두가 이 숭고한 순간에 태어나며, 교회 전체가 합창단에서 솟아나와 다시 그것을 향해 나아가는 방식으로, 이 작품들도 다시 숭고한 순간으로 되돌아간다. 모든 위대한 작품들은 대성당처럼 구성되어 있다. 『잃어버린 시간을 찾아서』의 진실이 여기서 다시 모든 걸작 소설의 진실이 된다.

* * *

우리는 우리 자신 속에 피상적인 것과 의미심장한 것, 본질적인 것과 부수적인 것의 위계질서를 지니고 있어서, 그것을 본능적으로 소설작품에 적용시킨다. '낭만적인' '개인주의적인' 그리고 '프로메테우스적인' 영감의 이러한 위계는 우리에게 예술 창작의 본질적인 어떤 면들을 볼 수 없게 만든다. 예를 들어 우리는 습관적으로 기독교의 상징주의를 결코 진지하게 받아들이지 않는데, 아마도 그것이 많은 저급한 작품과 숭고한 작품들 모두에 공통으로 나타나는 탓일 것이다. 우리는 소설가가 기독교인이 아닐 경우 이 상징주의를 순전히 장식적인 역할로 간주하고, 소설가가 기독교인일 경우에는 순전히 호교론적으로 본다. 정말로 '과학적인' 비평이라면 선험적인 모든 판단을 버리고 소설의 다양한 결말 간의 놀라운 일치에 주목할 것이다. 만일 우리의 편견인 찬반(pro et contra)이 미학적 체험과 종교적 체험 사이에 방수 격벽을 세우지 못한다면, 새롭게 조명된 창작의 문제들이 우리에게 나타날 것이다. 우리는 도스토옙스키의 작품을 그의 모든 종교적 명상록에서 삭제하지 말아야 한다. 예를 들어 우리는 소설 창작에 관한 연구를 하는 데에서 『카라마조프가의 형제들』 안의 텍스트들이 『되찾은 시간』의 텍스트만큼 귀중하다는 사실을 깨닫게 될 것이다. 그리고 마침내 기독교의 상징주의만이 유일하게 소설의 체험에 정보를 제공해줄 수 있다는 이유로 그것이 보편적임을 알게 될 것이다.

그러므로 이 상징주의를 소설의 관점에서 볼 필요가 있다. 이 일은 소설가 자신이 때때로 우리를 속이려 하기 때문에 더욱 어렵다. 스탕달은 쥘리앵 소렐의 '독일 신비주의'를 지나치게 음습한 독방감옥의 탓으로 돌린다. 그렇지만 『적과 흑』의 결말은 기독교적인 주제와 상징으로 남는다. 그 작품에서 소설가는 그의 회의주의를 재확인하지만 그럼에도 주제와 상징은 역시 존재하며 그것들은 부정으로 꾸며진다. 그것들은 프루스트의 작품에서나 도스토옙스키의 작품에서 정확히 똑같은 역할을 한다. 우리는 스탕달의 주인공들의 수도사적 자질을 포함하여, 이 주제와 관련되는 모든 것이 새로운 빛을 받으며 나타나는 것을 보게 될 텐데, 소설가의 아이러니가 우리에게 그 광채를 가리게 해서는 안 된다.

앞에서와 마찬가지로 여기에서도 우리는 소설가들을 서로 비교함으로써 해석할 필요가 있다. 종교적인 문제를 피상적으로 논의하지 말되, 가능하면 그것을 순전히 소설적인 문제로 다루어야 한다. 스탕달에게서 기독교의 문제, '프루스트의 신비주의'와 '도스토옙스키의 신비주의'의 문제는 비교를 통해서만 밝혀질 수 있다.

한 알의 밀이 땅에 떨어져 죽지 아니하면 한 알 그대로 있고, 죽으면 많은 열매를 맺느니라. 「요한의 복음서」의 이 구절은 『카라마조프가의 형제들』의 결정적인 여러 에피소드에 다시 나타난다. 성 요한의 말은 두 가지 유형의 소설적 죽음 사이의 불가사의한 관계, 감옥과 드미트리의 정신 치유 사이의 관련, 불치의 병과 '미지의 방문객'의 속죄하는 고백 사이의 관련, 일류샤의 죽음과 알료샤의 자비행위 사이의 관련을 표현하고 있다.

프루스트가 우리에게 그 자신의 창작에서 병—그것은 죽음과 자매지간이다—의 역할을 설명하고자 할 때 도움을 청한 것도 바로 「요한의 복음서」의 이 구절이다. "의식의 가혹한 지도자로서 병이 나를 이 세상에서 죽게 하면서 내게 봉사했다. 왜냐하면 '한 알의 밀이 땅에 떨어져 죽지 아니하면 한 알 그대로 있고 죽으면 많은 열매를 맺느니라'이므로."

라 파예트 부인 역시 「요한의 복음서」의 이 구절을 인용할 수 있었을 것이다. 왜냐하면 『클레브 공작부인』에서 프루스트 화자의 병을 찾아볼 수 있기 때문이다. 이 병은 소설의 전개에서 프루스트와 동일한 지점에서 나타나며 그것이 정신에 미친 영향도 정확히 동일하다. "그녀가 매우 가까이에서 본 죽음의 필연성은 만사에 초연하는 데 익숙해지도록 그녀를 길들였으며, 병이 오래 끌자 그것이 습관이 되어버렸다……. 세속적인 열정과 활동이, 더 폭넓고 초연한 안목을 가진 사람들에게 보이는 것처럼, 그녀에게도 그렇게 보였다." 더 폭넓고 초연한 안목은 정말로 죽음에서 태어나는 새로운 존재에게 속한 것이다.

「요한의 복음서」의 이 구절은 『카라마조프가의 형제들』의 제사(題

詞)로 쓰이고 있지만, 소설의 모든 결말의 제사로 쓰일 수도 있을 것이다. 인간 중개자의 거부, 굴절된 초월의 포기는, 소설가가 기독교인이든 아니든 간에 불가피하게 수직적 초월의 상징을 요청한다. 위대한 소설가 모두가 근본적인 이 요청에 호응하면서도 때로는 그들의 응답의 의미를 인정하지 않는다. 스탕달은 아이러니를 사용한다. 프루스트는 소설적 체험의 진정한 모습을 낭만적인 일반적 논거로 위장하지만 흔해빠진 상징에 심오하고 은밀한 광채를 부여한다. 그의 소설에서 불멸과 부활의 상징들은 순전히 미학적인 문맥에서 나타나며 그것들은 낭만주의가 진부하게 환원시킨 의미를 은근슬쩍 초월할 수 있을 따름이다. 이 상징들은 변변치 못한 왕자들이 아니라, 그렇게 변장한 진짜 왕자들이다.

이러한 상징들은 『되찾은 시간』 훨씬 이전부터 원초적 체험의 반향인 동시에 예고인 모든 대목에 나타난다. 그 가운데 한 대목은 위대한 작가인 베르고트의 죽음과 장례식에 관한 것이다.

> 그는 매장되었다. 그러나 그를 애도하는 밤 내내 환히 밝혀진 창문마다, 세 권씩 묶인 그의 책들이 날개를 편 천사들처럼 망을 보고 있었고, 이제 더 이상 존재하지 않는 그를 위한 부활을 상징하고 있는 것처럼 보였다.

베르고트는 유명한 작가여서 프루스트는 명백히 그의 사후의 명성을 생각하고 거기에 '끔찍하게도 월계관을 쓴 혼령'이라는 수식어를 붙임으로써 발레리를 화나게 한다. 그러나 이 낭만적 상투어가 여기서는 그저 핑계에 불과해서, 부활이라는 단어의 사용을 허용해준다. 마르셀 프루스트의 관심은 사후에 있는 것이 아니라 부활이라는 단어에 있다. 그는 이 단어를 진부한 상투어를 이용하여 자신의 텍스트

속에, 텍스트의 실증적이고 '사실주의적'인 객관적 배열을 방해하지 않으면서 슬쩍 끼워넣을 수 있게 된다. 베르고트의 죽음과 부활은 소설가 자신의 죽음과 부활을 예시하며, 그의 거듭 태어남에서 『잃어버린 시간을 찾아서』가 솟아나온다. 위에서 방금 인용된 문장의 진정한 울림은 바로 부활에 대한 기대에서 비롯된다. 따라서 우리는 굴절된 초월의 이미지와 비교해서 수직적 초월의 한 상징성의 윤곽이 드러나는 것을 보게 된다. 날개를 편 천사들은 화자를 심연으로 끌어들이는 악마적 우상과 대립된다. 우리는 이 상징성을 『되찾은 시간』에 의거해서 해석해야만 한다. "프루스트의 위대함은 『되찾은 시간』의 출간이, 그때까지는 디킨스(Dickens)의 재능을 능가하지 못한다고 보였던 재능에 의미를 부여하게 되면서 명백해졌다"라고 앙드레 말로는 정확하게 지적한다.

프루스트의 창작에 의미를 부여한 것은 확실히 『되찾은 시간』이지만, 다른 소설들의 결말도 마찬가지로 의미 부여에 기여한다. 『카라마조프가의 형제들』은 우리가 베르고트의 부활을 단순히 낭만적인 상투성으로 생각하지 못하게 만든다. 그리고 마찬가지로, 애초에는 '영원한 숭배'라는 제목이 붙었었던 『되찾은 시간』은 우리가 『카라마조프가의 형제들』의 종교적 성찰을 소설작품을 벗어나 단순한 종교적 선전의 발췌로 보는 것을 불가능하게 만든다. 만일 도스토옙스키가 그 대목을 쓰기 위해 많은 고통을 겪었다면, 그것은 지루한 고역이어서가 아니라 그 대목이 가장 중요하다고 생각되었기 때문이다.

이 소설의 제2부에서 어린 일류샤가 도스토옙스키 소설의 다른 모든 주인공을 위해서 죽는데, 이 죽음에서 솟아나오는 정신적 교감은 같은 부류의 작가들에게도 부합되는 숭고한 통찰력이다. 죄와 속죄하는 벌의 구조는 고독한 의식을 초월한다. 한 소설가가 낭만적이고 프로메테우스적인 개인주의를 그렇게 철저하게 무력화했던 적은 결코 없었다.

『카라마조프가의 형제들』의 이 결말은 도스토옙스키의 천재성이 마지막으로 최고도에 이르렀을 때 태어난다. 소설적 체험과 종교적 체험 사이의 구분은 완전히 없어진다. 그러나 체험의 구조는 변하지 않는다. 어린애들의 입에서 나오는 기억 · 죽음 · 사랑 · 부활에 관한 말들에서, 우리는 『되찾은 시간』을 쓴 불가지론자인 소설가의 창작 열기가 불러들인 주제와 상징들을 쉽사리 찾아볼 수 있다.

—카라마조프, 우리는 당신을 사랑해요! 그들이 이구동성으로 반복했다. 많은 이의 눈에 눈물이 괴었다.
—카라마조프 만세! 콜리야가 외쳤다.
—가엾은 소년을 영원히 기억하기를! 다시금 알료샤가 덧붙였다.
—영원히 기억하기를!
—카라마조프, 하고 콜리야가 소리쳤다. 종교에서 말하는 게 사실인가요, 우리가 죽은 자들 가운데서 부활하여 서로 다시 만난다는 게, 모두를, 그리고 일류샤도?
—그럼, 사실이란다. 우리는 부활하여, 서로 다시 만나고, 지나간 일들을 즐겁게 이야기하게 될 거란다…….

옮긴이의 말

이 책은 르네 지라르(René Girard)의 『낭만적 거짓과 소설적 진실』(*Mensonge romantique et vérité romanesque*, Ed. Grasset, Paris, 1961)을 번역한 것이다. 30여 년 전 프랑스 유학시절 엑상프로방스에서 이 책을 처음 사들고 읽었을 때의 감동은 소설을 공부하는 재미를 만끽하게 만들었다. 아직 구조주의의 격랑이 모든 인문사회과학 분야를 휩쓸고 있던 그 무렵 나는 이 책을 언어학적 구조주의의 범주를 넘어선 또 하나의 구조주의적 업적으로 생각했으며, 현대 사회에서 욕망의 구조를 밝히는 데 탁월한 전망을 제시한다고 생각했다.

그 후 나는 대학에서 학생들과 함께 이 책을 여러 번 읽을 기회를 가졌고, 『구조주의와 문학비평』(홍성사)을 준비할 때 이 책의 제1장을 번역하여 소개하는 글과 함께 발표한 적이 있다. 그러던 중 나와 함께 이 책을 읽은 적이 있는 송의경 박사가 이 책을 완역해 출판하자고 제안하여 우리는 한국어판 판권을 갖고 있는 한길사에서 한국어판 번역본을 펴내기에 이르렀다.

르네 지라르의 이론은 나의 제자들 가운데 여러 사람이 석사 논문에서 분석과 해석의 도구로 활용한 바 있지만 그에 관한 개별 연구는 나의 가장 친한 친구였고 탁월한 문학평론가였으며 훌륭한 불문학자였던 김현이 『르네 지라르 혹은 폭력의 구조』라는 제목으로 1987년 나남출판사에서 출간한 바 있다. 그리고 지라르의 또 하나의 중요한 저서인 『폭력과 성스러움』이 김진식·박무호 교수에 의해, 『희생양』이 김진식 교수에 의해 번역된 바 있다.

저자 르네 지라르는 1923년 남프랑스의 아비뇽 출신으로 파리 고문서학교와 미국 인디애나 대학에서 역사학을 전공했지만 미국의 존스 홉킨스 대학, 뉴욕 주립대학, 스탠퍼드 대학 등에서 정교수·석좌교수 등을 역임하며 프랑스의 역사·문화·문학·사상에 관한 강의를 해왔다. 그런 연유인지는 몰라도 그는 프랑스에서보다는 미국에서 더 널리 알려져 있고, 그의 저서는 미국에서 더 많은 독자를 확보하고 있으며, 그의 이론과 사상은 미국 대학에서 더 많이 논의되고 있다. 그의 저서는 다양한 분야에 걸쳐 있지만 문학작품의 분석이 중심을 이루고 있으며 폭력과 구원에 관한 주제가 많은 비중을 차지하고 있다.

르네 지라르가 기독교적 세계관을 갖고 서양의 고전들에 대한 깊이 있는 교양을 토대로 이 책을 썼기 때문에 번역하는 데 많은 어려움을 겪었다. 한국인으로서 서양문학을 공부한다는 것의 한계처럼 느껴지는 디테일에 대한 무지는 개인으로서 극복하기 힘든 것인지도 모른다. 다행히 나와 함께 이 책을 읽었던 많은 학생이 우리의 무지 가운데 일부를 깨우쳐주었고 또 송의경 박사가 이메일과 전화라는 수단을 동원해 프랑스인 친구의 도움을 받아 많은 문제점을 해결해주었지만, 완역하기까지 겪은 어려움은 너무 많아서 여기에 일일이 적시하지 않는다.

독자들의 질정이 있기를 기대하며, 이 책이 문학을 공부하는 많은 사람에게 문학에 대한 흥미를 돋워주고 소설을 읽는 것이 단순히 시간을 죽이는 것은 아니라는 점을 아는 데 도움이 되기를 바란다.

2001년 10월

김치수

참고문헌

르네 지라르의 저서

Mensonge romantique et vérité romanesque, Paris: Grasset, 1961 · 1973.

Proust: A Collection of Critical Essays, New York: Prentice Hall, ed. René Girard, 1962.

Dostoïevski: du double à l'unité, Paris: Plon, 1963.

La violence et le sacré, Paris: Grasset, 1972; 『폭력과 성스러움』, 김진식·박무호 옮김, 민음사, 1993.

Critique dans un souterrain, Lausanne: L'Age d'Homme, 1976.

Des choses cachées depuis la fondation du monde, with Jean-Michel Oughourlian and Guy Lefort, Paris: Grasset, 1978.

To Double Businesse Bound: Essays on Literature, Mimesis and Anthropology, Baltimore and London: The Johns Hopkins University Press, 1978.

Le Bouc émissaire, Paris: Grasset, 1982; 『희생양』, 김진식 옮김, 민음사, 1998.

La Route antique des hommes pervers, Paris: Grasset, 1985.

Shakespeare, les feux de l'envie, Paris: Grasset, 1990.

Je vois Satan tomber comme l'eclair, Paris: Grasset, 1999.

르네 지라르에 관한 연구서

Paul Dumouchel, Jean-Pierre Dupuy: L'Enfer des choses: René Girard et la logique de l'économie, Paris: Seuil, 1979.

François Chirpaz: Enjeux de la violence: Essais sur René Girard, Paris: Editions de Cerf, 1980.

Jean-Pierre Dupuy: Ordres et désordres, Paris: Seuil, 1982.

Jean-Baptiste Fages: Comprendre René Girard, Paris: Privat, 1982.

Michel Deguy, Jean-Pierre Dupuy: René Girard et le problème du Mal, Paris: Grasset, 1985.

Paul Dumouchel: Violence et vérité: autour de René Girard, Paris: Grasset, 1985.

Christine Orsini: La pensée de René Girard, Editions Retz, 1986.

르네 지라르 연보

1923년 12월 25일 남프랑스 아비뇽 출생.

1941년 아비뇽 고등학교를 졸업하고, 철학 부문 바칼로레아 통과.

1943~47년 파리 고문서학교(Ecole des Chartes de Paris) 졸업. 졸업논문 제목은 「19세기 후반 아비뇽에서의 사생활」(La vie privée à Avignon dans la seconde moitié du XIX$_{\text{ème}}$ siècle).

1947년 7~9월 제르보(Yvonne Zervos), 샤르피에(Jacques Charpier)와 함께 아비뇽 교황청에서 '현대회화전'을 개최하여 브라크, 샤갈, 칸딘스키, 클레, 레제, 마티스, 몬드리안, 피카소 등의 작품 전시.

1947~50년 미국으로 이주하여 결혼하고 인디애나 대학교에서 수학. 역사학으로 박사 학위 취득. 논문 제목은 「1940~43년의 미국의 프랑스에 대한 여론」(American opinion of France, 1940~43).

1950~57년 인디애나 대학교에서 문학을 강의하기 시작. 뉴욕 주립대학교, 듀크 대학교 등 여러 대학교를 거치며 철학, 문학, 종교학, 역사 등 다양한 분야를 가르침.

1957~68년 존스 홉킨스 대학교 교수.

1961년 첫 저작인 『낭만적 거짓과 소설적 진실』(*Mensoge romantique et vérité romanesque*) 출간.

1966년 맥시(Richard Macksey), 도네이토(Eugenio Donato)와 함께 존스

홉킨스 대학교에서 '비평언어와 인문학'에 관한 국제 심포지엄을 개최해 미국에 구조주의를 알림. 바르트, 데리다, 골드만, 이폴리트, 라캉, 풀레, 코도로프, 베르낭 등이 참가.

1968~75년 버팔로 대학교 교수.

1972년 『폭력과 성스러움』(*La violence et le Sacré*) 출간. 이 작품으로 이듬해 프랑스 아카데미상을 받음.

1975년 존스 홉킨스 대학교로 복귀.

1978년 『세상이 만들어질 때부터 숨겨져온 것』(*Des choses cachées depuis la fondation du monde*) 출간.

1982년 『희생양』(*Le bouc emissaire*) 출간.

1980~95년 스탠퍼드 대학교 교수로 재직하다 1995년 은퇴. 이후 집필에 몰두해 총 30여 권의 저서를 남김.

2005년 3월 17일 아카데미 프랑세즈 회원으로 선출. 그의 오랜 친구이자 동료인 세르(Michel Serres)는 그에게 "인문학의 새로운 다윈"이라는 찬사를 보냄.

2015년 11월 4일 스탠퍼드에서 사망. 장례는 파리 6구의 생제르맹데프레 수도원에서 치러짐.

찾아보기

ㄹ

ㅁ

ㅂ

ㅈ

ㅌ

ㅍ

지은이 르네 지라르

문학평론가이자 사회인류학자인 르네 지라르는 1923년 남프랑스 아비뇽에서 태어나 1947년 파리 고문서학교를 졸업하고, 미국 인디애나대학에서 역사학을 전공했다. 인디애나대학 프랑스어 강사를 시작으로 듀크대학·존스 홉킨스대학·뉴욕주립대학·스탠퍼드대학 등에서 정교수·석좌교수 등을 지내며 프랑스의 역사·문화·문학·사상에 관한 강의를 했다. 이런 까닭에 그는 프랑스보다 미국에서 더 널리 알려져 있고, 저서 역시 미국에서 더 많은 독자를 확보하고 있으며, 그의 이론과 사상은 미국 대학에서 더 많이 논의되고 있다. 이밖에도 그는 1947년 제르보·샤르피에 등과 함께 아비뇽 교황청에서 '현대 회화전'을 개최해 브라크·샤갈·칸딘스키·클레·레제·마티스·몬드리안·피카소 등의 작품을 전시하는 등 많은 화가들과 작품들에 관심을 가졌다. 1961년에는 존스 홉킨스대학에서 '비평언어와 인문학'에 관한 국제 심포지엄을 개최했는데, 여기에는 바르트·데리다·골드만·이폴리트·라캉·풀레·토도로프·베르낭 등 많은 학자들이 참가했다.
지라르의 관심은 소설 속의 인물들이 어떻게 욕망하는가 하는 인간 욕망의 구조를 밝혀내는 데서 출발한다. 그것이 그의 첫 저서인 『낭만적 거짓과 소설적 진실』(1961)에서 다루고 있는 내용이다. 인간의 욕망과 구조를 밝혀내려는 작업의 결실인 『폭력과 성스러움』(*La violence et le sacré*, 1972)은 1973년 프랑스 아카데미상을 받았다. 그밖에도 그는 『지하실의 비평』(*Critique dans un souterrain*, 1976), 『세상이 만들어질 때부터 숨겨져온 것』(*Des choses cachées depuis la foudation du monde*, 1978, 공저), 『이중규제』(*To Double Business Bound: Essays on Literature, Mimesis and Anthropology*, 1978), 『희생양』(*Le Bouc émissaire*, 1982), 『옛 사람들이 걸어간 사악한 길』(*La Route antique des hommes pervers*, 1985), 『나는 번개처럼 빠르게 떨어지는 사탄을 보았노라』(*Je vois Satan tomber comme l'eclair*, 1999) 등 많은 작품을 발표했는데, 다양한 분야에 걸쳐 있는 그의 저서들은 대부분 문학 작품 분석이 중심을 이루고 있으며 특히 폭력과 구원에 관한 주제가 많은 비중을 차지하고 있다.

옮긴이 김치수

김치수는 서울대학교 문리대 불문과를 졸업한 후 같은 학교 대학원 불문과에서
석사학위를, 프랑스 프로방스 대학에서 「소설의 구조」로 박사학위를 받았다.
현재 이화여자대학교 명예교수로 있으며, 문학평론가로 활동 중이다.
저서로는 『삶의 허상과 소설의 진실』(문학과지성사, 2000),
『공감의 비평을 위하여』(문학과지성사, 1991),
『문학과 비평의 구조』(문학과지성사, 1982), 『박경리와 이청준』(민음사, 1982),
『문학사회학을 위하여』(문학과지성사, 1979), 『한국소설의 공간』(열화당, 1976),
『현대 한국소설의 이론』(민음사, 1972) 등의 평론집과
『누보 로망 연구』(서울대출판부, 2001), 『표현인문학』(생각의 나무, 2000),
『현대 기호학의 발전』(서울대출판부, 1998) 등의 학술서
그리고 편저서 『구조주의와 문학비평』(홍성사, 1981),
역서 『기원의 소설 소설의 기원』 (문학과지성사, 1999),
『새로운 소설을 찾아서』(문학과지성사, 1996),
『누보 로망을 위하여』(문학과지성사, 1976) 등이 있다.

옮긴이 송의경

송의경은 서울대학교 인문대학 불문과를 졸업하고,
이화여자대학교 대학원 불문과에서 석사 · 박사학위를 받았다.
현재 이화여대 · 덕성여대 등에서 강의를 하고 있다.
논문으로 「미셸 투르니에의 다시 쓰기」 등과
번역서로 키냐르의 『은밀한 생』 등이 있다.

HANGIL GREAT BOOKS SPECIAL COLLECTION

낭만적 거짓과 소설적 진실

지은이 르네 지라르
옮긴이 김치수 · 송의경
펴낸이 김언호

펴낸곳 (주)도서출판 한길사
등록 1976년 12월 24일 제74호
주소 10881 경기도 파주시 광인사길 37
홈페이지 www.hangilsa.co.kr
전자우편 hangilsa@hangilsa.co.kr
전화 031-955-2000~3 **팩스** 031-955-2005

부사장 박관순 **총괄이사** 김서영 **관리이사** 곽명호
영업이사 이경호 **경영이사** 김관영 **편집주간** 백은숙
편집 박희진 노유연 최현경 이한민 김영길
마케팅 정아린 **관리** 이주환 문주상 이희문 원선아 이진아
디자인 창포 031-955-2097
CTP출력 블루엔 **인쇄** 오색프린팅 **제책** 경일제책사

제1판 제 1 쇄 2001년 12월 30일
제1판 제15쇄 2022년 12월 30일
특별판 제 1 쇄 2022년 11월 30일

값 25,000원

ISBN 978-89-356-7796-2 94080
ISBN 978-89-356-7793-1 (세트)